Objektorientierte Software
in der kommerziellen Anwendung

Springer
Berlin
Heidelberg
New York
Barcelona
Budapest
Hongkong
London
Mailand
Paris
Santa Clara
Singapur
Tokio

Peter Pagé

Objektorientierte Software in der kommerziellen Anwendung

Mit 108 Abbildungen

Springer

Peter Pagé
Defreggerstraße 1
81545 München

Diese Ausgabe enthält die an der Technischen Universität in Berlin,
Fachbereich 13, Informatik unter dem Titel *Objektorientierte Software
in der kommerziellen Anwendung* genehmigte Dissertation
(Hochschulkennziffer D 83)

Die Deutsche Bibliothek – CIP-Einheitsaufnahme
Pagé, Peter: Objektorientierte Software in der kommerziellen Anwendung/ Peter Pagé. -
Berlin; Heidelberg; New York; Barcelona; Budapest; Hongkong; London; Mailand; Paris;
Santa Clara; Singapur; Tokio:
Springer, 1996
ISBN-13: 978-3-642-79927-3   e-ISBN-13: 978-3-642-79926-6
DOI: 10.1007/978-3-642-79926-6

Umschlaggestaltung: Künkel + Lopka Werbeagentur, Ilvesheim
Satz: Datenkonvertierung Text & Grafik B.E.S. GmbH, Heidelberg
SPIN 10484604   33/3142   5 4 3 2 1 0 - Gedruckt auf säurefreiem Papier

Vorwort

‚Objektorientierung' hält heute Einzug in fast alle Gebiete der Datenverarbeitung und verändert dabei Ansätze zur Erstellung von IT-Lösungen grundlegend. Unabhängig voneinander wird dabei der Begriff in verschiedenen Bereichen der Informationstechnologie von der Analyse über Programmierung bis zur Datenverwaltung angewandt.

Obwohl ‚Objektorientierung' heute in aller Munde ist, besteht oft nur eine unklare Vorstellung, welche Inhalte mit diesem Begriff verbunden werden sollen. Das vorliegende Buch versucht, synoptisch die Inhalte des Begriffes ‚Objektorientierung' aus allen Perspektiven zu erfassen und die bisher weitgehend unabhängigen Techniken zusammenzuführen.

In der Verbindung von theoretischen und praktischen Ansätzen entsteht damit ein umfassendes Bild der ‚Objektorientierung', welches dem Leser einen tiefen Einblick in das Thema liefert und ihm praktische Ansätze zur Einschätzung der Leistungsfähigkeit objektorientierter Technologie für die Lösung der eigenen Aufgabenstellungen im Umfeld der kommerziellen IT liefert.

Darmstadt, im Oktober 1994 Peter Pagé

Widmung

Diese Arbeit entstand nach intensivem Studium einschlägiger Literatur und als Niederschrift von Teilen der Erfahrung aus mehr als 20jähriger Arbeit und Nachdenken im Bereich der Datenverarbeitung als Hardware- und Software-Entwickler, System-Designer, Marketing- und Vertriebsverantwortlicher.

Mein Dank gebührt zuerst Herrn Professor Dr. Krallmann, der mich überzeugt hat, in meinem Alter noch promovieren zu wollen.

Er gebührt danach meinen ehemaligen Mitarbeitern der SOFTWARE AG, mit denen zusammen ich mir diese Erfahrung erarbeiten konnte und die durch ihre Arbeit viele der im Laufe der Zeit entstandenen Ideen in reale und am Markt erfolgreiche Produkte verwandelt haben.

Daneben gilt mein Dank besonders meiner Mitarbeiterin, Lebensgefährtin (englisch: ‚significant other‘) und inzwischen Ehefrau Margit, die mich in all dieser Zeit ertragen hat, wenn ich in Gedanken versunken für sie abwesend über einem Problem gegrübelt habe.

Mein Dank gilt auch meinen leider bereits verstorbenen Eltern, die mir durch ihre Erziehung die nötige Neugier, Schaffensfreude und Freiheit des Denkens, aber auch die erforderliche Disziplin und Pflichterfüllung für das Durchhalten bei Übernahme einer Aufgabe vermittelt haben.

Inhaltsverzeichnis

Syntaxnotation

Für die Darstellung von syntaktischen Beschreibungen wird die im folgenden dargestellte Notation verwandt.

Die Syntaxnotation betsteht aus Konstrukten und/oder terminalen Begriffen, wobei ein terminaler Begriff ein wirkliches Sprachelement repräsentiert.

Konstrukte haben die Form:

Konstrukt = Rechte_Seite

Terminale Begriffe (Sprachelemente) werden wie folgt dargestellt:

Schlüsselwörter erscheinen fett und werden von Leerzeichen eingeschlossen, zum Beispiel

class, define etc.

Vordefinierte Typen, Größen oder Routinen wie *INTEGER, Result, Create* werden kursiv geschrieben und von Leerzeichen eingeschlossen.

Zur Unterscheidung von Meta-Symbolen der Notation und Symbolen der dargestellten Syntax werden besondere Symbole der dargestellten Syntax in Anführungszeichen eingeschlossen, zum Beispiel „;", „:" etc.

Zur Strukturierung der Notation werden folgende Darstellungen benutzt:

Alternative Notationen werden durch senkrechte Striche getrennt:

Type = *ALPHANUMERIC | NUMERIC | INTEGER | FLOAT | DATE*

Optionale Komponenten werden in eckige Klammern eingeschlossen [comp]

Geforderte und wiederholt vorkommende Komponenten werden in geschweifte Klammern eingeschlossen und von drei Punkten gefolgt {Konstrukt ... }

Optionale evtl. wiederholt vorkommende Komponenten werden in eckige Klammern eingeschlossen und von drei Punkten gefolgt [Konstrukt ...]

Das folgende Beispiel beschreibt eine einfache Sprache mit den Anweisungen ‚stop‘ und ‚goto‘:

Program	=	{Instruction";" ... }
Instruction	=	[Label"."]Simple_Instruction
Simple_instruction	=	Skip | Goto
Skip	=	**skip**
Goto	=	**goto** Label
Label	=	*Identifier*

1 Einleitung

Bereits 1982 wagte Tim Rentsch folgende Prognose über die Bedeutung der
Objektorientierung:

> My guess is that object-orientation will be in the 1980s what stuctured pro-
> gramming was in the 1970s. Everyone will be in favor of it. Every manufacturer
> will promote his products as supporting it. Every manager will pay lip service
> to it. Every programmer will practice it (differently). And no one will know just
> what it is [Rentsch 82].

Wenn auch noch nicht in den 80er Jahren, so scheint das objektorientierte Paradigma doch die Datenverarbeitung der 90er Jahre zu bestimmen. ‚Objektorientierung‘ ist ein Begriff, der immer häufiger im Umfeld der Datenverarbeitung benutzt wird. Ursprünglich nur für objektorientierte Programmierung
‚OOP‘ definiert, wird er heute unscharf als Kennzeichnung ‚moderner‘ Ansätze
in allen möglichen Bereichen benutzt. Damit besteht die Gefahr, daß er zum
Modewort verkommt und eine für die Datenverarbeitung wesentliche Entwicklung durch unscharfe Definition des Begriffs und der unterliegenden Prinzipi-
en nicht ihr volles Potential entfalten kann.

Objektorientierung steht insgesamt für einen neuen Denkansatz in der Datenverarbeitung, welcher durch Strukturierung einer Datenverarbeitungs-
lösung in klar abgegrenzte Komponenten die Erstellung, Wartung und Verteilung dieser Komponenten erleichtert und damit Datenverarbeitungslösungen
für die ‚neue‘ Welt der Computernetze ermöglicht.

Daneben verfolgt der objektorientierte Denkansatz nach meiner Einschätzung zum ersten Mal in der Geschichte der kommerziellen Datenverarbeitung
das Ziel, Datenverarbeitungslösungen als Abbild der realen Welt zu implementieren, statt diese auf theoretischen und technischen Regelsätzen aufzubauen.

Die ersten 25 Jahre der Datenverarbeitung waren geprägt von der Technologie, d.h. daß die Maschinen die Gesetze zu ihrer Nutzung festlegten. Problemstellungen der realen Welt mußten durch prozedurale ‚Programmierung‘ in
Einzelschritte umgeformt werden, bis sie zur Bearbeitung an die Maschine
übertragen werden konnten. Heute bietet sich dagegen mit der Objektorientierung und durch die größere Leistungsfähigkeit der Maschinen die

Möglichkeit, Lösungen für Problemstellungen entsprechend den Anforderungen der realen Welt zu strukturieren.

Nachdem die relationale Theorie nach vielen Jahren der engagierten Diskussion erst seit kurzer Zeit in Unternehmen in größerem Umfang für erfolgskritische Anwendungen im Einsatz ist, haben sich bald die Unzulänglichkeiten des relationalen Datenmodells nicht nur für ingenieurwissenschaftliche, sondern auch für verschiedene kommerzielle Aufgabenstellungen wie z.B. Dokumentenverwaltung und Stücklisten gezeigt. Während also noch viele Verantwortliche in Unternehmen vor der Frage stehen, wie sie relationale Systeme zum produktiven Einsatz bringen sollen, werden bereits in der akademischen Welt, aber auch von Anbietern für Programmierwerkzeuge und Datenbankverwaltungssysteme unter dem Schlagwort ‚nachrelational‘ verschiedene Konzepte diskutiert, die versprechen, durch den Einsatz von Objektorientierung die Leistungen bisheriger Technologie in den Schatten zu stellen.

Objektorientierung als neues Grundverständnis ist geeignet, sämtliche bisher in der Datenverarbeitung gebräuchlichen Ansätze und Techniken grundlegend zu verändern, auch wenn zum heutigen Zeitpunkt noch in vielen Bereichen ‚Altlasten‘ bestehen und es damit nicht leicht ist, den neuen Denkansatz der Objektorientierung konsequent anzuwenden und in entsprechenden Technologien umzusetzen.

Die Veränderungen durch den objektorientierten Ansatz haben Auswirkungen auf alle Bereiche der Datenverarbeitung von der Problemanalyse bis hin zum operativen Betrieb einer fertigen Lösung. Überall ist die Auswirkung die gleiche, nämlich daß sich nicht mehr der Mensch den Regeln der Maschine anpassen muß, sondern die Möglichkeit besteht, die Funktionen der Maschine entsprechend den Anforderungen des Menschen zu gestalten. Durch die Kapselung von Objekten, welche Daten und Funktionen zusammenfassen, entstehen in einer objektorientierten Lösung Bausteine, aus denen sich komplexere Systeme durch Zusammenfügen dieser Bausteine wie in einem LEGO Kasten erstellen lassen – wenigstens erhoffen dies viele Nutzer.

Nur wenn für alle Teilbereiche ‚Objektorientierung‘ klar definiert und in ihren Auswirkungen konsequent angewandt wird, kann ein neuer konsistenter Satz von Methoden und Werkzeugen für die Datenverarbeitung entstehen.

Auch wenn die Grundprinzipien objektorientierter Programmierung bereits seit dem Ende der 60er Jahre (1968) mit SIMULA (Norsk Regnesentral Oslo, Norwegen) und dem Menlo PARC Projekt der Xerox Corporation festgelegt wurden, welches in der ersten vollständig objektorientierten Programmierumgebung SMALLTALK resultierte, ist es ein weites Feld, um objektorientierte Prinzipien auch für die anderen Bereiche der Datenverarbeitung z.B. auch Analyse- und Entwurfsmethoden und Datenbankverwaltungssysteme klar zu definieren und durch entsprechende Technologie zu realisieren.

Allgemein erfreut sich ‚Objektorientierung' gerade in letzter Zeit wieder großer Aufmerksamkeit als Aussicht, die Aufwendungen für die Erstellung von DV-Lösungen durch Wiederverwendbarkeit reduzieren zu können [ASDR 89]. Auch die Anstrengungen der Object Management Group (Zusammenschluß von mehr als 300 Unternehmen) zur breiten Etablierung der Objekt-Technologie im Markt beweisen diesen Trend [OMG 90].

Teilweise werden von der Objektorientierung phantastische Erfolge erwartet: Objektorientierte Systeme seien wiederverwendbar, erweiterbar, leicht zu warten und billiger in der Implementierung.

Diese Ergebnisse werden jedoch nicht automatisch durch Anwendung des objektorientierten Paradigmas erreicht. Dieses ist dafür nicht einmal notwendig. Viel wichtiger für die Erreichung dieser Ziele ist ein sorgfältiger und klar strukturierter Entwurfsprozeß, der die technischen Möglichkeiten und Prinzipien des objektorientierten Ansatzes berücksichtigt. Ein objektorientiertes System muß sorgfältig geplant werden, was meist einen größeren Aufwand am Anfang erfordert, um erst später eine Wiederverwendung der Bausteine zu ermöglichen. Der Planungsaufwand für ein objektorientiertes System wird meist den Aufwand für die Lösung des unmittelbaren Problems übersteigen, dafür aber eine allgemein verwendbare Lösung erzeugen [Yourdon 92, Jacobson 92].

Diese Warnung sollte von vornherein ausgesprochen werden, um keine übersteigerten Erwartungen aufkommen zu lassen und eine realistische Einschätzung der Möglichkeiten der heute verfügbaren Werkzeuge zur Unterstützung der Objektorientierung zu erleichtern.

1.1   Die Aufgabenstellung

Der Denkansatz der Objektorientierung berührt alle Gebiete der Datenverarbeitung:

- Objektorientierte Methoden für Organisationsstrukturen, Problemanalyse und Entwurf von Anwendungslösungen;
- Objektorientierte graphische Benutzerschnittstellen mit einem durch Ikonen als Bildsymbole von Objekten offensichtlichen Einstieg in die Objektorientierung;
- Objektorientierte Programmierung mit ihren Aussichten für große Produktivitätssteigerungen bei der Erstellung von Lösungen und der Organisation von Parallel-Verarbeitung und verteilter Verarbeitung;
- Objektorientierte Datenbanken, welche heute noch wenig definiert bzw. in der praktischen Anwendung sind;

- Objektorientiertes Diktionär als Erweiterung des bestehenden Daten-Diktionärs für die Dokumentation von objektorientierten Komponenten zur Erleichterung von Wiederauffinden und Wiederverwendung.

Die einzelnen Teilgebiete sind aufgrund ihrer bisherigen Entwicklung wiederum häufig zu komplex und unübersichtlich strukturiert, um den konsequenten Einsatz von objektorientierten Ansätzen zu ermöglichen.

Ziel dieses Buches ist es, Techniken der Objektorientierung so klar und praxisbezogen wie möglich zu beschreiben und dabei gleichzeitig eine Verbindung zwischen den einzelnen heute noch isoliert existierenden Teilen herzustellen. Dabei werden diese Techniken nicht nur theoretisch dargestellt, sondern vielmehr möglichst aus bereits bestehenden und bewährten Techniken hergeleitet. Es ist leider das Schicksal von Pionieren auf diesem Gebiet, daß sie zum Aufbau einer objektorientierten Technologie Komponenten isoliert wieder neu entwikkeln, die bereits verfügbar waren, und sich damit gleichzeitig als ‚Exoten' im Markt positionieren. Sie laufen das Risiko, gegen etablierte Anbieter von DBMS und Programmiersprachen nicht bestehen zu können, wie z.B. VBASE [VBASE 86]. Es ist zu erwarten, daß sich die objektorientierte Technologie am Markt aus bereits bestehenden entwickelt – aus diesem Grunde wird auch in diesem Buch ein evolutionärer Ansatz gewählt.

Mit diesem Ansatz soll auch gleichzeitig dem Ruf begegnet werden, daß objektorientierte Technologien inhärent langsam seien. Durch die Entwicklung objektorientierter Techniken aus bereits bestehenden muß klar werden, daß letztlich dieselben Prozesse ablaufen – wenn auch anders verstanden – und damit kein Grund besteht, für Objektorientierung – bei ausgereifter Technologie – eine schlechtere Leistungsfähigkeit als für konventionelle Techniken zu erwarten.

1.2   Der Lösungsansatz

Basierend auf einem Detailwissen in den einzelnen Gebieten werden objektorientierte Prinzipien konsequent zur Neudefinition der entsprechenden einzelnen Funktionen angewandt und damit eine synoptische Betrachtung der verschiedenen Gebiete unter dem Aspekt der Objektorientierung ermöglicht.

Dabei werden existierende Methoden und Technologien analysiert und ihre Anwendbarkeit unter einem objektorientierten Ansatz überprüft.

Das Besondere des Lösungsansatzes liegt darin, daß alle Techniken aus bestehenden unter dem Ansatz der Objektorientierung weiterentwickelt und an vielen Stellen heute im Fluß befindliche Entwicklungen konsequent in der zu erwartenden Entwicklungsrichtung gedanklich weitergeführt werden.

1.3   Die Ergebnisse

Neben der Strukturierung bestehender Techniken unter dem Aspekt der Objektorientierung werden für die verschiedenen Bereiche der Datenverarbeitung neue objektorientierte Konzepte entwickelt, die besonders auf dem Gebiet der Analyse, Sprachen und Daten- bzw. Objekt-Bankverwaltungssysteme als Basis für neue Implementierungen dienen können.

Es wird ein Vorschlag für eine integrierte objektorientierte Software Entwicklungsumgebung OSEU erarbeitet, welcher alle vorher beschriebenen Teilbereiche umfaßt und in seiner Funktionalität besonders für die Lösung von Aufgabenstellungen im kommerziellen Umfeld ausgelegt ist.

Die Objektorientierung wird in den nächsten Jahren als Basis für viele neue Technologien dienen, weswegen ein weiteres Ziel ist, einige dieser Entwicklungen richtig vorherzusehen und in den Gesamtkontext eines konsequent objektorientierten Ansatzes zu stellen.

1.4   Der Aufbau dieses Buches

Die in diesem Buch benutzten Begriffe werden nicht bei ihrem ersten Auftreten erläutert. Eine Kenntnis der Grundbegriffe objektorientierter Technologie wird vorausgesetzt, bzw. sind diese im Glossar zusammengefaßt erläutert.

Nach der Definition objektorientierter Prinzipien im zweiten Kapitel wird im dritten Kapitel ein Ausblick auf die Geschichte der Objektorientierung gegeben, um auch von dort die Ansätze aufzugreifen und in das Gesamtverständnis einfließen zu lassen. Mit Beispielen aus Anwendungen wird im vierten Kapitel der Bezug zur praktischen Problemstellungen hergestellt und die Prinzipien veranschaulicht. Danach behandelt jedes weitere Kapitel ein abgeschlossenes Gebiet, wobei es jeweils von bestehenden Techniken ausgeht, objektorientierte Prinzipien auf das Bestehende anwendet, um darauf aufbauend eine Perspektive für die konsequente Weiterentwicklung zu entwerfen.

Das fünfte Kapitel stellt objektorientierte Analyse- und Entwurfsmethoden und eine neue objektorientierte Methode zur Erstellung von Lösungen dar.

Kapitel sechs beschreibt objektorientierte Komponenten im Bereiche der graphischen Benutzerschnittstellen und entwickelt Prinzipien zur Erstellung von objektorientierten Werkzeugen im Bereich der Benutzerschnittstellen.

Kapitel sieben stellt objektorientierte Anwendungsstrukturen dar und stellt objektorientierte Prinzipien konventionell prozeduralen Ansätzen gegenüber.

Im Kapitel acht werden einzelne Vertreter von Programmiersprachen vorgestellt, welche die Objektorientierung auf jeweils verschiedene Weise implementieren. Danach wird das System NATURAL [Pagé et al. 79] objektorientierten Sprachen gegenübergestellt und auf Tauglichkeit als Basis einer objektorientierten Entwicklungsumgebung für die ganzheitliche Bearbeitung von kommerziellen Problemstellungen untersucht.

Kapitel neun behandelt konventionelle Datenbankverwaltungssysteme in der Entwicklung zu objektorientierten Datenbankverwaltungssystemen.

Kapitel zehn untersucht die Anforderungen an objektorientierte Prinzipien für deren Einsatz in einer Client/Server Architektur und geht besonders auf die Bearbeitung von Nachrichten als Funktionsaufrufe bzw. -aufträge ein.

Kapitel elf stellt die Techniken von Daten-Diktionären dar und entwickelt die Idee eines Objekt-Diktionärs zur Dokumentation und dem Wiederauffinden aller Komponenten einer Lösung.

Kapitel zwölf greift alle bis dahin dargestellten Anforderungen, Prinzipien und Techniken auf und entwickelt daraus einen einheitlichen Entwurf für ein integriertes objektorientiertes Software-Entwicklungssystem.

Die Kapitel dreizehn und vierzehn bewerten objektorientierte Prinzipien in ihrer Bedeutung für die Organisation von Unternehmen.

Abschließend behandelt Kapitel fünfzehn, warum die Objektorientierung erst jetzt Eingang in die kommerzielle Datenverarbeitung gefunden hat und wie sich die weitere Entwicklung wahrscheinlich gestalten wird.

2. Definition des Begriffes Objektorientierung und der Ziele dieses Buches

In diesem Kapitel wird eine Definition des Begriffes Objektorientierung gegeben und ein abstraktes Objektmodell vorgestellt.

2.1 Definition des Begriffes Objektorientierung

Kernprinzip der objektorientierten Programmierung ist der sogenannte abstrakte Datentyp (ADT) als Modell (Struktur) mit einer Anzahl von Operationen, die dieses Modell beeinflussen [Jacobson 92]. Ein ADT ist die formale Beschreibung der äußeren Sicht von Eigenschaften (Typen und Dienste), die Entinitäten aus der Anwendungsumgebung besitzen. Ein objektorientiertes System ist eine Sammlung solcher ADTs. In der objektorientierten Systementwicklung entspricht dem ADT die (Objekt-) Klasse. Eine Klasse beschreibt wie ein ADT die gemeinsamen Eigenschaften einer Menge von ähnlichen Objekten (Objektinstanzen). Beim Übergang vom ADT zu Objekten ergeben sich folgende Forderungen, die dann die Eigenschaften objektorientierter Systeme vollständig definieren:

1. *Abstraktion:* Es muß möglich sein, komplexe Entitäten stufenweise zu abstrahieren und immer weiter unwichtige Details zu verbergen. Zu unterscheiden ist dabei die funktionale Abstraktion, die in der Form von Unterprogrammen schon lange angewandt wird und die Datenabstraktion, welche zum Ziel hat, eine Menge von der Problemstellung her eng verwandter Daten einzuschließen und die Details der Implementierung ihrer Strukturen und Funktionen zu verbergen [Denert 92].

2. *Geheimnisprinzip nach Parnas, i.e. Trennung von Spezifikation und Implementierung:* Es muß möglich sein, die Eigenschaften einer Klasse getrennt von deren Implementierung zu definieren und dem Kunden verfügbar zu machen. Mit dieser Eigenschaft erlauben es objektorientierte Systeme, einzelne Komponenten mit ihrer extern sichtbaren Funktionalität

zu definieren und ohne Auswirkung auf andere Komponenten auszutauschen, wenn sich ihre konkrete Implementierung ändert.

3. *Kapselung:* Die Programmiersprache muß die Möglichkeit bieten, Daten, und Methoden (Verarbeitungs-Operationen/Funktionen) zu einer syntaktischen Einheit zusammenzufassen. Diese Komponenten eines ADTs werden in der Programmiersprache zu einer Klasse zusammengefaßt. Die Kapselung erzeugt ein neues Verständnis für die Komponenten einer Software-Lösung, da diese nunmehr nach realen Entitäten modelliert werden können und als Eigenschaften Daten und Operationen beinhalten.

4. *Schutz gegen unkontrollierten Zugriff auf die innere Struktur eines Objekts:* Einzelne Komponenten einer Klasse müssen gegen den unkontrollierten Zugriff geschützt werden können. Der Zustand eines Objekts darf nur durch die Anwendung einer Methode der entsprechenden Klasse veränderbar sein.

5. *Klassifikation und Instanzierung:* Es muß möglich sein, Objekte als konkrete Ausprägung einer Klasse zu definieren. Ein Objekt ist ein Element aus der Menge der Gegenstände, die durch den ADT beschrieben wird, und muß alle Eigenschaften haben, die dabei festgelegt wurden.

6. *Assoziation:* Es muß möglich sein, Gruppierungen von Objekten (Mengen) zusammenzufassen und daraus komplexe Datentypen aufzubauen [Heuer 92].

7. *Aggregation:* Es muß möglich sein, Beziehungen zwischen Objekten zusammenzufassen und daraus komplexe Datentypen aufzubauen, bei denen sich eine Instanz des Aggregationstyps aus den Komponententypen zusammensetzt [Heuer 92].

8. *Vererbung:* Eine Klasse kann ihre Eigenschaften an andere Klassen weitergeben, wobei diese dann erweitert bzw. anders implementiert werden können. Dies bedeutet, daß die Eigenschaften einer Basisklasse oder allgemein Oberklasse in einer davon abgeleiteten Klasse verfügbar sind. Es ist das Vererbungsprinzip, welches inhärent zu einer klaren Definition und Klassifizierung aller in einem System enthaltenen Komponenten führt. Eine abgeleitete Klasse kann Eigenschaften nur von einer Oberklasse erben (Einfachvererbung) oder aber von mehreren Oberklassen (Mehrfachvererbung). Dies ist für eine realitätsnahe Modellierung vieler Anwendungsbereiche wichtig, erfordert jedoch Konfliktlösungsstrategien, wenn in zwei Oberklassen Eigenschaften unter demselben Namen verschiedene Werte besitzen.

9. *Kommunikation über Botschaften oder Stimuli:* Objekte kommunizieren miteinander über definierte Botschaften oder Stimuli, deren Aufbau sich aus der Parameterstruktur der im Server-Objekt implementierten Operationen oder Methoden ergibt. Es gibt keine andere Methode, um Aktionen in einem Objekt anzustoßen [Heuer 92].

10. *Verzicht auf ein Hauptprogramm:* Ein objektorientiertes System besitzt
kein Hauptprogramm [Meyer 88]. Es besteht vielmehr aus einer Menge von
Objekten, die untereinander Nachrichten austauschen, neue Objekte erzeugen und Objekte löschen können. Der Ablauf der Bearbeitung ergibt
sich aus dem Datenaustausch zwischen den Objekten. Die Zielsetzung der
Nebenläufigkeit fordert sogar, daß gleichzeitig mehrere Objekte Aktionen
ausführen können, was zu einer echten Parallelverarbeitung führen kann.
Es ist besonders diese Eigenschaft, welche die Objektorientierung so attraktiv macht, da damit die Abläufe eines Software-Systems nach den Abläufen des realen Lebens modelliert werden können, wo auch Entitäten über
Nachrichten in Verbindung treten und damit Aktionen ausgelöst werden.

Objektorientierung ist eine logische Weiterentwicklung bisher verwandter
Techniken. Ausgangspunkt einer systematischen Software-Entwicklung war in
den siebziger Jahren die strukturierte Programmierung, mit deren Regeln sich
Programme besser aufteilen lassen [Denert 92]. Die Abläufe werden auf diese
Weise übersichtlicher und leichter zu pflegen. Der nächste Schritt war in den
achziger Jahren Datentypen, welche die Trennung von Algorithmen und Datenstrukturen durch Bildung von gekapselten Modulen mit einer definierten sichtbaren Schnittstelle aufhob. Die Weiterentwicklung dieses Ansatzes führt zur
‚objektorientierten Programmierung‘ (OOP) [Meyer 88, Budd 92, Jacobson 92].
Anstatt jedoch wie in der konventionellen Programmierung Modulen nach
Operation zu strukturieren und Datenstrukturen zwischen den Modulen auszutauschen, geht man beim objektorientierten Entwurf genau umgekehrt vor:
Man benutzt die Datenstruktur als Grundlage und ordnet jede Routine derjeni-
gen Datenstruktur zu, der sie am ehesten als Eigenschaft zugehört. Es ist dieser
geänderte Blickwinkel, welcher den Kern des objektorientierten Entwurfs aus-
macht.

Objektorientierung findet mit drei wesentlich verschiedenen Ansätzen Eingang in die Implementierung von Anwendungssystemen:

Der pragmatische Ansatz zielt primär darauf, Objekte im Sinne von Komponenten durch Kapselung zu erzeugen und wird in der OLE Technik (Objekt
Linking and Embedding) von Mircrosoft verfolgt. Der Vorteil dieses Ansatzes
liegt darin, daß mit diesem Verständnis auch bestehende Systeme objektorientiert (als gekapselte Komponenten) interpretiert werden können, obwohl
sie nicht unter Verwendung objektorientierter Werkzeuge erzeugt wurden. Dieser Ansatz basiert auf der Nachrichtenübertragung zwischen Objekten und fordert damit eine vollständige Kapselung.

Die Object Management Group OMG verfolgt mit ihrem Ansatz der Common
Object Request Broker Architecture (CORBA) den Ansatz, gekapselte Objekte in
verteilten Umgebungen zusammenwirken zu lassen und hat dafür mit dem

Object Request Broker eine Technologie zur Implementierung von Objekten unter einer zentralen Verwaltung und deren Kommunikation untereinander geschaffen.

Der programmierungsgetriebene und ‚reine' Ansatz dagegen nutzt objektorientierte Werkzeuge und Sprachen mit Vererbung zur Erstellung der Anwendungssysteme, ist dafür aber oft nicht konsequent in der Kapselung der entstehenden Objekte, indem auch manche objektorientierte Sprachen direkte Referenzen auf Daten in Objekten lassen.

Objektorientierung ist allerdings mehr als eine neue Programmiertechnik zur besseren Strukturierung von Programmen. Es handelt sich hier vielmehr um einen Denkansatz, der sich auf alle Phasen des Entwicklungsprozesses auswirkt und damit nicht nur ein Umdenken der Programmierer erfordert, sondern aller Personen, die an der Erstellung von Computer-Systemen beteiligt sind bzw. auch deren Nutzer. Der Begriff ‚objektorientierte Programmierung' ist insofern irreführend, daß er den Eindruck erweckt, allein durch die Verwendung einer anderen Programmiersprache und neuer Regeln für die Programmierung ließen sich objektorientierte Systeme entwickeln. In Wirklichkeit umfaßt Objektorientierung alle Phasen eines Datenverarbeitungs- oder Organisationsprojektes von der Analyse über die Spezifikation und den Entwurf bis zur eigentlichen Programmierung. Daneben wandelt sich mit einem objektorientierten Ansatz auch das Datenmodell und die Funktionalität des Datenbankverwaltungssystems.

Durch den objektorientierten Ansatz werden alle Bereiche der Datenverarbeitung verändert.

2.1.1   Objektorientierte Analyse und Entwurf

Mit objektorientierten Ansätzen soll der jeweilige Anwendungsbereich möglichst realitätsnah modelliert und gehandhabt werden. Gegenüber herkömmlichen Verfahren ist es möglich, objektorientierte Analyse (OOA), Entwurf (engl. design) OOD und Programmierung OOP unter demselben Paradigma, z.T. sogar in derselben Sprache durchzuführen. Eine Reihe von Methoden und Werkzeugen stellt für OOA, OOD und OOP einheitliche Mechanismen zur Verfügung, so daß die einzelnen Phasen unmittelbar ineinander übergehen. Eine Übersicht über die wichtigsten Vertreter wird in Kap. 5.2 gegeben.

Nach Jacobson [Jacobson 92] ist das Ziel objektorientierter Analyse, ein Verständnis der funktionalen Anforderungen des Anwendungsproblems zu gewinnen. Der Unterschied zwischen objektorientierter Analyse und funktions-/datenorientierter Analyse liegt darin, daß funktions-/datenorientierte Analyse Verhalten und Daten getrennt betrachtet, während objektorientierte Analyse beide in integrierten Objekte kombiniert. Objektorientierte Analyse kann dadurch charakterisiert werden, daß sie in Iterationen das Verhalten und den Informationsgehalt eines Systems analysiert. Dabei ist Teil der Analyse das Erkennen der Anforderungen von Nutzern an das System. Die Analyse umfaßt folgende Aktivitäten:

- Finden der Objekte
- Organisieren der Objekte
- Beschreiben, wie Objekte miteinander kommunizieren
- Spezifizieren der internen Struktur der Objekte

Nach Meyer ist „objektorientierter Entwurf" diejenige Methode, die zu Softwarearchitekturen führt, welche auf den von jedem System oder Teilsystem bearbeiteten Objekten beruhen (und nicht auf der ‚Funktion', die das System angeblich realisiert) [Meyer 88].

Der objektorientierte Entwurf zielt auch für die Implementierung der System-Komponenten darauf, diese in Form einer Sammlung von Objekten zu strukturieren und nicht in einem unteilbaren System zu verschmelzen [Jacobson 92].

Booch [Booch 91/92], Coad/Yourdan [Coad et al. 90] und Jacobson [Jacobson 92] schlagen Methoden für Analyse und Entwurf von objektorientierten Anwendungssystemen vor, deren Verfahren von der Analyse bis zur Implementierung durchgängig sind.

2.1.2   Objektorientierte Programmierung

Nach Meyer ist objektorientierte Programmierung zunächst einmal das, was der Name sagt: Programme schreiben, die von Objekten handeln. Eine wesentliche Frage für die Programmierung ist also nicht, „was tut das System", sondern „mit welchen Objekten arbeitet es"? [Meyer 88].

Objektorientierte Programmierung geht von den Entitäten der realen Welt aus und versucht, deren Verhalten durch Objekte der DV-Implementierung zu modellieren. Objektorientierte Sprachen gewährleisten für die Implementierung, daß das System als Sammlung von Beschreibungen interner Objekte und nicht von Prozeduren geschrieben wird [Meyer 88].

Ein wesentliches Ziel dieser Strukturierung von Systemen ist das Ermöglichen von Wiederverwendbarkeit einmal geschaffener Objekte in unterschiedlichen Anwendungen und Konfigurationen.

2.1.3   Objektorientierte Datenbanken

Neben der Art der Programmierung umfaßt Objektorientierung auch die Art, wie Daten gespeichert werden. Daten existieren nach den Regeln der Objektorientierung nicht mehr isoliert, sondern nur noch als Teil von gekapselten Objekten. Daneben fordert die Objektorientierung mit ihrem Ansatz der Abbildung der realen Welt auch die Fähigkeit, Daten zu strukturieren.

Der Hauptunterschied zwischen objektorientierten und klassischen (relationalen) Datenbankmodellen liegt darin, daß die Einheit eines Objekts (oder Entität) im Vordergrund steht, nicht die Einheit eines Records oder Tuples. Mit objektorientierten Datenbankmodellen soll unter anderem folgendes erreicht werden [Heuer 92]:

- Erreichung einer weiteren Trennung zwischen der internen und der konzeptuellen Ebene.
- Vermeidung des Überfrachtens von Relationen im Relationenmodell durch Darstellung von Beziehungen zwischen Objekten und mehrwertige Eigenschaften von Objekten.
- Einführung von Abstraktionsmechanismen analog zu Konstrukten der Programmiersprachen zur Verkleinerung des ‚impedance mismatch‘ zwischen Programmierung und Datenmodellierung.
- Integration eines Großteils der semantischen Integritätsbedingungen als inhärenten Teil der Struktur und Beziehungen zwischen Objekten.
- Abbilden von dynamischen Eigenschaften von Objekten wie Operationen und Beziehungen zwischen diesen Operationen.

Zwei unterschiedliche Ansätze spielen zur Entwicklung neuer Datenmodelle eine Rolle. Der eine Ansatz versucht das relationale Datenmodell in mehreren Schritten über das Non First Normal Form (NF2) Modell [Schek et al. 84, Scholl 88] in Richtung auf sog. komplexe Objekte zu erweitern, während andere die Prinzipien objektorientierter Programmiersprachen auch auf die Datenmodellierung anzuwenden versucht [Heuer 92].

Insgesamt kann nach dem Studium unterschiedlichster Literatur [Meyer 88, Jacobson 92, Heuer 92] festgestellt werden, daß der Begriff ‚Objektorientierung‘ für verschiedene Bereiche der Datenverarbeitung Unterschiedliches bedeutet:

- In der Analysesphase die Abbildung von Entitäten der realen Welt mit ihrem für die Datenverarbeitung relevanten Informationsgehalt;
- Für die Programmierung die Zusammenführung von Daten und Methoden zu einer Verarbeitungseinheit oder zu einem Verarbeitungsobjekt und den Aufbau einer Lösung aus vorgefertigten Bausteinen, die – analog zu Bauklötzen – zusammengesetzt werden und damit Makrofunktionen bilden;

– Für die Datenbanktechnologie die Möglichkeit, strukturierte Datenobjekte
  in strukturierten Datensätzen für die persistente Speicherung beschreiben
  und verwalten zu können und in diesen neben statischen auch funktionale
  Attribute spezifizieren zu können.

Alle diese Techniken werden als objektorientiert bezeichnet, obwohl sie sich in
ihrem Ansatz und ihrer Funktionalität z.T. stark voneinander unterscheiden.

2.2 Objektorientierung in kommerziellen DV-Lösungen

Im folgenden sollen kurz die Ziele dieses Buches für die verschiedenen Bereiche
definiert werden:

2.2.1 Allgemeine Zielsetzung

Allgemeine Zielsetzung ist es, eine objektorientierte Software-Entwicklungs-
Umgebung OSEU zu definieren, die als neue und umfassende Betriebssystem-
schicht mit allgemeinen Diensten zur Verwaltung der Entwicklungs- und Pro-
duktionsumgebung dienen kann. Diese OSEU umfaßt einen Objektspeicher,
der alle Details der Realisierung verbirgt (Orts-, Zugriffs-, Verteilungstrans-
parenz) und die Querverweise zwischen den einzelnen Objekten verwaltet (aus
welchen Teilen zusammengesetzt, wie strukturiert). Daneben umfaßt die OSEU
eine einheitliche objektorientierte Sprache, welche zur Spezifikation der persistenten Objekte und deren Bearbeitung dienen kann. Darüber hinaus müssen
Prozeßinteraktionsdienste und allgemeine Kommunikationsdienste angeboten
werden. Auf diese Plattform sollten die Modelle der operativen und administra-
tiven Seite leicht abbildbar sein.

Für den Aufbau einer integrierten Software-Entwicklungsumgebung wird
von der ECMA und NIST gemeinsam ein Referenzmodell vorgeschlagen, in
dem die Leistungen und Dienste eines Integrationsrahmens beschrieben werden.

Die Funktionalität eines Integrationsrahmens teilt sich folgende Bereiche auf:

– Objektverwaltung
– Steuerung des Software-Entwicklungsprozesses
– Kommunikation zwischen den Werkzeugen
– Betriebssystemdienste
– Konstruktion von Benutzerschnittstellen

- Zugriffskontrollen
- Administration des Integrationsrahmens

Obwohl dieses Modell nur für die Erstellung eines Integrationsrahmens für eine Software-Entwicklungsumgebung definiert ist, können dieselben Funktionen auch von einer operativen objektorientierten Umgebung gefordert werden. Insofern kann dann die operative mit der Entwicklungsumgebung verschmelzen und dieselben Techniken nutzen.

2.2.2   Objektorientierte Analyse und Entwurf

Die Analyse und der Entwurf von konventionellen Anwendungslösungen basieren bisher auf der Trennung von Daten und Programmen. Während in frühen Analyse-Phasen ein Entity/Relationship Modell [Chen 76] der Komponenten einer Lösung erarbeitet wird, welches noch die Entitäten der realen Welt als beste verfügbare Darstellungsform mit ihren Beziehungen untereinander in ihrer Gesamtheit erfaßt, muß bei dem Entwurf des zu implementierenden Systems ein Datenstrukturdiagramm und getrennt ein Funktionsstrukturdiagramm erstellt werden, um dann die Implementierung in der Datenbank bzw. Programmen vornehmen zu können.

Dieser oft auch als ‚impedance mismatch‘ bezeichnete Bruch führt dazu, daß die Komponenten der Lösung nicht mehr leicht mit der – sich ändernden – Realität in Beziehung gebracht werden können und damit Anpassungen großen Aufwand verursachen.

Eine objektorientierte Entwurfsmethode, die den ‚impedance mismatch‘ vermeidet und insgesamt ein einheitliches Vorgehen von der ersten Analyse bis zur erstellten Lösung möglich macht, wird hier vorgestellt.

2.2.3   Objektorientierte Nutzerschnittstellen

Nutzerschnittstellen waren in der Vergangenheit geprägt von dem Ansatz, daß das System den Nutzer über Menüs durch die verschiedenen verfügbaren Funktionen führt. Dies hatte zur Folge, daß das System den Nutzer ‚steuerte‘. Objektorientierte graphische Nutzerschnittstellen auf Personal Computern bieten die Möglichkeit, daß der Nutzer seine Aktivitäten selbst bestimmt und auch mehrere Aktivitäten parallel durchführt. Objektorientierte Nutzerschnittstellen ermöglichen daneben eine neue Art der ‚objektorientierten‘ Programmierung, bei der der Nutzer nur ikonisierte Objekte manipuliert und damit letztlich Programme erzeugt.

Es wird ein objektorientierter Nutzerarbeitsplatz beschrieben, der einmal den Zugriff auf vorgefertigte Funktionen (Objekte) komplexer Lösungen erlaubt und daneben auch die individuelle Nutzung von lokalen intelligenten Werkzeugen.

2.2.4   Objektorientierte Programmierung

Objektorientierte Programmierung existiert in ihren Ansätzen bereits seit Ende der 60er Jahre, wo mit SIMULA [Dahl et al. 70] die erste objektorientierte Sprache implementiert wurde.

Bisher haben objektorientierte Sprachen kaum Eingang in die kommerzielle Datenverarbeitung zur Implementierung umfangreicher Systeme gefunden. Ausgehend von bekannten objektorientierten Sprachen wird eine im Stil kommerzielle, objektorientierte Sprache beschrieben.

2.2.5   Objektorientierte Datenbankverwaltungssysteme

Die Technologie der Datenbankverwaltungssysteme ist heute stark geprägt vom relationalen Ansatz. Eine große Zahl von Mitarbeitern in Unternehmen sind im Umgang mit SQL ausgebildet und erfahren. Dennoch sind die Beschränkungen des relationalen Datenmodells inzwischen erkannt und hemmen die Implementierung vieler Lösungen.

Ein Entwurf für ein objektorientiertes Datenbankverwaltungssytem wird in diesem Buch beschrieben, der möglichst die bekannten SQL-Schnittstellen beibehält und doch die Nachteile relationaler Systeme eliminiert.

2.2.6   Objektorientierte Nachrichtenverarbeitung

Objektorientierte Technologie enthält das Nachrichtenprinzip zur Vermittlung von Anforderungen/Aufträgen zwischen Objekten. Heutige Kommunikationstechniken definieren zwar die Art der Kommunikation, legen jedoch nicht den Inhalt der Nachrichten fest.

Ein für eine objektorientierte Verarbeitung nötiges Nachrichtenformat (Beschreibung der Inhalte) wird in diesem Buch vorgestellt, welches wiederum auf bekannten und bewährten Techniken aufbaut und die nötigen Erweiterungen für objektorientierte Verarbeitungen definiert.

2.2.7   Objektorientierung in Client/Server Lösungen

Client/Server Lösungen werden z.Zt. in vielen Ausprägungen diskutiert. Eine objektorientierte Verarbeitung fordert von einer verteilten Client/Server Umgebung Funktionen wie z.B. Transaktionsverarbeitung und asynchrone Verarbeitung.

2.2.8   Einsatz objektorientierter Methoden in der Organisation von Unternehmen

Der objektorientierte Ansatz ist nicht beschränkt auf technische Lösungen, sondern bietet auch bei der Strukturierung von Funktionen in Unternehmen neue Möglichkeiten für den Aufbau effektiverer und effizienterer Strukturen zur Kommunikation und Kooperation der einzelnen Bereiche miteinander.

In diesem Buch werden entsprechende ‚objektorientierte' Organisationsstrukturen vorgestellt und diese mit konventionellen Strukturen verglichen.

2.3   Ein abstraktes Objektmodell

Im folgenden soll eine Beschreibung für ein abstraktes Objektmodell gegeben werden, welches grundlegende Prinzipien der Objektorientierung festlegt. Das beschriebene abstrakte Objektmodell ist die Übersetzung der Definition der OMG (Object Management Group[OMG 90] und soll hier dargestellt werden, um neben Quellen aus dem akademischen Lager auch eine Quelle aus der Industrie einzuführen. OMG stellt mit einer großen Zahl von Mitgliedern aus der Industrie eine wesentliche Initiative zur Verbreitung objektorientierter Technologie dar. Eigene Kommentare zu dem Originaltext werden in unterstrichener Schreibweise eingefügt:

Die fundamentale Eigenschaft von Objektsystemen ist die Unterscheidung zwischen der Semantik von Objekten, wie sie von Objektklienten gesehen wird von der eigentlichen Implementierung dieser Semantik in Form von Daten und ausführbarem Code. Objektsemantik schließt Dinge ein wie: Objekterzeugung und -identität, Anforderungen und Operationen, Typen und Signaturen. Objektimplementierung umfaßt Konzepte wie: Methoden, Datenstrukturen, Klassen und Implementierungsvererbung.

Das Objektmodell beschreibt zuerst Konzepte in Verbindung mit Objektsemantik und dann Objektimplementierung.

Klassische vs. Generalisierte Objektmodelle

Beim klassischen Objektmodell, wie es für die meisten heute implementierten Systeme benutzt wird, sendet ein Klient eine Nachricht zu einem Objekt. Gemäß dem Konzept interpretiert das Objekt die Nachricht um zu entscheiden, was zu tun ist. Im klassischen Objektmodell identifiziert eine Anforderung ein Objekt und hat keine oder mehr Parameter. In den meisten klassischen Modellen ist ein erster Parameter nötig, welcher die auszuführende Operation identifiziert. Die Interpretation der Nachricht selektiert auch eine Methode entsprechend der spezifizierten Operation. In Praxis kann diese Selektion durch das Objekt oder das System erfolgen.

Im generalisierten Objektmodell sendet der Klient eine Anforderung aus, die eine Operation identifiziert und keinen oder mehr Parameter enthält, von denen einer oder mehrere Objekte identifizieren können (*dies führt technisch zu ‚Service Directories‘, wie sie praktisch für verteilte Systeme bereits vorgeschlagen werden*). Im generalisierten Objektmodell basiert die Selektion von Methoden auf der Operation und jedem selektierten Objekt. Da die Methodenselektion auf mehrere Objekte ausgerichtet ist, wird sie eher als vom System ausgeführt gesehen als vom Objekt. Sie kann natürlich auch in der letzten Phase vom Objekt ausgeführt werden.

Das klassische Objektmodell ist eine spezielle Ausprägung des generalisierten Modells, wenn man es so betrachtet, daß das Senden einer Anforderung an ein Objekt gleichwertig ist mit dem Senden einer Nachricht und der Auswahl von Methoden über die Operation, wobei das Objekt im ersten Parameter identifiziert wird.

Das generalisierte Modell erlaubt mehr Möglichkeiten, indem z.B. eine Methode nur ausgewählt wird, wenn eine bestimmte Operation für ein bestimmtes Objekt angefragt wird.

Die Technik des klassischen Modells, nämlich daß Objekten in einer verteilten Umgebung Lokationen zugewiesen werden, kann auf das generalisierte Modell übertragen werden, indem Lokationen an Operationen zugewiesen werden.

Dieser Vorschlag zielt wahrscheinlich darauf, eine Verarbeitung einer Menge von Objekten mit einer bestimmten Methode zu ermöglichen, da diese Verarbeitungsart in der kommerziellen Umgebung häufig vorkommt. Der beschriebene Ansatz erscheint unklar. In Kapitel 12 wird ein Lösungsansatz für dieses Problem beschrieben.

2.3.1   Objektsemantik

Die Objektsemantik beschreibt, wie Objekte zu benutzen sind:

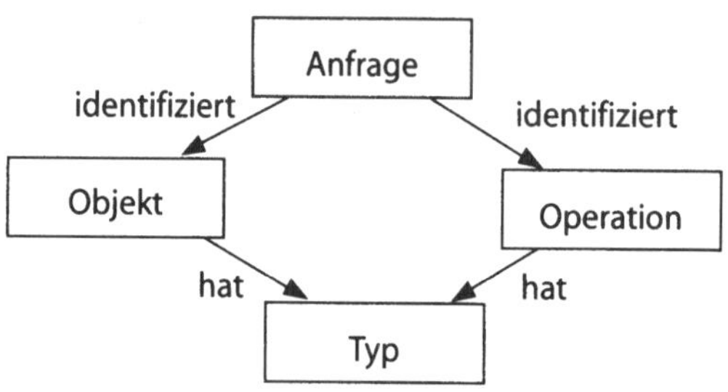

Abb. 2.1 Darstellung der Objektsemantik

Das Verarbeitung-Modell enthält Entitäten, die als *Objekte* bekannt sind. Ein *Objekt* ist die Zusammenfassung von Status und einer Menge von Operationen, die als Abstraktion das Verhalten gültiger Anforderungen einschließen.

Ein *Objekt* ist daran beteiligt, Dienste für einen Klienten zu liefern. Klienten sind beliebige Entitäten, die eine Anforderung aussenden können wie: Anwendungsprogramme, Objekte und Nutzer über eine Nutzerschnittstelle.

2.3.1.1   Anforderungen

Klienten fragen Dienste durch das Aussenden von *Anforderungen* an. Eine *Anforderung* ist ein Ereignis, d.h. etwas, das zu einer bestimmten Zeit während der Ausführung des Verarbeitungssystems eintritt. Die mit der *Anforderung* gelieferte Information besteht aus einer Operation und keinem oder mehr Parametern.

Operationen können generisch sein, d.h. daß eine *Operation* von verschiedenen Objekten mit unterschiedlicher Implementierung angefragt werden kann, was in unterschiedlichem Verhalten resultiert. *Operationen* werden durch explizite Aktionen erzeugt. Jede Aktion erzeugt eine *Operation*, die von vorher oder zukünftig erzeugten *Operationen* verschieden ist.

Ein *Wert* ist alles, was als Parameter in einer Anforderung gültig ist. Ein *Wert* kann ein Objekt identifizieren, um eine Anforderung auszuführen. Ein *Wert*, der ein Objekt identifiziert wird Objektname genannt.

Ein *Verweis* ist ein Objektname, der eindeutig ein bestimmtes Objekt identifiziert.

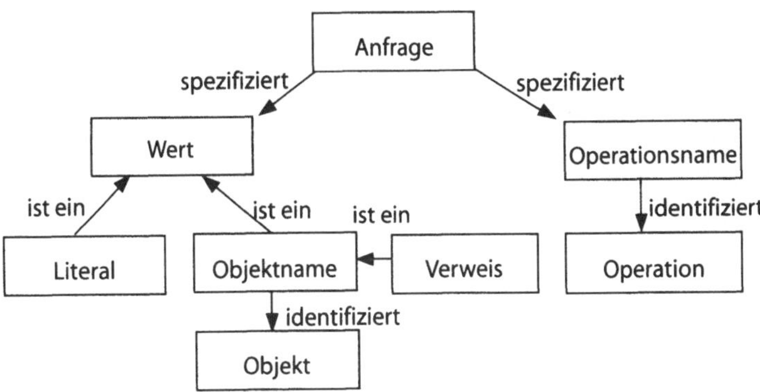

Abb. 2.2 Struktur der Elemente objektorientierter Funktionalität

Ein Objekt *nimmt* an einer Anforderung *teil*, wenn einer oder mehrere Parameter der Anforderung das Objekt identifizieren.

Eine Anforderung veranlaßt, daß ein Dienst für einen Klienten ausgeführt wird. Das Ergebnis der Ausführung dieses Dienstes kann darin resultieren, daß Ergebnisse an den Klienten zurückgeliefert werden. Die Ergebnisse können sowohl Werte als auch Statusinformationen beinhalten, welche außergewöhnliche Bedingungen bei der Ausführung der Anfrage erzeugt haben.

2.3.1.2 Verhalten und Abstraktion

Das *Verhalten* für eine Anforderung ist die wahrnehmbare Wirkung, die aus der Durchführung des angeforderten Dienstes resultiert (Das Verhalten kann auch anderen Entitäten als dem Klienten wahrnehmbar sein). Das *Verhalten* für eine Anforderung schließt die Ergebnisse ein, die dem Klienten zurückgeliefert werden sowie indirekte Wirkungen auf die Ergebnisse zukünftiger Anforderungen.

Im allgemeinen stellt jede Verarbeitung einschließlich des Aussendens neuer Anforderungen das *Verhalten* auf Anforderungen dar. Das *Verhalten* für eine Anforderung hängt im allgemeinen von den Parametern der Anforderung und dem *Status* des verarbeitenden Systems ab. Der *Status* des verarbeitenden Systems ist bestimmt durch die Geschichte früherer Anforderungen. Das Verhalten kann also ausgedrückt werden als Funktion, die die aktuellen Parameter der Anforderung und den *Status* des Systems einschließt.

Ein Objekt verkörpert eine *Abstraktion*, die durch das Verhalten gültiger Anforderungen charakterisiert wird. Die von einem Objekt verkörperte *Abstraktion* ist für seine Klienten von Bedeutung. Ein Objekt, welches für einen Nutzer sichtbar ist, bildet typischerweise ein Objekt der realen Welt ab, mit welchem der Nutzer vertraut ist.

2.3.1.3 Objekterzeugung und Identität

Ein Objekt wird durch eine explizite Aktion erzeugt. Das Objekt hat eine *Identität*: es ist verschieden von allen anderen Objekten, die bereits erzeugt sind oder noch erzeugt werden. Objekterzeugung wird für Klienten durch Operationen verfügbar gemacht. Das Ergebnis einer Objekterzeugung wird dem Klienten durch einen Verweis sichtbar gemacht, welcher das neu erzeugte Objekt identifiziert. Das Verhalten einer Anforderung kann von der Identität der teilnehmenden Objekte abhängen. Der Status einer Komponente des Verarbeitungssystems kann eindeutig einem bestimmten Objekt zugeordnet sein. Generell kann der Status nur durch das Aussenden von Anforderungen verändert werden, an denen das Objekt teilnimmt, d.h. daß verschiedene Objekte verschiedene Stati haben können, die *gekapselt* sind.

2.3.1.4 Abstrakte Objektidentität

Objekte sind für Klienten unterscheidbar in dem Sinne, daß sie das Verhalten von Anforderungen beeinflussen.

Das Objektmodell erlaubt, verlangt jedoch nicht, daß die oben definierte Objektidentität direkt Klienten bekanntgemacht wird. Es gibt andere mögliche Formen der Objektidentität, die für Klienten passender sind. Die abstrakte Objektidentität läßt z.B. zu, daß zwei bisher verschiedene Objekte als dasselbe Objekt erkannt werden und zusammengelegt werden. Dieser Vorgang unterstützt das sich entwickelnde Verständnis der realen Welt.

Der Grund für die Formulierung der Objektidentität in dieser abstrakten Form liegt darin, daß damit mehr Flexibilität für Konzepte zur Implementierung von Objektidentität gegeben ist.

2.3.1.5 Sinnvolle Anforderungen

Nicht alle möglichen Anforderungen sind sinnvoll. Ein Objekt kann nicht alle möglichen Dienste anbieten, und es kann auch sein, daß die aktuellen Parameter einer Anforderung anderen Einschränkungen unterliegen. Der Begriff *sinnvolle Anfrage* entspricht der Korrektheit der Typen in typisierten Systemen. Jede Operation hat eine entsprechende *Signatur*, die die möglichen Parameterwerte für eine spezifische Operation einschränkt. Eine Anforderung ist nicht sinnvoll, wenn die aktuellen Parameter nicht dieser *Signatur* entsprechen. Das Aussenden einer nicht sinnvollen Anforderung kann in der Meldung einer Ausnahmebedingung an den Klienten resultieren.

Eine *Signatur* kann auch die möglichen Ergebniswerte charakterisieren. Typischerweise wird die *Signatur* die Ergebnisse in Form ihrer Typen charakterisieren. Diese zusätzliche Information beeinflußt nicht den Begriff der *sinnvollen Anforderung*, kann aber von Werkzeugen genutzt werden, die eine statische Analyse von Programmen durchführen.

Ein *Typ* ist eine über die Werte einer Signatur definierte Aussage, die mögliche Parameter einschränkt bzw. ein Ergebnis charakterisiert. Die Ausdehnung eines *Typs* ist eine Menge von Werten, die den Typ befriedigen. Die Ausdehnung eines Typs kann sich mit der Zeit verändern, wenn neue Objekte erzeugt werden bzw. als Ergebnis von Nebenwirkungen auf existierende Objekte.

Die Verwandtschaftsbeziehung *Konformität* ist über mehrere Typen definiert. Ein Typ ‚a' ist zu einem Typ ‚b' *konform*, wenn jeder Wert, der ‚a' befriedigt auch Typ ‚b' befriedigt.

Ein *Objekttyp* ist ein Typ, dessen Ausdehnung eine Menge von Objekten darstellt (genauer eine Menge von Werten, die Objekte identifizieren). Ein *Objekttyp* wird also nur von Werten befriedigt, die Objekte identifizieren.

Eine *Schnittstelle* ist die Beschreibung einer Menge von möglichen Nutzungen für ein Objekt. Eine Schnittstelle beschreibt also spezifisch eine Menge möglicher Anforderungen, an denen ein Objekt sinnvoll teilnehmen kann. Ein Objekt *befriedigt* die Schnittstelle, wenn jede mögliche Anforderung, die über die Schnittstelle beschrieben werden kann, sinnvoll ist.

Ein *Schnittstellentyp* ist ein Typ, der von jedem Objekt befriedigt wird, das eine bestimmte *Schnittstelle* befriedigt.

Jedes Objekt hat eine *generelle* Schnittstelle, die alle Anforderungen beschreibt, für die das Objekt sinnvoll ist.

2.3.2 Objektimplementierung

Dieser Abschnitt beschreibt die Konzepte der Implementierung von Objekten.

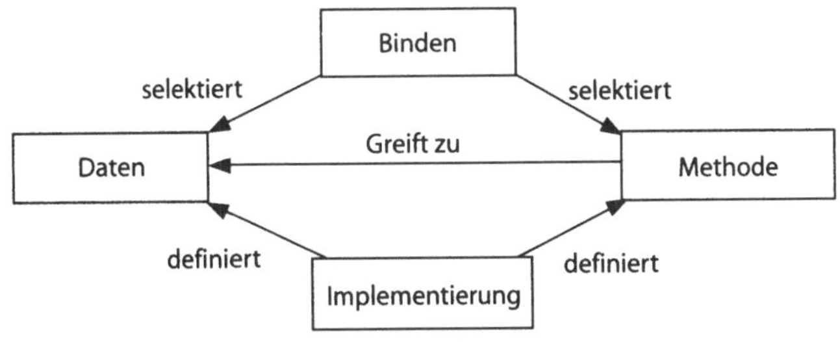

Abb. 2.3 Wesentliche Konzepte der Objektimplementierung

2.3.2.1 Ausführung von Anforderungen
Der praktische Effekt der Durchführung einer Anforderung ist die Ausführung eines Programmcodes, der auf bestimmte Daten zugreift. Die gespeicherten Daten repräsentieren eine Komponente des Status des Verarbeitungssystems.

Der Programmcode, welcher zur Durchführung einer Anforderung ausgeführt wird, heißt *Methode*.

Ein Objektsystem enthält eine Infrastruktur, die als Mittler zwischen Klienten und Diensten fungiert. Eine wesentliche Funktion der Infrastruktur ist die Auswahl des passenden Codes zur Durchführung eines angeforderten Dienstes und die Ausführung dieses Codes, um ihm Zugriff zu den entsprechenden Daten zu geben.

Die Auswahl einer *Methode* zur Durchführung eines angeforderten Dienstes und die Selektion der Daten, auf die von der Methode zugegriffen werden soll, heißt *Binden*. *Binden* kann *statisch* sein, d.h. daß die Auswahl vor dem Aussenden der eigentlichen Anforderung erfolgen kann oder *dynamisch*, was bedeutet, daß die Auswahl nach dem Aussenden der Anforderung erfolgt.

Die Auswahl des Codes für die Durchführung einer Anforderung an einen Dienst kann von verschiedenen Faktoren abhängen, besonders von der Identität der Objekte, die an der Anforderung teilnehmen.

Die Durchführung eines angeforderten Dienstes hat die Ausführung einer Methode zur Folge, die auf gespeicherte Daten zugreifen kann. Wenn die persistente Form der Methode oder der Daten nicht durchführbar ist, kann es nötig sein, diese in einen Arbeitsspeicher zu kopieren. Dieser Prozeß heißt *Aktivierung*, der gegenteilige Prozeß heißt *Passivierung*.

2.3.2.2 Realisierung von Verhalten

Ein Objektsystem muß Mechanismen bieten, die das Verhalten für Anforderungen darstellen können. Diese Mechanismen beinhalten die Definition von Datenstrukturen, von Methoden und der Art und Weise, wie die Infrastruktur des Objektsystems Methoden für die Ausführung selektiert bzw. die Daten, die der Methode zugänglich gemacht werden sollen. Daneben müssen Mechanismen vorhanden sein, die die konkreten Aktionen für die Erzeugung von Objekten definieren wie z.B. die Zuweisung von Daten und die Verknüpfung eines neuen Objekts mit passenden Methoden.

Eine *Objekt-Implementierung* oder *Implementierung* ist eine Definition, die die Information zur Erzeugung eines Objekts liefert und dem Objekt ermöglicht, an der Bereitstellung von Diensten teilzunehmen. Eine Implementierung schließt typisch die Beschreibung der Datenstruktur, die den Kernstatus des Objekts darstellt, und der Methoden ein, die auf diese Datenstruktur zugreifen. Sie enthält typisch auch Information über den beabsichtigten Typ des Objekts. Eine Implementierung kann auch das Verhalten eines bestehenden Objekts erweitern.

Ein Objektsystem kann erlauben, daß eine Methode die Objekte referenziert, die in der Anforderung für den Dienst der Methode identifiziert werden. Diese Fähigkeit heißt *Selbstreferenz* und ermöglicht, daß eine Methode zusätzliche Anforderungen aussendet, die dieselben Objekte anspricht.

2.3.2.3 Verhalten teilen

Ein Objektsystem enthält Mechnismen, die erlauben, daß Objekte mit demselben Verhalten dieselbe Implementierung teilen. Eine *Klasse* ist eine Implementierung, die *instanziert* werden kann und mehrere Objekte mit demselben anfänglichen Verhalten erzeugt. Die resultierenden Objekte heißen *Instanzen* der Klasse. Selbstreferenz ist vorteilhaft, wenn Methoden zwischen mehreren Instanzen geteilt werden sollen. Es ist aber auch möglich, daß mehrere verschiedene Implementierungen dasselbe Verhalten erzeugen.

Ein Objektsystem liefert Mechanismen, die ermöglichen, daß Objekte mit ähnlichem Verhalten Teile ihrer Implementierung teilen. *Vererbung der Implementierung* ermöglicht die Implementierung als inkrementelle Verfeinerung anderer Implementierungen.

Eine andere Technik zum Teilen derselben Implementierung ist die *Delegation*. Delegation ist die Fähigkeit einer Methode, eine Anforderung so auszusenden, daß eine Selbstreferenz in der Methode, die die Anforderung ausführt, dieselben Objekte referenziert wie die Selbstreferenz der Methode, die die Anforderung aussendet.

2.3.2.4 Objektpersistenz

Objektorientierte Systeme benötigen typischerweise irgendeine Form der Speicherung für langlebige Informationen über den Status der Verarbeitung (langlebig im Vergleich zu den Prozessen oder Pfaden, die Teile der Verarbeitung durchführen). Es gibt viele Möglichkeiten der langlebigen Speicherung – von traditionellen Dateisystemen bis zu objektorientierten Datenbankverwaltungssystemen. Diese Speicherungslösungen können klassifiziert werden nach der Art, wie sie bestimmte Arten des Status und Verhaltens von Objekten behandeln.

Typische Implementierungen klassifizieren Objekte als *persistent* oder *transient*. Diese Klassifizierung ist bedingt durch die Anforderung, Langzeitinformation und -verhalten in dem Status von Objekten zu verwalten. Ein Objekt ist persistent, wenn es den Prozess überlebt, der es erzeugt hat. Ein persistentes Objekt existiert, bis es explizit gelöscht wird. Ein Objekt ist transient, wenn seine Existenz mit der Dauer des Prozesses begrenzt ist, der es erzeugt hat.

2.3.3 Datenmodelle

Neben der Persistenz können Objektspeicherungssysteme nach dem Vorhandensein anderer Fähigkeiten bewertet werden. Um diese Fähigkeiten zu beschreiben, muß zuerst ein *Datenmodell* definiert werden. Das *Datenmodell* definiert im allgemeinsten Sinne die möglichen Verarbeitungs-Stati eines Objektsystems. Ein Datenmodell umfaßt:

- Eine Zusammenstellung von Typen und Operatoren für weitere Typen.
- Eine Zusammenstellung von Operationen zur Erzeugung, Zugriff, Änderung und Löschung von Instanzen solcher Typen.
- Einen Satz von Konsistenzregeln.

Mit diesen Definitionen kann die Fähigkeit eines Objektsystems zur Erhaltung von Integrität und Konsitenz bewertet werden. Im besonderen liefert ein System *Status-Konsistenz*, wenn es sicherstellt, daß der Status eines Objekts nicht durch externe Einflüsse beeinflußt werden kann. Ein System liefert *referentielle Integrität*, wenn es sicherstellt, daß ein Verweis, der in einem Status eines Objekts existiert, zuverlässig ein einzelnes Objekt identifiziert.

Konsistenz ist ein Maßstab für die Bewertung eines Systems bezüglich der Konformität mit einem zugeordneten Datenmodell. *Status-Konformität* sichert die Übereinstimmung des Status eines Objektes mit dem Datenmodell, Verhaltenskonformität stellt sicher, daß das Verhalten eines Objekts die Konsistenz des Objektverhaltens einhält.

Eine wünschenswerte Eigenschaft von Systemen, die Transaktionsverarbeitung implementieren, ist *Atomität*. *Atomität* stellt sicher, daß eine Operation entweder den Status aller an einer Anforderung teilnehmenden Objekte verändert oder keines. Wenn ein Satz von Operationen atomisch ist, können Anforderungen für diese Operationen serialisiert werden. Atomität ergibt sich aus der Fähigkeit eines Systems, Änderungen im Status des Verarbeitungssystems festzuschreiben oder zurückzunehmen (commit or rollback).

2.4   Paradigmenwechsel durch Objektorientierung

Ein Paradigma (griech. Parádeigma = Muster, Vorbild) legt das Muster oder Vorbild fest, nach dem die Realität wahrgenommen wird. Es bestimmt die Grenzen der Wahrnehmung und die Belegung des Wahrgenommenen mit Begriffen und seine Einordnung in Strukturen.

Bisher bestimmte das daten- und funktionsorientierte Paradigma die Welt der Datenverarbeitung. Das bedeutet, daß alles nur in Form von Daten auf der einen Seite getrennt von Funktionen auf der anderen Seite wahrgenommen werden konnte.

Mit der Objektorientierung wird in der Datenverarbeitung ein Paradigmenwechsel eingeleitet, der nicht nur eine neue Technik einführt, sondern das Grundverständnis neu definiert.

In Organisationstrukturen galt bisher die tayloristische Arbeitsteilung mit einer hierarchischen Organisationstruktur als Paradigma. Das bewirkte, daß jede Organisationsform nur ‚hierarchisch' wahrgenommen werden konnte und z.B. bereits eine Matrixorganisation als ‚nicht eindeutige' Hierarchie oft nicht beherrscht wurde.

Auch hier steht ein Paradigmenwechsel an, der darauf zielt, wieder die einzelne Arbeitsgruppe mit ihren Funktionen und Bedürfnissen als primäres Strukturelement zu sehen und die Organisation ausgehend von diesen möglichst selbständig operierenden Einheiten aufzubauen. Dabei werden oft Gruppierungen so gewählt, daß selbstähnliche Einheiten entstehen, die dann leichter einen Vergleich zwischen den Einheiten und damit die Ermittlung der ‚best practice' ermöglichen. Die in Unternehmen aktuell neu eingeführten Organisationsformen entsprechen weitgehend objektorientierten Prinzipien.

In der Erkenntnis dieses Sachverhaltes soll Objektorientierung allgemein in diesem Buch als neues Paradigma eingeführt werden.

Paradigmenwechsel sind grundsätzlich nicht durch eine lineare Weiterentwicklung der bisher angewandten Prinzipien zu erreichen, sondern erfordern eine grundsätzliche Rückbesinnung auf die eigentliche Aufgabenstellung und deren erneute Interpretation unter dem neuen Paradigma.

Damit stellt sich die Aufgabe, alle in der Datenverarbeitung und in der Organisation angewandten Prinzipien und Techniken in Frage zu stellen und unter dem objektorientierten Paradigma neu zu definieren. Dieser Ansatz wird bereits von Kilberth/Gryczan/Züllighofen verfolgt [Kilberth et al. 93].

Die Kunst wird hierbei darin liegen, bei diesem Paradigmenwechsel nicht alles Bestehende zerstören und aufgeben zu müssen, sondern vielmehr wo möglich nur durch Einbettung in das neue objektorientierte Paradigma neu zu interpretieren und zu strukturieren.

Während einige Ansätze wie z.B. Microsoft darauf zielen, bestehende Systeme und Funktionen durch Kapselung (Wrapping) zu quasi OO-Strukturen als Komponenten umzuformen, wird dieser Ansatz von der reinen Lehre angezweifelt und nicht als vollwertig objektorientiert anerkannt. Die auftretende Problematik muß sicher ähnlich komplex eingeschätzt werden wie die konventionelle Re-Engineering Ansätze.

2.5   Zusammenfassung

Im vorstehenden Kapitel wurde das Verständnis der Objektorientierung für dieses Buch definiert und die Ziele bei Anwendung des objektorientierten Paradigmas auf die verschiedenen Bereiche festgelegt.

Diese Definition geht über das allgemeine Verständnis der Objektorientierung hinaus. Sie erscheint jedoch nötig und angebracht, um das volle Potential des neuen Paradigmas ausschöpfen zu können.

3. Geschichte der objektorientierten Technologie

Objektorientierung hat als Prinzip bereits recht früh – Ende der 60er Jahre – Eingang in die Datenverarbeitung gefunden. Nach anfänglichen Anwendungen im Umfeld der Simulation von Prozessen und der Schaffung graphischer Nutzeroberflächen wurde eine Verbreitung des Prinzips auf kommerzielle Lösungen jedoch erst mit dem Eintritt in die neunziger Jahre erreicht. Im folgenden Kapitel soll die Geschichte der Entwicklung des Prinzips Objektorientierung aufgezeigt und eine Antwort auf die Frage versucht werden, warum objektorientierte Technologie nicht bereits früher eine weitere Verbreitung gefunden hat?

3.1 Geschichtlicher Ablauf der Entstehung

Objektorientierung hat sich als Grundverständnis in vier wesentlichen, aber völlig unterschiedlichen Strömungen entwickelt:

- Objektorientierte Programmierung (ab 1967)
- Objektorientierte Prozeßsteuerung für nichtsequentielle Programmsysteme (ab 1975)
- Objektorientierte Analyse (ab 1976, bzw. erneut ab 1989)
- Objektorientierte graphische Darstellung (ab 1980)
- Objektorientierte Datenbankverwaltung (ab 1967, bzw. erneut ab 1982)

Jede dieser Richtungen hat andere Aspekte zur Gesamttechnologie beigetragen, wie sie hier verstanden werden soll.

Im folgenden wird für alle Bereiche getrennt die geschichtliche Entwicklung skizziert, um ein besseres Verständnis für die Hintergründe zu erreichen.

3.1.1 Objektorientierte Programmierung

Die im Anfang der Datenverarbeitung eingesetzten Programmiersprachen waren geprägt von der Aufgabe, jede Verarbeitung in prozedurale Einzelschritte zu zerteilen, um sie letztlich in Maschinenbefehlen des Rechners ausdrücken zu können. Die verfügbaren Sprachen entwickelten sich aus diesem Ansatz von der Maschinencodierung über Autocoder, Assembler, FORTRAN, COBOL als Vereinfachung der Formulierung, wobei keine dieser Sprachen eine wesentliche Strukturierung – außer Unterprogrammen – und keine Kapselung der Datenbereiche mt der Vearbeitung bot.

Erst die Entwicklung von ALGOL 60 führte mit BEGIN ... END Anweisungen eine Kapselung für Datenbereiche und Verarbeitung ein und schuf damit definierte Funktionsblöcke, die keine Fernwirkungen außerhalb der Blöcke erlaubten. Ziel dieses Ansatzes war die Verbesserung der Lesbarkeit der Programme und die Ausschaltung von Programmierfehlern, die sich aus unbeabsichtigten Fernwirkungen von Anweisungen ergaben.

Ausgehend von der Programmiersprache ALGOL entwickelten Dahl, Myrhaug und Nygaard an der Norsk Regnesentral (Oslo) Anfang der 60er Jahre die Sprache SIMULA [Dahl et al. 70], die erstmals den Begriff eines Objekts einführte. Die Sprache ist als Erweiterung der Sprache ALGOL für Simulationsaufgaben konzipiert.

Als SIMULA 67 wurde die Sprache zur allgemeinen Programmiersprache mit objektorientierter Funktionalität erweitert.

Objekte in SIMULA nutzen bereits eine ‚Instanzierung‘ und können über ‚Nachrichten‘ miteinander kommunizieren. Ein Objekt beinhaltet Daten und Operationen, die die Manipulation der Daten durchführen. Die Operationen werden als ‚Methoden‘ bezeichnet. SIMULA führt auch den Begriff von ‚Klassen‘ ein, welche die Struktur und das Verhalten einer Menge von Objekten beschreiben. Auch die Vererbung zwischen Klassen wird bereits in SIMULA unterstützt. Vererbung organisiert Klassen in Hierarchien, was die gemeinsame Nutzung der Struktur und Implementierung ermöglicht. SIMULA unterscheidet zwischen zwei Arten von Gleichheit: ‚identisch‘ und ‚flach‘, was der Unterscheidung zwischen Referenz-(Identität) und Werte-(Inhalt) Interpretation von Objekten entspricht. Neben der objektorientierten Eigenschaft ist SIMULA eine ‚stark typisierte‘ Sprache, was besagt, daß der Typ von Variablen bereits zur Compile-Zeit bekannt ist und Typ-Fehler bereits während der Compilierung erkannt werden können, nicht erst während der Laufzeit.

Die in SIMULA implementierte Klasse SIMULATION bietet Möglichkeiten zur Handhabung von quasiparallelen Operationen.

SIMULA hat die Grundlagen für objektorientierte Sprachen geschaffen und auch die Terminologie geprägt. Obwohl jedoch SIMULA bereits alle objektorientierten Prinzipien beinhaltet, blieb der durchschlagende Erfolg wegen fehlenden Marketings versagt.

In den 70er Jahren wurde die Datenabstraktion von mehreren Sprachen aufgegriffen, um die Handhabung großer Programme zu erleichtern. Dabei bietet Datenabstraktion zwei unterschiedliche Aspekte:

- Auf der einen Seite werden die Datentypen und die darauf anwendbaren Operationen zusammengeführt, was z.B. mit Algol oder Pascal nicht der Fall war, jedoch mit SIMULA über Klassen erreicht wurde.
- Auf der anderen Seite erreicht die Datenabstraktion das sog. Geheimnisprinzip, d.h. daß die Details der Implementierung von Objekten vor dem Nutzer des Objekts verborgen sind und dieser darauf keinen Zugriff hat.

Eine Reihe von Sprachen wie Alphard (Wulf, London und Shaw 1976) und CLU (Liskov 1977) führen die Datenabstraktion ein. Mit der Entwicklung dieser Sprachen wurde die theoretische Basis für Datenabstraktion geschaffen und in der Objektorientierung eingesetzt (Goguen, Thatcher, Wegner und Wright 1975, Guttag 1977, Burstall und Goguen 1977).

Eine der wichtigsten Programmiersprachen, welche die Datenabstraktion unterstützt, ist Ada, die im Rahmen einer Ausschreibung des Department of Defense der USA geschaffen wurde. Ziel der Entwicklung war es wiederum, die Kosten der Entwicklung und Wartung von Software zu reduzieren. Aus den mehreren eingereichten Vorschlägen von vier eingeladenen Unternehmen wurde letztlich ein Entwurf von CII-Honeywell-Bull ausgewählt. (Jean Ichbiah aus Frankreich war der wesentliche Entwickler, andere kamen aus Frankreich, Großbritannien, Deutschland und den USA). Die Sprache Ada ist von Pascal abgeleitet und enthält viele ähnliche Konstrukte.

Ada enthält neben üblichen Sprachmitteln einer prozeduralen Sprache objektorientierte Konstrukte, z.B. Pakete. Es wird immer noch diskutiert, ob Ada eine echte objektorientierte Sprache ist. Obwohl Ada viele objektorientierte Konzepte, wie abstrakte Datentypen, Überladen von Funktionen und Operatoren, Polymorphismus von Parametern und sogar die Spezialisierung von nutzerdefinierten Typen unterstützt, erlaubt es keine vollständige Vererbung.

Während der 70er und 80er Jahre wurden die objektorientierten Konzepte von SIMULA und vielen anderen Prototypen von Sprachen in SMALLTALK, einer der einflußreichsten objektorientierten Sprache zusammengeführt.

SMALLTALK (Goldberg, Kay, Ingalls und Robson 1983) entstand aus einem Forschungsprojekt des XEROX Palo Alto Research Park (PARC). Dort revolutionierte eine Gruppe von Forschern die weitere Entwicklung der Datenverarbeitung, indem sie viele Konzepte entwarf, die heute als Objektorientierung bezeichnet werden. Neben SMALLTALK als Programmiersprache wurden in XEROX PARC graphische Nutzerschnittstellen entwickelt, die direkt zu den

Entwicklungen von Apple Macintosh, Aldus Pagemaker, Microsoft Windows und Metaphor DIS führten bzw. auch Netzwerksoftware wie Ethernet.

SMALLTALK ist nicht nur Programmiersprache, sondern mit ‚Object Works‘ eine komplette interaktive Entwicklungsumgebung. Die SMALLTALK Umgebung beinhaltet auch eine Standard-Objektbibliothek für viele Funktionen.

SMALLTALK wurde in mehreren Versionen: -72, -74, -76, -78, -80 und SMALLTALK/V weiterentwickelt. Die am weitesten verbreitete Version ist SMALLTALK-80.

Im Gegensatz zu SIMULA unterstützt SMALLTALK keine Datentypen, die bereits zur Übersetzungszeit bekannt sind. Eine Variable kann abhängig von dem referenzierten Objekt verschiedene Wertetypen annehmen.

SMALLTALK implementiert Objektorientierung konsequent, indem alle Komponenten – sogar einfache Zahlen – als Objekte interpretiert werden und Operationen nur durch Nachrichten ausgelöst werden.

Neben den originär objektorientierten Sprachen wie SIMULA und SMALL-TALK entwickelten sich objektorientierte Erweiterungen von konventionellen Sprachen. Eine der am weitesten verbreiteten ist C++ entwickelt von Bjarne Stroustrup bei AT&T zu Beginn der 80er Jahre [Stroustrup 86]. Die erste Version von C++ wurde als Precompiler für C implementiert. C++ implementiert Objekte einmal als Erweiterung des STRUCT Konstruktes in C und zum anderen als CLASS. Attribute werden erweitert, indem Funktionen als Attribute eines Objekts definiert werden können. C++ unterstützt Hierarchien von Klassen, mehrfache Vererbung und Überladen von Funktionen und Operatoren. C++ erlaubt die Referenz auf ein Objekt über den Namen und Adresse.

C++ besitzt als hybride objektorientierte Sprache große kommerzielle Bedeutung, da viele Hersteller C++-Compiler und Entwicklungsumgebungen anbieten und viele neuere Entwicklungen in C++ erstellt werden. Nähere Einzelheiten der Eigenschaften von C++ werden in einem späteren Kapitel behandelt.

Eine andere objektorientierte Erweiterung von C ist Objective C (Cox 1987). Dieser Dialekt ist eine Übermenge von C und implementiert mehrere objektorientierte Eigenschaften von SMALLTALK. Objective C unterstützt abstrakte Datentypen, Vererbung und Überladen von Operatoren. Objective C erweitert nicht die Definition der Sprache C, sondern stützt sich mit seiner objektorientierten Funktionalität nur auf die Einführung neuer Konstrukte ab.

Auch für Pascal wurden objektorientierte Erweiterungen entwickelt. So hat Apple Object Pascal abgeleitet und Borland Turbo Pascal. Object Pascal wurde von N. Wirth in Zusammenarbeit mit Apple Entwicklern erarbeitet und erweitert Pascal um abstrakte Datentypen, Methoden und Vererbung. In die Pascal Typendeklaration werden Objekte und Klassen eingeführt.

Eine neue Entwicklung für eine objektorientierte Sprache ist Eiffel [Meyer 1988]. Neben dem Geheimnisprinzip und der Vererbung implementiert Eiffel parametrisierte Typen und Vor-(pre) und Nach-(post)Bedingungen für Verarbeitung in Methoden.

Daneben ist noch Trellis/Owl (Schaffert et al. 1986) von Digital Equipment zu erwähnen und CLOS (Common Lisp Object System), als objektorientierte Erweiterung abgeleitet von LISP. Die CLOS Entwicklung wird von XEROX und Symbolics betrieben und liegt dem ANSI Committee als Normungsvorschlag vor. CLOS [Keene 89] führt einige neue Konzepte wie die Kombination von Methoden zur Auflösung von Konflikten bei der Vererbung ein.

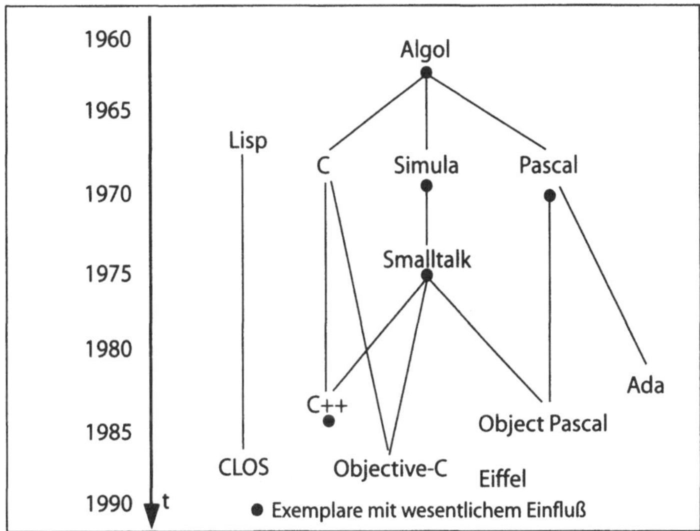

Abb. 3.1 Geneologische Entwicklung objektorientierter Sprachen

3.1.2 Objektorientierte Prozeßsteuerung für nichtlineare Programmsysteme

Neben den Sprachen, welche Objektorientierung im Sinne von ‚Objektorientierung = Kapselung (Abstrakte Datentypen) + Vererbung' implementieren, gibt es noch eine andere Entwicklungslinie der Objektorientierung, die sich mit dem Problem der parallelen Verarbeitung beschäftigt.

Überlegungen zu dieser Aufgabenstellung finden sich bei Sonnenschein „An object oriented, parallel language based on Petri nets" [Sonnenschein 90].

Auch hier zeigt SMALLTALK den Weg, indem es mit ‚Remote Object Works' verteilte Objekte implementiert und das Prinzip von Nachrichten unterstützt, die parallel an mehrere Objekte gesandt werden können. Damit wird eine Parallelität in der Ausführung erreicht, welche in SMALLTALK durch das Konzept von Prozessen unterstützt wird. Dieses Konzept führt neben den gekapselten Objekten den Begriff ‚Prozeß' in die Objektorientierung ein.

Ursprünglich entwickelte sich die nichtlineare Programmierung unabhängig von der Objektorientierung aus der Implementierung von Betriebssystemen und der Anforderung aus prozeßgesteuerter Verarbeitung an die Programmierung [Hoare 74,78].

Sprachen dieser Prägung sind Actor (Hewitt 1977, Agha und Hewitt 1987), Act 1 (Liebermann 1981) und ABCL/1 (Shibayama und Yonezawa 1987).

Mit Concurrent Pascal hat P. Brinch Hansen auf der Basis von Pascal [Wirth 78] den Grundstein für eine Programmierung von nebenläufiger Verarbeitung gelegt [ACM 81]. Durch Einführung der Datentypen: Process, Monitor, Queue, Class wurde ein einfaches Prozeßkonzept für die Kommunikation und Synchronisation zwischen Prozessen geschaffen. Auch in Concurrent Pascal wurden Strukturierungsmöglichkeiten eingeführt, die eine Kapselung der Operationen zum Ziel hatten. Objekte können verschiedene Stati einnehmen: deaktiviert, wartend oder aktiv. Objekte werden durch den Empfang einer Nachricht aktiviert, arbeiten alle eingegangenen Nachrichten ab und gehen dann wieder in einen deaktivierten Zustand über. Mit dieser Verhaltensweise spiegeln Objekte direkter das Verhalten von Entitäten der realen Welt.

Concurrent Pascal basiert auf dem Entwurf einer virtuellen Maschine, die dann durch Software-Emulation auf eine reale Maschine abgebildet wird. Der Kern von Concurrent Pascal enthält primitive Funktionen eines Betriebssystems und einen Interpreter für den virtuellen Maschinencode.

Neben der Implementierung der virtuellen Maschine durch einen Kern von Funktionen umfaßt Concurrent Pascal einen Compiler, der die Quellanweisungen in Maschinencode für die virtuelle Maschine übersetzt.

Als zweites wesentliches nichtlineares Programmsystem schließt sich die Programmierumgebung Ada an die Entwicklung von Concurrent Pascal an.

Wesentliche Anforderung der Ausschreibung zur Spezifikation der Sprache Ada war die Schaffung einer Programmiersprache zur Formulierung nicht-sequentieller Verarbeitungsanweisungen.

Das Prinzip von Ada basiert im wesentlichen auf dem Begriff ‚task' oder ‚Prozeß'. Alle Prozesse eines Ada Programmes können parallel ausgeführt werden. Der Zeitpunkt für ihre Aktivierung wird durch Sprachregeln bestimmt, wobei zu deren Synchronisation eine Rendezvous-Technik angewandt wird. Ada bietet eine mächtige Synchronisationsanweisung, die es erlaubt, auf verschiedene Ereignisse gleichzeitig zu warten. Daneben ermöglicht die Anweisung, eine ‚time-out'-Bedingung für Rendezvous zu spezifizieren.

Obwohl das Prinzip der Prozeßsteuerung und nichtlineare Programmsysteme in der Welt der reinen objektorientierten Programmiersprachen noch nicht verbreitet anzutreffen sind, gewinnt dieses besonders in einem Client/Server Umfeld zunehmend an Bedeutung.

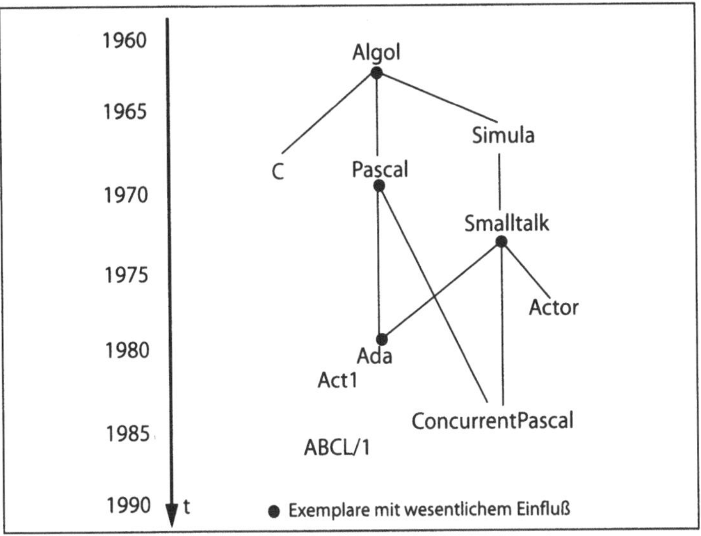

Abb. 3.2 Geneologie von prozeßorientierten Sprachen

3.1.3   Objektorientierte Analyse- und Entwurfsmethoden

Objektorientierte Analyse- und Entwurfsmethoden haben sich erst relativ spät konkretisiert, nachdem die Ansätze mit konventionellen CASE-Werkzeugen nicht die erhofften Erfolge brachten. Es scheint, daß auf diesem Gebiet als letztem die objektorientierten Prinzipien Einzug halten und sich hier die Ansätze der strukturierten Analyse getrennt nach Daten und Funktionen durch das traditionelle Paradigma am längsten halten.

Während die ‚Turing Maschine‘ noch auf dem Prinzip basiert, daß Daten und Programme für die Programmierung gleichartig sind, konzentriert sich die ‚Von Neumann‘ Architektur auf ‚passiv‘ gespeicherte Daten getrennt von ‚aktiven‘ Funktionen, die in der ALU (Arithmentic Logic Unit) eines Rechners verarbeitet werden. Durch die technischen Beschränkungen (Programme in Bibliotheken und Daten in Dateien bzw. Datenbanken) war es nicht möglich, einen einheitlichen Ansatz für die gemeinsame permanente Speicherung von Daten und deren Verarbeitungsprogrammen zu finden.

So werden für Anwendungslösungen in der strukturierten Analyse Programmfunktionen und Daten völlig getrennt analysiert (Funktionsstrukturanalyse vs. Datenstrukturanalyse) und auch getrennt gespeichert.

Mit den ‚ausführbaren Spezifikationssprachen', als die Sprachen der vierten Generation [Pagé et al. 79] heute gesehen werden müssen, da sie die gesamte Infrastruktur zur direkten Übersetzung und Ausführung von Programm-Spezifikationen enthalten, wird der Programmcode in der Datenbank gespeichert und die Technik geschaffen, Verarbeitungsprozeduren im Sinne der Instanzierung eines Objekts dynamisch zur Ausführung bringen zu können.

Weitere Ansätze zur Zusammenführung zumindest der Dokumentation von Daten und Programmen brachten die Daten-Diktionäre als Meta-Datenbank, die später auch Prüfregeln aufnahmen, welche z.T. automatisch in Programme eingefügt wurden [IDMS], [SAG PREDICT]. Die Integritätsregeln zur Prüfung der ‚referentiellen' Integrität [IBM DB2] stellten dann den ersten Schritt zur Einbettung – eingeschränkter – Verarbeitungsfunktionen in die Datenbank dar, die mit den Triggern und Stored Procedures [SYBASE] [Gehani et al. 92] in Richtung auf volle Verarbeitungsfähigkeit erweitert wurden.

Erst mit dem Entity/Relationship Modell [Chen 76, Chen 83] wurde ein erster Schritt zum objektorientierten Verständnis in die Analyse von Anwendungssystemen eingeführt.

In Entity/Relationship-(E/R)-Diagrammen wird ein Modell der Entitäten der realen Welt mit allen ihren Eigenschaften abgebildet und besonders auch die Beziehungen zwischen diesen Entitäten dokumentiert. Bisher haben E/R Diagramme in konventionellen Lösungen nur Bedeutung in der Analyse, während für die Implementierung von Systemen immer noch nach Funktionen und Daten getrennt wird. Dies führt zu dem sogenannten ‚impedance mismatch', der bewirkt, daß für die Analyse eines Problems völlig andere Prinzipien angewandt werden als für die Realisierung der Lösung. Die unterschiedlichen Konzepte während der Analyse und der Realisierungsphase führen zu einer mangelhaften Kommunikation zwischen dem Fachbereich, für den die Lösung erstellt wird, und dem DV-Bereich, der die technische Lösung realisiert. Durch die mit der Realisierung fortschreitende ‚Technisierung' der Lösung geht ein Verlust an Anschaulichkeit einher, der letztlich meist in einer Kluft der Unfähigkeit zur Kommunikation zwischen den beiden Bereichen mündet.

Bis vor kurzem entwickelten sich die Analysemethoden und die Technik der CASE-Werkzeuge (Computer Aided Software Engineering) völlig getrennt von der Programmier- und Datenbanktechnologie und erzeugen erst in allerletzter Zeit [Booch 91,92], [Coad 90], [Coad et al. 90], [Jacobson 92], [Rumbaugh 91] Verfahren zur objektorientierten Analyse.

Mit Werkzeugen wie Kappa von Intellicorp [Kappa 92], welches aus einem Umfeld der Expertensysteme (Knowledge Engineering Environment) hervorgegangen ist, wird eine voll objektorientierte Arbeitsweise erreicht, die es gestattet, Objekte in der Analyse zu definieren, für die Implementierung feiner zu spezifizieren und in einer interaktiven Umgebung in ihrer Wirkung direkt zu erproben bzw. auch als Objekte zu verändern.

Die jetzt einsetzende Entwicklung läßt erwarten, daß neben den Verarbeitungsfunktionen auch die CASE Technik mit der objektorientierten Programmierung und dem OODBMS verwächst und damit eine objektorientierte Strukturierung von DV-Systemen etabliert wird.

Insgesamt hat sich mit der abgelaufenen Entwicklung dann die Welt auf den Kopf gestellt, indem in den Anfängen der Datenverarbeitung prozedurale Programme in Einzelschritten die Verarbeitung steuerten und auch die Daten verwalteten, während am Ende die Verarbeitung von den Spezifikationen der Objekte getrieben wird.

3.1.4 Graphische Nutzeroberflächen mit objektorientierter Darstellung

Traditionell waren Nutzerschnittstellen für den Zugriff auf Funktionen des Rechners zeichenorientiert und kommando- oder menügetrieben. Oft war für die Nutzung von Rechnern die Kenntnis kryptischer Kommandos erforderlich.

Hier versuchten die ersten graphischen Nutzeroberflächen in der Prozeßrechnertechnologie bereits in den 60er Jahren für den Nutzer eine seinem Verständnis näherliegende Schnittstelle zu schaffen, indem sie die reale Welt mit Bildsymbolen darstellten und Operationen über diese Bildsymbole ausgelöst werden konnten.

Zur Navigation wird eine ‚Maus‘ eingesetzt, die bereits vor 1970 erfunden war bzw. ein ‚Trackball‘, der bereits im Telefunken Rechner TR10 um 1960 eingesetzt wurde.

In die kommerzielle Datenverarbeitung wurden graphische Nutzeroberflächen ca. 1975 mit dem XEROX PARC Projekt eingeführt, welches bereits damals die aus heutigen Werkzeugen wie Apple und Microsoft Windows bekannte Funktionalität erreichte. Da die Verarbeitung der graphischen Oberfläche hohe Anforderungen an die Prozessorleistung stellte, konnte diese nicht in der Großrechnerumgebung eingesetzt werden. Auch die ersten PCs waren nicht in der Lage, die für eine graphische Oberfläche erforderliche Prozessorleistung zu erbringen. Erst mit dem noch wenig erfolgreichen Apple LISA wurde Anfang der 80er Jahre erneut der Versuch unternommen, graphische Oberflächen einzusetzen, was dann mit dem Apple Macintosh endgültig gelungen ist. In der Folge haben andere Anbieter wie IBM mit OS/2 und besonders Microsoft mit WINDOWS diese Technologie nachempfunden oder übernommen, wodurch es zu einem Rechtsstreit zwischen Apple und Microsoft kam, in dem jedoch die graphische Gestaltung der Oberfläche als nicht schützbar angesehen wurde bzw. von Xerox versäumt wurde, diese schützen zu lassen. Während Apple bereits seit Anfang der 80er Jahre eine graphische Oberfläche anbot und damit seine Erfolge erzielte, war es dann endgültig die Markteinführung von WIN-DOWS durch Microsoft im Jahre 1990, die den Durchbruch für eine Verbreitung in Massen erzielte.

Graphische Nutzeroberflächen bieten eine assoziative Beziehung zu der gewünschten Operation durch die Darstellung mittels Ikonen (Bildsymbole von Objekten), die die jeweils verfügbaren Operationen nach Auswahl des Objekts durch ‚Anklicken mit dem Mauszeiger' in Selektionsmenüs ‚pulldown menus' anbieten.

Im folgenden sollen einige der typischen Komponenten einer objektorientierten Nutzeroberfläche dargestellt werden:

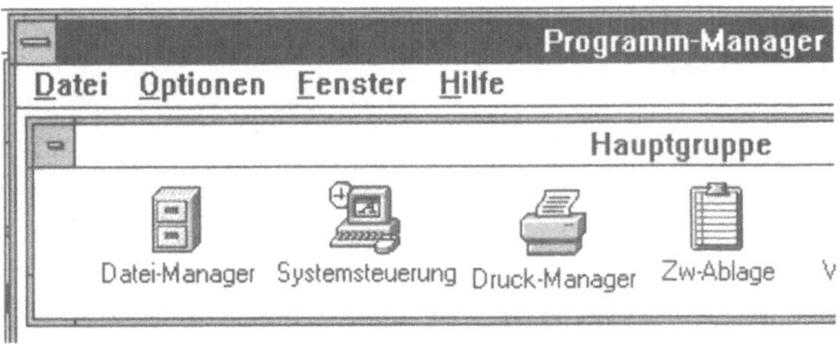

Abb. 3.3 Typische objektorientierte Bildsymbole graphischer Oberflächen

Die abgebildeten Bildsymbole (Ikonen) stellen jeweils Funktionsobjekte dar, die durch ‚Anklicken' mit der Maus als Zeiger aktiviert werden können.

Nach der Aktivierung bieten die Objekte – hier der Datei-Manager – die verfügbaren Funktionen als Selektionsmenü an:

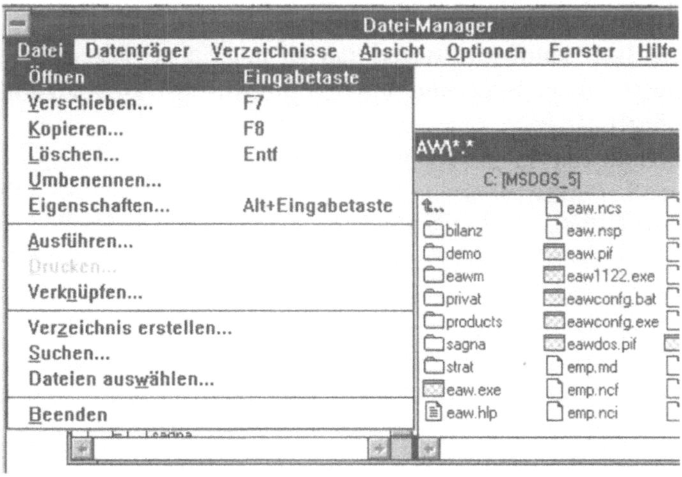

Abb. 3.4 Typische Selektionsmenues zur Auswahl der für ein Objekt verfügbaren Funktionen

Der große Vorteil dieser Art einer Nutzerschnittstelle liegt darin, daß der Nutzer die Objekte über Bildsymbole leichter erkennen kann und diese seine Assoziationsfähigkeit unterstützten. Die Funktionen des Rechners werden näher an die normale Wahrnehmung der Umwelt angeglichen. Ein ‚Papierkorb‘ dient dazu, etwas wegzuwerfen, ein ‚Aktenschrank‘ dazu, etwas zu verwalten, ein ‚Drucker‘, etwas zu drucken, ein ‚Notizblock‘, etwas zwischenzuspeichern, etc.

Dabei nutzen auch hier die Objekte die Kapselung von Daten und Funktionen, indem nur über das Bildsymbol die Daten bzw. die Funktionen zu deren Bearbeitung erreichbar sind.

In der Bearbeitung geht der Nutzer nur mit Objekten um, die er als Bildsymbole manipuliert, indem er sie auf seinem Schreibtisch (Bildschirm) frei anordnet, verkleinert, durch ‚Drag and Drop‘ Aktionen durch Aufeinanderlegen von Objekten auslöst, etc.

Killberth/Züllighofen erweitern dieses Paradigma noch um Metaphern wie die ‚Werkzeug-Material-Aspekt‘ Metapher: Objekte werden über Werkzeuge bearbeitet, wobei Werkzeuge wiederum selbst Objekte sind.

Diese Art der Arbeit erfordert in den durch Bildsymbole dargestellten Objekten die Fähigkeit, auf Ereignisse zu reagieren, wie z.B. ‚Mauszeiger zeigt auf Objekt und Taste wird gedrückt‘, ‚Maus mit niedergedrückter Taste wird bewegt‘, ‚anderes Objekt wird auf Objekt gelegt‘ etc.

Diese Ereignisorientierung verlangt wiederum eine gekapselte Implementierung der verfügbaren Funktionen im Sinne von objektorientierter Programmierung.

Als Weiterentwicklung der graphischen und objektorientierten Nutzeroberfläche ist für die Zukunft zu erwarten, daß leistungsfähigere Objekte wie Bildarchive, bewegte Bilder, Bildtelefon und Ton in beliebiger Kombination genutzt werden können.

Es existiert bereits eine Anwendung, die in einem Kaufhaus die Auswahl von Musiktiteln über Bildsymbole aus einer großen Zahl von Titeln erlaubt und auf Wunsch den Titel direkt abspielen kann.

Andere existierende Lösungen ermöglichen die Planung von Wohnungseinrichtungen über die Plazierung von Bildsymbolen der Möbel, wobei das System sämtliche Plausibilitäten prüft, die Ansicht der zusammengestellten Einrichtung in beliebiger Perspektive erlaubt und auf Wunsch den fertigen Kaufvertrag ausdruckt bzw. sofort der weiteren elektronischen Bearbeitung zuführt.

Für die Erstellung von Datenverarbeitungslösungen werden graphische Oberflächen mit Bildsymbolen eine ‚Programmierung‘ bzw. Zusammenstellung der Lösung aus vorgefertigten Bausteinen im Sinne des Umgangs mit ‚LEGO Bausteinen‘ ermöglichen (visuelle Programmierung) [Cherry 90] und damit der Kommunikation des Nutzers mit dem Rechner eine neue Qualität geben.

Im Umfeld graphischer Nutzeroberflächen haben sich z.T. spezielle Programmiersprachen entwickelt, die eine Programmierung von Funktionen unter Nutzung von Bildsymbolen erleichtern sollen. Eine dieser Sprachen ist Visual Basic von Microsoft, welche im späteren Teil des Buches noch im Detail erörtert werden soll. Ähnliches gilt für Visual C, Visual Works, Actor von Whitewater, die MacApp Toolbox in der Apple Macintosh Umgebung und NeXt.

Noch haben die entsprechenden Programmiersprachen nicht die Qualität von visueller Programmierung erreicht, zeigen jedoch die Entwicklungsrichtung auf.

Die heute existierenden vorgefertigten Klassen von Objekten bieten Funktionen für:

-Fenster
-Selektionsmenüs
-Textkästen
-Bildsymbole
-Zeitsteuerung
-Knöpfe,Tasten
-etc.

Die einzelnen Funktionsobjekte
werden als Bildattribute zur
Auswahl angeboten und
können überspezifische
Parameter in ihren
Eigenschaften gestaltet
werden

Abb. 3.5 Typische Werkzeugleiste einer graphischen Nutzeroberfläche

Eine wesentliche Funktionalität der vorgefertigten Objekte ist ihre Fähigkeit, auf definierte Ereignisse reagieren zu können, wobei die jeweilige Reaktion auf das Ereignis isoliert spezifiziert werden kann.

Graphische Nutzerschnittstellen werden sich in den 90er Jahren in drei wesentlichen Linien weiterentwickeln:

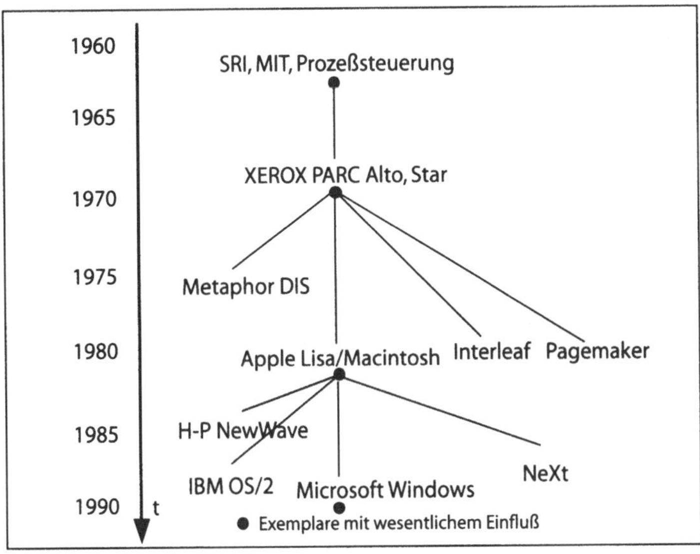

Abb. 3.6 Stammbaum verschiedener graphischer Nutzeroberflächen

- Graphische Nutzerschnittstellen
  Handhabung der vollständigen Funktionalität einer Anwendungslösung
  über Bildsymbole.
- Visuelle Programmierung
  Ersatz der prozeduralen Programmierung durch die Zusammenstellung
  vorgefertigter Objekte.
- Multimedia-Dokumente
  Handhabung von Datendokumenten, die aus mehreren Komponenten wie
  formatierte Daten, Text, Bildern, bewegten Bildern mit Ton und Sprache
  zusammengesetzt sind.
- Hypermedia-Dokumente
  Hypermedia-Dokumente verbinden die Ideen von Multimedia und Hyper-
  text: Sie erlauben in Multimedia-Dokumenten Querverweise innerhalb
  eines Dokumentes und auf andere Dokumente. Moderne Hypermedia-
  Umgebungen unterstützen die aktive Nutzung der Verweise durch Naviga-
  tionswerkzeuge (Browser, Inhaltsverzeichnis, Rücksprung, etc.). Ein Beispiel ist das World Wide Web (WWW Klute: Zusammengewebt –
  Internet-Informationsdienste mit Mosaic 1994).

3.1.5 Geneologie von Datenbankverwaltungssystemen – Entwicklung der DBMS Technologie

Die Technologie der Datenbankverwaltungssysteme entwickelte sich anfäng-
lich aus Datendefinitions- und Dateiverwaltungssystemen, die von vielen
Computerherstellern Anfang der 60er Jahre für die Verwaltung von Datenbeständen als Teil des Betriebssytems geliefert wurden. Im wesentlichen sind fünf
getrennte Pfade mit jeweils unterschiedlichen Datenmodellen auszumachen:

- Netzwerkartiges Datenmodell ausgehend von CODASYL
- Hierarchisches Datenmodell ausgehend von IBM IMS
- ‚Pragmatisches objektorientiertes Datenmodell' mit invertierten Listen
- Relationales Datenmodell basierend auf der relationalen Theorie
- Objektorientiertes semantisches Datenmodell

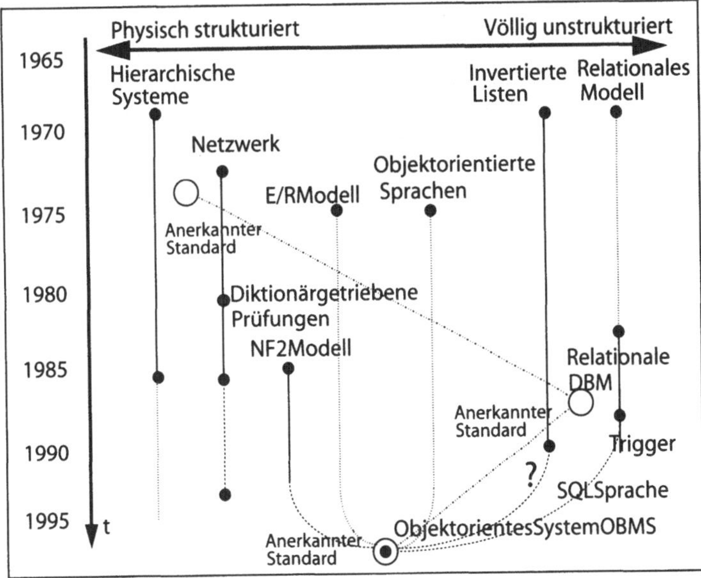

Abb. 3.7 Entwicklungslinien verschiedener DBMS-Modelle

3.1.5.1 Netzwerkartiges Datenmodell auf CODASYL-Basis

Mit IDS (Integrated Data Store) machte General Electric bereits in den frühen 60er Jahren ein DBMS mit netzwerkartiger Datenstruktur am Markt verfügbar.

Die frühen Produkte für Datendefinition mündeten in die Sprache COBOL, die von CODASYL (Conference On DAta SYstems and Languages) 1960 entwickelt wurde. Die COBOL-Sprache trennt die Definition der Daten (Data Division) von deren Verarbeitung (Procedure Division). CODASYL [Olle 78] stellte mit seiner DBTG (Data Base Task Group) 1969 eine Datendefinitionssprache (DDL) und eine Datenmanipulationssprache (DML) vor, die als Basis für die Entwicklung von Datenbanksystemen wie: z.B. IDMS (GOODRICH/ CULLINANE), DMS (Sperry 1971) und IDS-2 (Honeywell Information Systems 1975) diente. All diesen Systemen liegt ein netzwerkartiges Datenmodell zugrunde, welches Satztypen und Beziehungen zwischen diesen Satztypen abbildet. Ein Satztyp kann z.B. ein Personalsatz sein bestehend aus: Name, Personalnummer, Adresse, Gehalt. Ein anderer Satztyp kann Informationen über die Abteilungen eines Unternehmens speichern. Die Netzbeziehung sagt aus, welche Mitarbeiter in welcher Abteilung arbeiten. Satztypen können auch an mehr als einer Netzbeziehung beteiligt sein.

3.1.5.2 Hierarchisches Modell ausgehend von IBM/IMS (Information Management System)

DBMSs basierend auf hierarchischen Strukturen (einer Untermenge des netzartigen Datenmodells) wie DBOMP und IMS/DL1 (IBM) wurden abgeleitet aus den Anforderungen für Stücklistenverarbeitung und Abbildung hierarchischer Datenstrukturen mit 1 : n Beziehungen. Sie verbinden die einzelnen Sätze/Segmente über Adreß-Pointer zu einer Struktur. IMS resultierte aus einem Projekt bei IBM in den 60er Jahren, welches die Verwaltung der großen Datenmengen im Zusammenhang mit dem NASA APOLLO Mondprogramm zur Aufgabe hatte. Das hierarchische Datenmodell erlaubt einem Satz bzw. Segment nur in einer Beziehung, als ‚Elternteil (parent)' und auch nur einmal als ‚Kind (child)' zu fungieren.

Netzwerkartige und hierarchische Systeme mit ihren strukturierten Datensätzen zusammengesetzt aus Segmenten können aus heutiger Sicht schon als erster objektorientierter Ansatz in der DBMS Technologie betrachtet werden, scheiterten jedoch an der Unflexibilität der Datenstrukturen bei Veränderungen.

Die Verarbeitung in netzwerkartigen und hierarchischen DBMS ist vornehmlich navigierend, d.h. daß sie von einem ‚Besitzer-' oder ‚Eltern-' Satz/Segment ausgeht und dann über Adreß-Pointer mit den typischen Operationen ‚Get First', ‚Get Next', ‚Get Last' – entsprechend dem ‚modernen' Konstrukt einer Liste durch die abhängigen Sätze/Segmente geführt wird. Die ‚Owner/ Membership' Beziehung im Netzwerkmodell bzw. die ‚Parent/Child' Beziehung im hierarchischen Modell sind explizit in der Datenbank gespeichert. Die Stärke hierarchischer Systeme lag in der hohen Verarbeitungsgeschwindigkeit bei geplanten Zugriff, der durch die Adressierung und Verkettung der ‚Segmente' eines strukturierten ‚Datensatzes' über ‚Adresszeiger' gewährleistet ist. Nachteil dieser Adreßverkettung war die Unflexibilität bei Veränderungen der Datenstruktur und die fehlende Möglichkeit der ungeplanten Selektion von Daten zur Informationsgewinnung. Die Nutzersicht auf netzwerkartige und hierarchische Datenstrukturen ist nicht unabhängig von der physischen Speicherung, d.h. sie spiegelt diese in der Nutzersicht wieder.

3.1.5.3 ‚Pragmatisches Datenmodell' mit invertierten Listen

DBMS basierend auf invertierten Listen wie PRISMA, SESAM (SIEMENS) und ADABAS (SOFTWARE AG) – später auch DATACOM und MODEL 204 – implementierten Anfang der 70er Jahre ‚flache' Datenstrukturen ohne Adreß-Pointer mit geringen Strukturierungsmöglichkeiten (Wiederholfelder bzw. Feldgruppen) und den logischen Zugriff auf ‚Mengen' von Sätzen über die Indexstruktur der invertierten Listen.

Systeme mit invertierten Listen boten bereits damals eine große Flexibilität für die ungeplante Informationsgewinnung über die Verknüpfung der invertierten Listen, konnten dafür aber nicht die Verarbeitungsgeschwindigkeit hierarchischer Systeme erreichen. Wesentliches Merkmal ist die Identifikation von Datensätzen über einen systemverwalteten Identifikator (Objektorientierung) und der Zugriff auf selektierte Datensätze (relationale Selektion) bzw. Attribute (relationale Projektion, allerdings hier ohne Unterdrückung identischer Zeilen der Ergebnistabelle).

3.1.5.4 Relationales Datenmodell basierend auf der relationalen Theorie

1970 wurde das relationale Modell von Codd [Codd 70] theoretisch dargestellt, welches eine ‚relationale' Algebra mit den mengenorientierten Funktionen: Union, Intersektion, Differenz und kartesisches Produkt über die Operationen ‚Selektion',‚Vereinigung (Join)',‚Projektion' definierte.

Relationale DBMS bieten den Vorteil, daß die Nutzersicht auf die Daten nicht durch die physische Speicherung geprägt wird, und daß die Operationen ausgedrückt in der Datenmanipulationssprache SQL (structured query language) viel eher deklarativ sind als navigierend wie in hierarchischen/netzwerkartigen Systemen. Damit kann der Nutzer eher spezifizieren, was er erreichen will, als programmieren zu müssen, wie er auf die Daten zugreifen will.

Kommerzielle relationale Systeme und die Verbreitung der relationalen Theorie gingen von dem System/R bei IBM und INGRES an der Berkley Universität (Stonebraker et al.) aus. System/R war ein ehrgeiziges Forschungsprojekt der IBM im San Jose Research Center. Es bereitete den Weg für DB2. Auch INGRES ausgehend von der Berkley Universität unter Stonebraker wurde zu einem kommerziellen Produkt, welches eine bedeutende Rolle im Markt spielte.

Das relationale Modell sollte sich für viele Jahre – gestützt vom Marktführer IBM – als Dogma zum starken Antipoden objektorientierter Technologie etablieren und diese lange Zeit behindern bzw. fast unterdrücken. Ca. 1984 wurde mit der Markteinführung von SQL/DB, DB2(IBM) und ORACLE (Relational SoftwareInc./ Oracle), INGRES(Ingres), INFORMIX (Informix) und RdB (Digital Equipment) und anderen Systemen dem relationalen Prinzip zum Durchbruch verholfen. Die Informationsgewinnung wurde in den Vordergrund gestellt – unter Inkaufnahmen von Einbußen in der Verarbeitungsgeschwindigkeit.

Nachdem zu Beginn der 80er Jahre die Mängel für ungeplante Informationsgewinnung in hierarchischen und netzwerkartigen Systemen durch den Zugriff auf Daten nur über die hierarchische Struktur immer deutlicher wurden, wurden Hilfskonstruktionen wie ‚Logische Datenbanken' und ‚Sekundärindizes' zum direkteren Zugriff auf einzelne Datensegmente eingeführt, um diese Mängel zu kompensieren. Gleichzeitg zeigten sich aber auch bereits die Beschränkungen des relationalen Datenmodells für die Abbildung von Datenstrukturen der realen Welt, und in Ansätzen wurde die Entwicklung von objektorientierten Datenmodellen begonnen.

SQL wurde als Datenbank-Sprache von ANSI 1986 normiert basierend auf dem DB2-Dialekt für SQL. Ab ca. 1986 war das relationale Modell als Standard im Markt etabliert – die hierarchischen, netzwerkartigen und ‚invertierte Listen' Systeme wurden von Nutzern nicht mehr akzeptiert und daher auch nicht mehr wesentlich weiterentwickelt, s. Abb. 3.7.

3.1.5.5 Nachrelationale Entwicklungen

Eine der ersten Alternativen zum relationalen war das semantische Datenmodell. Die Motivation für dessen Formulierung war das Ziel, die Strukturen der realen Welt so genau wie möglich abbilden zu können. Eine frühe Ausprägung war das Daten-Semantik-Modell von Abrial (1974). 1976 stellte P. Chen sein ‚Entity/Relationship' E/R Datenmodell vor, welches im Gegensatz zum relationalen Modell Beziehungen zwischen Entitäten (Objekten) als wesentlich herausstellte und deren explizite Dokumentation forderte. Bis heute hat das Entity/Relationship Datenmodell fast nur für Analysewerkzeuge zur Dokumentation der erkannten Entitäten/Objekte und deren Beziehungen untereinander in der Entwurfsphase eines Systems Bedeutung erlangt. Im Entity/Relationship Modell ist eine Entität ein Objekt oder ein Ding, welches existiert und von anderen unterschieden werden kann. Eine Entität kann eine Person sein, eine Institution, ein Flug und so weiter. Entitäten werden durch Attribute beschrieben, wobei Attribute auch Funktionen sein können. Entsprechend der Terminologie von DBMS-Konstrukten entspricht eine Entität einem Datensatz, während die Attribute als Felder dieses Datensatzes dargestellt werden.

Das Entity/Relationship ist als Basis-Modell für ein Datenerhaltungssystem nicht weit verbreitet mit Ausnahme vielleicht von ADABAS ENTIRE [SAG ADBENTI] von Software AG, welches als Erweiterung von ADABAS ‚um dieses herum entwickelt' wurde.

Wie bereits im vorstehenden gesagt, wird das E/R Modell vornehmlich nur zur Modellierung der Datenstrukturen verwendet, die dann auf ein anderes Datenmodell wie z.B. das relationale (unter Informationsverlust) übertragen werden müssen. Hier tritt der ‚impedance mismatch', d.h. Bruch in der Datenmodellierung in Erscheinung.

Neben dem semantischen Datenmodell entstanden andere Modelle als Erweiterung des relationalen Datenmodells, um mehr Flexibilität bei Beibehaltung der theoretischen Fundierung zu erreichen. Bereits ab 1982 wurde an einigen Stellen, so an der TH Darmstadt unter Schek ca. 1984 [Schek et al. 84] und dem IBM Forschungszentrum in Heidelberg unter Dr. Dadam [Pistor et al. 87] an Implementierungen eines neuen Datenmodells – dem NF2 (Non First Normal Form) Modell – gearbeitet. Dieses sollte Problemstellungen wie Textrecherche, geographische Datenstrukturen und strukturierte Stücklisten beherrschen, für die das relationale Modell nicht geeignet war. Dieser Ansatz bildet komplexe

Objekte durch ‚relationenwertige' Attribute ab, d.h. daß ein Attribut einen ganzen Set von Tupeln (eine weitere Tabelle) als Wert enthalten kann.

Allgemeine Objektmodelle erlauben die Schachtelung von beliebig strukturierten Objekten mit den Konstruktoren: Menge und Tupeln [Bancilhon 88, Khoshafian 90 und Abiteboul 87].

Die bisher aufgeführten objektorientierten Modelle erlauben nur die baumartige Strukturierung von Objekten. Diese Modelle unterstützten nicht die Möglichkeit, daß ein Objekt ein Sub-Objekt von mehreren Eltern ist (Netz/ Lattice). Dies wird nur möglich mit der Einführung einer Objektidentiät.

Nach ADABAS, DATACOM, SESAM aus den 70er Jahren war FAD eines der ersten neueren Systeme, welches eine Objektidentiät unterstützte (Bancilhon et al. 1987). Hier hat jedes Objekt, unabhängig von seinem Typ (Menge, Tupel oder atomisch) oder Wert eine Identität. Andere Systeme, welche netzstrukturierte Objekte erlauben, sind GEM (Zaniolo 1983) und LDM (Kuper und Vardi 1984).

Die meisten dieser Systeme entstanden aus Forschungsprojekten und haben bisher noch keine Bedeutung am Markt erlangt, sie legten jedoch eine feste Basis für Konzepte wie ‚komplexe Objekte', ‚Objektidentität', ‚Vererbung' und ‚mengen- bzw. tupelwertige Attribute'. Neuere Entwicklungen wie GemStone von Servio Logic, Gbase von Graphael, VBase von Ontologic, Statice von Symbolics, SIM von Unisys, O2 Open ODB und andere wurden um 1986 bis 1988 im Markt eingeführt. Weitere Entwicklungen schließen Postgres, EXODUS, Starburst, OSKAR, Trellis/OWL, POET von BKS und Objectstore von Object Design und ITASKA als verteiltes OODBMS ein.

Zur Zeit gibt es wenigstens fünf Ansätze für die Einbeziehung objektorientierter Prinzipien in der DBMS Technologie:

- Völlig neue Entwicklungen
- Erweiterung eines existierenden DBMS um objektorientierte Funktionen
- Erweiterung einer objektorientierten Programmiersprache um DBMS-Funktionen
- Einbeziehung von DBMS-Funktionalität in einer Wirtssprache
- Anwendungsspezifische Systeme mit unterliegendem objektorientierten DBMS

Um 1991/92 boten mehrere Anbieter von Systemen mit invertierten Listen (ADABAS, DATACOM, SESAM) eine SQL Schnittstelle für ihre Systeme an und wurden damit als ‚reborn relational' (Wiedergeborene Relationale) eingestuft.

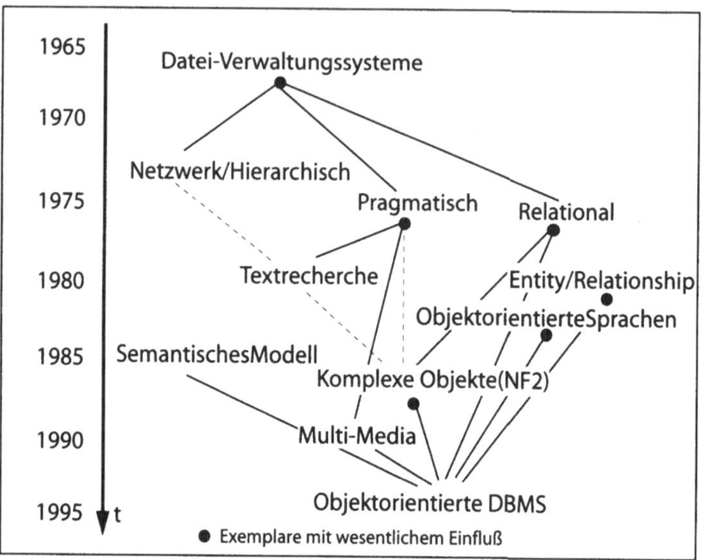

Abb. 3.8 Stammbaum verschiedener DBMS-Modelle

Von ca. 1985 bis 1992 tobte im Markt ein ‚Glaubenskrieg‘, der für die ‚rein‘ relationalen Systeme die alleinige Wahrheit reklamierte und andere Systeme verdammte, die evtl. aus praktischen Gründen gegen Regeln des relationalen Modells verstießen oder überhaupt Lösungen für Problemstellungen boten, die in der relationalen Theorie nicht vorgesehen waren. Dabei spielte die Diskussion um Normalisierung der Daten eine große Rolle – ... später sollten dann dieselben Vertreter relationaler Systeme wie Codd und Date zur ‚Denormalisierung aus praktischen Gründen‘ (be)raten.

Während die Definition für relationale DBMS durch die relationale Algebra theoretisch festgelegt ist, existiert für objektorientierte Datenbank-Verwaltungssysteme OODBMS keine entsprechend klare theoretische Fundierung, sie sind pragmatisch lösungsorientiert.

Relationale DBMS haben sich ausgehend von der Theorie langsam in Richtung auf eine brauchbare Implementierung entwickelt, wobei ein ‚rein‘ relationales System, welches die Theorie von Codd vollständig abbildet, bis heute wegen der Nichtverträglichkeit von Theorie und praktischer Machbarkeit nicht verwirklicht wurde. Bei der Implementierung relationaler DBMS wurden Erfahrungen aus pragmatischen Implementierungen, die relationale Prinzipien verwirklichen, jedoch nicht auf der Theorie basieren – wie z.B. ADABAS, DATACOM, MODEL 204, SESAM für lange Zeit ignoriert und mit den ersten Implementierungen wie z.B. ‚System R‘ von IBM Ergebnisse nachvollzogen, die eigentlich seit langem vorlagen. Auch wurden die Erkenntnisse aus den 60er

Jahren mit ‚voll invertierten Listen'-Systemen nicht beachtet, die bereits damals eine völlige Invertierung der Datensätze in Tupel (Wert und Satzidentifikation) aus Gründen mangelhafter Leistungsfähigkeit (Durchsatz) als nicht praktikabel bewiesen. Relativ spät wurden auch für relationale Systeme leistungsfähige Techniken für die Selektion nach komplexen Kriterien in großen Datenbeständen entwickelt, die dann letztlich den seit langem bekannten Techniken aus Systemen mit invertierten Listen wie ADABAS, DATACOM, MODEL204 und SESAM vergleichbar sind. Es ist erstaunlich, daß ein System wie ADABAS, welches einige noch heute fortschrittliche Prinzipien bereits sehr früh implementiert hatte, dann in der Entwicklung so stagnierte und auch heute droht, den Anschluß an die objektorientierte Technik zu verpassen, obwohl die richtigen Grundlagen gelegt sind.

Objektorientierte Systeme nehmen im Vergleich zu relationalen eine entgegengesetzte Entwicklung. Aus einer Vielzahl von praktischen Prototypen und Teilimplementierungen als Ansatz entwickelt sich hier langsam eine konsistente Definition für ein objektorientiertes Datenbankverwaltungssystem. Diese basiert meist auf praktischen Anforderungen und bezieht bekannte Techniken bewußt ein – evtl. nur mit einem neuen Verständnis der Objektorientierung interpretiert. Diese Entwicklung ist dem objektorientierten Grundansatz gemäß, der sich die Orientierung an der realen Welt zur Leitlinie gemacht hat [Dittrich 86].

Während es auf den ersten Blick so erscheint, als verfolgten relationales und objektorientiertes Modell völlig unterschiedliche Ansätze, kann man bei der Gegenüberstellung feststellen, daß das relationale Modell durchaus als Untermenge des objektorientierten interpretiert werden kann und hier den Informationsgewinnungsteil gut abbildet. Es ist hingegen nur unter Mißachtung der fundamentalen Regeln der relationalen Theorie möglich, über eine ‚Weiterentwicklung' des relationalen Modells zu einem objektorientierten zu gelangen, da einige Axiome des relationalen Modells wie z.B. Normalform, Wertebeziehungen und Datensubsprache zu eng und speziell auf ‚Datenverwaltung' ausgelegt sind, statt der ‚Abbildung von Entitäten bzw. Objekten', wie sie in der realen Welt existieren.

3.1.6 Was macht die Leistungsfähigkeit objektorientierter Systeme aus?

Objektorientierte Technologie muß nicht alles verändern, was bisher war, obwohl auch hier in neuen Entwicklungen Dinge wieder ‚erfunden' werden, die es bereits lange gab. Es ist die andere Sicht auf die Dinge, welche den objektorientierten Ansatz dem relationalen und funktionsorientierten überlegen macht.

Während im relationalen Ansatz Datenstrukturen der realen Welt zwar noch ‚richtig‘ als E/R Diagramme analysiert wurden, müssen für die Implementierung wegen des Gesetzes der ‚Normalisierung‘ Strukturen zerschlagen und die Daten ‚flachgeklopft‘ werden. Getrennt wurden die Funktionen in Modulen strukturiert, die auch wieder keine Ähnlichkeit mit den Strukturen der realen Welt erkennen lassen. Dieser Bruch zwischen der Analyse nach E/R Strukturen und der Implementierung in normalisierte Daten und funktional strukturierte Modulen bewirkt den ‚impedance mismatch‘. Objektorientierte Technologie erlaubt oder besser will/soll/wird erlauben, daß die DV-Komponenten so strukturiert bleiben, wie die reale Welt, so daß Einzelheiten leicht identifiziert, modifiziert und evtl. wiederverwendet werden können. Während früher der funktionsorientierte Ansatz dazu führte, daß zuerst die Funktion identifiziert wurde, die sich dann von ‚überallher‘ aus den normaliserten Daten die für die Bearbeitung nötige Information zusammengesucht hat, kehrt sich beim objektorientierten Ansatz der Blickwinkel um und es wird zuerst das Objekt identifiziert, um das es geht, welches dann die nötigen Operationen als Methoden zusammen mit den Daten gekapselt enthält. Der objektorientierte Ansatz macht folgende Prinzipien möglich:

- Strukturierung der Daten mit Wiederholstrukturen und Beziehungen für die Beschreibung von Objekten und damit Abbildung der realen Welt ‚wie sie ist‘, statt Normalisierung.
- Kapselung von Daten zusammen mit Funktionen in Objekten, was eine verteilte Verarbeitung erleichtert – Trigger und Stored Procedures sind bereits Schritte in diese Richtung.
- Kommunikation zwischen Objekten über Nachrichten und damit wieder Abbild der realen Geschäftsabläufe und Unterstützung der Verteilung von Objekten.
- Klassifizierung der Objekte und damit Schaffung von Ordnung in der Welt.
- Vererbung zwischen einmal existierenden Objekten zur Spezialisierung, was die Wiederverwendung von Komponenten ermöglicht.

Allerdings haben objektorientierte DBMS heute noch einen Nachteil in der Fähigkeit, Informationen aus den persistent gespeicherten Daten zu gewinnen.

Hier sind relationale Systeme überlegen und die Diskussionen um einen geeigneten Ansatz für objektorientierte Systeme noch im Gange. Es erscheint sinnvoll, hier die leisungsfähigen Funktionen der relationalen Systeme in ein OBMS zu integrieren.

3.1.7 Weitere Entwicklung

Mit dem Wiederaufkommen der Objektorientierung ab ca. 1988/89 wurde der ‚Glaubenskrieg' beendet und seither wird an vielen Stellen nach praktikablen Lösungen für ein DBMS mit einem möglichst breiten Einsatzspektrum gesucht. Diese Suche wird nicht mit demselben Anspruch auf ‚alleinige' Wahrheit geführt, wie das für das relationale Modell der Fall war, sondern alle Beteiligten, auch Vertreter des relationalen Modells sind zu praktischen Kompromissen bereit und offen, bereits existierende Techniken durch Adaptation auch für neue Aufgabenstellungen nutzen zu können – so erfährt auch SQL als ‚Standard'-Schnittstelle für ein DBMS fortwährend neue Erweiterungen und Modifikationen wie der Vorschlag SQL2 und SQL3, der unter dem Akronym MOOSE (Massively Object Oriented SQL Extensions) mit ca. 1000 Seiten Spezifikation den Standard erweitert. In der Praxis entstehen heute daneben eine große Zahl von SQL Erweiterungen, die allerdings nicht allgemein definiert werden und damit den Standard für die Zukunft wieder gefährden. Das ideale System, welches alle oben beschriebenen Eigenschaften abbilden könnte, steht heute noch nicht zur Verfügung.

Nachdem jedoch die ‚relationale Theorie' trotz größter Anstrengungen zur Durchsetzung durch die Anbieter und die Markt(-eting)-Macht nie die Bedeutung der ‚Relativitätstheorie' erlangen konnte, kann die Entwicklung der DBMS-Technologie nunmehr rational weitergeführt werden.

Für die Zukunft ist also zu erwarten, daß die Entwicklung der DBMS in Richtung auf Objektorientierung nicht mit derselben Rigidität eintritt, wie das mit relationalen Systemen der Fall war, sondern daß allgemein aus verschiedenen Richtungen Beiträge zum Ansatz objektorientierter Systeme geliefert und diese auch für lange Zeit nebeneinander existieren werden. Während beim relationalen Ansatz noch eine ‚reine Wahrheit' geschaffen werden mußte, um die Zielsetzung der Integration von Systemen durch ein gemeinsames und konsistentes Datenmodell zu erreichen, ist es durch den Ansatz der Kapselung und den Aufbau verteilter Client/Server Lösungen leichter möglich, die Koexistenz mehrerer Systeme zuzulassen, da die Implementierung der Funktion bzw. Datenstruktur für den Nutzer nicht sichtbar wird. Daneben fordert das Client/Server Modell die Kapselung der Verarbeitung nahe bei den Daten, was bei dem System SYBASE mit der Einführung von Verarbeitungs-Triggern und Stored Procedures innerhalb des relationalen Datenbanksystems erstmals 1986 erreicht wurde und inzwischen auch in SQL-DB (früher NIXDORF DDB4, jetzt Software AG) und ORACLE Version 7 verfügbar ist.

Die in den letzten Jahren in der Datenverarbeitung abgelaufene Entwicklung ist mit der Entwicklung des Mathematikunterrichts in den 70er Jahren zu vergleichen, wo auch eine Theorie – hier die Mengenlehre – zu stark in den Vordergrund gestellt und einige praktische Anforderungen – wie das Gefühl für und das Rechnen mit Zahlen – vernachlässigt wurden.

Ausgehend von unterschiedlichen Aufgabenstellungen werden in der Zukunft verschiedene ‚objektorientierte‘ Systeme nebeneinander existieren, und erst mit der Zeit werden die jeweils implementierten Funktionen abhängig von ihrer allgemeinen Bedeutung von anderen Systemen übernommen werden. Es ist nicht zu erwarten, daß es für objektorientierte Systeme je eine ähnlich ‚klare‘ Theorie geben wird, wie das bei relationalen Systemen der Fall war, auch wenn sich inzwischen Standards ausbilden. Dies wird auch deutlich durch die Schlußfolgerung am Ende des Object Oriented DBMS Manifesto – aufgestellt von mehreren prominenten Vertretern der objektorientierten ‚Szene‘:

„Nach unserer Kenntnis stellt dies die zur Zeit detaillierteste Definition eines OODBMS dar. Weitere Erfahrung mit dem Entwurf, Implementierung und Formalisierung von objektorientierten DBMS wird zweifellos unseren Standpunkt verfeinern und verändern. Deswegen soll unsere letzte Regel sein: „Du sollst die goldenen Regeln in Frage stellen.“

Auch die Object Management Group als Zusammenschluß von zur Zeit ca. 300 Unternehmen (Hersteller und Anwender) [OMG 90] definiert für sich einen ähnlichen Auftrag. Durch die Tatsache, daß hier 300 Unternehmen zusammenarbeiten wird auch die Basis für Offenheit und die Bereitschaft zu Kompromissen geschaffen. Objektorientierung ist damit keine wissenschaftlich reine Lehre, die je einen Alleinvertretungsanspruch wie die relationale Theorie erheben würde, sondern praxisorientierte ingenieursmäßige Anwendung. Die freie Entwicklung objektorientierter Techniken alleine mit dem Auftrag, möglichst gute Lösungen für praktische Problemstellungen zu erzeugen – und wie es die OMG formuliert ‚Informationen in einem weltweiten Netzwerk effektiv nutzen zu können‘, ermöglicht die Entwicklung einer ‚Artenvielfalt‘ entsprechend der natürlichen Entwicklung, die dann auch Nischen besetzen kann und damit eine dichte Abdeckung aller Bereiche der Anwendung durch Ausschöpfung aller Möglichkeiten erreicht.

Immerhin kristallisieren sich in jüngster Zeit (de facto-) Standards im Umfeld von objektorientierten Systementwicklungen heraus. Dies ist eine entscheidende Vorraussetzung für die Portabilität von Modellen und Programmen sowie für die Interaktion von verteilten Systemen. Die wichtigsten Entwicklungen, auf die später in den Kap. 6.4 und 10.4 noch im Detail eingegangen wird, sind aus der Sicht der Nutzer:

- Objektmodell der OMG und CORBA
  Die Common Object Request Broker Architecture (CORBA [OMG 90]) ist der erste Standard der OMG. Sie bietet eine objektorientierte implementierungsunabhängige Definition für die netztransparente Kommunikation

zwischen Objekten, ähnlich einem ‚Postverteiler'. CORBA ist Bestandteil der Object Management Architecture [OMG 90], die es dem Entwickler ermöglichen soll, von Kommunikationsdetails in seiner Lösung unabhängig zu werden. Diese muß nur noch fachlich begründete Zusammenhänge von Objekten realisieren. Die tatsächliche Kommunikation, eventuell über Prozeß- oder Maschinengrenzen hinweg, übernimmt ein Object Request Broker (ORB). ORBs haben die Aufgabe, Anforderungen (requests) von einem Objekt netztransparent und implementierungsunabhängig weiterzuleiten und einen Rückgabewert zurückzuliefern. Implementierungen bieten u.a. Digital Equipment (DOB), Hewlett Packard (Distributed Smalltalk) oder IBM (SOM/DSOM bzw. ASM).

Die OMG-Standards bieten eine herstellerunabhängige Plattform für systemunabhängige Entwicklungen. Die OMA (Object Management Architecture) umfaßt einen Rahmen für die Konstruktion von Softwarekomponenten durch verschiedene Hersteller, die auf Basis der OMG-Standards in der Lage sind, miteinander zu kooperieren.

- Component Object Model (COM) und Object Linking and Embedding (OLE 2.0)
  Windows bietet mit OLE 2.0 die Möglichkeit an, Dokumente aus verschiedenen Objekten zusammenzusetzen. So kann ein Dokument aus Word-Objekten, Excel-Tabellen oder Graphik Objekten, aus Powerpoint-Folien-Objekten usw. bestehen. Das zusammengesetzte Dokument wird als Gesamtheit dargestellt. Änderungen in einer Anwendung werden sofort im Gesamtdokument sichtbar. Die Manipulation der Teilobjekte geschieht in einem Fenster, da die verschiedenen Anwendungsfunktionen, die sich auf den ausgewählten Teil des Gesamtobjekts beziehen, über einen Menübalken oder Popup-Menüs angeboten werden.
  OLE 2.0 definiert ein neues Standarddatenformat und Mechanismen zum Datenaustausch. Die strukturierte Speicherung erlaubt den Komponenten aus zusammengesetzten Objekten die Kontrolle ihrer Bearbeitung und Speicherung.
  OLE 2.0 basiert auf dem Component Object Model (COM) von Microsoft. COM ist ein der OMG vergleichbares Objektmodell, aber von diesem unabhängig und nicht kompatibel. Ein weitergehendes Ziel von COM ist die Schaffung eines binären Standards, mit dessen Hilfe Objekte von unabhängigen Herstellern ohne Modifikation zusammenarbeiten können.

- OpenDoc
  Eine mit OLE 2.0 vergleichbare Funktions- bzw. Dokumentenintegration kann mit OpenDoc erzielt werden. OpenDoc ist ein plattformübergreifender Industriestandard, der u.a. von Apple, Borland, IBM, Novell, Oracle und

Wordperfect unterstützt wird. Er basiert auf dem OMG Standard CORBA. OpenDoc ist derzeit (April 94) noch nicht als Produkt verfügbar, aber für 1994 angekündigt. OpenDoc wurde ursprünglich von Apple entwickelt und wird mittlerweile von einer herstellerneutralen Organisation (Component Integration Labs, San Francisco) implementiert und verbreitet. OpenDoc zeichnet sich u.a. durch folgende Eigenschaften aus:

- Verbessertes Speicherkonzept gegenüber OLE 2.0 durch Speicherung nur der Differenzen von Objektinhalten bei Veränderung;
- Möglichkeit derVerteilung von Objekten auf verschiedene Maschinen in einem Netz; Möglichkeit der Objektumzugs zur Verschiebung eines Objekts von einer Maschine auf eine andere ohne Zerstörung der Verbindungen;
- Verfügbarkeit auf mehreren Plattformen wie Apple, OS/2, UNIX und Windows.

Mit seinem Produkt Object Broker bietet Digital Equipment eine Verknüpfung von OpenDoc und OLE 2.0 an. Da OpenDoc und OLE 2.0 funktional nicht kompatibel sind – insbesondere keine Vererbung – kann bei der Verknüpfung Information verloren gehen.

3.2   Was hat die Verbreitung objektorientierter Technologie bisher verhindert?

Obwohl die objektorientierte Programmierung bereits früh in die Geschichte der Datenverarbeitung eingetreten ist, hat sie doch bis heute nur eine sehr beschränkte Verbreitung besonders auch in der kommerziellen Datenverarbeitung gefunden. Als Grund dafür kann auch gelten, daß die kommerzielle Datenverarbeitung bis in die späten 80er Jahre basierend auf einer Großrechnertechnologie von IBM als marktbeherrschendem Anbieter geprägt wurde. Die Aufgabenstellung für diese Maschinen war die zentrale Verwaltung von Daten und die Möglichkeit, diese Daten entweder im Stapelbetrieb oder interaktiv parallel durch mehrere Nutzer koordiniert bearbeiten und pflegen zu lassen. Die Verarbeitung wurde in ‚Programmen' formuliert, was für diese Welt ausgehend von einer ‚Programmierung der Maschine' (Kartensortierer bzw. Autocoder) natürlich war. Eine wesentliche Funktion war dabei die Verarbeitung großer Datenmengen und die Gewinnung von Informationen aus den konsolidierten Daten. Die Verarbeitung für viele Nutzer wurde aus technischen

Gründen auf einer Maschine konzentriert: Dies führte dazu, daß die Software-Technologie für die Erstellung von Anwendungslösungen durch die Notwendigkeit geprägt war, die für die große Zahl der Nutzer immer zu knappen Maschinenressourcen effizient auszunutzen. Diese Anforderung bestimmte den Stil der Programmierung, der im wesentlichen durch die Regeln der Batch-Verarbeitung und Transaktions-Processing-Monitore (TP-Monitore) wie CICS und IMS/DC geprägt wurde.

Obwohl bereits früh (ca. 1980) eine völlig neue objektorientierte Technologie der Datenverarbeitung durch die Firma XEROX in ihrem legendären PARC Projekt und den daraus resultierenden Produkten – so letztlich auch Apple Macintosh und MS-Windows – geschaffen wurde, gelang es dieser nicht, sich im Markt durchzusetzen. Wesentliche Gründe dafür waren der damals noch hohe Preis für Prozessorleistung, welche diese Technologie erforderte, und die hohen Kosten für intelligente Arbeitsstationen (vor Einführung des PC). Neben den hohen Kosten für die erforderliche Hardware war für die mangelnde Akzeptanz auch die Tatsache verantwortlich, daß die neue Technologie nicht die Standardaufgabenstellung der Speicherung und Verarbeitung von Massendaten abbilden konnte und nicht vom Marktführer gestützt wurde. Dieser hatte zwar mit ‚Future Systems‘ ein ehrgeiziges Projekt gestartet, welches auch eine objektorientierte Technologie einschließen sollte. Dieses scheiterte jedoch aufgrund der zu ambitionierten Ziele und der zuwenig zielorientierten Projektorganisation. Wegen seiner noch gegebenen Erfolge und der Trägheit der eigenen Masse konnte danach der Marktführer kein Interesse für den revolutionär neuen Ansatz mehr entwickeln. Die neue objektorientierte Technologie erzeugte zwar allgemein Faszination, wurde jedoch ‚vor ihrer Zeit‘ dem Markt angeboten und konnte damit nicht erfolgreich werden. Die wesentlichen Gründe für die erst späte Verbreitung einer bereits früh verfügbaren Technologie waren also:

- Der Markt war geprägt vom ‚Standard‘ einer anderen Technologie;
- Die Kosten für die Ressourcen beim Einsatz der neuen Technologie waren zu hoch;
- Der Marktführer hatte einen Fehlschlag zu verkraften und war zu etabliert, um konzeptionell ‚ansprechbar‘ zu sein;
- Es gab keine zwingende Anforderung zum Einsatz einer neuen Technologie;
- Die neue Technologie gab keine Antwort auf die Standardanforderungen der DV;
- Die Technologie wurde ‚vor ihrer Zeit‘ auf den Markt gebracht;
- Der Anbieter verlor wegen Konzentration auf das Kerngeschäft das Interesse und konnte/wollte die ‚Durststrecke‘ bis zur Durchsetzung nicht durchhalten.

Als Auswirkung dieser ungünstigen Umstände für die Entwicklung der OO-Technologie gab es bis vor kurzem:

- keinen Standard für OO-Technologie
- keine Werkzeuge
- kein Entwickler-Know-How
- keinen Beweis der Steigerung der Produktivität, da die Entwicklung in OO-Technologie anfangs aufwendiger ist als konventionelle Techniken

Kürzlich durchgeführte Umfragen belegen, daß inzwischen zumindest in USA 40% der Anwender OO-Techniken nutzen (Objekt Spektrum 1/94) und sich die Wiederverwendung durch die Verfügbarkeit ausgereifter Klassenbibliotheken und Frameworks als Wiederverwendung im Großen erreichen läßt.

3.3   Anforderungen, die den Einsatz objektorientierter Prinzipien heute erfordern

Nachdem die objektorientierte Technologie in ihrem ersten Anlauf keine weite Verbreitung erreichen konnte, haben sich in der Zwischenzeit zum einen die technischen Möglichkeiten und zum anderen die Position der Nutzer mit ihren Anforderungen so stark gewandelt, daß die Forderung nach objektorientierter Technologie nunmehr aus vielen Richtungen gestellt wird:

Neuorientierung der kommerziellen Datenverarbeitung
Zunehmend hat heute die etablierte Datenverarbeitungsabteilung in Unternehmen Akzeptanzprobleme. Fachabteilungen sind nicht mehr bereit, dem technischen ‚Jargon‘ der DV-Leute zu folgen, der ihnen kein Verständnis für den Lösungsansatz der eigenen Problemstellungen vermittelt. Daher wird mit einer ‚Neuorientierung‘ der Datenverarbeitung auf ein besseres Verständnis der Geschäftsprozesse versucht, diese Situation zu verbessern und eine gemeinsame Sprache zwischen Fachbereich und DV-Bereich zu finden. Mit der Neuorientierung der Problemanalyse weg von der Interpretation der Welt gemäß den technischen Möglichkeiten wird diese nunmehr auf die Abbildung von Geschäftsprozessen der realen Welt gerichtet. Damit wird auch ein Verständnis für die Entitäten der realen Welt erforderlich, welche für die Mitarbeiter aus den Fachabteilungen genauso verständlich sind, wie für die Mitarbeiter des DV-Bereiches. Dies führt zu objektorientierten Ansätzen abgeleitet aus dem Entity/Relationship Modell, welches als unterliegendes Modell bereits in CASE Werkzeugen seit einigen Jahren erprobt ist und dabei gute Ergebnisse geliefert hat.

Verringerung der Wartungskosten

Viele der bestehende kommerziellen Lösungen haben über die Jahre einen hohen Wartungsaufwand verursacht. Mit der Verfügbarkeit von Personal-Computern suchen besonders Nutzer in den Fachabteilungen vermehrt nach Alternativen in eigenen Lösungen. Hier hofft der etablierte DV-Bereich, durch Einsatz objektorientierter Technologie Einsparungen erzielen zu können und sich damit dem Endnutzer in der Fachabteilung wieder leistungsfähiger für die Lösung neuer Problemstellungen darstellen zu können. ,Hofft' wird in diesem Zusammenhang bewußt gewählt, da wieder einmal die Technologie alleine die erhofften Lösungen sicher nicht bringen wird.

Graphische Nutzeroberflächen

Die Bedienung einer graphischen Oberfläche führt den Nutzer zu einer Assoziation der Verarbeitung mit Objekten, die er ja auch auf dem Schirm vor sich sieht. Die erste Verknüpfung objektorientierter Programmierung (SMALL-TALK) mit einer graphischen Nutzeroberfläche entstand folgerichtig im XEROX PARC Projekt.

Die Erstellung von Programmen zur Bedienung von graphischen Oberflächen erfordert eine klare Strukturierung und Kapselung der Funktionen, so daß auch ereignisgetriebene Verhaltensweisen in den Programmen mit vertretbarem Aufwand abgebildet werden können und Makrofunktionen aus Bausteinen zusammengesetzt werden können.

Verteilte Verarbeitung

Die Entwicklung der Technologie in der Datenverarbeitung in Richtung auf verteilte Client/Server statt monolithischer Systeme erfordert auch hier neue Softwaretechniken zur Beherrschung dieser Architektur. Das Client/Server Modell mit der Verteilung der Verarbeitung zwischen mehreren Verarbeitungsknoten fordert die Kapselung der Prozeduren nahe bei den Daten, so daß über eine ausgetauschte Nachricht eine definierte Operation (Methode) aktiviert werden kann und damit auch die verteilte Transaktionsverarbeitung durch Kapselung beherrscht werden kann.

Abbildung komplexer Datenobjekte

DV-Lösungen, die heute vermehrt Text- und Bildverarbeitung beinhalten, erforden die Speicherung von Datenstrukturen, die solche Datenobjekte abbilden können. Dazu reicht nachgewiesenermaßen das relationale Datenmodell nicht aus – auch wenn es BLOBS Binary large Objects bietet, so daß zur Zeit in vielen Lösungen individuelle Ansätze ,um die Theorie herum' gefunden werden müssen, um die anstehenden Problemstellungen besser beherrschen zu können.

Objektorientierte Organisation des Unternehmens
Als Folge des Prozeßorientierung und Produktorientierung in Unternehmen
ergibt sich die Anforderung nach einer flexibleren Informationstechnologie mit
neuen Organisationsstrukturen, die sich aus der Objektorientierung ableiten
lassen.

3.4   Zusammenfassung

Die Geschichte der Entwicklung der DBMS-Technologie zeigt, daß in verschiedenen Bereichen jeweils sehr interessante Technologien geschaffen wurden, von
denen sehr alte (netzwerkartige DBMS) eigentlich wieder aktuell sind. Es kann
heute keine einheitliche Definition für den Inhalt des Begriffes ‚Objektorientierte DBMS' gegeben werden. Als nächster Schritt steht die wirkliche Ver-
schmelzung der Programmierung mit dem DBMS zu einem ‚Object Base Management System' OBMS an, und es ist zu erwarten, daß auch in Zukunft das
System zur Verwaltung der Daten- bzw. Objektbank zentrale Bedeutung behal-
ten wird – wenn es denn so existiert. Besonders für den Einsatz zur Lösung
kommerzieller Aufgabenstellungen sind die heute verfügbaren Techniken und
Werkzeuge nur bedingt geeignet, was auch mit der bisher gegebenen relativ geringen Verbreitung im kommerziellen Umfeld belegt ist.

4. Beispiele für Anwendungen objektorientierter Technologie

Im folgenden sollen einige Aufgabenstellungen für DV-Lösungen skizziert werden, die besonders den Einsatz von objektorientierter Technologie in verschiedenen Funktionen erfordern und das Verständnis für objektorientierte Lösungsansätze bei allgemeinen Aufgabenstellungen vermitteln.

4.1 Büroautomation und Dokumentenverwaltung

Büroautomation erscheint als Aufgabenstellung gut geeignet, die Wirkung einiger objektorientierter Prinzipien für die Erstellung leistungsfähiger Lösungen sichtbar zu machen.

Insgesamt besteht die Gesamtaufgabenstellung Bürokommunikation aus den Komponenten:

- Verwaltung komplex strukturierter Entitäten/Objekte
- Bearbeitung über eine graphische Nutzeroberfläche
- Parallelarbeit an demselben oder mehreren Objekten
- Erhaltung der Konsistenz von komplex strukturierten Dokumenten
- Versand von Nachrichten und Auslösung von Bearbeitungsfunktionen durch Nachrichten
- Vorgangsbearbeitung mit der Weitergabe der Bearbeitung zwischen mehreren Bearbeitern
- Auslösung von Bearbeitungsschritten abhängig vom Status der Bearbeitung

Anhand der einzelnen Aufgabenstellungen im Umfeld der Bürokommunikation sollen im folgenden die Anforderungen für eine objektorientierte Funktionalität abgeleitet werden:

4.1.1 Verwaltung komplex strukturierter Entitäten/Objekte

Objekte aus dem Umfeld der Bürokommunikation erfordern die Abbildung komplexer Datenstrukturen. Das Zusammenführen von formatierten Daten für die Identifikation des Dokuments bzw. des Autors, das Erstellungsdatum, etc. mit umfangreichen Textdaten mit evtl. eingelagerten Bildern und Diagrammen erfordert eine Datenverwaltung, die über die Möglichkeiten des relationalen Datenmodells weit hinausgeht und in vollkommener Weise die für eine objektorientierte Datenstrukturierung erforderlichen Funktionen aufzeigt. Ein Objekt muß Attribute aus formatierten Datenfeldern besitzen; daneben Listenstrukturen wie z.B. den Text, der für die Bearbeitung als Tabelle dargestellt werden muß und darin eingelagert Verweise auf Bilder und Diagramme, die für ihre Bearbeitung spezielle Funktionen benötigen. Ein Objekt der Bürokommunikation kann nur abgebildet werden, indem es als Kombination von Daten und Verfahren für deren Anzeige und Bearbeitung gesehen wird.

Damit fordert ein Objekt der Bürokommunikation für seine Abbildung in der Datenverarbeitung die Verwaltung komplexer Strukturen, was typischerweise durch das objektorientierte Modell der Verbindung von strukturierten Daten und Funktionen angestrebt wird.

4.1.2 Bearbeitung über eine graphische Nutzeroberfläche

Die Erfahrung aus der Implementierung von Bürokommunikationslösungen auf verschiedenen Plattformen haben gezeigt, daß erst eine Implementierung in einer graphischen Nutzeroberfläche mit ihren ‚WYSIWYG'-(What You See Is What You Get)-Eigenschaften befriedigende Lösungen geschaffen hat. Der große Fortschritt dieser Lösungen liegt darin, daß sie die Bearbeitung von Dokumenten aus mehreren Komponenten (Text, Bilder, Diagramme) ermöglichen, wobei die einzelnen Komponenten jeweils spezifische Bearbeitungsfunktionen beinhalten. Als Beispiel mag diese Arbeit gelten, die über einen Dokumenteneditor (MS-Word) in einem Arbeitsgang mit allen Abbildungen, Diagrammen und Ausschnitten aus Bildschirminhalten erstellt wurde. Auch diese Vorgehensweise wird nur durch die Anwendung objektorientierter Prinzipien möglich, die Daten und Funktionen zu einem Objekt bzw. Dokument zusammenfassen und die Bearbeitung einzelner Teile mit jeweils passenden Funktionen ermöglichen.

4.1.3 Erhaltung der Konsistenz von komplex strukturierten Dokumenten und Parallelarbeit an demselben oder mehreren Objekten

In einer Bürokommunikationsumgebung werden Dokumente als Objekte abgelegt und können von mehreren Nutzern evtl. auch parallel bearbeitet werden. Damit ergeben sich die typischen Probleme der Konsistenzsicherung eines Dokuments, welches verändert werden kann. Einmal muß sichergestellt sein, daß Veränderungen an einem Dokument jeweils nur in ihrer Gesamtheit oder gar nicht ausgeführt werden und zum anderen muß sichergestellt werden, daß die Parallelarbeit mehrerer Nutzer koordiniert wird.

Während die erste Forderung durch ein Auslagern des Dokuments in einen Bearbeitungsbereich und kontrolliertes Zurückschreiben erfüllt wird, ist das Problem der Parallelarbeit meist nicht gelöst. Hier bietet sich die Orientierung an der Realität an, wo das Problem gelöst bzw. vermieden wird, indem ein Dokument, welches sich bei einem Sachbearbeiter in Bearbeitung befindet entsprechend gekennzeichnet ist und für einen weiteren Sachbearbeiter nicht verfügbar ist. Zur Lösung verhilft also die Objektorientierung mit ihrem Bezug zur Realität, mit dem Lösungen im DV-Umfeld analog zu eingeführten Verfahren aus der realen Welt realisiert werden, z.B. kann ein Buch, welches in Kapitel unterteilt ist, sehr wohl in einzelnen Kapiteln parallel bearbeitet werden kann, dieselbe Seite eines Formulars jedoch nicht.

Die Abbildung der Bearbeitung in der Datenverarbeitung erzeugt durch die modernen fensterorientierten Nutzeroberflächen ein zusätzliches Problem dadurch, daß derselbe Nutzer dasselbe Dokument mehrfach parallel zur Bearbeitung auswählen kann. Zur Lösung dieses Problems muß die Bearbeitungsumgebung Kenntnis haben über die Eigenschaften des Dokumentenobjekts und daraus erkennen, ob eine solche parallele Bearbeitung möglich ist oder nicht. Die Lösung kann dann darin bestehen, daß entweder die parallele Bearbeitung über die Segmentierung des Dokuments in Kapitel ermöglicht wird oder indem die parallele Bearbeitung auf dieselbe Kopie des Dokuments wirkt.

4.1.4 Versenden von Nachrichten und Auslösen von Bearbeitungsfunktionen durch Nachrichten

Eine wesentliche Funktion der Bürokommunikationsumgebung besteht darin, Nachrichten zwischen einzelnen Sachbearbeitern auszutauschen. Damit simuliert die Bürokommunikation die Zusammenarbeit zwischen Menschen, die auch auf dem Austausch vielfältiger Nachrichten basiert. Auch hier findet sich in der Bürokommunikation ein Prinzip der Objektorientierung, welches von der realen Welt abgeleitet ist. Das Auslösen von Bearbeitungsfunktionen durch Nachrichten ist ein Prinzip, welches in der Datenverarbeitung zuerst im technischen Umfeld der Kommunikationsprotokolle und dann auch als Nutzerfunktion in der Bürokommunikation zur Anwendung kommt. Dieses Prinzip erscheint insgesamt für allgemeine Anwendungslösungen geeignet, um von der ‚monolithischen' Funktionalität wegzukommen und eine Bearbeitung im Sinne eines Vorgangs mit mehreren Bearbeitungsschritten zu organisieren.

4.1.5   Vorgangsbearbeitung mit der Weitergabe der Bearbeitung zwischen mehreren Bearbeitern

Während der allgemeine Nachrichtenaustausch in der Bürokommunikation noch wenig strukturiert ist, existieren daneben bereits weitergehende Lösungen, die eine komplexe Bearbeitung als Folge von definierten Bearbeitungsschritten organisieren. Auch dieser Ansatz deckt sich mit den Prinzipien der Objektorientierung, die auch den Anstoß von Funktionen/Methoden über Nachrichten bewirken. Während heute noch eine Vorgangsbearbeitung als Folge von Bearbeitungsschritten durch mehrere Sachbearbeiter gesehen wird, ist als nächster Schritt durchaus eine gemischte Bearbeitung aus manuellen und maschinellen Funktionen vorstellbar, was letztlich wieder zu einer Aufteilung der Bearbeitung auf mehrere Bearbeitungsschritte bzw. -objekte auch für Standardlösungen führt.

4.1.6   Auslösung von Bearbeitungsschritten abhängig vom Status der Bearbeitung

Ausgehend von der Vorgangsbearbeitung führt der nächste Schritt der Automatisierung von Abläufen zur Steuerung der Verarbeitung aus dem Zustand des zu bearbeitenden Dokuments. Auch dieser Ansatz basiert auf objektorientierten Prinzipien, die als eine Eigenschaft des Objekts dessen Zustand beschreiben und die Möglichkeit der Aktivierung von Methoden von diesem Zustand abhängig machen.

Insgesamt kann festgestellt werden, daß die Bürokommunikation alle Prinzipien der Objektorientierung erfordert, auch wenn die bestehenden Lösungen noch nicht unter Nutzung von objektorientierten Werkzeugen entstanden sind. Da die Bürokommunikation als wenig fachbezogene Lösung allgemein die Arbeit von Menschen in einer Büroumgebung abzubilden versucht, kann daraus abgeleitet werden, daß eine Objektorientierung der Arbeits- und Denkweise des

Menschen am nächsten kommt und damit als Paradigma auch für fachspezifische Lösungen angewandt werden sollte.

4.2 Objektorientierte Lösungen in einem Client/Server Umfeld

Die Client/Server Technologie hat sich aus der Anforderung für die gemeinsame koordinierte Nutzen von Daten entwickelt. Erste Lösungen entstanden im Umfeld von Großrechnern, wo viele Nutzer unter einer Terminal-Verwaltung gemeinsam auf die Daten einer Datenbank zugreifen mußten. Erste Lösungen für dedizierte Datenbank-Server entstanden bei ICL (CAFS) und SOFTWARE AG mit der ‚Database Machine'. Client/Server Technologie ist dann unter diesem Namen neu entstanden, als mehrere Personal Computer (PC) in einem lokalen Netz auf dieselben Daten zugreifen mußten, die von einem ‚File-Server' zentral verwaltet wurden. In Erweiterung dieses technischen Ansatzes kam man dann wieder zu zentral verwalteten Daten in einer Datenbank.

Für die Aufgabenstellung einer Client/Server Technologie sind folgende Funktionen erforderlich:

- Übermittlung von Aufträgen an den zentralen Datenserver
- Isolierung eines Nutzers in seiner Wirkung auf die Daten
- Reduzierung des zu übertragenden Datenvolumens
- Spezifikation von Konsistenzregeln in der Datenbank

Auch hier sollen wieder die Prinzipien aufgezeigt werden, die einen objektorientierten Ansatz erfordern.

4.2.1 Übermittlung von Aufträgen an den zentralen Datenserver

Die Übermittlung von Aufträgen zwischen Client und Server erfordert die Spezifikation von Nachrichten, die jeweils in geeigneter Form die nötige Information zur Beschreibung der gewünschten Operation übermitteln können.

Als Schnittstelle zu relationalen Datenbanken hat sich SQL durchgesetzt. Da SQL ursprünglich als Sprache für den Endnutzer zur Formulierung von Datenselektions- und -änderungsaufträgen gedacht war, bereitete es einige Schwierigkeiten, die SQL Anweisungen nunmehr in eine Nachricht zu kleiden, die zwischen Client und Server übermittelt werden kann. Es existieren mehrere

Formen für Gestaltung der SQL-Nachrichten, und erst sehr spät hat sich ein allgemein gültiger Ansatz etabliert.

Unter Anwendung objektorientierter Prinzipien wären diese Irrungen vermieden worden, indem der Vorgang von vornherein so interpretiert worden wäre, daß ein Klienten-Objekt eine Anforderung formuliert (über eine geeignete Oberfläche), diese als Nachricht an das Server-Objekt übermittelt und das Server-Objekt auf die Nachricht hin eine definierte Operation ausführt.

4.2.2   Isolierung eines Nutzers in seiner Wirkung auf die Daten

Das relationale Datenmodell sieht Daten als flache Strukturen, die in Form von Tabellen durch den Nutzer zu dynamischen Sichten auf die Daten zusammengestellt werden können. Ziel des relationalen Datenmodells ist die möglichst flexible Nutzung von Daten besonders zur Informationsgewinnung.

Dieses Verständnis führt für parallele Veränderungsoperationen durch mehrere Nutzer zu Problemen, da diese nicht unkoordiniert erlaubt werden können, wenn eine gewisse Konsistenz der Daten gewährt werden soll.

Zur Lösung des Problems führen relationale DBMS den Begriff der ‚Transaktion‘ ein, die Daten für einen Nutzer solange sperrt, wie dieser Änderungen daran durchführen will.

Unter Anwendung objektorientierter Prinzipien stellt die Transaktion eine Kapselung von Daten dar, die während einer Transaktion quasi zu einem Transaktionsdatenobjekt zusammenfaßt werden.

Auch hier verhilft also die Objektorientierung zum besseren Verständnis und zur klaren Lösung des Problems.

4.2.3   Reduzierung des zu übertragenden Datenvolumens

In einer Client/Server Umgebung belastet die Übermittlung von großen Datenmengen die Übertragungswege und führt häufig zu langen Wartezeiten. Die Lösung des Problems suchen einige Systeme dadurch, daß sie erlauben, komplexe Selektionsprozeduren innerhalb der Datenbank zu formulieren, die dann durch entsprechende Nachrichten aktiviert werden und nur das Endergebnis der Selektion an den Klienten übermitteln.

Im objektorientierten Verständnis erfolgt hier die Implementierung einer Methode im Server-Objekt, wobei auch für diese Lösung durch nicht objektorientiertes Verständnis zuerst sehr komplizierte Wege beschritten wurden, da der Begriff der Nachrichtenübermittlung nicht angewandt wurde.

4.2.4   Spezifikation von Konsistenzregeln in der Datenbank

Im Bestreben gewisse Konsistenzregeln in der Datenbank zu erzwingen, haben mehrere relationale Systeme die Möglichkeit geschaffen, solche Konsistenzregeln innerhalb der Datenbank zu formulieren und dann ausgelöst durch den Zugriff auf die Daten zu aktivieren. Diese ‚Trigger‘, welche in einigen Fällen zu ‚Stored Procedures‘ erweitert wurden, stellen im objektorientierten Verständnis wiederum Methoden dar, die an ein bestimmtes Datenobjekt – hier meist in Ermangelung eines strukturierten Objekts – ein Datenelement oder ein Tupel geknüpft werden.

Die aufgeführten Beispiele zeigen, daß auch in einem Client/Server Umfeld durch die Einführung eines objektorientierten Denkens wesentlich schneller bessere Lösungen für die sich stellenden Probleme gefunden werden können.

4.3   Objektorientierte Lösung für eine Aufgabenstellung im kommerziellen Umfeld

In vielen Banken und Versicherungen sind große Aufwendungen nötig geworden, um die zuerst getrennt erstellten Bestände der Konten bzw. Versicherungspolicen für einen Kunden zusammenzuführen und damit dann eine gezielte Kundenbetreuung zu ermöglichen.

Für diese Aufgabenstellung wäre sinnvollerweise das objektorientierte Prinzip der Klassenbildung und -vererbung angewandt worden, um unnötige Doppelarbeit zu vermeiden und besonders, um nicht nachträglich eine Klassifizierung mühsam aus bereits erstellten Lösungen ableiten zu müssen.

Im folgenden wird eine Struktur der Objekte einer Bankenumgebung abgebildet, um aufzuzeigen, wie durch eine Klassenbildung Ähnlichkeiten besser erkannt werden und durch Vererbung eine Implementierung der nötigen Verarbeitungsfunktionen durch Spezialisierung der Grundfunktionen einer Basisklasse erreicht werden kann.

Unter Anwendung dieses Ansatzes zur Klassifizierung und Strukturierung der betreuten Kunden ausgehend von der Basis-Klasse ‚Bank-Kunde‘ wird die Implementierung der einzelnen Spezialisierungen erleichtert unter Mehrfach-Nutzung der Basis-Eigenschaften und Methoden. Auch führt die Klassifizierung zum Erkennen der wesentlichen Basisklasse, in diesem Fall der ‚Kunde‘ und nicht – wie aus der Sicht der Bank irrtümlich gesehen – das ‚Konto‘.

Das Prinzip der Klassifizierung und Vererbung ist in traditionellen Anwendungs-Lösungen nicht angewandt worden, was oft zu Doppel-Implementierungen derselben Funktionalität mit den bekannten Problemen der erschwerten Wartbarkeit und Anpassbarkeit an geänderte Bedingungen geführt hat.

Übersicht über einige Klassen von Kunden einer Bank:

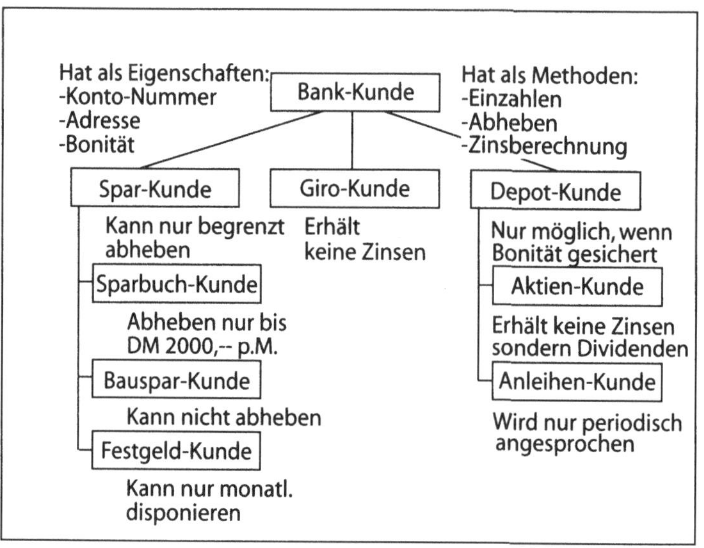

Abb. 4.1   Klassifizierung mit Vererbungshierarchie von Bank-Kunden

4.4   Allgemeine objektorientierte Lösungen für kommerzielle Aufgabenstellungen

Mit dem Aufkommen der Client/Server Technologie als neuer operativer Basis und in Erkenntnis der hohen Aufwendungen für ‚monolithische' Anwendungslösungen suchen viele DV-Verantworliche nach neuen Wegen, um mit niedrigeren Kosten mehr Funktionalität implementieren zu können, die sich dann auch noch leichter warten läßt. Wie oben bereits an einigen Beispielen gezeigt, bietet die Objektorientierung die nötigen Prinzipien, um für alle diese Aufgabenstellungen bessere Lösungen zu finden. Als neue Aufgabenstellung für die Zukunft zeichnet sich im kommerziellen Umfeld ab, daß Lösungen nicht nur innerhalb eines Unternehmens zu verteilen sind, sondern daß auch mehr und mehr Lösungen zwischen fremden Unternehmen durch direkte Kommunikation (EDI etc.) miteinander verkoppelt werden, so daß eine noch weiterreichende Verteilung der Funktionen einer intern und extern integrierten Lösung sich entwicklen wird.

Für die Integration von kommerziellen Lösungen wird also nicht mehr eine zentrale Datenbank dienen, sondern es sind die definierten ‚Schnittstellen' oder besser ‚Verbindungsstellen' zwischen Funktionen, die eine weitgreifende Integration ermöglichen.

Die weiterreichende Vision für DV-Lösungen im kommerziellen Umfeld ist der Vergleich mit dem Telefon, welches es gestattet, über ein weltweites Netz zu kommunizieren. Es ist vorstellbar, daß in nicht allzu ferner Zukunft DV-Lösungen über ein weltweites Kommunikationsnetz auch zwischen fremden Partnern direkt miteinander verknüpft sind und vielfältige Dienste in diesem Netz über die definierten Schnittstellen genutzt werden können.

So sind objektorientierte Mehrdienste vorstellbar, d.h. ein Nutzer stellt eine Anforderung an einen Dienst. Aufgrund dieser Anforderung wäht ein Request Broker automatisch im weltweiten Kommunikationsnetz das Objekt aus, welches den Dienst optimal erfüllen kann. Dieser Dienst wird transparent für den Anwender abgewickelt und kann von Dritten abgeboten werden. Er wird erst durch objektorientierte Techniken machbar.

Auch wenn heute mangels einer klaren und durchgehenden Definition der Objektorientierung oft noch keine festen Vorstellungen existieren, wie die Objektorientierung angewandt werden kann, ist doch zu erwarten, daß sich innerhalb der nächsten fünf Jahre ein grundlegender Wandel in den Techniken zur Implementierung von Anwendungslösungen in Richtung auf das objektorientierte Paradigma vollziehen wird.

4.5   Objektorientierung in technischen Lösungen

Neben den Aufgabenstellungen im kommerziellen Umfeld hat die Objektorientierung auch ein großes Potential zur Verbesserung von Lösungen im technischen Umfeld.

Obwohl hier mehr noch als in der kommerziellen Welt ein Bezug zu Entitäten der realen Umwelt gegeben sein müßte, folgen doch die bestehenden DV-Lösungen weitgehend nicht dem objektorientierten Ansatz. Dies gilt besonders für CAD (Computer Aided Design), CAM (Compter Aided Manufactoring) und CIM (Computer Integrated Manufactoring). Fast alle dort bestehenden Lösungen folgen heute dem traditionellen Ansatz der Trennung von Daten und Funktionen, wobei gerade diese Lösungen unter den Beschränkungen des relationalen Datenmodells leiden.

Viele der Anforderungen im technischen Umfeld entsprechen denen aus der Bürokommunikation und erfordern daher auch ähnliche technische Ansätze zur Lösung.

- Verwaltung komplex strukturierter Entitäten/Objekte
- Bearbeitung über eine graphische Nutzeroberfläche
- Parallelarbeit an demselben oder mehreren Objekten
- Erhaltung der Konsistenz von komplex strukturierten Dokumenten
- Auslösen von Zustandsänderungen durch Nachrichten
- Vorgangsbearbeitung mit der Weitergabe der Bearbeitung zwischen mehreren Bearbeitern
- Auslösung von Bearbeitungsschritten abhängig vom Status der Bearbeitung

Da sich diese Arbeit im wesentlichen auf das kommerzielle Umfeld beschränken will, sollen die Anforderungen technischer Lösungen nicht weiter detailliert werden, sondern nur festgestellt, daß diese sich in Bezug auf Funktionalität, Verteilung und Kommunikation zwischen mehreren Bearbeitern nicht wesentlich von den Anforderungen im kommerziellen Umfeld unterscheiden.

4.6   Zusammenfassung

Die aufgezeigten Aufgabenstellungen aus dem kommerziellen Umfeld zeigen, daß hier ein großer Bedarf an objektorientierten Lösungen besteht, die allerdings auf einem erweiterten objektorientierten Verständnis aufbauen müssen, wie sie bereits in Kap. 2 skizziert wurde.

5. Objektorientierte Analyse- und Entwurfsmethoden

Für das Grundverständnis von Analyse- und Entwurfsmethoden spielt das unterliegende Paradigma eine entscheidende Rolle. Deshalb soll im folgenden anhand der heute gebräuchlichen Methoden untersucht werden, inwieweit Objektorientierung in diesem Bereich bereits Eingang gefunden hat, und wie eine konsequent objektorientierte Analyse- und Entwurfsmethode aussehen müßte und wie ein Paradigmenwechsel herbeizuführen ist.

5.1 Methoden der strukturierten Analyse

Die in den 70er Jahren eingeführten Methoden zur strukturierten Analyse [Hoare et al. 72], [Dijkstra 76], [Orr 77], [DeMarco 78], [Yourdan et al. 75, 79, 89], [Derissen et al. 89], [Denert 92] verfolgen meist den Ansatz, die reale Welt einer Aufgabenstellung für eine DV-Lösung zuerst in einem Entity/Relationship Diagramm nach Chen [Chen 76], [Chen 83] zu modellieren, welches die Dinge (Entitäten) der realen Welt mit ihren Beziehungen zueinander darstellen kann. Für die Implementierung des DV-Systems jedoch wird diese Sicht auf das Problem wegen technischer Restriktionen aufgegeben, und der Entwurf für die DV-Lösung wird auf der Basis von Daten auf der einen Seite und Programmen auf der anderen Seite aufgebaut.

Dieser Paradigmenbruch wird auch als Impedanzbruch (impedance mismatch) bezeichnet und hat für lange Zeit die Welt der Datenverarbeitung im Verständnis von der realen Welt getrennt. Während der Mitarbeiter einer Fachabteilung meist noch sehr gut das Entity/Relationship Diagramm seines Systems verstehen kann, versteht er nicht mehr die Daten und die Programmstrukturen. Dieser Paradigmenbruch hat auch Auswirkungen für die technische Lösung des Systems, da auch der ‚Programmierer‘ meist nur in den technischen

Strukturen denken kann und damit die einmal implementierte Lösung von der realen Welt abgekoppelt ist, was die Wartung und Weiterentwicklung sehr behindert. Auch für die erste Implementierung einer Lösung ist der Impedanzbruch hinderlich, da er ein Vorgehen nach einem sogenannten Phasen- oder Wasserfallmodell erfordert mit den streng nacheinander zu durchlaufenden Phasen: Analyse, Entwurf, Codierung, Test. Diese strikte Trennung der Phasen bewirkt als weiterer Bruch, daß meist die Analyse und Codierung der Lösung von verschiedenen Personen durchgeführt werden. Viele große Projekte sind an diesem Vorgehen gescheitert, da sich oft trotz oder wegen zu früher detaillierter Analyse am Ende der Systemimplementierung herausgestellt hat, daß das System nicht die Anforderungen des Nutzers trifft. Dies konnte daher rühren, daß sich auf dem Wege der Kommunikation über die einzelnen Phasen, die ohne Rückkopplung mit dem Nutzer abläuft, Fehler eingeschlichen haben bzw. auch daß sich während der Zeit der technischen Implementierung des Systems die reale Welt so verändert hat, daß das DV-System bei seiner Fertigstellung nicht mehr die aktuellen Anforderungen abdeckt.

DV-Systeme, die nach dem Wasserfallmodell und funktionaler Programmierung entwickelt werden, sind oft in jeder Beziehung monolithisch. Sie bestehen für eine Aufgabenstellung aus großen integrierten Programmsystemen, in denen fachliche Funktionen nur noch schwer zu lokalisieren sind. Diese Struktur ist typisch für einen sog. Top-Down Ansatz, der als Einstieg das ‚System‘ mit einer bestimmten Aufgabenstellung annimmt und dieses dann funktional in einzelne Funktionskomponenten aufteilt. Monolithische Systeme entstanden meist in großen Projekten, die über mehrere Jahre andauerten und nur schwer zu steuern waren, da keine Teilkomponenten für den Nutzer verifizierbar frühzeitig zur Verfügung standen. Für die Bearbeitung durch den Nutzer stellten die Systeme integrierte Lösungen dar, in denen eine komplexe Funktionalität zusammengefaßt war, um möglichst an einem Sachbearbeiter-Arbeitsplatz einen gesamten Vorgang vollständig bearbeiten zu können. Die Funktionen des Systems waren in den Programmen zusammengefaßt und führten einen große Zahl von Datenelementen an die Bearbeitung im Programm heran, wie sie zur Bearbeitung in der komplexen Funktion benötigt wurden.

Die folgende Darstellung veranschaulicht den Impedanzbruch:

Analyse und Modellierung der realen Welt im Entity/Relationship Diagramm

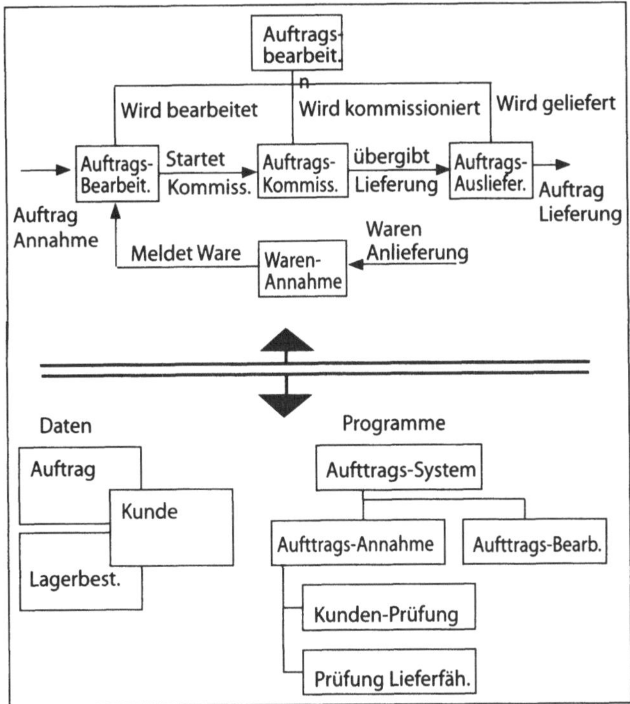

DV-Lösung implementiert in getrennten und abstrakten Daten- und Programmstrukturen

Abb. 5.1 Impedanzbruch in der Strukturierung von DV-Lösungen

Damit standen diese Systeme auch in sich selbst einer kontinuierlichen Verbesserung entgegen, denn nach der mühsamen Implementierung wagte niemand mehr an den ‚Grundfesten' zu rütteln, und es wurden nur noch kleine Veränderungen als ‚Balkone' angebaut. Auch durch diesen Ansatz ist bedingt, daß in der Datenverarbeitung bisher in bestimmten Abständen dramatische Umstellungen anfallen, wenn die bestehenden Lösungen endgültig nicht mehr pflegbar sind und auch nicht an neue Technologien angepaßt werden können. Die Umstellung ist dann jeweils der Befreiungsschlag in einer Flucht nach vorn.

Heute sehen manche Fachleute in dem streng phasenorientierten Ansatz mit einer detaillierten Analyse am Beginn des Projektes eine große Zeitverschwendung [Koshafian 90]. Gerade am Anfang kennt weder der Fachbereichs- noch der DV-Mitarbeiter das Problem, da er sich damit nur theoretisch relativ kurz befassen konnte und doch gefordert ist, bereits alle Details zu spezifizieren.

Neben den Schwierigkeiten mit komplexen monolithischen Systemen, die aus einem Top-Down Ansatz entstehen, sieht sich die DV immer noch mit dem Vorwurf konfrontiert, daß sie jeweils wieder das Rad neu erfindet und nicht bestehende Komponenten wiederverwendet.

Warum, fragt Jacobson [Jacobson 92] zu recht, gibt es bei der Einsicht der Notwendigkeit für Wiederverwendung nicht bereits eine Menge von wiederverwendbaren Komponenten? Ähnlich sieht auch Yourdan das Problem in ‚Die westliche Programmierung am Scheideweg‘.

- Projekte werden oft unter knappen Budget- und Zeitrestriktionen durchgeführt, und die Erstellung von Standard-Komponenten erfordert mehr Aufwand.
- Jeder ‚Programmierer‘ fühlt sich – als Handwerker – immer noch sicherer, wenn er seinen Code selbst erstellt, da er anderen nicht traut.
- Es gibt noch keinen Standard für Komponenten, welche die Funktionalität und die Nutzung definieren würden.
- Komponenten existieren bereits, aber wir können sie nicht mehr auffinden oder aus bestehenden Systemen herauslösen.
- ‚Programmierer‘ werden in ihrer Produktivität oft noch nach der Menge des erzeugten Codes gemessen (Lines of code). Also sehen sie sich nur produktiv, wenn sie Code erzeugen und dabei evtl. noch schwierige technische Probleme lösen.
- Es gibt bis heute noch kein Vergütungs-System, nach welchem der Erzeuger von Standardbausteinen dafür kompensiert werden könnte.
- Bausteine waren bisher nur funktional strukturiert und nicht objektorientiert. Dadurch besitzen sie meist keine klaren Schnittstellen, die eine leichte Wiederverwendung ermöglichen würden. Dieser Umstand hat auch die Initiative der ‚Methodenbibliotheken‘ in den 70er Jahren scheitern lassen. ‚Methodenbibliotheken‘ haben nach Gerry Weinberg die Eigenschaft, daß jeder etwas dazu beitragen will, aber keiner etwas daraus benutzen will.

Die DV ist gerade jetzt unter dem bestehenden Kostendruck gefordert, endlich das zu erreichen, was in anderen Ingenieursbereichen seit langem eingeführte Praxis ist, wie z.B. beim Entwurf elektronischer Schaltungen auf Standardbausteine zurückgegriffen wird, bei der Konstruktion mechanischer Geräte auf Standardschrauben, Motoren, Getriebe, etc. Jacobson [Jacobson 92] versteht unter Wiederverwendung nicht nur die Wiederverwendung von Codes, wie es üblicherweise in objektorientierter Programmierung dargestellt wird, sondern von aller Information und Wissens, welches bereits erarbeitet ist, einschließlich der Erfahrung aus früheren Projekten, die bei Mitarbeitern oder auch in der

Organisation vorliegt, wie auch von Architekturen und Methoden, die sich als gut erwiesen haben.

5.2 Objektorientierte Analyse- und Entwurfsmethoden

Der objektorientierte Ansatz hat zum Ziel, die vorstehend beschriebenen Probleme zu vermeiden, was einmal durch neue technische Ansätze erleichtert wird und zum anderen durch ein methodisch anderes Vorgehen. Technisch verfolgt die Objektorientierung im Gegensatz zur funktionalen Programmierung den Ansatz, daß nicht mehr die gesamte Bearbeitung möglichst in einem Programm zusammengeführt wird, sondern vielmehr einzelne Funktionen an Objekte angelagert und dort mit den Daten gekapselt werden. Objektorientierte Analyse und Systementwurf beschäftigen sich nicht sofort mit den vom ‚System' geforderten Funktionen, sondern haben als wesentliches Ziel, die reale Welt in Entitäten zu strukturieren, aus denen dann die Objekte der DV-Lösung abgeleitet werden können. Das Ergebnis objektorientierter Analyse ist nicht die Beantwortung der Frage: ‚Was soll das System tun' in Form strukturierter Funktionen sondern vielmehr: ‚Wer bzw. was von Interesse für das DV-System existiert im Umfeld der gestellten Aufgabe und wie kommunizieren die Entitäten miteinander bzw. sind Arbeitsabläufe auf die Entitäten abgebildet'. Die Analyse geht also im wesentlichen von Anwendungsfällen (Use cases) aus [Jacobson 92]. Obwohl dieses auf dem ‚Information Hiding' aufbauende Prinzip bereits 1972 von Parnas publiziert wurde, hat es nur wenig Eingang in das kommerzielle Umfeld gefunden.

Besonders durch das Information Hiding werden Strukturen ermöglicht, die monolithische Systeme vermeiden und eine bessere Strukturierung in Komponenten erreicht. Diese Komponenten werden dann durchaus im Top-Down Vorgehen feiner strukturiert, jedoch jeweils im Sinne einer Verfeinerung der Beschreibung einzelner abgegrenzter Objekte und nicht der Strukturierung eines Gesamtsystems.

Durch den objektorientierten Strukturierungsansatz wird auch im Projekt ein anderes Vorgehen möglich. Dieses muß nicht mehr in streng serialisierten Phasen ablaufen, sondern ein ‚überlapptes Phasenmodell' ermöglicht es, einzelne Teile des Systems zeitlich versetzt getrennt zu analysieren und implementieren. Durch die kürzeren Implementierungszeiten wird damit ein besserer Kontakt mit dem Nutzer erreicht. Dies erlaubt auch ein Vorgehen, bei dem ein System nicht sofort mit allen erdenklichen Feinheiten implementiert wird, sondern ausgehend von einer Basislösung oder einem Prototyp (80% Lösung) iterativ in mehreren Zyklen erweitert werden kann [Jacobson 92]. Besonders dieser Ansatz gibt dem Nutzer die Möglichkeit, das System in praktischer Erfahrung zu verifizieren und evtl. die nächsten Funktionen bereits auf der Erfahrung aufzubauen oder aber an eine geänderte Umwelt anzupassen.

Damit wird die objektorentierte Analyse und der Entwurf mit zum zentralen Ansatz der Objektorientierung. Durch die Objektorientierung wird dabei nicht nur eine Wiederverwendung der Softwarekomponenten, sondern auch des Entwurfs angestrebt

Die objektorientierte Analyse beschreibt die fachlichen Konzepte der Anwendungsgebietes in einer Form, die auch in den nachfolgenden Phasen nicht wesentlich geändert werden muß. Im Gegensatz zu klassischen CASE-Tools besticht hier die Durchgängigkeit des objektorientierten Modells in den Phasen Analyse, Entwurf und Programmierung; Analyse und Wartungsarbeiten werden vom Analysemodell unterstützt.

Die Nutzer des Systems können von Anfang an eng in den Analyse- und Entwurfsprozess eingebunden werden; Fachabteilungen und Entwickler kommunizieren in einer gemeinsamen Begriffswelt.

Objektorientierung erfordert Ansätze des ‚Rapid Application Development‘ und ‚System Prototyping‘ [Martin 91], welche zuerst möglich wurden durch die schnelle interaktive Arbeitsweise mit integrierten Entwicklungswerkzeugen der vierten Generation [Pagé et al. 79]. Ausgehend von ‚Reportgeneratoren‘ haben sich diese inzwischen als vollwertige und in mehreren Unternehmen einzige Entwicklungsumgebung durchgesetzt. Dieser iterative und interaktive Ansatz wird nun auch zunehmend für eine objektorientierte Entwicklung möglich, indem mit dem Personal Computer eine interaktive Arbeitsstation zur Verfügung steht und die entstehenden Systeme durch die Klassenstrukturen und die Kommunikation von Objekten über definierte Nachrichten klar strukturiert werden. Die Kapselung von Objekten hilft sehr, indem sie erlaubt, daß bereits implementierte Objekte ohne Auswirkung auf andere Objekte geändert werden können – solange ihre Schnittstellen sich nicht ändern.

Objektorientiert Analyse- und Entwurfsmethoden haben sich in den letzten Jahren seit etwa 1989 in großer Zahl entwickelt. Bereits in der kurzen Zeit der ‚neuen objektorientierten Welle‘ ist eine große Zahl von objektorientierten Methoden entstanden, die mit einem Schwall von Begriffen und der Diskussion um die Form riskieren, das Prinzip zu ‚zerreden‘. In „Methoden zum objektorientierten Softwareentwurf“ [Schäfer 92] findet sich eine detaillierte vergleichende Übersicht über mehrere Methoden. Daneben enthält eine Studie der UBIS GmbH [UBIS 94] einen ausführlichen Überblick über objektorientierte Systementwicklung.

Weitere Literatur zu dem Thema findet sich in T. Rentsch „Object oriented programming“ [Rentsch 82], B. Cox „Object oriented programming: An evolutionary Approach" [Cox 86]; B. Strousstrup „What is object oriented programming? [Stroustrup 88], N.H. Gane „Object oriented data/process modelling" [Gane 89]; Shlaer/Mellor „Object orientied System Analysis [Shlaer et al. 88], Budde/Züllighofen „Software-Werkzeuge in einer Programmierwerkstatt" [Budde et al. 90], A. Winblad „Object-Oriented Software" [Winblad et al. 90], I. Graham „Object oriented methods" [Graham 91], Shlaer/Mellor „Object Lifestyles: Modelling the World in States" [Shlaer et al. 91].

Von den ca. 40 bekannten Methoden sollen im folgenden einige kurz dargestellt werden:

- Booch [Booch 91,92] Die Methode von Booch nutzt vielfältige Diagramme, die auch besonders geeignet sind, um Nebenläufigkeit in Systemen darzustellen. Es gibt unterschiediche Diagramme zur Darstellung von Klassen, Modulen, Prozessen, Übergängen und Zeitscheiben. Die Datensicht wird auf der Basis des E/R Modells abgebildet. Die Vielfalt der Diagrammtypen erzeugt häufig eine Hemmschwelle für den Nutzer, da Erlernen, Überschauen, Kombinieren großen Aufwand erzeugt und oft zur Verwirrung führt. Die Methode von Booch wird durch das Werkzeug Rational Rose unterstützt.

- Coad/Yourdan [Coad et al. 90, Yourdan 92] Der Schwerpunkt der Methode liegt in der Modellierung der Datensichten mit E/R-Diagrammen. Ebenso werden Verhalten und Architektur mittels E/R Diagrammen dargestellt. Das Verhalten von Objekten untereinander wird mit Kommunikationsverbindungen zwischen den E/R-Diagrammen abgebildet. Der Nutzer kann zur leichteren Handhabung der Komplexität in Diagrammen zwischen verschiedenen Abstraktionsebenen wählen, jedoch leidet die Methode gerade bei größeren Modellen an mangelnder Überschaubarkeit der Diagramme. Die Methode nach Coad/Yourdan wird oft als erster Schritt zum Einsatz einer objektorientierten Architektur gewählt, da sie im Gegensatz relativ einfach ist und den bewährten Prinzipien des E/R Modells weitgehend folgt.

- Jacobson [Jacobson 92] Der Schwerpunkt der Methode von Jacobson liegt im Ansatz der Betrachtung von Anwendungsfällen für Objekte (Use cases), aus denen die Analyse, der Entwurf und der Text gesteuert wird. Objekte werden in Kategorien Entity, Schnittstelle und Kontrolle klassifiziert. Die Methode bezieht Test, Echtzeit und Datenbanken mit ein, Themen, die sonst oft vernachlässigt werden. Die Methode wird von dem Werkzeug Objectory unterstützt.

- Martin/Odell [Martin et al. 91] Die Methode nach Martin und Odell basiert auf einem ereignisgetriebenen Entwurf (event driven design). Die Grundlage für die Erzeugung von Klassen ist die Indentifikation von Ereignissen. Objekte können während ihrer Existenz auch Klassen wechseln. Das

Systemverhalten wird durch Ereignisdiagramme beschrieben, und der Entwurf basiert auf dem sogenannten Objekt-Flußdiagramm.

- Rumbaugh [Rumbaugh 91] Die Object Modelling Technique (OMT) von Rumbaugh basiert auf Prinzipien der strukturierten Analyse und beschreibt Objekte und deren Zustand in eigenen Diagrammen. Die resulierende Architektur wird in Datenflußdiagrammen abgebildet. Die Methode stellt die Objektorientierung nicht stark heraus. Das Werkzeug OMTool unterstützt die Methode.

- Wirfs-Brock [Wirfs-Brock 90] Während die Methode von Jacobson an den Nutzungsfällen für Objekte ansetzt und Martin/Odell die Ereignisse in den Vordergrund stellt, basiert die Methode von Wirfs-Brock im wesentlichen auf dem Verantworungsprinzip (responsibilty-driven design). Das Modell beschreibt für die Klassen die einzelnen Verantwortlichkeiten und deren Zusammenarbeit (class responsibility collaboration CRC). Die Daten und Verhaltenssicht der Klassen wird nicht berücksichtigt.

5.2.1   Die Notwendigkeit für mehrere Modelle

Ausgangspunkt für alle objektorientierten Methoden der Analyse und des Entwurfs ist das Entity/Relationship Modell von Chen [Chen 76], welches von einer Abbildung der Realität ausgeht und nach Aussagen des Autors unter anderem abgeleitet ist von dem Prinzip chinesischer Schriftzeichen, welche die Realität in Form von Bildsymbolen abbilden, in Klassen geordnet sind und eine ‚Vererbung‘ von Eigenschaften kennen.

In diesem Buch soll auf die einzelnen Methoden und deren Unterschiede nicht eingegangen werden, sondern vielmehr das Prinzip der Objektorientierung möglichst durchgehend und realitätsnah für die Implementierung von Lösungen angewandt werden, wobei ‚Anleihen‘ aus anderen Methoden, besonders [Jacobson 92] gemacht werden.

Ziel ist es, objektorientierte Prinzipien umfassend zu nutzen und diese in ein projektorientiertes Vorgehen mit einzelnen Phasen einzufügen. Abschließend wird ein Projektmodell vorgestellt, welches auf der vorgeschlagenen objektorientierten Methode basiert.

Allgemein hat die Analyse einer organisatorischen Aufgabenstellung der realen Welt zum Ziel herauszufinden, ‚wer‘ mit ‚wem‘ ‚wie‘ kommuniziert bzw. zusammenarbeitet, um ‚was‘ zu erreichen bzw. zu erhalten. Dabei wird auch erarbeitet, welche ‚Information‘ von allgemeinem Interesse bei diesem Vorgang entsteht.

Jede Aktion hat also eine aktionsorientierte Komponente – was muß ich machen – und eine Informationskomponente – was muß ich wissen.

Die Analyse einer Aufgabenstellung zum Zwecke der Implementierung eines DV-Systems für deren Unterstützung sollte dieselben Ziele verfolgen. Die Objektorientierung will bewirken, daß die im realen Leben angewandten Prinzipien möglichst unverändert auch für die Implementierung eines DV-Systems genutzt werden können.

In einer strukturierten Darstellung stellt sich die Implementierung eines DV-Systems wie folgt dar:

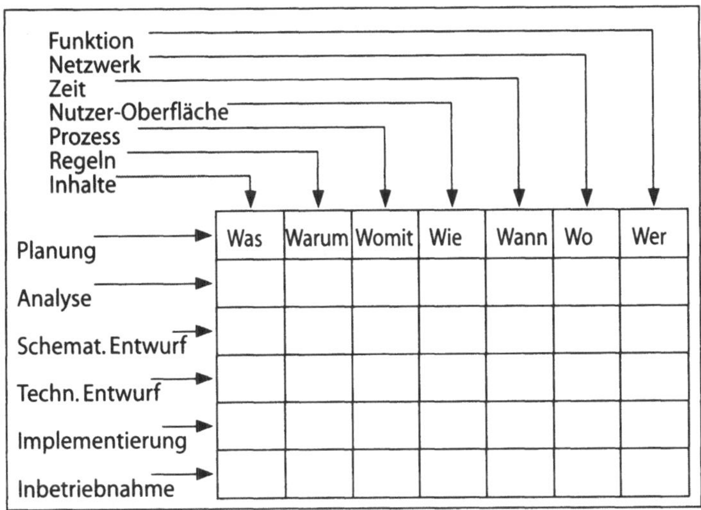

Abb. 5.2 Diagramm der Schritte zur Implementierung einer DV-Lösung

Auch wenn nicht für jedes Projekt alle diese Schritte nötig sind, hilft es doch, sich die Systematik vertraut zu machen.

Der Entwurf eines DV-Systems hat als Ergebnis, die einzelnen benötigten Funktionen und Daten entsprechend den Anforderungen der Aufgabe zu strukturieren und auf die DV-Technolgie abzubilden. Auch hier will Objektorientierung bewirken, daß der Entwurf eines DV-Systems sich so weit wie möglich an der Realität orientiert und Strukturen möglichst entsprechend der Realität abbildet.

Damit muß die objektorientierte Analyse mit der Analyse der Realität beginnen und erst danach den Entwurf für eine DV-Lösung angehen. Hier versagen nach meiner Meinung viele der heute diskutierten objektorientierten Methoden, die viel zu früh und viel zu eng auf die Erzeugung von Klassen und Beziehungen zwischen Klassen zielen, ohne ausreichend das reale Umfeld der Aufgabenstellung zu analysieren.

Bei der Modellierung der Realität in einem objektorientierten DV-System gibt es sehr unterschiedliche Blickwinkel unter denen die Gesamtaufgabe betrachtet werden muß. Da ist zuerst der Geschäftsaspekt, der die Verbesserung der Leistungsfähigkeit des Unternehmens zum oberstes Ziel haben muß und der erfordert, ein Modell zu finden, das die Realität so abbildet, daß der Fachbereich damit umgehen kann. Daneben gibt es die Anforderung der Klassifizierung der gegebenen Objekte zur Erzielung einer Vererbung und Mehrfachverwendung. Das dynamische Verhalten des Systems mit dem Zusammenspiel einzelner Objekte innerhalb eines Geschäfts-Prozesses muß modelliert werden – evtl. auch mit der Verteilung des Systems über mehrere Rechnerknoten oder Prozessoren – einer Anforderung, die zwar in realen Projekten bereits vielfach gestellt wird aber weder von bekannten Analysemethoden noch von objektorientierten Software-Entwicklungssystemen unterstützt wird. Die Schnittstelle für die Nutzer des Systems muß entworfen werden, und nicht zuletzt müssen Daten und Informationen von allgemeinem Interesse identifiziert werden zur späteren Gewinnung von Statistiken und Maßzahlen über die Leistungsfähigkeit des Systems bzw. des Ablaufs der Geschäftsprozesse.

Nur durch Betrachtung der Aufgabenstellung aus verschiedenen Blickwinkeln und durch Vergleich der verschiedenen Sichtweisen können Unvollständigkeiten und Widersprüche besser entdeckt werden. Die Konsequenz aus dieser Erkenntnis führt zur Modellierung und Visualisierung in mehreren Diagrammtypen, welche jedoch nicht völlig getrennt existieren sollen, sondern durch Querbeziehungen verknüpft ein komplexes Gesamtbild liefern.

Im Unterschied zur strukturierten Analyse soll es in den verschiedenen objektorientierten Modellen keinen ‚Impedanzbruch' geben, d.h. in allen Modellen sollte der Bezug zur Realität erhalten bleiben und nicht theoretische oder technische Regeln den Inhalt deformieren und unverständlich machen.

Für eine objektorientierte Analyse- und Entwurfs(Design)-Methode werden folgende Schritte vorgeschlagen:

– Entitäten-Subsystem-Analyse	ESA
– Komponenten-/Klassen-Struktur-Analyse /-Design	KSA/KSD
– Objekt-Analyse /-Design	OSA/OSD
– Prozeß-Struktur-Analyse /-Design	PSA/PSD
– Nutzer-Dialog-Struktur-Analyse /-Design	NSA/NSD
– Schnittstellen-Struktur-Analyse /-Design	SSA/SSD
– Daten-Struktur-Analyse /-Design	DSA/DSD

In strukturierter Darstellung stellen sich die Schritte wie folgt dar:

Ziele für die Abwicklung des Geschäftes	Liste der für den Geschäftsablauf bedeutsamen Dinge
Komponenten	Erkennen der involvierten Komponenten
Aktivitäten	Erkennen der Interaktion der Komponenten
Operative Infrastruktur	Gestaltung der Betriebsumgebung
Nutzer-Oberfläche	Wahl der Oberflächenstrategie und deren Gestaltung
Schnittstellen	Erkennen und Gestalten der Schnittstellen zur Außenwelt
Daten-Gehalt	Erkennen des Datenmodells und Gestaltung der Daten-Nutzung

Abb. 5.3 Schritte der objektorientierten Analyse

Die einzelnen Schritte liefern jeweils folgende Ergebnisse:

- Entitäten-Subsystem-Analyse   ESA
  Strukturierung des realen Umfeldes in Entitäten und Subsysteme mit einer
  groben Definition der benötigten Funktionen und der Interaktionen zwischen den Entitäten. In dieser Phase kann evtl. auch noch auf die Gestaltung der Realität Einfluß genommen werden. Definition der wesentlichen
  unterstützten Prozeßketten. Bestimmung der Leistungsmerkmale der einzelnen Subsysteme. Eventuelle Simulation der Abläufe der realen Welt mit
  Hilfe der Leistungsmerkmale einzelner Subsysteme.
  > Erkennen der *Umgebung* der Aufgabenstellung.

- Komponenten-/Klassen-Struktur-Analyse /-Design   KSA/KSD
  Beschreibung der Komponenten und Klassen, aus denen die DV-Lösung
  aufgebaut werden soll. Dabei werden auch besonders ähnliche Komponen-
  ten bzw. Klassen identifiziert, die bereits existieren und wiederverwandt
  bzw. durch Anpassung nutzbar gemacht werden können. Das Design dieses
  Schrittes liefert eine Übersicht über alle benötigten Komponenten und
  Klassen mit ihren Funktionen/Methoden und Typen bzw. Signaturen für
  Nachrichten. Entsprechend dem Schichtenmodell [Denert 92] und dem
  Vorschlag von Jacobson [Jacobson 92] wird bereits in dieser Phase der Spe-
  zifikation für Objekte unterschieden zwischen: Schnittstellen-Objekten,
  Kontroll-Objekten und Entitäten-Objekten, wobei die Schnittstellen-Ob-
  jekte die Kommunikation mit dem Nutzer und anderen Subsystemen dar-

stellen, Kontroll-Objekte die Verarbeitung und Entitäten-Objekte die Abbildung von Attributen in einer persistenten Verwaltung.

> Erkennen der *Dinge*, wie sie sind (statische Analyse).

- Objekt-Analyse /-Design   OSA/OSD
  Darstellung der Beziehungen auf Objektebene mit Analyse und Spezifikation der Interaktionen im Detail. Das Design dieses Schritts liefert die Spezifikation der Nachrichten und Momentaufnahmen für die Zusammenarbeit von Objekten zur Erreichung bestimmter Ergebnisse sowie Diagramme für die Darstellung der zeitlichen Abfolgen von Aktionen. Aus der OSA entstehen auch noch Informationen für die Klassendefinition wie evtl. zusätzliche Klassen, Attribute und Methoden.

> Erkennen, *was* die Dinge *wie* (zusammen) tun (dynamische Analyse).

- Prozeß-Struktur-Analyse /-Design   PSA/PSD
  Festlegung der parallel abzuwickelnden Abläufe, wenn mehrere getrennte Prozessoren oder Verarbeitungsknoten eingesetzt werden.

> Erkennen, wie die *Ressourcen* eingesetzt werden.

- Nutzer-Dialog-Struktur-Analyse /-Design   NSA/NSD
  Festlegung der Dialog-Strategie zur Bedienung des Systems durch den Nutzer mit Spezifikation der Nutzer-Oberfläche und dem Vorgehen für die Bearbeitung einzelner Vorgänge.

> Erkennen, wie der *Nutzer* mit den Dingen umgeht.

- Schnittstellen-Struktur-Analyse /-Design   SSA/SSD
  Festlegung der Schnittstellen für die Kommunikation mit externen Partnern.

> Erkennen der *Schnittstellen* mit der Außenwelt.

- Daten-Struktur-Analyse /-Design   DSA/DSD
  Spezifikation des Zugriffs auf Daten aus nicht objektorientierten Umgebungen über eine Daten-Zugriffs-Schicht (Datenkapselung). Spezifikation der aus dem System zu gewinnenden Informationen.

> Erkennen, welche *Daten/Informationen* von allgemeinem Interesse genutzt werden bzw. anfallen.

Nachstehend werden die einzelnen Schritte der Analyse und des Entwurfs detailliert beschrieben:

5.2.1.1 Entitäten-Subsystem-Analyse ESA

Die folgenden Bilder zeigen symbolisch die Realität eines Handelsunternehmens. Angenommene Aufgabe ist es, eine DV-Lösung für die Unterstützung der Abläufe zu erstellen.

Die bildliche Darstellung der Realität zeigt die wesentlichen Entitäten, z.T. bereits zusammengestellt zu Gruppierungen (Aggregationen). Daneben werden die wesentlichen Informationsflüsse zwischen den Komponenten und Subsystemen dargestellt. Diese Art der Strukturierung ermöglicht es, das Gesamtsystem nicht mehr monolithisch sondern aus Subsystemen zusammengesetzt zu sehen und damit gedanklich auch bereits eine Verteilung des Systems in einer Client/Server Struktur auf mehrere Standorte mit eigenen Verarbeitungsknoten vorzunehmen. Damit wird es auch leichter, das Gesamtsystem aus einzelnen Komponenten aufzubauen, die z.T. bereits existieren, z.T. zugekauft werden oder evtl. speziell erstellt werden müssen. Die vorhandenen Systeme können hier auch noch Einfluß auf die Realität haben, indem man sich evtl. entschließt, bestimmte Dinge unter Nutzung fertiger Komponenten anders zu realisieren. Die Vorgehensweise für die Implementierung der DV-Lösung nähert sich damit der Vorgehensweise in der Realität, wo auch Dinge verschiedener Herkunft zur Lösung zusammengestellt werden.

Bereits in diesem Schritt werden Gruppen bzw. Aggregationen von Komponenten gut erkannt. In vorstehender Abbildung z.B. bildet das Kassensystem und die Filiale eine Komponente.

Auch können die erst auf grober Ebene erkannten Entitäten hier bereits in ihrer Struktur verfeinert werden wie z.B. nachstehend das Lager.

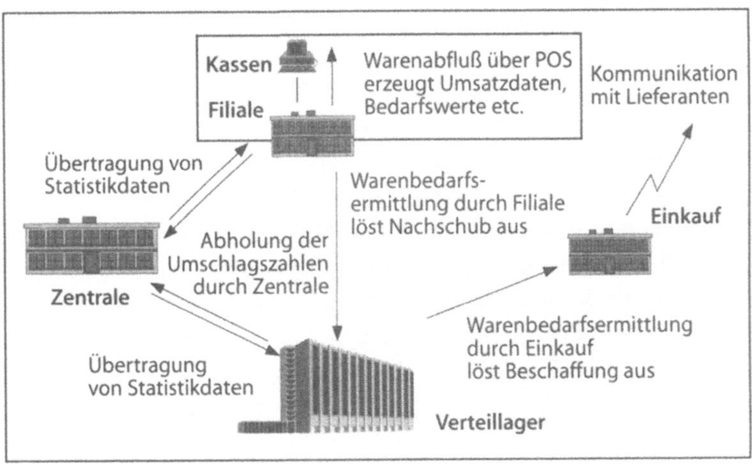

Abb. 5.4 Bildliche Darstellung der Problemstellung

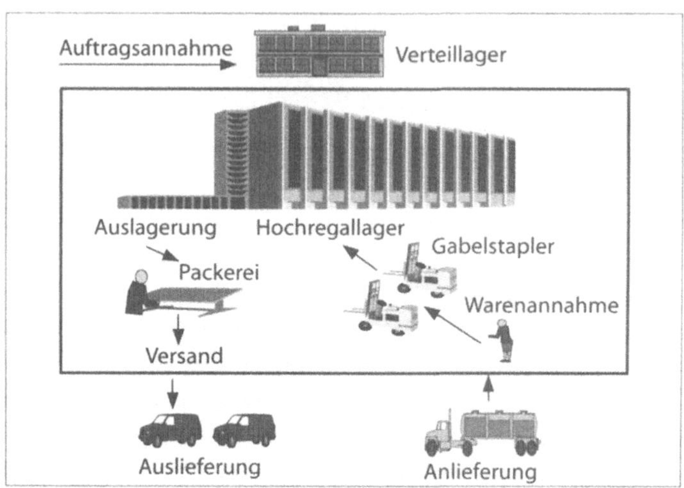

Abb. 5.5 Verfeinerung einer Komponente in bildlicher Darstellung

Ob dann einige der sichtbaren Entitäten wirklich als eigene Klassen implementiert oder aber anderen komplexen Objekten zugeschlagen werden, dafür kann es keine absolute Regel geben. So können z.B. die Gabelstapler als Teile der Warenannahme betrachtet werden, da sie keine eigenen Daten halten, oder aber sie sind im Gegenteil bzgl. ihrer Daten sehr interessant, da sie genau disponiert werden müssen, und damit in sich eine Tourenplanung abwickeln müssen.

Bereits auf dieser Ebene werden erste Überlegungen angestellt, wie das System zu realisieren ist. Damit wird der Ansatz ‚von oben nach unten‘ (‚Top-Down‘) zur Strukturierung der Gesamtaufgabe ergänzt um einen Ansatz ‚von unten nach oben‘ (‚Bottom-Up‘) zum Auffinden bereits existierender und brauchbarer Komponenten bzw. Techniken.

Die einzelnen Komponenten müssen nicht zwingend in objektorientierter Technik implementiert sein, was die Koexistenz und Kooperation fördert und praktikable Kompromisse ermöglicht. Obwohl dieser Ansatz vielfach kritisiert wird, da er inkompatible Komponenten in einem System in Betracht zieht, sollte er dennoch in Betracht gezogen werden, um einen Schutz der getätigten Investitionen wenigstens zum Teil zu ermöglichen.

Nicht für jedes Projekt ist die ESA erforderlich. Ihre Durchführung hängt ab von der Klarheit der Aufgabenstellung und der Fähigkeit des Fachbereiches zur Abstraktion.Die einzelnen hier abgebildeten Komponenten werden sich in späteren Schritten als Klassen oder Gruppen von Klassen wiederfinden,wobei diese Darstellung in der frühen Phase die Kommuniktion mit dem Fachbereich erleichtert und den Realitätsbezug fördert.

Im allgemeinen wird der ‚Top-Down' Ansatz im Sinne der Verfeinerung dazu dienen, die Gesamtaufgabe zu strukturieren und der ‚Bottom-Up' Ansatz, um Komponenten für die Lösung zu finden. Auch hier gibt es keine absolute Regel, wann Top-Down und wann Bottom-Up zu analysieren wäre, meist werden beide Ansätze überlappt gleichzeitig angewandt.

Ebenso wichtig wie die Strukturierung der vollständigen Aufgabenstellung in Komponenten ist die Analyse der durch das System zu unterstützenden Prozeßketten, welche mit den erkannten Objekten verknüpft werden sollten. Hier birgt die Objektorientierung mit ihrem Fokus auf die Objekte und deren Interaktionen die Gefahr, daß zu sehr das Gesamtsystem mit seinen Objekten betrachtet wird und nicht mehr einzelne Abläufe bzw. Prozeßketten, wie sie in der Realität vorkommen.

In der Erkenntnis, daß viele Abläufe in einem Unternehmen gleichwertig und gleichartig zu Aufgabenstellungen der Büroautomatisierung gesehen werden können, wird die von Krallmann dargestellte Methode zur *Kommunikationsstrukturanalyse* [Krallmann et al. 89] in abgewandelter Form als *Prozeßstrukturanalyse* für diesen Zweck vorgeschlagen mit der Werkzeugunterstützung durch Bonapart der UBIS GmbH Berlin.

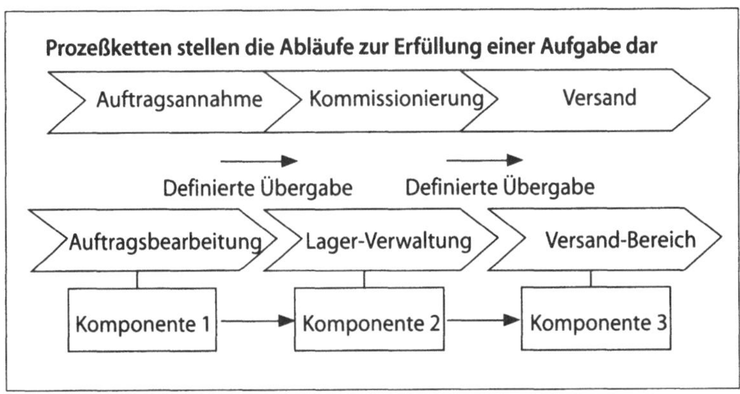

Abb. 5.6 Prozeßkette innerhalb der Auslieferung aus einem Lager

Folgende Elemente werden innerhalb der ESA beschrieben

- Bereiche
- Entität/Funktionsträger
- Aufgaben
- Informationsflüsse
- Hilfsinformationen
- Warteschlangen

- Ablagen von Daten
- Umweltschnittstellen

Auswertung pro Bereich

- Liste aller Aufgaben
- Liste der Aufgabenstruktur
- Liste aller Funktionsträger
- Liste aller Informationen

Auswertung pro Entität/Funktionsträger

- Liste der Aufgaben
- Liste der Verfahren
- Liste der Informationen im Zugriff

Auswertung pro Aufgabe

- Beteiligte Funktionsträger
- Liste der Informationen
- Ausgangsergebnis der Aufgabe

Auswertung pro Funktionsträger

- Liste der Verrichtungen/Aufgaben
- Durchlaufzeit einer Aufgabe
- Kommunikationsbeziehungen zwischen Funktionsträgern

Auswertung pro Information

- Informationsstruktur
- Darstellungsart
- Liste der Informationsträger

Für die Simulation des Ablaufs von Aufgaben ist die dynamische Simulation auf der Basis von erfaßten Merkmalen der Entitäten/Objekte möglich:

Ziel und Ergebnis ist es, die qualitativen und quantitativen Aspekte von Aufgabenabläufen zu erkennen.

- Aufdecken prozessuraler Inkonsistenzen
- Aufzeigen von Warte- und Liegezeiten
- Erkennen von bestehenden Unterkapazitäten
- Überblick über das Verhalten des Modells
  beim Ausfall von Stellen
  bei der Einbindung neuer Prozesse
  bei der Änderung von Prioritäten

In einem weiteren Schritt werden die Prozeßketten ermittelt:
Da die Erhebung zunächst nur bezogen auf Funktionsträger-Entitäten erfolgt,
d.h. Aufgaben mit Informations- und Kommunikationsbeziehungen zu anderen
Aufgaben bzw. Funktionsträgern, liegen explizite Prozeßketten nicht vor. Diese
müssen aus den Informationsflüssen ermittelt werden. Dazu werden Vorgangs-
graphen erstellt, bei denen Knoten diejenigen Aufgaben sind, bei denen mehrere Informationsflüsse ein- bzw. ausgehen. Kanten sind lineare Aufgabenketten
zwischen den Knoten. Aus der Graphanalyse erhält man die voneinander unabhängigen Prozesse sowie für die einzelnen Prozesse die Anfangs- und Endauf-
gaben. Ebenso werden rückgekoppelte Vorgänge (Schleifen) erkannt. Aus den
Durchlaufzeiten bzw. dem Durchsatz bzw. den Wartezeiten und der Häufigkeit
der Aufgaben läßt sich auch die Leistungskapazität des Bereichs in Bezug auf
alle Aufgaben ermitteln.

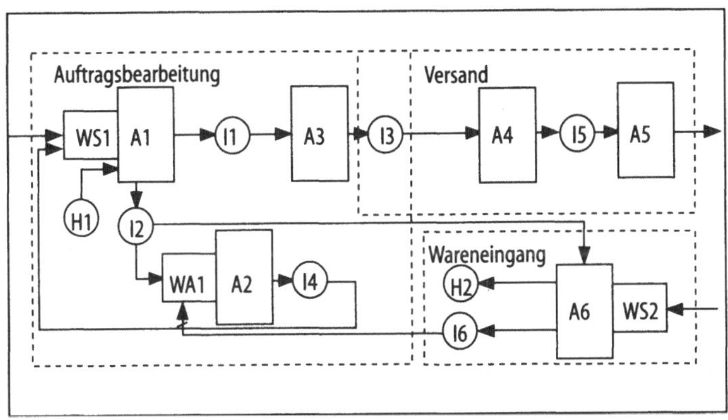

Abb. 5.7 ESA-Diagramm für die Auftragsbearbeitung in einem Lager

Die dynamische Struktur kennt die Symbole:

WSn	Warteschlange
WEn	Warten auf Ereignis/Ressource
An	Aufgabe
In	Information
Hn	Hilfsinformation

Im obigen Beispiel der Abb. 5.7 bedeutet:

Auftragsbearbeitung
Ext. Eingang: Auslieferungsauftrag

WS1	Auftragswarteschlange
WA1	Auftrags-Komplettierungs-Wartezustand

A1	Auftrag auf Lieferfähigkeit prüfen
A2	Auftrag wieder für Bearbeitung vorbereiten
A3	Auftrag bearbeiten
I1	Auftrag fertig für Lieferung
I2	Artikel ‚x' fehlt
I3	Auftrag fertig für Versand
I4	Auftrag fertig für Bearbeitung
H1	Lagerbestand für Artikel

Versand

A4	Auftrag kommissionieren
A5	Auftrag für Lieferung verpacken
I5	Auftrag fertig kommissionert

Ext. Ausgang: Auftrag geliefert

Wareneingang

Ext. Eingang: Ware wird geliefert

WS2	Ware wartet auf Annahme
A6	Ware einlagern
I6	Erwartete Ware ist eingetroffen
H2	Lagerbestand aktualisieren

Ergebnis der Entitäten/Subsystem-Analyse ESA ist eine Gliederung des Subsystems in Bereiche bzw. Subsysteme und Identifikation der wesentlichen Informations-/Nachrichtenströme. Alle Elemente der ESA werden mit Identifikationen benannt und dienen in folgenden Schritten dazu, die detaillierten Klassen und Nachrichten mit den Elementen der ESA im Sinne eines Verwendungsnachweises zu verknüpfen. Damit wird der Bezug der Realität zu den abstrakten Komponenten der späteren Lösung hergestellt.

5.2.1.2 Klassen-Struktur-Analyse /-Design KSA/KSD

Die in der ESA spezifizierten Komponenten werden in der statischen KSA weiter verfeinert und formalisiert. Angestrebtes Ergebnis ist, die in einem Subsystem enthaltenen Klassen mit ihren statischen Beziehungen zueinander zu identifizieren und evtl. aus bereits bestehenden Klassen durch Vererbung und Spezialisierung abzuleiten. Es ist besonders die KSA, in der die Vorteile der Objektorientierung in Form von Wiederverwendung ausgeschöpft werden müssen. Dabei sollte man sich bei der Erzeugung neuer Klassen von dem Gedanken leiten lassen, daß eine Klasse mehrere Methoden anbieten kann, die evtl. im einzelnen Einsatzfall nicht benötigt werden.

Auch für die KSA gilt ein Top-Down und Bottom-Up Ansatz, indem problemspezifische Klassen meist Top-Down verfeinert werden, allgemeine Klassen z.B. für Listen, Anzeigen und Standard Entitäten (Kunde, Auftrag, etc.) mit evtl. generischen Funktionen Bottom-Up nach Bedarf eingeführt werden.

Für das Erkennen der in einer Aufgabe enthaltenen Klassen schlagen verschiedene Autoren [Coad et al. 90], [Khoshafian 90] vor, den Text der Aufgabenbeschreibung zu analysieren und aus Substantiven potentielle Klassen abzuleiten, aus Verben das Verhalten von Objekten, also Methoden und aus Adjektiven die Attribute für Klassen/Objekte. Obwohl dieses Vorgehen sicher nicht zuverlässig zu einer exakten Struktur führt, kann es doch ergänzend neben den anderen analytischen Verfahren angewandt werden, um einen weiteren Aspekt zu berücksichtigen.

In der KSA entscheidet sich die Produktivitätssteigerung durch Wiederverwendung. Wenn es gelingt, bestehende Klassen zu finden, die den gewünschten bereits ähnlich sind, und diese nur durch Spezialisierung (Vererbung) anzupassen, wird die Erstellung neuer Klassen und damit der Aufwand eingespart. Für das Auffinden von brauchbaren Klassen bieten manche Programmierumgebungen sog. Klassen-Browser an, die es gestatten, durch die bestehenden Klassen-Bibliotheken zu ‚blättern‘. Besser wäre eine Lösung, bei der Klassen durch mehrere Schlüsselbegriffe in Kategorien eingeteilt und in ihrer Funktion beschrieben werden, so daß über diese Beschreibung der Eigenschaften ein Wiederauffinden entsprechend dem Vorgehen bei einer Teilewiederverwendung im Konstruktionsbereich ermöglicht würde. Dies wird auch bei Meyer [Meyer 88] vorgeschlagen. Ansätze für derartige Lösungen findens sich bereits in den SMALLTALK Kategorien, werden aber mehr und mehr allgemein erforderlich, wenn das Versprechen der Produktivitätssteigerung durch Wiederverwendung eingelöst werden soll.

Für die KSA wird eine Diagramm-Notation nach Rumbaugh vorgeschlagen mit Erweiterungen von Schäfer [Schäfer 92] und Jacobson [Jacobson 92] basierend auf dem Entity/ Relationship Diagramm von Chen.

Es werden konkrete, abstrakte, generische und Metaklassen unterschieden. Die für die Klassen erarbeiteten Spezifikationen wie Attribute und Methoden werden nicht im Diagramm abgebildet, sondern nur im Diktionär erfaßt. Es ist möglich, charakteristische Attribute und Methoden im Klassensymbol unterzubringen.

Erstellt werden zwei Arten von Diagrammen: das Analyse-Diagramm, welches die Entitäten und Komponenten des ESA in Klassen strukturiert und die realitätsnahen Beziehungen abbildet und das Entwurfs- oder Design-Diagramm, welches bereits die für die Implementierung des DV-Systems vorgesehenen Arten von Beziehungen abbildet.

Entsprechend stehen für die Beziehungstypen Generalisierung, Assoziation, Aggregation je zwei Darstellungsarten getrennt für die Analyse und das Design zur Verfügung. Beide Diagramme entsprechen sich in ihrer Grundstruktur und können durch Ergänzungen aus der Analyseform in die Designform überführt werden, was den Arbeitsaufwand minimiert.

Notation für Klassen

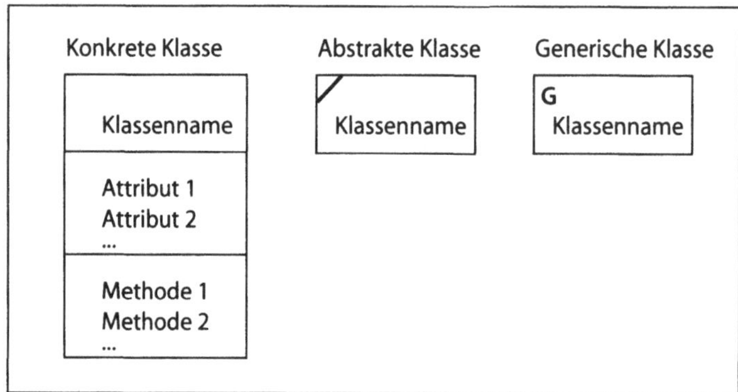

Abb. 5.8 Notation für Klassen

Beziehungen der Analyse

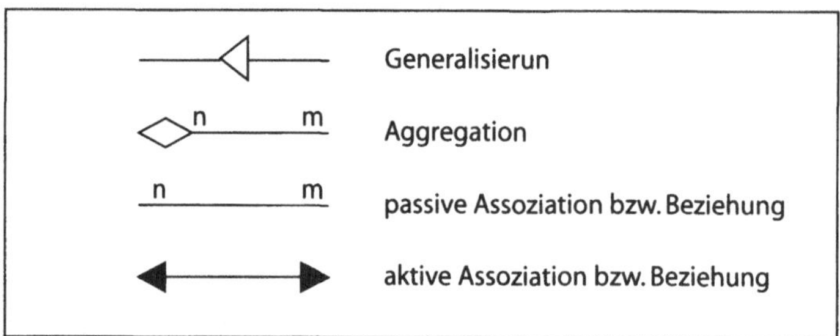

Abb. 5.9 Notation für die Beziehungen der Analyse

- Generalisierung
  Über die Generalisierung werden Hierarchien von Abstraktionen erstellt, die später beim Entwurf entsprechend der IS-A (Ist-Ein) Beziehung Klassenhierarchien bilden können. Abstraktionen erlauben es, komplexe Systeme durch Weglassen von Details schneller in der Analyse zu durchdringen.
- Assoziation
  Die Assoziation kann verschiedene Beziehungen zwischen Klassen abbilden, wie sie im realen Leben vorkommen. Sie entspricht der Relationship

des Entity/Relation Modells und kann passive und aktive Beziehungen darstellen:
- eine Beziehung zwischen zwei Entitäten/Klassen
- ein Daten-/Informationsfluß
- eine Eltern-Kind Beziehung
- eine Abhängigkeit einer Aufgabe von einer anderen
- Aggregation
  Die Aggregation wird bei Yourdon als ‚Part-of' Beziehung bezeichnet. Sie beschreibt die Beziehung zwischen Klassen, bei der die Instanz einer Klasse Instanzen anderer Klassen enthält oder einfach ausgedrückt die Zusammensetzung von Komponenten oder Gruppen von Komponenten zu einem neuen Teil.

Beziehungen des Entwurfs/Designs

Die aufgeführten Typen von Beziehungen entsprechen dem Vorschlag von Booch [Booch 92] und bilden die Obermenge aller Strukturen ab, die in existierenden Sprachen unterstützt werden.

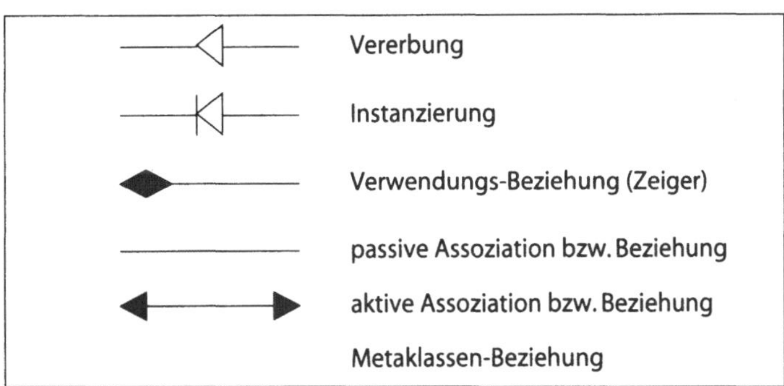

Abb. 5.10 Notationen für die Beziehungen des Entwurfs

- Vererbung
  Ein Mittel der Darstellung von Generalisierung im Design ist die Vererbung. Über Vererbung werden allgemeine Klassen referenziert und für spezielle Aufgaben durch Spezialisierung in einer IS-A Beziehung angepaßt.
- Instanzierung
  Ein anderes Mittel der Abbildung von Generalisierung ist die Instanzierung von generischen Klassen. Generische Klassen können für verschiedene Aufgaben eingesetzt werden und entsprechend der Aufgabe unterschiedlich instanziert werden. Die Instanzierungsbeziehung wird zwischen der generischen Klasse und der durch Instanzierung resultierenden Klasse angegeben.

- Metaklassenbeziehung
  Diese Beziehung zeigt die Beziehung zwischen der klassenerzeugenden Metaklasse und der erzeugten Klasse.

Beziehungen werden generell benannt, um sie als eigene Entitäten fassen und beschreiben zu können.

Subsysteme

Entsprechend den Subsystemen oder Bereichen der ESA können auch in der KSA logisch zusammengehörige Klassen zu Subsystemen zusammengefaßt werden. Subsysteme können weitere Subsysteme beinhalten. Als Darstellungsmittel werden Subsysteme in gestrichelten Linien abgegrenzt.

Zustandsdiagramme

Zustandsdiagramme beschreiben die innerhalb einer Klasse bzw. deren instanzierten Objekten möglichen Zustände und die Übergänge zwischen diesen. Hierfür erscheint als Darstellungsmittel die Notation nach Harel am besten geeignet.

Da eine generische Klasse mehrere unterschiedliche Objekte instanzieren kann und das Verhalten abhängig vom spezifischen Objekt ist, werden u.U. mehrere Zustandsdiagramme für die verschiedenen Instanzierungen nötig.

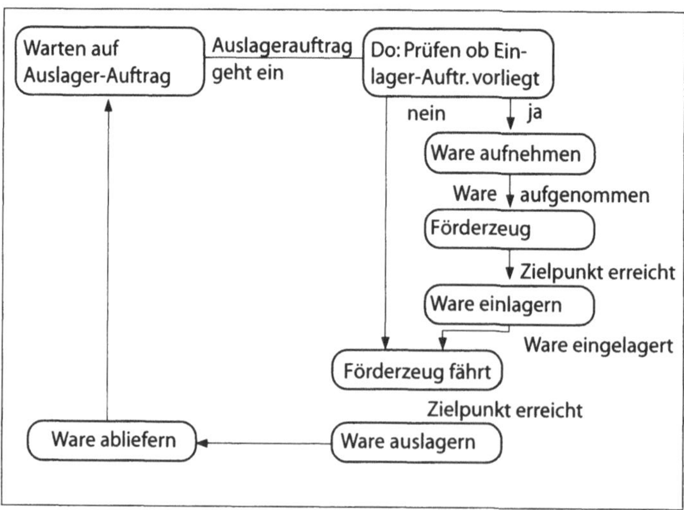

Abb. 5.11 Zustandsdiagramm für das Hochregallager

Klassen sind in ihrem Verhalten gekennzeichnet durch Nachrichten, Stati und Übergänge zwischen den einzelnen Stati.

Z.B. Status 1   : Warten auf Auslagerungsauftrag
     Nachricht   : Ware ‚x‘ auslagern

Die Annahme dieser Nachricht ist nur möglich, wenn Status ‚wartend‘.

Die Objekte der Klasse haben zwei Möglichkeiten, mit unerwarteten Nachrichten zu verfahren: entweder werden diese entgegengenommen und in einer Warteschlange verwaltet, bis der entsprechende Status erreicht ist oder aber es wird eine Fehlermeldung an den Absender gesandt.

Bei Vorliegen des entsprechenden Status kann die entsprechende Methode aktiviert werden, und damit wird ein Übergang (Transition) zu einem neuen Status eingeleitet.

Status 2   : Neuer benannter Status wie
                        ‚Prüfen ob Einlagerauftrag vorliegt‘.

Der Übergang von einem Status in den nächsten entspricht einem konventionellen Programm, welches in jeder Programmiersprache erstellt werden kann. Zur Abbildung der Aktionen für den Übergang von einem Status in den nächsten können Methoden (Programme) entsprechend der Funktions-Struktur-Analyse der strukturierten Programmierung erstellt werden.

Spezifikationen

Die Spezifikationen für Klassen umfassen die Beschreibung der Klasse, der enthaltenen Attribute und der Methoden. Die Spezifikationen sollten nach Möglichkeit direkt im Diktionär abgelegt werden, um sie für eine spätere Implementierung zur Verfügung zu haben und um die Verbindung der Klassenanalyse zur Implementierung zu erhalten.

Attribute:		Methoden:	
Name:	Identifikator	Name:	Identifikator
Dokumentation:	Text	Dokumentation:	Text
Eigner:	Klasse/Objekt	Eigner:	Klasse/Objekt
Typ:	Typ / Klassenname	Parameter:	Param. Liste
Werte:	Werte-Bereich/Liste	Ergebnis:	Typ
Initialisierung:	Werte	Aktionen:	Funkt. Diagr.
		Ausnahmebed.:	Ausn. Liste

Für Attribute und Methoden wird der *Name* festgelegt und eine Beschreibung des Inhalts. *Eigner* gibt an, ob es sich um ein Klassen- oder Objektattribut handelt. Der *Typ* gibt für Attribute einen Grundtyp oder aber einen selbstdefinierten abstrakten bzw. komplexen Typ an. Daneben können evtl. gültige *Werte-Bereiche* und *Initialisierungs-Werte* spezifiziert werden.

Für Methoden können *Parameter,* der Typ des *Ergebnis* und die Spezifikation der Aktionen in Form von Struktogrammen oder anderen Darstellungen spezifiziert werden. *Ausnahmebed.:* beschreibt die möglichen Ausnahmebedingungen.

5.2.1.3 Objekt-Struktur-Analyse /-Design OSA/OSD

Das Objektmodell beschreibt Laufzeitaspekte des Systems. Es enthält die Spezifikation von Objekten als Instanzierung von Klassen und deren Nachrichtenaustausch untereinander. Daneben stellt das Ablaufdiagramm den Ablauf der Aktivitäten zwischen den einzelnen Objekten dar, wobei der Übergang der Aktivität von einem auf das andere Objekt jeweils durch eine Nachricht ausgelöst wird. Ein Objektmodell kann mehrere Objektdiagramme enthalten abhängig von der Zahl der logischen Prozeßketten. Es kann beliebig verfeinert werden und stellt selbst die Verfeinerung des groben ESA Diagramms dar. Entsprechend existieren für einzelne logische Prozeßketten verschiedene Objekt-Diagramme.

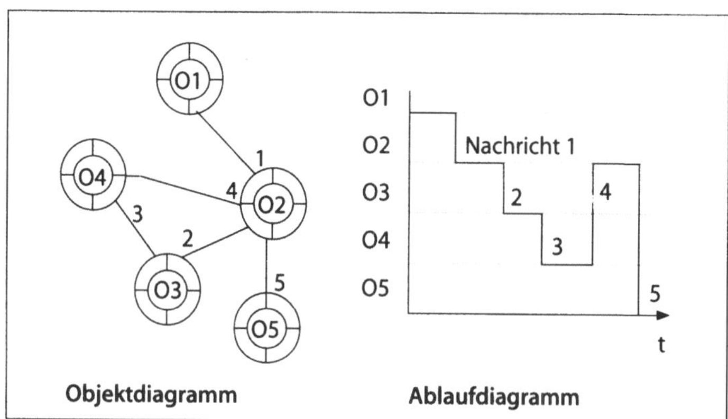

Abb. 5.12 Objekte und Ablaufdiagramm

Durch die Nummerierung der Nachrichten wird deren Abfolge angegeben. Ablaufdiagramme nach Booch (Timing Diagrams) sind ein gutes Hilfsmittel zur Darstellung des Ablaufes von Arbeitsschritten als benannte Linien. In Ergänzung liefern Objekt- und Ablaufdiagramme eine gute Übersicht über die Interaktion von Objekten und den zeitlichen Ablauf der Aktivitäten.

Zur Vorbereitung für eine Verteilung sollte die Ablaufsteuerung so organisiert wwerden, daß Nachrichten zwischen den Objekten ‚weitergereicht' werden und nicht ein Objekt die gesamte Steuerung übernimmt.

5.2.1.4 Prozeß-Struktur-Analyse /-Design PSA/PSD

Durch die Zerlegung von Operationen in Nachrichten und innerhalb von Objekten gekapselten Operationen, bietet die Objektorientierung ein leistungsfähiges Paradigma für die Strukturierung von Lösungen zur Nutzung mehrerer Prozessoren bzw. Verarbeitungsknoten in Client/Server Lösungen.

Sprachen wie Smalltalk enthalten bereits Konzepte zur Organisation von Parallelverarbeitung (Multiprocessing). Diese Parallelverarbeitung muß für eine DV-Lösung analysiert und entworfen werden. Abgeleitet wird die Möglichkeit für eine Parallelverarbeitung aus dem Objektdiagramm, welches den dynamischen Ablauf darstellt.

Wann immer ein Objekt eine Nachricht an zwei oder mehr andere Objekte abschickt, kann die nachfolgende Verarbeitung in den beiden Zweigen parallel ablaufen, wenn die Ergebnisse der ersten Nachricht nicht bereits vor dem Absenden der zweiten Nachrichten für die weitere Verarbeitung im Objekt benötigt werden.

Smalltalk bietet mit der ‚fork'-Anweisung die Möglichkeit, unabhängige Prozesse zu erzeugen und diesen die Bearbeitung definierter Anweisungen zu übertragen, wobei jeder Prozeß einem eigenen Objekt zugeordnet ist.

Die Synchronisation zwischen den Prozeßobjekten erfolgt über Semaphore, die in Objekten existieren und Nachrichten von zwei Objekten annehmen, von denen eine besagt, daß auf ein Ereignis gewartet werden soll und die andere, daß ein Ereignis eingetreten ist. Damit kann die Verarbeitung in einem Objekt-/Prozeßzweig unterbrochen werden, bis ein anderer Zweig zu einem bestimmten Punkt in der Verarbeitung gelangt ist und so eine Synchronisation erzielt wird. Dasselbe Prinzip kann auch angewandt werden, wenn auf die Verfügbarkeit einer Ressource gewartet werden soll/muß.

Für den Aufbau einer Zusammenarbeit zwischen zwei entfernten Knoten im Client/Server Betrieb dient die Information über entfernte Nachrichtenübertragung aus dem Objektdiagramm. Dabei muß überprüft werden, daß an den Grenzen zwischen zwei geplanten Verarbeitungsknoten nur ‚entfernte' Nachrichten ausgetauscht werden. Diese Überprüfung kann ein Werkzeug auf der Basis der verfügbaren Information automatisch vornehmen, sie muß sich dann über sämtliche Objektdiagramme einer Klasse erstrecken.

Während die bekannten Prinzipien der Objektorientierung davon ausgehen, daß ein Objekt, welches eine Nachricht abgesandt hat auf Antwort auf diese Nachricht wartet, gibt es Fälle, wo ein Objekt mit einer Nachricht nur einen Auftrag an ein anderes Objekt absendet und davon ausgehen kann, daß dieser zuverlässig so bald wie möglich erfüllt wird. Damit braucht das aussendende Objekt nicht zwingend auf eine Quittung für die Verarbeitung des Auftrages zu warten. Dieses Prinzip der ‚asynchronen Verarbeitung' von Nachrichtenaufträgen wird benötigt im Umfeld einer auf mehrere Knoten verteilten Verarbeitung aber auch bei der Verarbeitung innerhalb eines Knotens, wenn Arbeiten im Stapelbetrieb (Batch) ausgeführt werden sollen.

Im Objektmodell sind solche Auftragstabellen als getrennte Objekte darzustellen. Die Aktivierung von Verarbeitungsprozessen kann über die Prozeßsteuerung mit Hilfe von Semaphoren organisiert werden.

Bisher war es auch das Fehlen dieser Möglichkeiten, die eine weitere Verbreitung der Objektorientierung in einem kommerziellen Umfeld mit einer Massenverarbeitung von passiven Datenobjekten verhindert hat.

Auch für die Analyse und den Entwurf dieser Arbeitsweise bietet das vorgeschlagene Objektdiagramm die nötigen Darstellungselemente.

5.2.1.5 Nutzerdialog-Struktur-Analyse/-Design NSA/NSD

Eine DV-Lösung besteht auch in der Objektorientierung im wesentlichen aus drei Schichten [Denert 92], die getrennt voneinander existieren und gestaltet werden müssen: Nutzerschnittstelle, funktionalem Kern und Datenbank. In einem objektorientierten System kommt dem Nutzer-Dialog eine besondere Bedeutung zu, da dieser immer abhängig von den Anforderungen des Nutzers gestaltet werden muß und damit einen wesentlichen Teil der Systemsteuerung übernimmt.

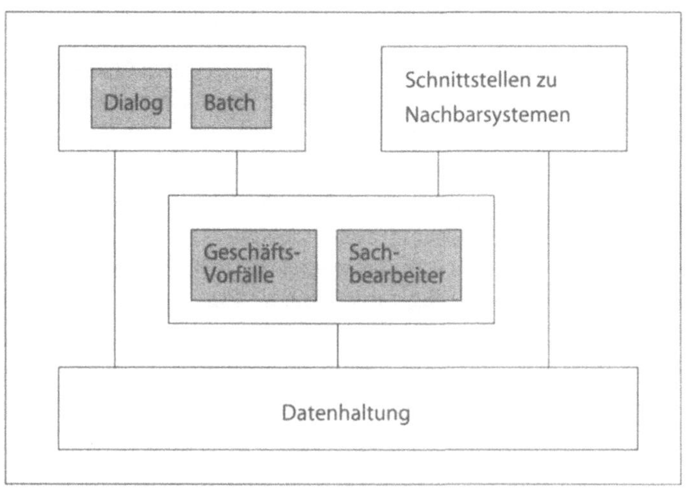

Abb. 5.13 Schichtenmodell einer DV-Lösung

Den Nutzer-Dialog realisiert die *Nutzerschnittstelle* in zwei Komponenten: der *Dialogsteuerung* und der *Dialogverarbeitung*. Dies gilt auch für objektorientierte Systeme. Bei der Bearbeitung von Geschäftsvorfällen ergibt sich in einem Nutzer-Dialog meist typisch der folgende Ablauf:

- Selektieren des Geschäftsvorfalles aus einer Liste durch Blättern
- Daten eingeben zur Bearbeitung des Geschäftsvorfalles
- Dialog bestätigen, d.h. geänderte Daten abspeichern oder Dialog verwerfen, d.h. alle Änderungen ignorieren bzw. zurücknehmen.

Gegenüber konventionellen Systemen ändert sich die Dialogführung meist wesentlich, indem die Lösung nicht mehr ‚menügetrieben' strukturiert wird, wobei das System den Nutzer führt, sondern vielmehr ‚nutzergetrieben', wobei der Nutzer jeweils die Initiative ergreift und die Funktionen des Systems in dem von ihm gewünschten Ablauf steuert. Für diese Art des Dialogs ist eine ‚Fenster-Technik' Voraussetzung, wie sie in modernen graphischen Oberflächen geboten wird und wie sie z.B. für kommerzielle Dialogsysteme mit NATURAL auch auf dem Großrechner schon früh eingeführt wurde. Mit der ‚Fenster-Verarbeitung' ergibt sich die Forderung nach einer zwischen den Fenstern unabhängigen Verarbeitung, wenn diese ‚nicht-modal' gestaltet werden sollen. Dies hat Auswirkungen auf den Entwurf der Lösung, da die einzelnen Teile entweder fernwirkungsfrei getrennt oder aber aktiv miteinander verbunden werden müssen.

Aufgebaut aus Objekten stellt sich die Nutzerschnittstelle wie folgt dar:

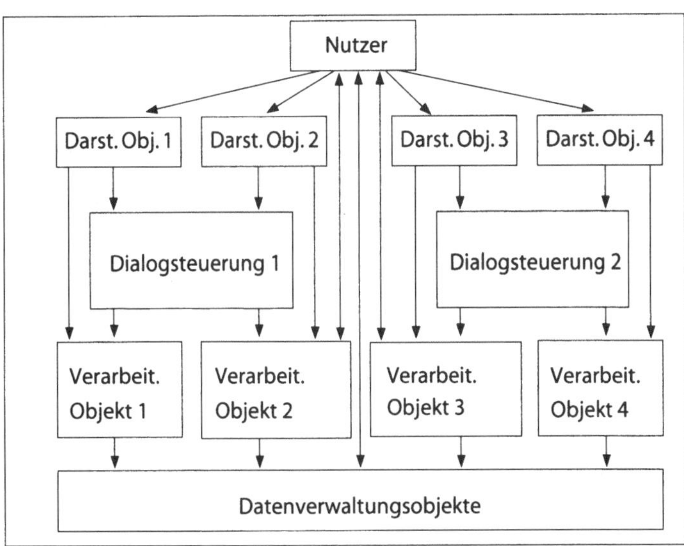

Abb. 5.14 Nutzerschnittstelle mit Dialogführung und Dialogverwaltung

Die Nutzerschnittstelle unterscheidet sich in ihrer Logik und Struktur nicht wesentlich von traditionellen Nutzerschnittstellen.

Es gibt für die Nutzerschnittstelle bereits Frameworks wie z.B. das MVC-Konzept von SMALLTALK, welches auch in andere OO-Systemen Eingang gefunden hat.

Für die Darstellung werden meist vorgefertigte Basisobjekte der Entwicklungsumgebung eingesetzt wie Selektionsboxen, verschiebbare Fenster, Auswahlmenüs etc., die für die Darstellung einzelner Objekte verwendet werden können, soweit diese nicht in der Lage sind ‚sich selbst darzustellen‘.

Die Dialogsteuerung kontrolliert die Ablauflogik der Nachrichten entsprechend dem Zustandsdiagramm einer Klasse.

Besonders für verändernde Funktionen muß die Dialogsteuerung die Koordination von Abläufen auch im Sinne der Verarbeitung von logischen Transaktionen als Verarbeitungseinheiten organisieren. Dazu müssen zwischen der Dialogsteuerung und den Verarbeitungsobjekten entsprechende Mechanismen für die Transaktionsverarbeitung bestehen. In manchen Fällen muß sogar in der Logik eine ‚inverse‘ Verarbeitung vorgesehen werden, um die Wirkung einer Transaktion rückgängig machen zu können.

Die Verarbeitungsobjekte bilden spezielle Funktionen wie List-Prozessoren, Browser, Selektionslisten und generische Prozessoren für oft verwandte Objektklassen ab. Sie fassen üblicherweise die Verarbeitung für mehrere Datenobjekte zusammen und stellen diese wie z.B. bei einem Auftrag mit Kundendaten, Auftragskopf und Auftragspositionen zusammen dar. Sie enthalten evtl. nötige Verarbeitungslogik, um die Arbeit mit diesen zusammengestellten Objekten zu organisieren. Verarbeitungsobjekte sind vergleichbar in ihrer Funktion mit den Programmrahmen aus CASE Werkzeugen, die auch eine bestimmte Verarbeitungslogik beinhalten und daraus Programme generieren können.

Die Datenverwaltungsobjekte stellen die Datenbank dar, wobei der Zugriff einmal über gekapselte Objekte aus Verarbeitungsfunktionen und Daten erfolgt, zum anderen aber auch lesender Zugriff mit SQL Anweisungen direkt auf ‚Rohdaten‘, d.h. persistent gespeicherte Attribute von Objekten, ohne zwischengeschaltete Methodenschicht in der Datenbank möglich ist.

Wesentlich für den Entwurf eines DV-Systems ist die Strategie, nach der die Bearbeitung der Aufgaben durch den Nutzer organisiert werden soll.

Folgende Modelle der Verarbeitung sollen näher betrachtet werden:

- Sachbearbeitermodell
- Vorgangsbearbeitungsmodell
- Sachbearbeitermodell mit Vieraugenprinzip
- Modale vs. Parallele Bearbeitung

Dabei gliedern erstere Modelle die Verarbeitung nach organisatorischen Gesichtspunkten, während das letztere eine technische Gliederung darstellt.

Die folgenden Modelle der Strukturierung eines Nutzerdialogs sollen aufzeigen, daß in kommerziellen Lösungen bestimmte Vorgehensweisen für die Kommunikation mit dem Nutzer als allgemein akzeptierte Praxis existieren, die auch in der objektorientierten Lösung abgebildet werden müssen.

Auch hier tun sich bestehende objektorientierte Systeme oft schwer, diese Vorgehensweisen mit entsprechenden Standardfunktionen zu unterstützen. Es empfiehlt sich, für derartige Funktionen generische Objekte zu entwerfen, mit deren Hilfe die Gestaltung des Benutzerdialogs erleichtert werden kann.

Für alle kommerziellen Nutzeroberflächen wird gefordert, daß jeweils Attribute von mehreren noch nicht aktivierten Objekten angezeigt werden können. Gerade diese Funktion hat Auswirkungen auf die Funktionalität eines objektorientierten Systems, indem es die Möglichkeit fordert, Attributdaten von nicht aktiven Objekten aus dem Bestand zu selektieren und für ein Verarbeitungsobjekt zugänglich zu machen.

Sachbearbeitermodell

Das Sachbearbeitermodell hat zum Ziel, die Bearbeitung eines komplexen Vorgangs möglichst bei einem Sachbearbeiter zu konzentrieren und in einem Bearbeitungsschritt abschließen zu können.

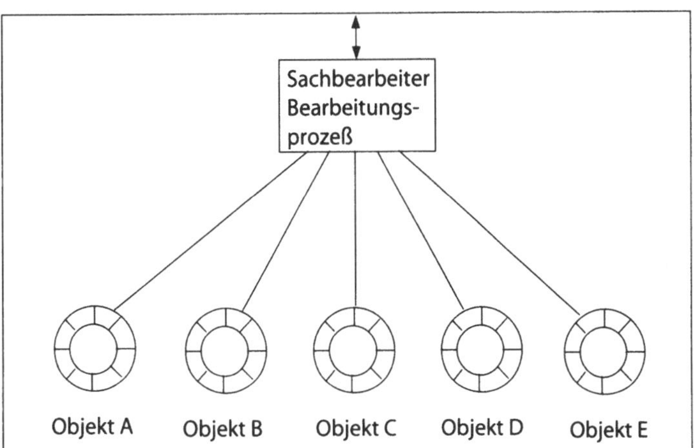

Abb. 5.15 Sachbearbeitermodell für die Nutzerschnittstelle

Der Bearbeitungsprozeß des Sachbearbeitermodells benötigt Zugriff auf mehrere Objekte, die an der Bearbeitung zu beteiligen sind und muß die Konsistenz der Bearbeitung in dem Sinne sicherstellen, daß entweder alle Objekte oder keines bearbeitet wird.

Dazu kann der Bearbeitungsprozeß eine Isolation bzw. Sperre für alle zu bearbeitenden Objekte für die Dauer der Bearbeitung herbeiführen oder eine ‚inverse‘ Bearbeitung zur Rücknahme von Wirkungen enthalten.

Vorgangsbearbeitungsmodell

Das Vorgangsbearbeitungsmodell hat zum Ziel, eine Bearbeitung entlang einer Prozeßkette zu organisieren und auf mehrere Bearbeitungsschritte aufteilen zu können.

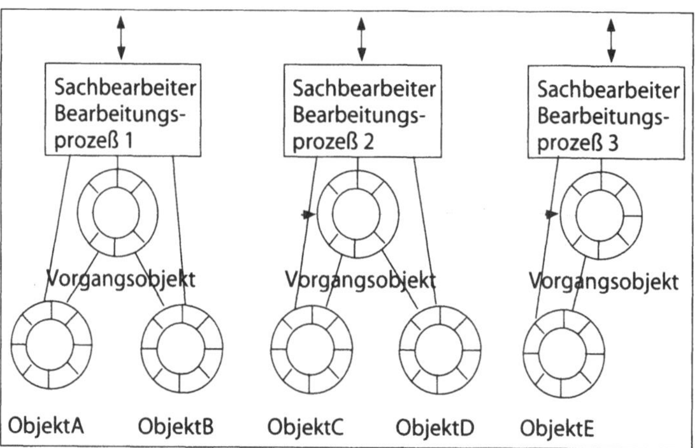

Abb. 5.16 Vorgangsbearbeitungsmodell für die Nutzerschnittstelle

Im Vorgangsbearbeitungsmodell greift der Bearbeitungsprozeß des Sachbearbeiters entweder direkt auf die einzelnen Objekte eines Bearbeitungsschritts zu oder aber ein zwischengeschaltetes Vorgangsobjekt löst die Bearbeitung abhängig von seinem Zustand aus. Letzteres Prinzip ist im Sinne einer Wiederverwendung von Verarbeitungschritten vorzuziehen. In jedem Falle wird das Vorgangsobjekt, welches den Zustand der Bearbeitung dokumentiert, von einem Sachbearbeiter an den nächsten weitergereicht, der dann den nächsten Bearbeitungsschritt ausführt.

Das Vorgangsmodell eignet sich besonders für die Organisation einer Bearbeitung in asynchronen Prozessen, wo z.B. nur das Vorgangsobjekt direkt vom Sachbearbeiter verändert wird und dieses die weitere Bearbeitung auslöst, evtl. nachdem es an einen anderen Verarbeitungsknoten weitergeleitet ist.

Zur Isolation bzw. Sperre der einzelnen beteiligten Objekte muß entweder eine Langzeitsperre über alle Bearbeitungsschritte herbeigeführt werden oder aber die Bearbeitung muß in ihren Schritten so organisiert werden, daß jeder Schritt mit einer Sperre nur für den einzelnen Schritt auskommt.

Sachbearbeitermodell mit Vieraugenprinzip

Das Sachbearbeitermodell mit Vieraugenprinzip erfordert, daß in einem ersten Zustand der Bearbeitung alle Änderungen an Objekten temporär angebracht

werden, um dann von einem weiteren Sachbearbeiter überprüft und bestätigt
zu werden.

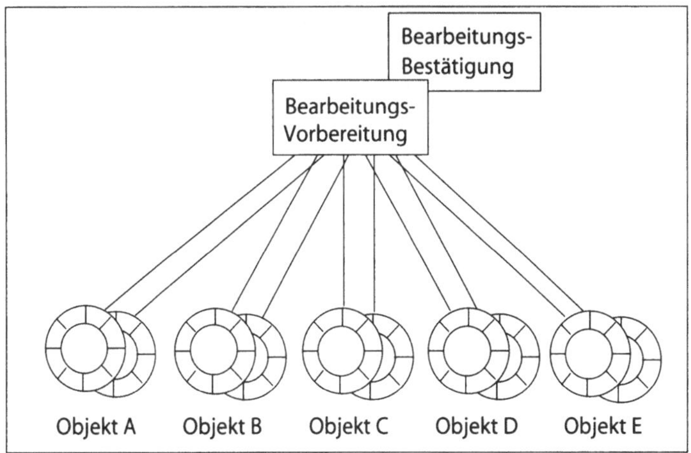

Abb. 5.17 Vieraugenprinzip für die Bearbeitung

Das Sachbearbeitermodell mit Vieraugenprinzip wird in seinem ersten Teil genauso abgewickelt, wie das einfache Sachbearbeitermodell, jedoch müssen alle
Veränderungen nur temporär angebracht werden und die teilnehmenden Objekte für eine weitere Bearbeitung bis zur Bestätigung und damit Abschluß der
Bearbeitung mit einer Langzeitsperre belegt werden. Für den zweiten Schritt
der Verarbeitung sollte ein Zugriff auf die Attributwerte vor und nach der Veränderung möglich sein.

Entsprechend dem Sachbearbeitermodell mit Vieraugenprinzip kann auch
ein Vorgangsmodell mit Vieraugenprinzip organisiert werden.

Das Vieraugenprinzip ist eine für kommerzielle Lösungen oft geforderte Eigenschaft. Eine Lösung kann eine extensive Programmierung erfordern, wenn
das DBMS oder die Datenschnittstellen nicht eine Basisfunktion zur Verwaltung von Daten ‚in Bearbeitung' bietet.

Modale vs. Parallele Bearbeitung

Für die Bearbeitung durch einen Sachbearbeiter kann die Bearbeitung entweder modal, d.h. ein Schritt nach dem anderen oder aber parallel organisiert werden. Parallelbearbeitung ergibt sich meist in einer Umgebung mit mehreren
Bearbeitungsfenstern auf einer intelligenten Arbeitsstation.

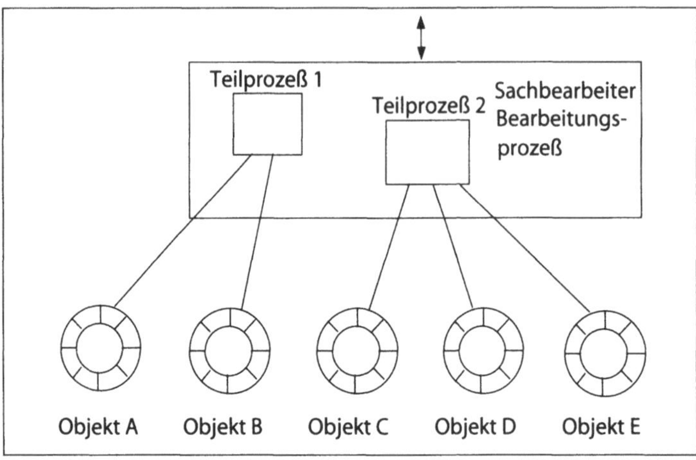

Abb. 5.18 Parallele Bearbeitung in einem Nutzer-Prozeß

In einer parallelen (nicht-modalen) Bearbeitung können die einzelnen Teil-
bearbeitungsprozesse wie getrennte Prozesse betrachtet werden, solange sie
sich nicht gegenseitig beeinflussen. Für die Isolation von Objekten gelten damit
dieselben Gesetze.

Sobald jedoch eine gegenseitige Beeinflussung und Abhängigkeit einzelner
Teilprozesse gegeben ist, muß die Bearbeitung wie eine Vorgangsbearbeitung
organisiert werden.

5.2.1.6 Schnittstellen-Struktur-Analyse/-Design SSA/SSD

Da auch objektorientierte Systeme nicht in Isolation entwickelt werden können,
sondern oft mit bereits bestehenden Lösungen kooperieren müssen, kommt
der Analyse und dem Design von Schnittstellen eine wesentliche Bedeutung zu.

Während früher Schnittstellen immer als eine ‚zweitbeste' Lösung hinter
einer ‚vollen Integration' über gemeinsame Daten gesehen wurden, erlaubt die
Objektorientierung, Schnittstellen zum Prinzip zu erheben und eine Integration nur über entsprechende Schnittstellen oder besser Verbindungsstellen anzustreben.

Auch wenn heute noch viele Standardlösungen als monolithische Systeme
implementiert sind, ist für die Zukunft zu erwarten, daß neuere Systeme klar
strukturiert aus Komponenten zusammengesetzt sein werden und damit das
objektorientierte Paradigma abbilden.

Die Strukturierung von DV-Lösungen in einer Client/Server Umgebung wird
in zwei Richtungen ausgebildet und zielt damit auf eine Objektorientierung.

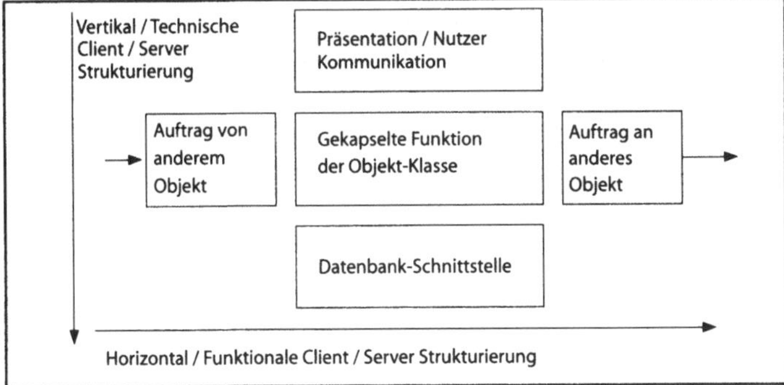

Abb. 5.19 Horizontale und vertikale Strukturierung von DV-Lösungen

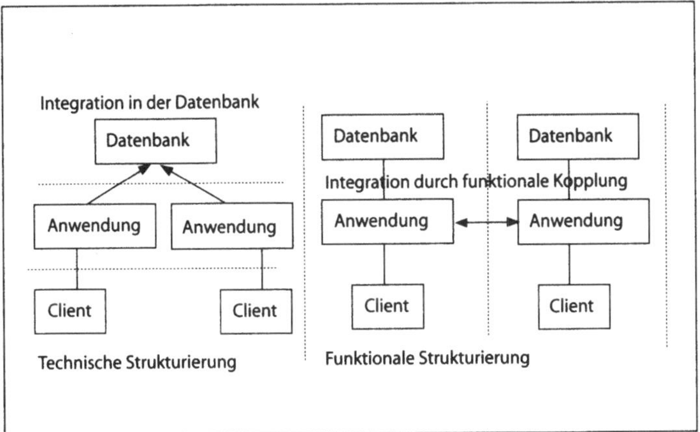

Abb. 5.20 Funktionale vs. datenbasierte Integration von DV-Lösungen

Die funktionale Strukturierung von DV-Lösungen bietet viele Vorteile:

- Regt die Dokumentation fachlicher Schnittstellen an
- Erreicht definiert funktionale Aufteilung der Anwendungslösung
- Zerteilt große Systeme in kleine handhabbare Einheiten
- Erlaubt das lokale Einfügen individuell angepaßter Komponenten
- Macht den Austausch/Erneuerung einzelner Funktionskomponenten ohne Beeinflussung anderer Komponenten möglich
- Schafft Schnittstellen, die auch den Anschluß von Standardlösungen erleichtern
- Etabliert das Denken in verteilten Lösungen und bereitet so eine integrierte Verarbeitung mit externen Partnern vor

Während der Analyse zum Anschluß bestehender Systeme sollte als Teil objektorientierten Denkens bzw. auch als Vorbereitung darauf das Denken in Integration durch Schnittstellen stehen.

5.2.1.7 Daten-Struktur-Analyse /-Design DSA/DSD

Für die Datenhaltung sind in einer objektorientierten Umgebung folgende Aufgabenstellungen zu lösen:

- Verwaltung von Datenstrukturen, die Attribute von Entitäten abbilden
- Schaffung von Datensichten für einzelne Klassen von Objekten
- Ungeplante Selektion von Daten zur Informationsgewinnung
- Verwaltung von Datenstrukturen, die Attribute von Entitäten abbilden

Für den Entwurf von Datenstrukturen in einer objektorientierten Umgebung können nicht mehr die Regeln des relationalen Datenmodells angewandt werden. Entsprechend dem objektorientierten Paradigma kommt es darauf an, Entitäten in ihrer realen Struktur mit ihren Attributen zu beschreiben und möglichst ohne Transformation direkt im DBMS abbilden zu können. Diese Anforderung wird heute auch von den Vertretern des relationalen Datenmodells anerkannt, indem diese für den Datenentwurf aus praktischen Gründen zur ‚Denormalisierung‘ raten, was eigentlich einem Verrat an der eigenen Lehre gleichkommt. Da die Möglichkeit einer objektorientierten Datenmodellierung und Verwaltung heute nur wenig gegeben ist, bleibt nur, diese über eine geeignete Zugriffsschicht zu emulieren und sich im Entwurf dem Ideal anzunähern. In Kapitel 12 dieses Buches wird ein Vorschlag für ein konsequent objektorientiertes DBMS entwickelt. Ziel der Datenmodellierung muß es sein, auf Daten gekapselt entsprechend der Struktur der Entitäten zugreifen zu können und interne technische Strukturen zu verbergen. Einen Grundansatz der Kapselung bieten dabei bereits DBMS in sich, indem sie einen Zugriff auf Daten nur mit definierter Funktionalität gestatten und die physische Implementierung der Daten völlig verbergen. Leider reicht die Funktionalität heutiger DBMS nicht aus, um ein objektorientiertes System alleine darauf aufbauen zu können. Als Lösung bleibt nur, Daten-Abstraktionsmodule in Form einer Zugriffsschicht oder ‚Datenkapsel‘ vor das DBMS zu legen, wobei diese Module meist im Rahmen des Projektes individuell erstellt werden müssen. Die Zugriffsschicht hat dabei folgende Eigenschaften:

- Schaffung einer definierten Menge von ausführbaren Operationen, die mit ihren Parametern die Nachrichtenschnittstelle bilden
- Der Nutzer der Zugriffsschicht muß nicht wissen, wie die Datenstrukturen und Algorithmen implementiert sind

- Es gibt keine Möglichkeit, Daten an der Zugriffsschicht vorbei zu manipulieren und zu verändern
- Ein direkter lesender Zugriff auf die Basisdaten wird zur Informationsgewinnung über SQL Anweisungen gestattet

Schaffung von Datensichten für einzelne Klassen von Objekten

In Verarbeitungsobjekten, die Daten der Datenbank bearbeiten wird jeweils nur ein Teil aller Attribute benötigt. Damit erhebt sich die Forderung, daß die Zugriffsschicht einzelne Attribute selektiert anbieten kann. Auch diese Funktion wird in der Zugriffsschicht implementiert.

Ungeplante Selektion von Daten zur Informationsgewinnung

Für den selektiven Zugriff auf Daten bieten relationale DBMS die Möglichkeit der Selektion und Projektion, d.h. daß nur bestimmte Datensätze (Reihen) für ausgewählte Tabellen (Klassen) selektiert werden und aus diesen wiederum nur einzelne Attribute (Spalten). Damit werden Sichten auf die Daten ermöglicht, wie sie speziell für eine gegebene Aufgabenstellung benötigt werden.

Auch in den Grundprinzipien der Objektorientierung drückt sich die Anforderung für eine Selektion von Daten aus einem Bestand aus, indem das OMG Modell zuerst die Operation für eine Bearbeitung spezifiziert und erst danach die Objekte identifiziert werden. Dieser Ansatz macht die Massenverarbeitung von Daten durch eine generisches Verarbeitungsobjekt möglich, was bisher im objektorientierten Paradigma nicht gegeben war und ein wesentliches Hindernis für die Verbreitung der Objektorientierung in der kommerziellen Datenverarbeitung darstellte.

Insgesamt gilt für die Daten-Struktur-Analyse, daß sich die Strukturierung aus dem frühen Entity/Relationship Modell der ESA konzeptionell ableitet und als gültig beibehalten werden sollte. Damit werden Datenobjekte geschaffen, die Attribute von Entitäten der realen Welt beschreiben. In Ermangelung von DBMS, die diese Funktionalität leisten, muß diese evtl. über Hilfskonstrukte wie Zugriffsschichten implementiert werden. In jedem Fall kann das ,schlechte Gewissen' der Verletzung von relationalen Normalisierungsregeln abgeschüttelt werden, da diese für eine Datenmodellierung ausgehend von Entitäten der realen Welt keine Bedeutung haben.

5.3 Projektmodell für eine Vorgehensweise bei objektorientierter Analyse und Entwurf

Folgende Aspekte eines Projektmodells sollen dargestellt werden:

- Definition des Projektbegriffes
- Organisationsstruktur in Projekten
- Funktionale Gliederung des Projektes
- Meilensteine als zeitliches Strukturierungselement

Im folgenden soll ein Projektmodell skizziert werden, welches Erfahrungen aus mehreren selbst durchgeführten Projekten aufgreift und diese auf eine objektorientierte Arbeitsweise adaptiert.

5.3.1 Definition des Projektbegriffs

Die allgemeine Problematik von DV-Projekten liegt darin, daß ein DV- bzw. Organisationsprojekt das Paradoxon lösen muß, unstrukturierte, kognitive und gesamtheitliche Ansätze menschlichen Denkens durch den Einsatz von formalen Verfahren auf einfache, lineare, mechanische Abläufe zu reduzieren.

Damit ist ein DV-Projekt mehr eine sozialpsychologische als eine technische Herausforderung.

Gegensätzliche Prinzipien müssen gemeinsam zur Wirkung gebracht werden:

Menschlich	<=====>	Mechanistisch
ganzheitlich, intuitiv	<=====>	linear, kausal
unstrukturiert	<=====>	strukturiert

Die Aufgabe des Projekts besteht darin, diesen Gegensatz nicht gegeneinander sondern produktiv miteinander wirken zu lassen. Für die gezielte Herbeiführung des Erfolgs gilt es, soviel Intuition und Kreativität wie möglich freizusetzen und sich dabei gleichzeitig auf soviel strukturierte Regeln wie nötig abzustützen. Während des ganzen Projektes gilt es den Widerstreit zwischen den ‚kreativen Chaoten‘ und den ‚mechanistischen Bürokraten‘ zu vermitteln.

Dabei ist oberstes Gebot, daß die DV-Lösung der Fachanforderung folgt, was enge Kooperation von DV- und Fach-Bereich erfordert in einer klaren Aufteilung der Verantwortung auf beiden Seiten.

Verantwortung des Fachbereichs:
- Festlegung der Anforderung, Rechtfertigung der Notwendigkeit
- Überprüfung der Effektivität und Effizienz im fachlichen Ansatz
- Überwachung der Kosten-/Nutzen-Effizienz

Verantwortung des DV-Bereichs:
- Prüfung der technischen Machbarkeit (Software-Technologie, Wiederverwendbarkeit, Performance, Kommunikation, Endgeräte, etc.)
- Implementierung der Lösung in Kooperation mit dem Fachbereich
- Sicherstellung des Betriebs der fertigen Lösung

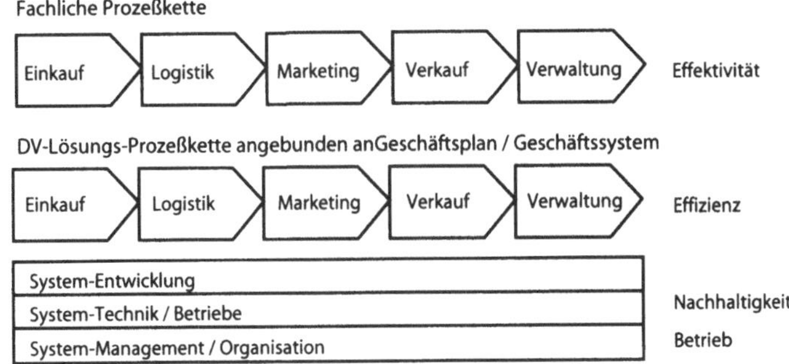

Abb. 5.21 Die DV-Lösung folgt der Struktur der fachlichen Aufgabe

Nur durch eine an der gemeinsamen Sache orientierten Zusammenarbeit ist ein gutes Ergebnis als Ziel zu erreichen, wobei die Objektorientierung eine bessere Kommunikation durch Modellierung der Welt in verständlicher Form fördert.

5.3.2   Organisationsstruktur in Projekten

Das Projekt fungiert als übergreifende und ergebnisorientierte Organisationsstruktur und ist im Gegensatz zu statischen Strukturen definiert als:

- zeitlich begrenzt
- im Aufwand definiert
- ergebnisorientiert
- ausgestattet mit einer dynamischen Organisationsstruktur und Projektmitarbeitern, die für ihre Aufgaben im Projekt dem Projekt unterstellt sind
- mit definierten Schnittstellen in die statischen Organisations-Strukturen eingebettet

Auch gerade diese Projektstruktur erfordert objektorientiertes Denken als Prinzip zur Kapselung von Funktionen und der klaren Zuweisung von Verantwortlichkeiten.

Jedes Projekt hat eine ähnliche Grundstruktur:

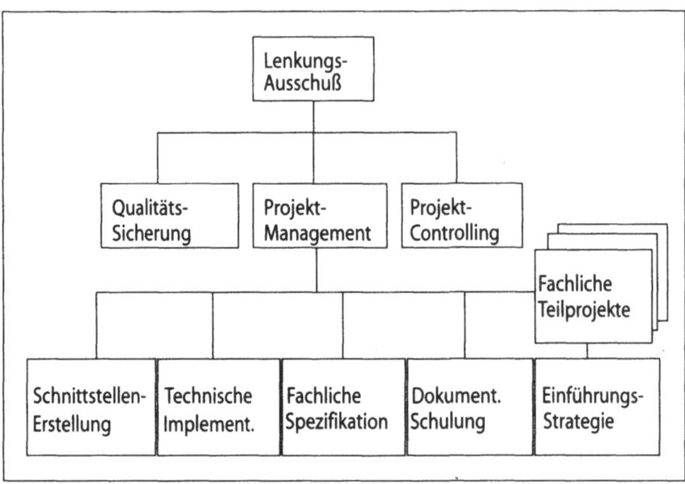

Abb. 5.22 Allgemeine Projektstruktur

Jede (Teil-)Projektphase braucht spezielle Denkstile, d.h. daß die Projektgruppen ausgehend von der aktuellen Aufgabenstellung mit den entsprechenden Mitarbeitern besetzt werden sollten:

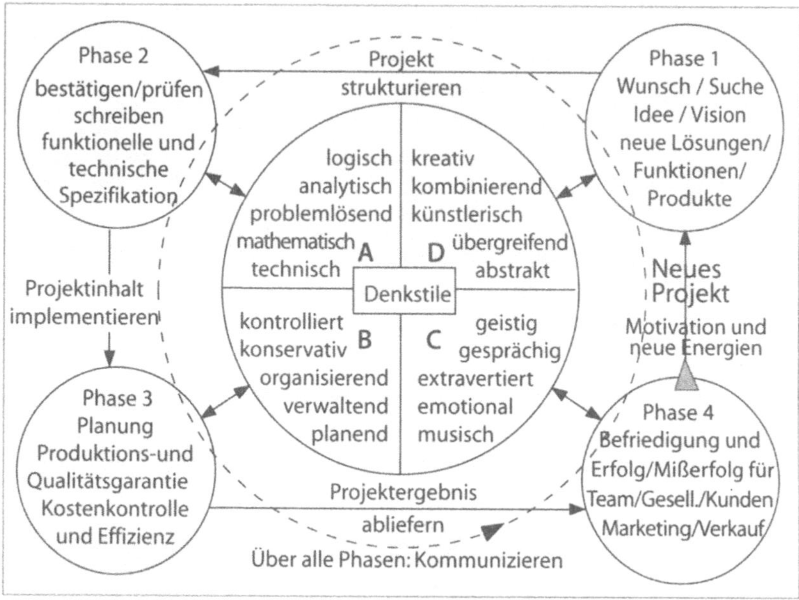

Abb. 5. 23 Denkstile der einzelnen Projektphasen

Der Projektlenkungsausschuß vertritt das Gesamtprojekt und trägt die Verantwortung für die letzte Entscheidung

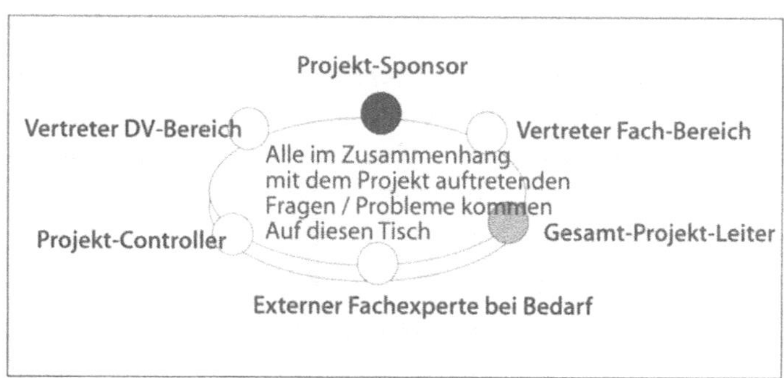

Abb. 5.24 Zusammensetzung des Projektlenkungsausschuß

Mitglieder: – Projektsponsor(en) aus Bereichsleitung/Vorstand
             – Vertreter aus Fachbereich und Datenverarbeitung
             – Vertreter aus Projektmanagement Team

Aufgaben: – Höchste Entscheidungsinstanz über Projektumfang,
                 Kosten-/Zeit-Rahmen,
                 Wirtschaftlichkeitsrechnung
               – Lösung von Konflikten aller Art
               – Aktive Repräsentation des Projektes nach außen zu anderen
                 Bereichen, Vorstand etc.
Aktivitäten: – Routine-/bedarfsmäßige Projektsitzungen (6 Wo.)
               – Abnahme von Meilensteinen
               – Kommunikation des Projektverlaufes innerhalb des
                 Unternehmens und nach außen (wenn erforderlich)

Der Projektleiter ist voll verantwortlich für die ihm übertragene (Teil-) Aufgabe

- Der Projektleiter ist Leitfigur und ‚Unternehmer' des
  Projektes
- Entsprechend diesen Anforderungen muß der Projektleiter
  eine starke Persönlichkeit sein mit besonderen fachlichen/
  menschlichen Fähigkeiten und ausgestattet mit den nötigen
  Kompetenzen
- Der Projektleiter trägt die volle Verantwortung für den ihm
  übertragenen Teilbereich: fachliche, terminliche und
  Personalverantwortung
- Die Etablierung von starken verantwortlichen Projektleitern
  verhindert das Versickern der Verantwortung im Kollektiv
- Nur durch die Delegation der Verantwortung in einer klaren
  Struktur kann die Gesamtverantwortung praktikabel auf
  mehrere übertragen werden

Im Projekt übernehmen die einzelnen Mitglieder Rollen und
Aufgaben im Sinne von objektorientierter Strukturierung
Projektmitarbeiter sind für die Aufgaben im Projekt dem Pro-
jektleiter unterstellt und erhalten von dort ihre Aufgaben:

- Sowohl die ‚Heimabteilung' als auch der Mitarbeiter muß die
  Rolle des Mitarbeiters zur Erzielung des Erfolges im Gesamtprojekt akzeptieren
- Projektmitarbeiter spielen in Projekten ‚Rollen' mit definierten Aufgaben, sie bekleiden nicht ‚Positionen'
- Nur durch klare Strukturen läßt sich eine Ergebnisorientie-
  rung erzielen
- Offene Strukturen mit klarem Nachrichtenaustausch ermöglichen eine bessere Kooperation sowohl innerhalb des Projektes als auch mit externen Partnern

Das Projektmanagement-Team aus verantwortlichen Projektleitern als Entscheidungs- und Kommunikationsgremium

Das Projektmanagement-Team faßt verantwortliche Projektleiter in einem Entscheidungs- und Kommunikations-Gremium zusammen und koordiniert die Teil- und Unterprojekte. Dies entspricht einer Komponentenbildung aus objektorientierter Sicht:

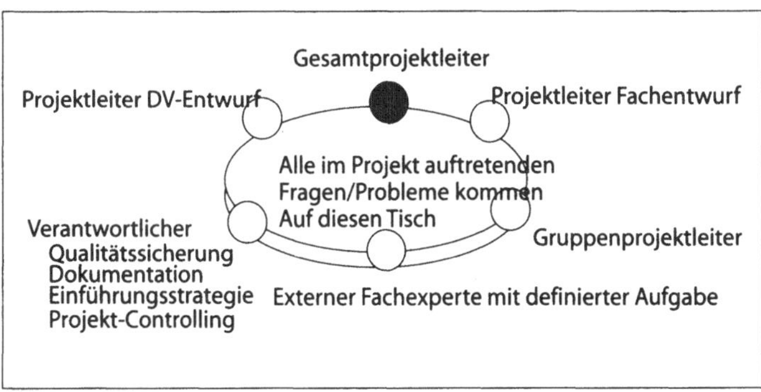

Abb. 5.25 Das Projektmanagement als ‚Runder Tisch‘

Mitglieder: – Vertreter aus Teil- und Unterprojekten (max. 8)
              – Externe Experten (bei Bedarf)
Aktivitäten: – Regelmäßige Projektsitzungen (Abstand 1-2 Wochen)
              – Motivation/Führung der Mitarbeiter
              – Kommunikation des Projektverlaufs nach innen/außen (wenn erforderlich)
Aufgaben: – Strukturierung und Führung der Teil-/Unterprojekte
              – Teilprojektübergreifende Steuerungsfunktion
              – Erstellung/Überwachen von Terminplänen
              – Festlegung des methodischen/qualitativen Standards
              – Zusammenführen des für die Entscheidungsfindung nötigen Informationen
              – Definition von Meilensteinen
              – Gestalten der fachlichen/technischen Implementierung
              – Pflege des Kommunikationsflusses innerhalb der Projektorganisation

Eine kaskadierte Übertragung von Verantwortung erreicht eine bessere Identifikation mit der Sache

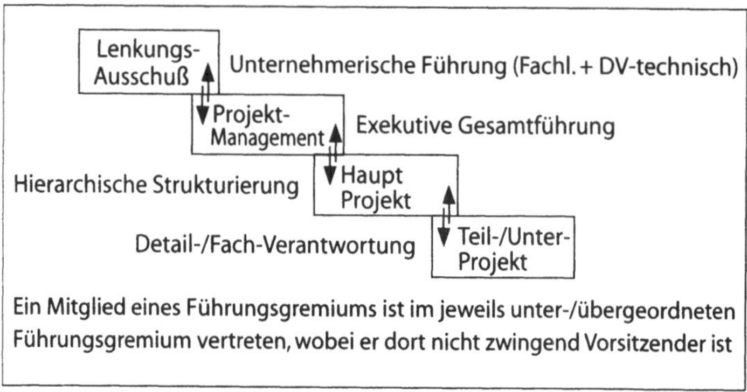

Abb. 5.26 Kaskadierte Übertragung von Verantwortung

Ziele müssen von unten nach oben vereinbart und angenommen, nicht von
oben nach unten diktiert werden.

- Nur durch Vereinbarung angenommene Ziele werden auch ernsthaft verfolgt
- Ziele schließen Inhalte und Termine ein
- Nicht vereinbarte/angenommene Ziele/Termine werden leicht in die Zukunft ‚korrigiert‘, während vereinbarte mit aller Kraft gehalten werden
- Zielvereinbarung von unten heißt nicht, daß der Mitarbeiter die Leistung
  verweigert, sondern daß er durch entsprechende Rahmenbedingungen die
  geforderte Leistung nach seinen Kräften erbringen will

Das Projektmanagement-Team implementiert die Idee des ‚runden Tisches‘
und schafft Kommunikation:
Die Projektorganisation richtet verschiedene Strukturen abhängig von der Aufgabe ein

- Hierarchische Linien zur Delegation von Kompetenz und Verantwortung
- Fachliche Hierarchien neben der Verantwortungslinie zur Gliederung von
  fachlichem Know-How
- Netzwerkstrukturen für die Koordination der Zusammenarbeit mehrerer
  gleichartiger Aktivitäten
- Geographische Strukturen für die Koordination von Projektgruppen an
  mehreren Orten

Dabei können sich mehrere Strukturen überlagern und die handelnden
Menschen müssen sich mit der Organisation identifizieren, d.h. ihre Rollen annehmen, um effektiv zu arbeiten, dabei ist das Projekt aufgrund seiner Ziel-
orienierung in der Lage sein, passende Strukturen den Anforderungen entsprechend flexibel einzurichten.

5.3.3   Funktionale Gliederung des Projekts

Fachliche Teilprojekte mit Bildung von Komponenten helfen, das Gesamtprojekt beherrschbar zu machen:

- Die Gesamtproblemstellung wird insgesamt nur grob spezifiziert und definiert den Rahmen der Aufgabenstellung
- Teilprojekte decken fachliche Teilbereiche des Gesamtprojektes ab mit eigenem definierten Budget- und Zeitrahmen
- Der Teilprojektansatz erleichtert das Prototyping durch kürzere Implementationszyklen und direkten Kontakt zum Fachbereich (Dauer Teilprojekt max. 6 Monate: ‚Time Box')
- Innerhalb eines Teilprojektes wird eine eigene Detail-Analyse/-Planung bis zur Einführungsstrategie festgelegt
- Jedes Teilprojekt hat seine eigene Zielsetzung und entwickelt ein ‚Eigenleben'
- Die Ergebnisse einzelner Teilprojekte können bereits in produktiven Nutzbetrieb gebracht werden, bevor das Gesamtprojekt abgeschlossen ist
- Teilprojekte fördern das Verständnis für Funktionsaufteilung und die fließende Erneuerung von (Teil-)Lösungen

Die fachliche Spezifikation wird in engem Kontakt mit dem Fachbereich erarbeitet:

- Detaillierung der fachlichen Spezifikation erst bei der vollständigen Abarbeitung des Teilproblems;
- Direkter Dialog zwischen dem Fachbereich und den direkt ausführenden Projektmitgliedern erlaubt Prototyping;
- Die fachliche Spezifikation wird in Form eines Pflichtenhefts und von Ergebnissen des Prototyping festgehalten;
- Während der fachlichen Spezifikation wird auch das Gesamtbudget auf die Einzelaufwände heruntergebrochen.

Der technische Entwurf wird in enger Zusammenarbeit mit dem DV-Bereich erarbeitet:

- Der technische Entwurf schafft das Rahmenwerk für die Programmierung und Wiederverwendung von Komponenten;
- Bereits im technischen Entwurf werden Aussagen über Ressourcenbedarf und Durchsatz des Systems erarbeitet;
- Der technische Entwurf legt die Hardware und Systemumgebung, Arbeitsstationen, Client/Server Strukturen, Kommunikationstechnologie etc. fest;
- Der technische Entwurf richtet sich ausschließlich nach den fachlichen Anforderungen, nicht nach dem technisch machbaren;

- Jedes neue System erfordert Einbettung in eine bereits bestehende Landschaft von Anwendungslösungen;
- Kopplung mit Altsystemen sollte immer über definierte Transferschnittstellen erfolgen;
- Durch gute Verbindungsstellen kann auch nachträglich ein integriertes System aus heterogenen Teilen entstehen;
- Die Schnittstellendefinition legt Art und Aktualität der ausgetauschten Daten fest;
- Dokumentation schließt Online-Hilfe und Papierdokumente ein;
- Der Entwurf für Hilfefunktionen und Benutzerführung stellt ein eigenes Teilprojekt dar.

5.3.4   Meilensteine als zeitliches Strukturierungselement

Oft sind Projekte in der Vergangenheit daran gescheitert, daß die Zeitspannen bis zur Überprufung der Termineinhaltung zu lang gewählt wurden. Hier hilft die Definition von Meilensteinen in entsprechend kurz gewählten Abständen, um früh überprüfen zu können, ob die jeweils erwarteten Ergebnisse auch tatsächlich erreicht wurden.

5.3.4.1 Das überlappte Phasenmodell als Basismethode

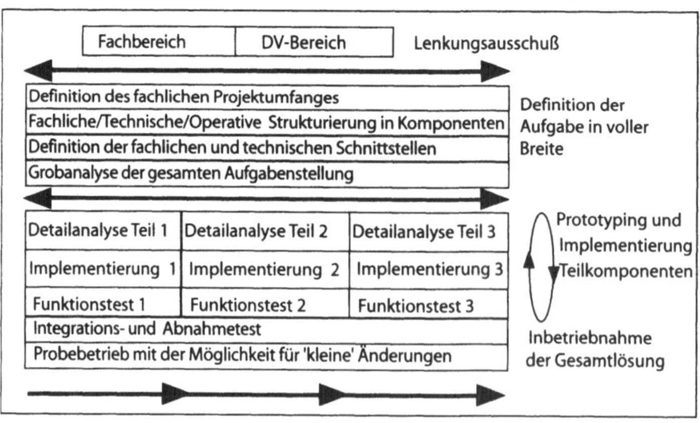

Abb. 5.27 Definierte Phasen im überlappten Phasenmodell

5.3.4.2 Aktivitäten im überlappten Phasenmodell

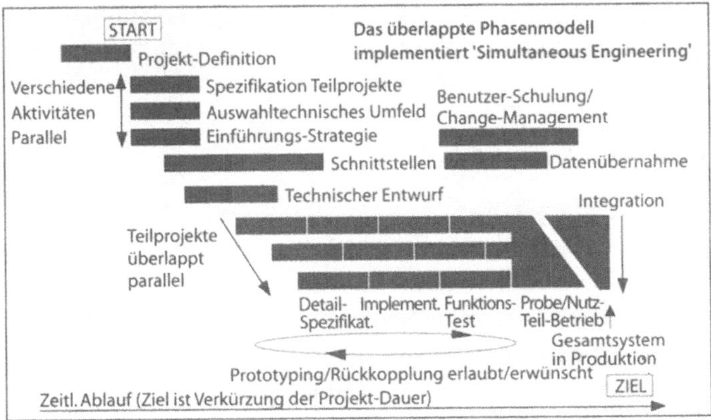

Abb. 5.28 Das überlappte Phasenmodell ist steuerbar

1. Initialisierung
2. Vorstudie – Machbarkeit ermitteln, Kostenrahmen/Ziele festlegen
3. Funktionales Grobkonzept – Gesamtrahmen festlegen, Teilprojekte definieren
4. Funktionales Detailkonzept – pro Teilprojekt führt unmittelbar zur Implementierung durch dieselben Mitarbeiter (Prototyping, Nähe zum Fachbereich)
5. Funktionstest in Teilprojekten
6. Integrationstest mit Probebetrieb in Teilprojekten
7. Offizielle Einführung Gesamtsystem

Die Phasen 2-4 laufen überlappt für Teilprojekte parallel ab

- Das klassische Phasenmodell arbeitet streng eine Phase nach der anderen ab
- Das überlappte Phasenmodell erlaubt die zeitliche Überlappung der einzelnen Phasen und ermöglicht damit eine schnellere Reaktion und flexiblere Anpassung an sich ändernde Umstände im Sinne des ‚Simultaneous Egineering'
- Im überlappten Phasenmodell können verschiedene Teilprojekte in unterschiedlichen Phasen stehen

5.3.4.3 Meilensteine helfen den Ablauf zu beherrschen
- Ein Meilenstein markiert die Fertigstellung eines definierten Arbeitspakets – Meilensteine stellen Teilziele dar, die terminiert sind und Eckwerte im Gesamtzeitplan darstellen

- Für jeden Meilenstein ist im vorhinein festgelegt, welche Ergebnisse zur Erreichung des Meilensteines vorliegen müssen
- Die Erreichung eines Meilensteines sollte im Projektablauf herausgehoben werden, indem Ergebnisse vor einem höheren Gremium präsentiert werden

5.3.4.4 Beispiele von Meilensteinen

– Projekt-Entscheidung fällen	SA
– Projekt Kick-Off zum Start des Projekts	
– Grob-Analyse-Spezifikation abgeschlossen	KSA
– Technischer Entwurf abgeschlossen	OSA/PSA/NSA/DSA
– Schnittstellen definiert und entworfen	SSA/DSA
– Fachlicher Entwurf und Implementierung von Teilprojekten abgeschlossen	
– Test von Teilprojekten abgeschlossen	
– Einführung von Teilprojekten abgeschlossen	
– Gesamtprojekt abgeschlossen	

Entscheidung zum Start des Projektes nach Sicherstellung der Machbarkeit und Sinnhaftigkeit

- Reales Umfeld strukturiert
- Projektumfang definiert und fachliche Ziele festgelegt
- Leistungs-Umfang und -Merkmale bestimmt
- Machbarkeit sichergestellt, Wirtschaftlichkeit ermittelt
- Budgetrahmen festgelegt und genehmigt
- Mögliche Projekt-Mitarbeiter benannt
- Mögliche Projekt-Organisations-Struktur entworfen
- Lastenheft erstellt, Projektablauf skizziert
- Entscheidungsvorlage ausgearbeitet und Entscheidung abhängig vom Projektumfang in der Geschäfts-/Bereichs-Leitung gefällt.

Projekt Kick-Off zum Start des Projekts

- Mitarbeiter informieren und gewinnen
- Projekt sichtbar (mit einem Fest) auf den Weg bringen, um Identifikation der Mitarbeiter zu erzielen
- Kommunizieren, was erreicht werden soll und was von jedem erwartet wird

Grob-Analyse, Spezifikation von Teilprojekten, Auswahl technisches Umfeld, Einführungsstrategie abgeschlossen

KSA

- Aufgabenstellung und Zielvorgabe liegt als Pflichtenheft vor
- Komponenten und Klassen identifiziert und beschrieben
- Grobe Funktionsstruktur des Gesamtsystems definiert
- Für alle Bereiche wie: Technisches Umfeld, Einführungsstrategie, Einbettung in existierende Systeme, Aufteilung in Teilprojekte
- Ergebnisse werden an alle Projektmitarbeiter kommuniziert

Technischer Entwurf abgeschlossen

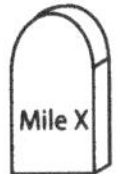

OSA NSA
PSA DSA

- Beziehungen der Objekte untereinander ermittelt
- Auszutauschende Nachrichten spezifiziert
- Verteilung der Verarbeitung definiert
- Nutzerschnittstellen-Strategie festgelegt
- Werkzeuge für Implementierung ausgewählt- Standards für die Implementierung festgelegt
- Hard-/Soft-Ware-, Kommunikations- und Leistungs- Anforderungen ermittelt- Benutzerschnittstelle spezifiziert
- Technische Einführungsstrategie festgelegt
- Testdatenrahmen und Testverfahren festgelegt- Schutzmechnismen (Daten/Funktionen) definiert- Informationsgewinnung aus dem System festgelegt

Schnittstellen definiert und entworfen

SSA
DSA

- Alle Systeme, mit denen das neue System kommunizieren soll, sind identifiziert und entsprechende Schnittstellen entworfen
- Strategie zur operationalen Verknüpfung der Systeme ist festgelegt
- Gesamtplan des Betriebes aller integrierten Systeme ist erstellt

Fachlicher Entwurf und Implementierung von Teilprojekten abgeschlossen

Vorgang wiederholt sich in jedem Teilprojekt
- Funktionalität ist spezifiziert, implementiert und Fach- und DV-Bereich stimmen mit dem Ergebnis überein
- Datenbeschreibung: Tabellen, Attribute liegen vor
- Evtl. nötige Datenübernahme definiert
- Test-Plan festgelegt, Tester im Fachbereich benannt
- Dokumentation liegt vor

Test von Teilprojekten abgeschlossen

Vorgang wiederholt sich in jedem Teilprojekt
- Funktionalität des Teilprojektes von Fachabteilung akzeptiert und im Test verifiziert (evtl. waren dafür mehrere Zyklen von Test und Anpassung nötig)
- Datenübernahme im Test verifiziert und erste ‚Fälle‘ bearbeitet
- Testplan für weitere Benutzertests liegt vor

Einführung von Teilprojekten abgeschlossen

Dieser Meilenstein wiederholt sich mit der Zahl der Teilprojekte, die bereits vor Fertigstellung des Gesamtprojektes in Betrieb gebracht werden
- Benutzer haben die Tauglichkeit des Ergebnisses festgestellt
- Evtl. nötige (kleine) Änderungen vor Einführung in die Produktion sind definiert
- Weitere Änderungen sind evtl. identifiziert und für nächste Versionen des Systems festgehalten

Gesamtprojekt abgeschlossen

- Teilprojekte sind erfolgreich in Betrieb
- Alle Teilkomponenten erfolgreich im Zusammenspiel getestet
- Positive Benutzererfahrung aus dem Teilproduktionsbetrieb liegt vor und ist dokumentiert
- Gesamtdokumentation und Online-Hilfe ist fertig erstellt
- Leistungskenndaten sind verifiziert und erfüllen die Spezi-

fikation bzw. Erwartungen
- Projekt-Abschluß mit Fest, bei dem die Projektmitarbeiter teilnehmen und besondere Leistungen hervorgehoben werden

Zu tun bleibt jetzt noch:

Wartung, Betreuung der Nutzer, Nachkalkulation, Nutzernachweis bzw. evtl. Planung, Projekt für nächste Version

5.3.4.5 Viele Faktoren bestimmen den Projekterfolg
- Realistische Zielvorgabe
- Menschliches, soziales Klima
- Straffe und flexible Organisation
- Aufteilung in handhabbare zeitlich begrenzte Teilprojekte
- Kompetenz des Fach- und des DV-Bereiches
- Effektives Zeit- und Budget-Management
- Klare Einführungsstrategie
- Erzielung einer Akzeptanz beim Endbenutzer

Es gibt kein mechanisches Rezept für den Erfolg: menschliche und sich ändernde sachliche Faktoren müssen flexibel zum Erfolg geführt werden.

5.4   Zusammenfassung

Im vorstehenden wurden bestehenden Methoden der Analyse und des Entwurfs analysiert, Nachteile herausgearbeitet und dann auf der Basis des objektorientierten Paradigmas ein konsistentes Vorgehen entwickelt, welches auch ein Projektmodell vorschlägt, das von objektorientiertem Denken getragen wird.

6. Objektorientierte graphische Nutzerschnittstellen

Graphische Nutzerschnittstellen werden von vielen DV-Experten als wesentlicher Entwicklungsschritt der DV-Technik für kommerzielle Lösungen angesehen, der in seiner Bedeutung nur mit der Einführung der Online-Verarbeitung über zeichenorientierte Terminals vergleichbar ist.

Diese Aussage wird bestätigt durch den stürmischen Erfolg von MS-Windows im Umfeld der ‚etablierten' kommerziellen DV, welches eigentlich Jahre nach der Einführung graphischer Oberflächen durch Apple am Markt auftauchte.

Im folgenden Kapitel soll die Arbeitsweise graphischer Oberflächen dargestellt und ihre Bedeutung für kommerzielle Lösungen an Beispielen aufgezeigt werden.

6.1 Geschichtliche Entwicklung

Unabhängig von den Urformen graphischer Oberflächen in der Prozeßrechnertechnik wurden diese im kommerziellen Umfeld – wie die meisten objektorientierten Prinzipien – erstmals im Rahmen des Xerox PARC Projektes implementiert, welche im legendären Star Computersystem mündeten. Die Arbeiten hatten zum Ziel, ein Computersystem zu erarbeiten, dessen Handhabung sich von den bisherigen Großrechnern völlig unterscheiden sollte. Alle wesentliche Teile sollten unter der Kontrolle des Nutzers liegen und von ihm verstanden werden können. Der Umgang mit dem Rechner sollte möglichst einfach sein und ‚Spaß machen'.

In der Folge wurden mehrere Implementierungen von graphischen Nutzeroberflächen von dem ‚Urtyp' abgeleitet, wobei jedoch immer dieselben Prinzipien für alle Systeme gelten: Apple Macintosh, OSF Motif, X-Windows, HP NewWave, IBM Presentation Manager, Microsoft Windows, NextStep und andere.

6.2   Wesentliche Elemente einer graphischen Nutzeroberfläche

1. *Zeigewerkzeuge.* Zeigewerkzeuge ermöglichen es, auf graphische Objekte auf dem Bildschirm zu zeigen. Sie können benutzt werden, um ein Kommando aus einer Liste von Kommandos aufzurufen oder Objekte auf dem Schirm zu manipulieren wie:

   - Auswählen eines Objekts
   - Bewegen eines Objekts auf dem Schirm
   - Zusammenfügen von Objekten

   Unter den verschiedenen Werkzeugen wie Lichtgriffel, ,Joystick‘, berührungssensitiver Schirm und ,Maus‘ hat sich die Maus wegen der guten Koordinierungsmöglichkeit von Auge und Hand durchgesetzt. Als Kommunikationsmittel eröffnet die Maus durch die Auswahl und die direkten Manipulationen graphischer Objekte neue Dimensionen der Interaktion mit dem Computer.

2. *Bitweise Darstellung.* Bitweise im Gegensatz zu zeichenweiser Darstellung wird durch die hohe Leistung moderner CPUs ermöglicht und erlaubt die Darstellung von graphischen Objekten, beliebigen Zeichensätzen und Bildern als Teil der Oberfläche bzw. auch als Teil von Dokumenten. Die Fähigkeit zur Bildverarbeitung erschließt dem Computer wieder ganz neue Klassen von Anwendungen wie z.B. die Verarbeitung von Dokumenten mit Bildern (siehe auch dieses Dokument als Beispiel). Neuerdings können Dokumente als strukturierte Objekte auch bewegte Bilder und Ton einschließen.

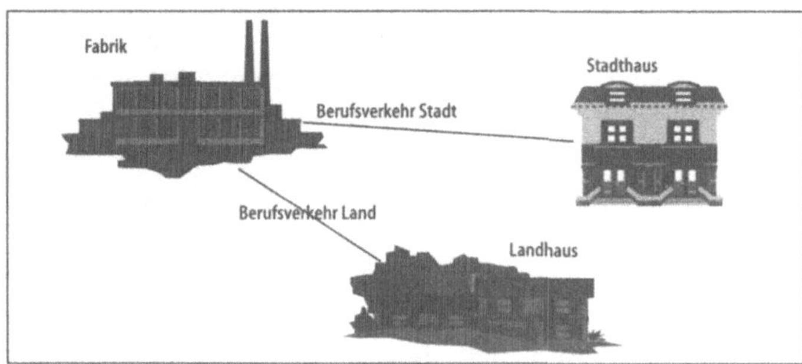

Abb. 6.1 Bildliche Darstellung von Computerdaten

3. *Fenster.* Fenster ermöglichen die Bearbeitung mehrerer Vorgänge parallel in unabhängigen Abläufen und geben damit dem Nutzer die Initiative für die Steuerung der Verarbeitung. Die Bedienung von unabhängigen ‚nicht-modalen‘ Fenstern erfordert in der DV-Lösung die Schaffung von Modulen, welche fernwirkungsfrei nebeneinander arbeiten können bzw. zur Aktualisierung miteinander kommunizieren. Diese Eigenschaft fordert für die Implementierung der Funktionen die Anwendung objektorientierter Prinzipien zur Erzielung einer Strukturierung in gekapselte Komponenten. Als weitere wesentliche Eigenschaft können Fenster in ihrer Größe verändert werden und erlauben eine Positionierung des Fensters als Ausschnitts eines Objekts. Verschiedene Fenster erlauben das Eröffnen abhängiger Unterfenster (sog. ‚Child-Windows‘), in denen dann mehrere Untermethoden des Gesamtobjekts aus dem Hauptfenster gleichzeitig aktiviert und parallel bearbeitet werden können. Alle diese Funktionen erfordern eine klare Strukturierung der unterliegenden Daten und Funktionen, wofür die Objektorientierung den besten Ansatz liefert.

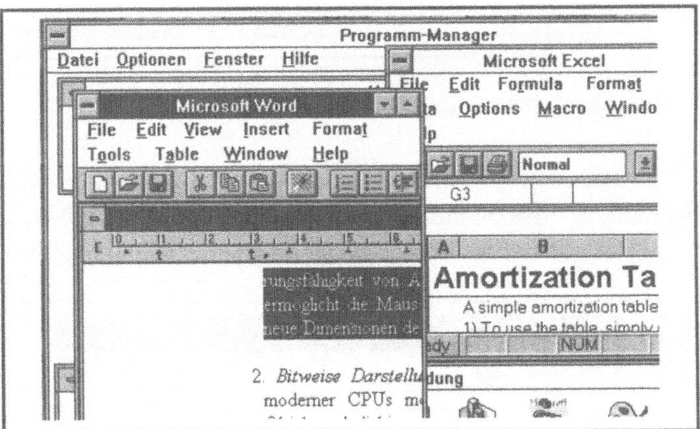

Abb. 6.2 Fenstertechnik ermöglicht eine Parallelverarbeitung

4. *Menüs.* Ein Menü bietet dem Nutzer Auswahlmöglichkeiten an, z.B. Kommandos, Bibliotheken, Objekte in Zeichendarstellung oder graphischen Bildsymbolen. Die Auswahl eines Objekts aus einem Menü kann andere Menüs aktivieren, so daß eine Hierarchie der Auswahl für den Nutzer aufgebaut werden kann.

Graphische Nutzeroberfläche sind nicht zwangsweise menügesteuert, sondern die Menüs stehen im Hintergrund zur Verfügung und werden durch den Nutzer aktiviert. In dieser Form stellt auch das Menü ein Objekt dar, indem es als Objekt entsprechend der realen Welt benutzt wird, wenn der Nutzer eine Auswahl wünscht.

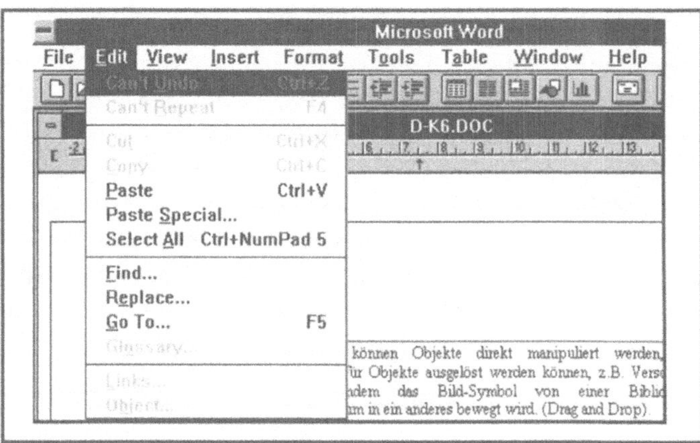

Abb. 6.3 Typisches Selektionsmenü als ‚Drop Down Menü‘

5. *Dialog-Boxen.* Dialog-Boxen entsprechen den aus kommerziellen Lösungen bekannten Masken. Sie stellen Attribute oder Eigenschaften von Objekten für den Nutzer dar und ermöglichen den Datenaustausch.

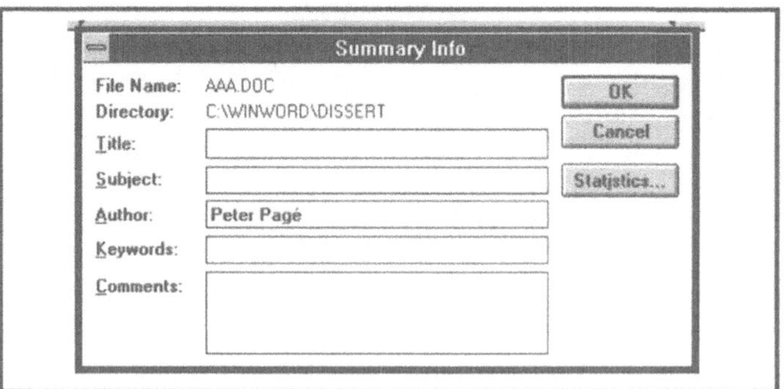

Abb. 6.4 Dialog-Box zum Austausch von Daten mit dem Nutzer

6. *Ikone bzw. Bildsymbole.* Ikone stellen Objekte als Bildsymbole dar. Sie können vom Nutzer durch ‚Klicken‘ aktiviert bzw. auch bewegt und auf andere Ikone gelegt werden. Diese Aktionen lösen in den Objekten jeweils be-

stimmte Operationen aus. In vielen Software-Werkzeugen können Objekte
direkt manipuliert werden, d.h. daß Operationen wie Verschieben oder Kopieren von Objekten ausgelöst werden, indem das Bildsymbol eines Objekts von einer Bibliothek oder Speichermedium in ein anderes bewegt
wird. (Drag and Drop).

Der Umgang mit Bildsymbolen an der Nutzeroberfläche führt wiederum
zu einem objektorientierten Verständnis für die Verarbeitung und verlangt
geradezu, daß ‚hinter dem Schirm‘ genauso in Objekten gedacht wird wie
in der Darstellung auf dem Schirm.

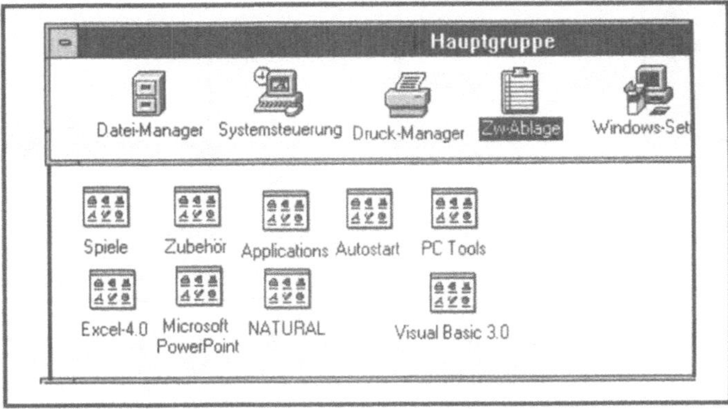

Abb. 6.5 Ikone bzw. Bildsymbole stellen Bearbeitungsobjekte dar

7. *Elemente innerhalb eines Fensters.* In einem Bearbeitungsfenster stehen
   dem Nutzer immer eine Auswahl aus definierten Elementen zur Verfügung.
   Damit wird erreicht, daß unterschiedliche Objekte gleiches Aussehen und
   gleiches Verhalten bekommen. Dies kann zur Definition eines Rahmens für
   die in einem Objekt verfügbaren Standardmethoden dienen.

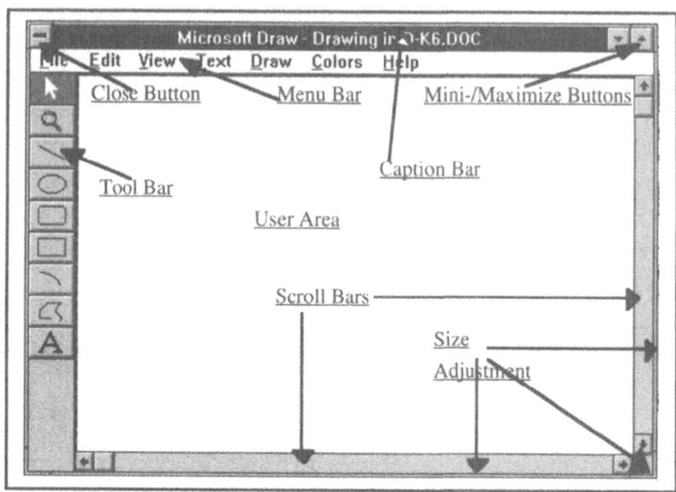

Abb. 6.6 Aufbau eines Fensters und Elemente zu dessen Handhabung

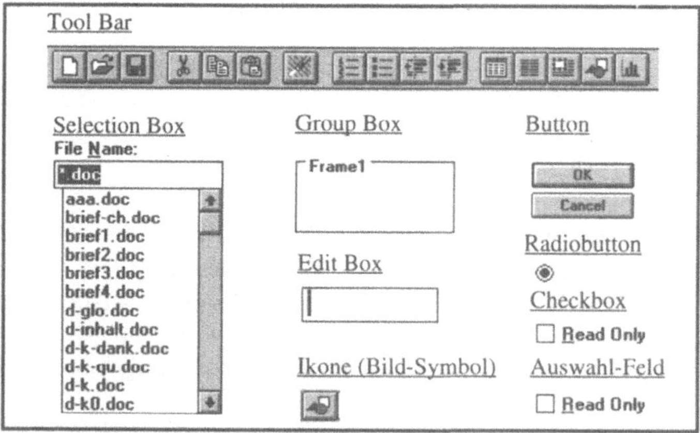

Abb. 6.7 Einige innerhalb eines Fensters verfügbare Elemente

Tool Bar

(Werkzeugleiste) Auswahl einer Funktion über Aktionsfeld mit graphischem Bildsymbol (Smart Icon) für die Funktion als Kurzform für Kommandoeingabe.

Selection Box

(Selektionsfeld) Auswahl von Objekten oder Kommandos aus einer Textliste.

Group Box
(Gruppenfeld) Rahmen, um mehrere Ikone mit zusammengehöriger Funktionalität zusammenfügen zu können.

Edit Box
(Editierungsfeld) Textbearbeitungsfeld mit den Eigenschaften für Einfügen, Löschen, Cut/Paste.

Ikone
(Bildsymbol) Taste mit Bildsymbol zur Aktivierung eines Objekts.

Button
(Schaltfläche) Taste zur Aktivierung eines Objekts.

Radio Button
(Auswahltastenfeld) Tastensatz aus mehreren Tasten, von denen jeweils nur eine ausgewählt werden kann.

Check Box
(Markierungshäkchen) zur Markierung eines ausgewählten Eintrages aus einer Liste.

Toggle Button
(Auswahlfeld) Markierungsfeld zur Markierung eines ausgewählten Zustandes für eine Eigenschaft (ein oder aus).

Die beschriebenen Elemente sind der Oberfläche von MS-Windows entnommen. Andere graphische Oberflächen wie Apple Macintosh, Motif, X-Windows bieten äquivalente Elemente, wobei einige noch weitere Elemente enthalten.

8. *Kapseln (Capsules).* Kapseln der Metaphor Umgebung ermöglichen einem Nutzer die Erstellung von Prozeduren aus einer Zusammenstellung von Ikonen. Jedes Ikon stellt ein eigenes Werkzeug dar oder eine andere Kapsel. Wenn der Nutzer die Kapsel durch ‚Klicken' aktiviert, werden alle enthaltenen Werkzeuge von links nach rechts nacheinander aktiviert. Dabei können die einzelnen Werkzeuge Daten untereinander übergeben. Auf diese Weise kann der Nutzer eine Prozedur ohne Programmierung zusammenstellen. Ein Beispiel für eine derartige Prozedur ist die Erzeugung eines Reports, wozu zuerst ein Abfragewerkzeug zur Selektion der Daten aus der Datenbank aufgerufen wird, danach ein Rechenblatt und dann ein Graphikprogramm, welches dann das endgültige Ergebnis erzeugt.

Alle Zwischenschritte bis zum Endergebnis laufen für den Nutzer unsichtbar ab, nachdem er die Kapsel aktiviert hat.

Kapseln erlauben es, leistungsfähige und speziell angepaßte Funktionen als Ikone auf dem Schreibtisch verfügbar zu machen und führen zur ‚graphischen' Programmierung als Zusammenstellung von einzelnen Objekten (LEGO-Programmierung).

9. *Metapher des Schreibtisches.* Die Darstellung von Objekten durch Bildsymbole führt zu der Betrachtung des Bildschirmes als Abbild eines Schreibtisches. Entsprechnend kann der Nutzer seinen Schreibtisch gemäß seiner Arbeitsweise organisieren, er kann ihn ‚aufräumen' oder auch ‚unaufgeräumt' lassen mit denselben Konsequenzen wie in der realen Welt. Im Umgang mit Objekten aktiviert der Nutzer das Objekt durch ‚Klicken' und erwartet, daß es sich ‚passend' verhält, d.h. daß ein Textdokument den Text-Editor aufruft, ein Rechenblatt das entsprechende Spreadsheet oder ein Bild das Malprogramm.

Auch hier führt die Darstellung von Objekten über Bildsymbole wieder zum Objektverständnis, indem der Nutzer die Symbole wie Objekte der realen Welt manipuliert.

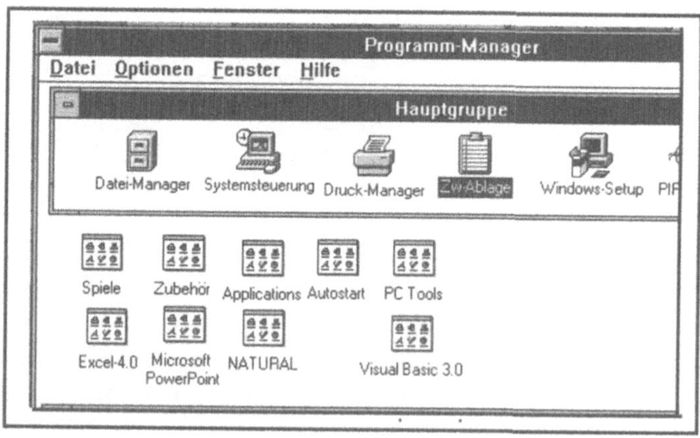

Abb. 6.8 Der Bildschirm stellt sich für den Nutzer wie ein Schreibtisch dar

6.3 Die Verbindung von graphischen Nutzeroberflächen mit objektorientierter Verarbeitung

Die Programmierung zur Nutzung der oben dargestellten Elemente ist nicht trivial, d.h. sie erfordert oft mehrere Seiten Programmcode, z.B. in C, um ein Element zu steuern. Da viele Elemente als ‚Objekte' einer graphischen Nutzeroberfläche mit denselben oder leicht abgewandelten Funktionen immer wieder benutzt werden, drängt sich der Gedanke auf, diese auch in der Software als solche zu kapseln und – wie zuerst beim Xerox Star System mit Smalltalk geschehen – in einer objektorientierten Programmiersprache zu implementieren. Graphische Nutzeroberflächen stellen also den Archetypus objektorientierter Programmierung dar.

Um für den Nutzer die Programmierung von Funktionen einer graphischen Nutzeroberfläche zu erleichtern, bieten viele graphische Systeme spezielle Werkzeugumgebungen mit vorgefertigten Objektklassen strukturiert in Klassenbibliotheken zur Programmierung an. Dabei sind die meisten Systeme in sich objektorientiert außer im Falle von MS-Windows, welches zwar dieselben Elemente wie andere Umgebungen anbietet, selbst aber nicht aus einem objektorientierten Ansatz entstanden ist. Im einzelnen stehen die folgenden Werkzeugumgebungen zur Verfügung [Khoshafian 90]:

6.3.1 MS-Windows

MS-Windows: Actor (kein MS-Product, sondern von Whitewater 1987) ist eine objektorientierte Sprache für die Entwicklung von MS-Windows Anwendungen. Es liefert eine Klassenbibliothek für eine breite Palette von Funktionen und eine Programmierung für Funktionen in Methoden, die C oder Pascal entspricht.

Erstaunlicherweise existiert von Microsoft selbst kein Angebot für eine objektorientierte Programmierumgebung. Eine Erklärung dafür könnte sein, daß Microsoft die Entwicklung der Objektorientierung nicht mitvollzogen und sich immer auf die funktionale Oberfläche konzentriert hat. Als Programmierwerkzeuge bietet Microsoft: Visual Basic und Visual C (Visual Basic wird in einem späteren Kapitel behandelt) - jeweils Erweiterungen der Standardprogrammiersprachen um vorgefertigte Objekte zur Darstellung und Manipulation von Daten auf dem Bildschirm. Eine Strategie von Microsoft könnte sein, daß man möglichst den Endnutzer erreichen will und dafür eine einfache Sprache wie Basic als geeigneter ansieht, um einen gleitenden Übergang zur Objektorientierung herzustellen und nicht von vornherein ein völliges Umlernen zu erfordern. Obwohl mit Visual C auch eine Umgebung für C existiert, wird doch Visual Basic mehr in den Vordergrund gestellt, was daher rühren könnte, daß sich Microsoft mit seiner Marktmacht ausrechnet, eine eigene Sprache mit entsprechenden Entwicklungswerkzeugen als proprietäre Umgebung im Markt etablieren zu können.

Die folgende Abbildung zeigt die Actor-Elemente für eine objektorientierte Programmierung. Es sind alle typischen Elemente einer Programmierumgebung hier einschließlich eines Compiler-Compilers vorhanden. Die Elemente unterstützen Programmierung für beliebige Problemstellungen, wobei keine besonderen Funktionen für kommerzielle Problemstellungen angeboten werden. Die Klasse *File Dialog* enthält Funktionen zum Zugriff auf Daten aus einer SQL-Datenbank.

Die Klassenbibliothek in Actor ist nach folgendem Schema geordnet:

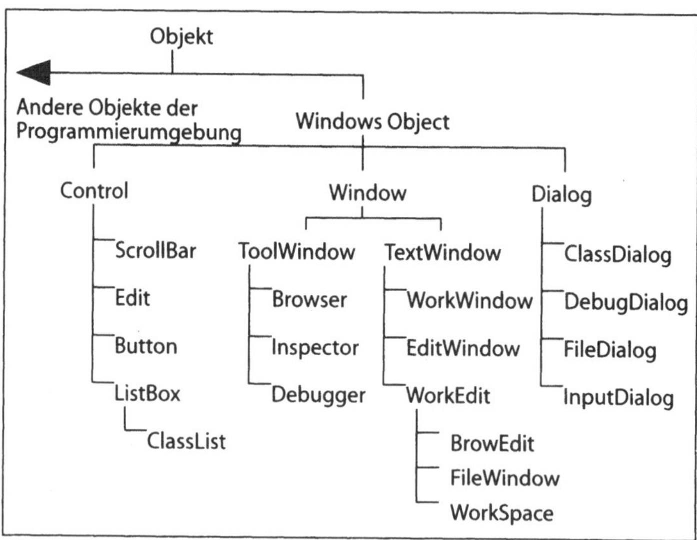

Abb. 6.9 Actor-Objekte für Windows Elemente als Klassenhierarchie

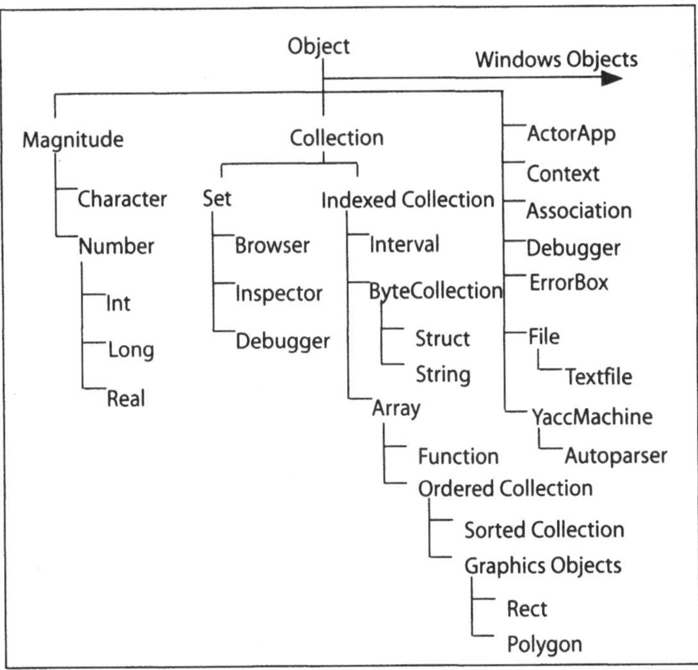

Abb. 6.10 Actor-Objekte für objektorientierte Programmierung als Klassenhierarchie

6.3.2 MacApp

MacApp. Die Apple Umgebung hat viele Prinzipien für graphische Nutzeroberflächen erstmal implementiert. MacApp ist eine objektorientierte Schicht über dem Macintosh Werkzeugkasten, die in ihrer Funktionalität der von Actor entspricht. Sie enthält entsprechend Actor alle Elemente, die zur Manipulation der Window-Elemente erforderlich sind und soll wegen der grundsätzlichen Ähnlichkeit hier nicht im Detail dargestellt werden. Mit der MacApp Umgebung wird eine Klassenbibliothek angeboten, die wiederum ungefähr der Funktionalität der Actor-Umgebung entspricht. Als neue Klasse führt MacApp das *Grid* ein, welches mehrere Werte auf dem Schirm in einer Tabelle darzustellen und manipulieren kann.

6.3.3 NeXt

NeXt. Die NeXt Nutzerschnittstelle enthält alles, was die bisher beschriebenen Oberflächen bieten, und daneben eine objektorientierte Entwicklungsumgebung. Die Entwicklungsumgebung *Interface-Builder* ist in besonderem Maße objektorientiert, indem sie auch eine Programmierung durch die Manipulation von Ikonen erlaubt. Sie arbeitet ähnlich einem Screen-Painter (Maskeneditor) bzw. einem Ikonen-Editor. Der Entwickler erstellt den Bildschirmaufbau, indem er Objekte aus der NeXt Palette auf dem Schirm plaziert. Auch die Verbindung zwischen den Objekten wird im Sinne visueller Programmierung durch Manipulation von graphischen Objekten erstellt, wobei aber nicht die gesamte Programmierung automatisch erfolgt. Dafür können Sprachen wie das Application Kit und Objective C verwendet werden.

Eine Entwicklung läuft etwa in folgenden Schritten ab:

1. *Spezifikation des Bildschirmaufbaus* durch Plazierung der NeXt Objekte, Windows, Tasten, etc. auf dem Schirm, wobei auch Eigenschaften der Objekte spezifiziert werden können.

2. *Definition neuer Klassen* erlaubt die Erweiterung der bestehenden Klassenbibliothek um nutzererzeugte neue Klassen. Der Entwickler navigiert durch die Klassenbibliothek und erzeugt neue Subklassen. Damit wird ein Modell der Klasse eingerichtet, welches dann noch durch die Programmierung der Methoden und Ausgänge in Objective C vervollständigt werden muß.

3. *Verbindungen herstellen.* Verbindungen zwischen Objekten der Nutzeroberfläche und Methoden der Klassen in der Anwendung werden über den *Inspektor* hergestellt.

4. *Erstellen der eigentlichen Verarbeitungslogik.* Während die vorangegangenen Schritte direkt über den Interface Builder abgewickelt wurden, erfordert die Erstellung der Verarbeitungslogik Programmierung in Objective C.

6.3.4 Metaphor

Metaphor. Das Metaphor Data Interpretation System (DIS) bietet eine Oberfläche, die Elemente und Funktionen für die Gestaltung eines Endnutzerarbeitsplatzes enthält. Sie erlaubt die Manipulation von Objekten und die Erstellung individueller Lösungen ohne Programmierung. Metaphor DIS ist als Zusatz zu OS/2 und MS-DOS verfügbar.

Die Metaphor Oberfläche bietet dem Nutzer die Werkzeugsammlung als eine Menge von Ikonen. Durch Manipulation dieser Ikonen kann der Nutzer Lösungen für eigene Bedürfnisse erstellen. So bietet DIS eine Visual SQL Funktion, die die Formulierung von Selektionskriterien ohne Kenntnis der SQL Sprache ermöglicht und damit die Erzeugung von Reports auch aus Mainframe Datenbanken. Daneben gibt es elektronische Post, Rechenblätter und Graphiken. Als besondere Elemente bietet Metaphor DIS *Container und Capsules.*

Container stellen Container-Objekte dar und erlauben die Gruppierung von anderen Objekte wie z.B. Dateien.

Capsules emöglichen dem Endnutzer die Erstellung von Lösungen ohne Programmierung. Eine Capsule schließt eine Menge von Objekten ein, die eine spezielle Aufgabe abwickeln können. Der Nutzer führt diese Aufgabe aus, indem er das Ikon der Kapsel aktiviert, womit alle enthaltenen Objekte von links nach rechts aufgerufen werden. Die Ergebnisse werden zwischen den Objekten weitergereicht, bis das gewünschte Endergebnis erreicht ist. Dabei sieht der Nutzer die Zwischenschritte nicht. Zum Beispiel kann ein graphischer Report erzeugt werden, indem zuerst die Query Funktion zur Selektion der gewünschten Daten aufgerufen wird, dann ein Rechenblatt zur Aufbereitung und schließlich die Graphikfunktion zur Erstellung der Graphik.

Zur Erstellung der Capsule stellt der Nutzer nur die entsprechenden Ikone zusammen, die durch Verbindungslinien zur Datenübergabe verknüpft werden. Daten werden zwischen den einzelnen Werkzeugen bzw. Funktionen in Form von Tabellen entsprechend einem Rechenblatt übergeben.

Neben den skizzierten Produkten gibt es noch eine Reihe weiterer, die aber im Vergleich keine neuen Funktionen einführen.

6.4 Die Kommunikation zwischen Objekten der graphischen Nutzeroberfläche

Wesentliche Komponenten einer graphischen Nutzeroberfläche sind Makro-Objekte wie Rechenblätter, graphische Aufbereitung von Ergebnissen, Bildbearbeitung und Textbearbeitung. Hier bieten mehrere Hersteller vergleichbare Funktionen.

Makro-Objekte stellen im wesentlichen Systeme für die Verarbeitung von Daten dar und können damit nicht als Objekte im eigentlichen Sinne betrachtet werden. Mit der zunehmenden Forderung nach der Verbindung von einzelnen Funktionen werden jedoch auch hier Schnittstellen geschaffen, über die mehrere Funktionen gekoppelt werden können. Als technische Lösungen sind hier das ‚Clipboard', DDE und OLE von Microsoft, OMF Link von HP, Links in Metaphor DIS zu nennen. Alle diese Verbindungsmöglichkeiten erlauben eine aktive Kopplung von Objekten zur Übergabe von Parametern und der Aktivierung von Funktionen in einem anderen Objekt.

Clipboard. Das Clipboard ist eine Zwischenablage, in der durch ,*Cut*'-Operationen Daten abgelegt und durch ein anderes Verarbeitungsobjekt wieder mit ,Paste' ausgelesen werden können. Die Zwischenablage kann verschiedenartige Daten wie Text, Graphik, Bilder aufnehmen. Die jeweiligen Daten sind in ihrer Struktur so beschrieben, daß sie von einem Verarbeitungsobjekt an ein nächstes übergeben und evtl. umgeformt werden können. Bereits hiermit sind leistungsfähige Kopplungsfunktionen zwischen Verarbeitungsobjekten gegeben, die allerdings jeweils nur für eine Kommunikationsverbindung zu einer Zeit genutzt werden können und eine genaue Kenntnis der Datenstrukturen in den beiden kommunizierenden Programmen erfordert. Die Zwischenablage kann über die Nutzeroberfläche und auch unter Programmsteuerung über entsprechende Methoden genutzt werden, wobei keine Adressierungsmöglichkeit für den Empfänger bzw. Dienstleister gegeben ist.

DDE (Dynamic Data Interchange). Im Unterschied zum Clipboard bietet DDE eine direkte Verbindung zwischen Programmen ohne Zwischenablage. Die Kommunikation geht in einer Client/Server Konfiguration vom Empfänger aus. Über DDE können z.B. in Visual Basic auch Objekte miteinander verbunden werden, ohne daß dafür eine Programmierung erforderlich wäre. Dazu besitzen bestimmte Objekte Eigenschaften zur Spezifikation der nötigen Parameter wie: Element, Modus, Wartezeit und Linkadresse. DDE kennt also eine Adresse, und zwar diejenige des Dienstleisters, ausgedrückt durch:

Anwendungsname, Formular der Anwendung und Element im Formular.

Es können Daten und Kommandos zwischen Objekten ausgetauscht werden. Auch mit DDE werden Objekte durch Datenaustausch miteinander verbunden.

OLE (Object Linking and Embedding). Mit OLE besteht die Möglichkeit, Programme direkt aktiv miteinander zu verknüpfen. Wird in einem Objekt ein anderes über OLE integriert, so kann das eingebettete Objekt direkt aktiviert werden und übernimmt dabei selbst seine Darstellung und die Kommunikation mit dem Nutzer.

Aufbauend auf der graphischen Windows Nutzeroberfläche und dem Dokument als Darstellungsobjekt entwickelt Microsoft eine eigene objektorientierte Umgebung, die unter diesem Begriff etwas anderes versteht als z.B. objektorientierte Sprachen. Dort wird ein Objekt als *Baustein* mit einem relativ kleinen Paket von Code und Daten verstanden, welches Information speichern und eine begrenzte Menge von Funktionen ausführen kann. Im Gegensatz dazu definiert Microsoft *Komponenten,* die eine breitere Funktionalität darstellen und evtl. aus mehreren Objekten zusammengesetzt sind. Zum Beispiel kann eine Komponente ein Malwerkzeug sein, welches aus Objekten wie Pinsel, Linien, Kreisen und Palette zusammengesetzt ist. Komponenten sind also größere Software-Module – ähnlich von Anwendungsfunktionen, die mit anderen Anwendungsfunktionen zusammenarbeiten können. Microsoft nennt diese Komponenten *Windows Objects*. In diesem Buch sollen auch diese Komponenten als Objekte verstanden werden und fließen in Kap. 12 dieser Arbeit in den Entwurf einer ‚vollständigen' objektorientierten Technologie ein.

Besonders OLE 2.0 unterstützt die Kommunikation von gekapselten Anwendungen und erlaubt den Aufbau von komplexen Anwendungen zusammengesetzt aus Komponentenobjekten.

Dieses Prinzip des Aufbaus von Anwendungen aus Komponenten wird auch durch das Nachrichtenkonzept MAPI (Messaging API) unterstützt, welches erlaubt, daß gekapselte Anwendungen über Funktionsanforderungen als Nachrichten miteinander kommunizieren.

Das Cairo-Konzept der Anwendungsdienste geht noch einen Schritt weiter, indem es anstrebt, alle Daten wie: Nachrichten, Dokumente, Verzeichnisse, etc. unter einem ‚Objektmodell' zu verwalten und in diesem Objekt-Repository die Selektion nach Attributen und Inhalten über alle Speichermedien zu ermöglichen.

Die folgende Abbildung zeigt die Verknüpfungsmöglichkeiten zwischen Anwendungen unter Nutzung von OLE2:

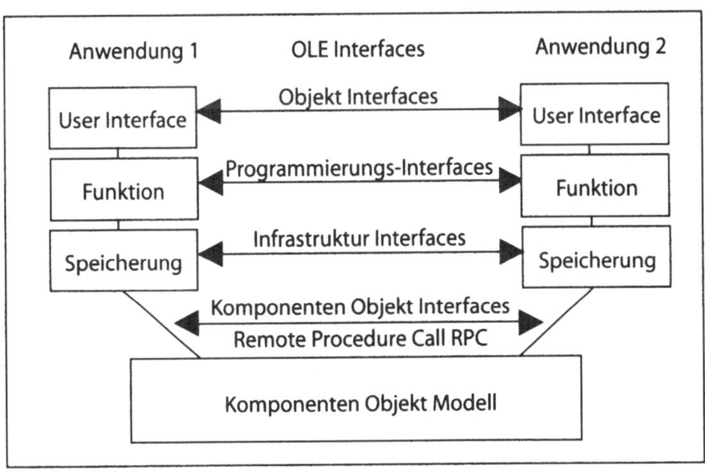

Abb. 6.11 Microsoft OLE2 Schichtung und Schnittstellen

6.5   Makro-Objekte der graphischen Nutzeroberfläche

Neben den Basiselementen einer graphischen Nutzeroberfläche spielen die in fast allen graphischen Nutzeroberflächen verfügbaren Werkzeuge wie Textverarbeitung, Rechenblätter (Spreadsheets), Malwerkzeuge, Werkzeuge zur Bildverarbeitung über Pixelmanipulation eine große Rolle.

Die mit diesen Makro-Objekten verfügbare Funktionalität ist beeindruckend, jedoch haben sie bis heute meist das Manko, daß sie geschlossene Systeme darstellen und nicht mit ihrer Funktionalität für die objektorientierte leichte Einbindung in kommerzielle Lösungen nach dem ‚Offen-Geschlossen Prinzip' [Meyer 88] zur Verfügung stehen.

Auch hier könnte eine Darstellung der vorhandenen Werkzeuge als komplexe Objekte ihre Nutzung erleichtern und insgesamt ihren Einsatz noch verbreitern. Auch wäre es von Vorteil, wenn die Werkzeuge nicht als monolithische Gebilde implementiert, sondern ihre komplexen Funktionen aus einzelnen Bauteilen über Schnittstellen zusammengesetzt wären. Es ist zu erwarten, daß die nächste Generation derartiger Werkzeuge diesen Ansatz konsequent wählen wird und damit noch leistungsstärkere Werkzeuge für unterschiedlichste Nutzung auch für kommerzielle Lösungen hervorbringt.

6.6   Zusammenfassung

Als heute gegebene Situation kann festgestellt werden, daß die objektorientierte Programmierung und die verfügbaren objektorientiert gestalteten Werkzeuge für Endnutzer sich sehr stark auf Funktionen an der graphischen Nutzeroberfläche konzentrieren, während noch keine allgemeinen Funktionen für die Erstellung einer kommerziellen Anwendungslösung verfügbar sind. Solche Funktionen müßten z.B. die Bearbeitung komplexer Listenstrukturen erlauben, die Darstellung und Manipulation von Geschäftsobjekten wie Bestellung, Auftrag, Rechnung, Brief, etc. unterstützen und damit Bausteine für die ‚Bottom Up' Erstellung von komplexen Systemen im kommerziellen Umfeld bieten. Daneben wäre es wünschenswert, wenn z.B. eine Rechenblattfunktion oder Textbearbeitung direkt als Verarbeitungsobjekt mit definierten Methoden und Typen für die Erstellung von Anwendungslösungen unter Kontrolle eines anderen Objekts oder Programms verfügbar wäre.

Auch ist die objektorientierte Programmierung noch stark auf die lokale Umgebung der Arbeitsstation beschränkt und enthält noch keine Funktionen zur

Kommunikation mit entfernten Komponenten wie Datenbanken und Funktionsservern – Clipboard, DDE und OLE funktionieren bisher nur innerhalb der Windows Umgebung.

Durch konsequente Anwendung objektorientierter Prinzipien zur Strukturierung der Funktionsobjekte der Arbeitsstation und der Verbindungen zwischen Objekten könnte hier eine insgesamt klarere Strukturierung und damit eine vielfältigere Nutzung einmal implementierter Funktionen erzielt werden.

7. Prinzipien funktional- und objektorientierter Systemstrukturen im Vergleich

Softwaresysteme für kommerzielle Aufgabenstellungen folgen dem Paradigma geschichteter Funktionalität, wobei die nachstehend abgebildete Schichtung immer gegeben ist [Denert 91]:

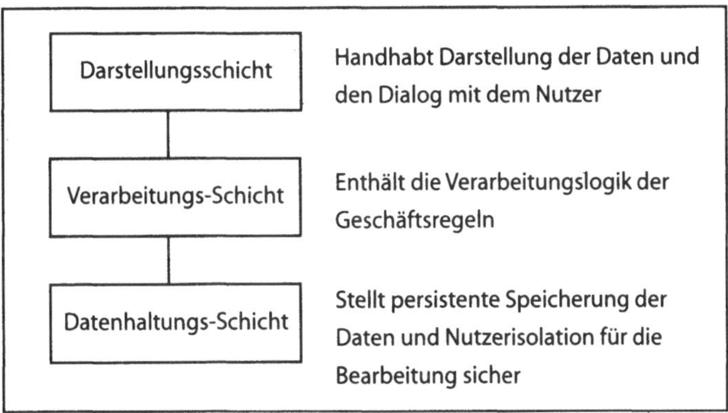

Abb. 7.1 Dreischichtenmodell eines Softwaresystems

Mit diesem Paradigma ist auch festgelegt, daß es in allen Systemen darum geht, Daten zu speichern, zu bearbeiten und sie dazu dem Nutzer zu präsentieren bzw. seine Eingaben entgegenzunehmen.

Dieses Paradigma kann als allgemeingültig für alle Systeme im kommerziellen Umfeld angenommen werden, wobei als Besonderheit für die Verarbeitung von Massendaten in einer sog. Stapelverarbeitung auch die Darstellungsschicht entfallen kann, da dann nur einmal bestimmte Bearbeitungsparameter durch den Nutzer eingegeben werden, die auf eine Menge selektierter Daten angewandt wird.

Die Schichtung der Funktionen eines Softwaresystems hat das Ziel, definierte Funktionen über Schnittstellen zu einem Gesamtsystem zu verknüpfen und dabei gleichzeitig zu ermöglichen, daß die einzelnen Funktionen möglichst isoliert betrachtet und evtl. auch implementiert werden können.

Bereits anläßlich der ersten Konferenz zum Software Engineering 1968 in Garmisch – auf der auch der Begriff Software Engineering geprägt wurde – lieferte Dijkstra den Beitrag: „Complexity controlled by hierarchical ordering of function and variablity" und Bauer aus München merkte an: „Systems should be built in levels, from modules which form a mathematical structure". Es zeigt sich also, daß dieselben Fragen die Datenverarbeitung seit langer Zeit beschäftigen.

7.1   Strukturierung konventioneller Softwaresysteme

Während in konventionellen Systemen die Funktionen meist klar in Module gegliedert sind, liegt die Problematik in der Koordination des Zugriffes auf die gemeinsam genutzten Daten. Dabei schließt diese Koordination sowohl eine Nutzerisolation als auch eine logische Konsistenzerhaltung ein.

Folgende Abbildung zeigt die Struktur eines konventionell strukturierten Anwendungssystems:

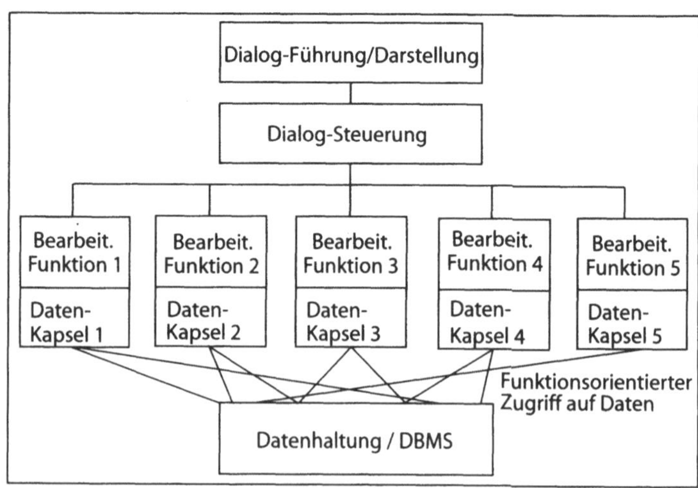

Abb. 7.2 Aufteilung der Bearbeitungsfunktionen im Schichtenmodell

Die Bearbeitungsfunktionen werden zur besseren Übersicht ‚modularisiert', wobei das Prinzip der Modularisierung kurz beschrieben werden soll [Denert 92]:

Modularisierung ist die Gliederung eines Systems in Teile (Module), wobei diese Teile dann über Schnittstellen miteinander in Verbindung treten und die Gesamtfunktion darstellen.

Ein Modul ist eine softwaretechnische Einheit, die eine funktionale oder eine Datenabstraktion realisiert. Es bietet zu seiner Benutzung eine Schnittstelle für eine oder mehrere evtl. parametrisierte Operationen an. Jedes Modul wird in seinen Export-Operationen und deren Parametern in Syntax und Semantik spezifiziert.

- Module enthalten jeweils eine in sich abgeschlossene Funktion, die so ‚geschnitten' ist, daß die Schnittstellen nach außen minimiert werden;
- Die Schnittstellen nach außen sind definiert, spezifiziert und dokumentiert;
- Ein Modul bietet nach außen eine Funktion an, wobei der Nutzer dieser Funktion nicht wissen muß, wie die Funktion realisiert ist (Geheimnisprinzip);
- Änderungen in einem Modul haben damit keine Auswirkungen auf andere Modulen.

Das Modulprinzip entspricht dem Objektmodell in Bezug auf die Kapselung und die definierten Schnittstellen, die letztlich Nachrichten übertragen.

Kennzeichnend für die Modulstrukturierung in einem konventionellen Programmsystem ist die Orientierung ausschließlich an der Funktionalität mit dem Ziel der Integration von Gesamtfunktionen für den Sachbearbeiter. Es fehlt gänzlich eine Orientierung an der Datenstruktur von Entitäten der realen Welt.

Die Problematik liegt damit im Datenmodell, welches nicht objektorientiert ist, sondern entweder aus relationalen flachen Tabellen oder hierarchisch bzw. netzartig strukturierten Datensätzen besteht. Da die Datenstrukturen nicht den Funktionen- oder Entitäten-Strukturen folgen, greifen daher meist mehrere Modulen auf verschiedenste Daten zu.

Um den Zugriff auf die Daten besser strukturieren und kapseln zu können, werden in vielen Systemen sog. Datenkapseln eingeführt. Diese Datenkapseln schaffen auch für den Zugriff auf die Daten aus der Sicht des Funktionsmoduls ein Datenobjekt, welches seine technische Implementierung verbirgt.

Die Datenkapseln bilden einen abstrakten Datentyp ab, wie er auch in objektorientierten Sprachen existiert, bilden jedoch keine Entitäten ab.

Innerhalb von Modulen kann die Funktionalität weiter in Untermodulen strukturiert sein, wobei diese entweder die Daten mit den übergeordneten Modulen teilen oder lokale eigene Daten besitzen.

Die Zugriffe auf Daten werden dabei so organisiert, daß einerseits gemeinsame Moduldaten existieren, auf die alle Funktionen zugreifen können und daneben spezifische Daten für einzelne Funktionen, auf die dann nur diese Funktion zugreifen darf.

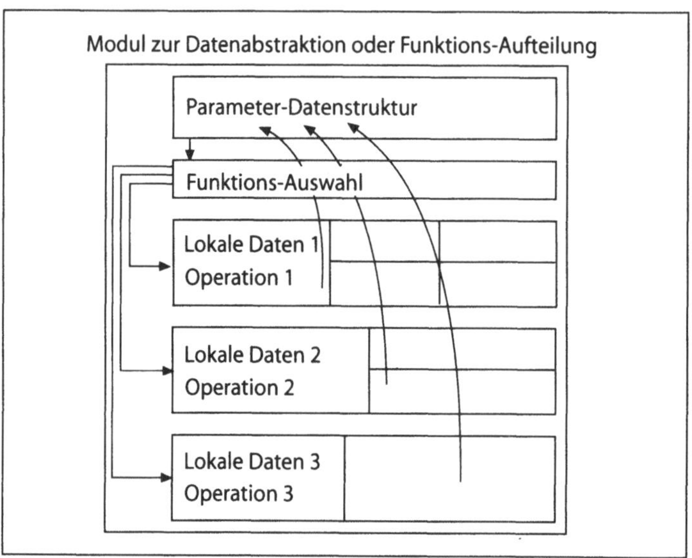

Abb. 7.3 Unterstrukturierung eines Funktionsmoduls

7.2   Strukturierung objektorientierter Softwaresysteme

Objektorientierte Programmstrukturen erfordern zum Verständnis einen Paradigmenwechsel, jedoch nicht die völlige Aufgabe aller bisher eingesetzten Techniken. Im folgenden soll gezeigt werden, wie objektorientierte Programmstrukturen aus bestehenden Techniken, nur durch eine andere Betrachtungsweise hergeleitet werden können.

7.2.1   Objektorientierte Programmstrukturen

Auch objektorientierte Programmstrukturen folgen dem eingangs skizzierten Paradigma der Schichtung von Funktionen, nutzen jedoch für die Strukturierung der Modulen eher die Orientierung an den Entitäten der realen Welt als an der Funktionalität für den Nutzer. Im objektorientierten Modell wird also ein

System im wesentlichen aus einer Objektschicht, einer Kontrollschicht und einer Präsentationsschicht aufgebaut.

Die Objektschicht ist zusammengestellt aus Objekten oder Modulen, die gekapselt die Daten und Methoden zu deren Bearbeitung beinhalten. Die Verarbeitungsfunktionen stellen sich also nicht mehr als eigene Schicht dar, sondern werden weitgehend bzw. auch ausschließlich entweder der Präsentationsschicht oder der Objektschicht zugeordnet, die auch die persistente Verwaltung der Objektinstanzen übernimmt. Dabei entspricht die Datenschicht in ihrer Funktionalität letztlich der eines konventionellen DBMS, besonders wenn für die Datenspeicherung ein konventionelles DBMS eingesetzt wird. Steht ein objektorientiertes OODBMS zur Verfügung, kann die Speicherung der Daten entsprechend der Struktur realer Entitäten modelliert werden, wobei es endgültiges Ziel ist, die Verwaltung der Daten und Methoden und deren Ausführung in einem OMS (Object Management System) zusammenzufassen.

In der Präsentationsschicht werden die Objekte entweder über generische Darstellungsobjekte für den Nutzer zur Bearbeitung zusammengestellt oder enthalten selbst die nötige Funktionalität zur Darstellung.

Die Logik zur Steuerung des Dialogs und Handhabung der objektübergreifenden Bearbeitung im Sinne von Transaktionsverarbeitung kann entweder in der Präsentationsschicht beinhaltet sein oder wird in einer eigenen Kontrollschicht abgebildet.

Wesentlicher Unterschied zwischen konventionell und objektorientiert strukturierten Systemen ist also das ‚Gerüst‘, an dem sich die Strukturierung orientiert. Während dies in konventionellen Systemen die Funktion ist, ist es bei objektorientierten Systemen die Entität der realen Welt mit der Kapselung von Daten und Funktionen.

Zur Veranschaulichung des grundsätzlichen Unterschieds in der Strukturierung von Systemen seien noch einmal die funktionale und objektorientierte Form der Aktivierung von Prozeduren aufgeführt:

In einem funktional strukturierten System wird eine Prozedur in einem Modul aufgerufen durch:

Prozedur (Objekt, Parameter)

In einem objektorientiert strukturierten System wird zuerst das Objekt identifiziert und dann die gewünschte Methode/Prozedur ausgewählt:

Objekt Methode (Parameter)

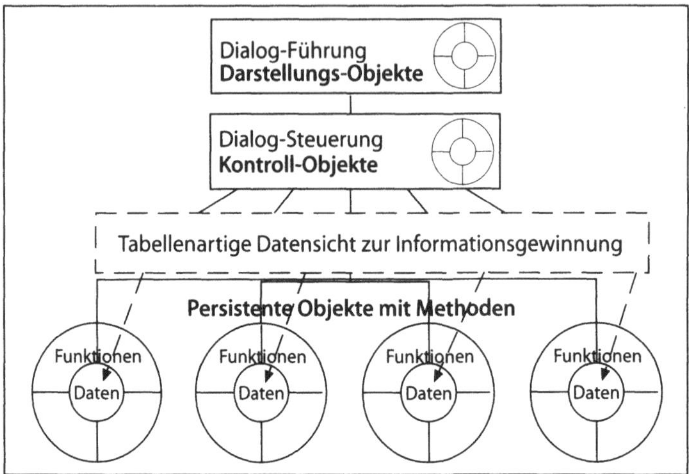

Abb. 7.4 Objektorientierte Strukturierung eines Softwaresystems

Für die *Dialogführung und Darstellung* von Objekten entsprechend der Anforderung einer komplexen Funktionalität nutzt ein objektorientiertes System generische Darstellungsobjekte, wie sie sich in der Umgebung von graphischen Nutzeroberflächen ausbilden. Dabei müssen für die besonderen Anforderungen kommerzieller Lösungen noch besser ‚passende' Objekte verfügbar gemacht werden.

Für bestimmte Objekte enthält bereits das Objekt auch die Funktionen zur Darstellung und Manipulation der Inhalte.

In der *Dialogsteuerung* ist die Definition der Dialogabläufe festgelegt in Form von Tabellen oder aber auch in speziellen Kontrollobjekten. Diese Schicht ist verantwortlich für die logische und physische objektübergreifende Nutzerisolation. Dafür bietet sie eine objektübergreifende Transaktionslogik, die evtl. erfordert, daß Operationen durch entsprechende ‚inverse' Operationen wieder rückgängig gemacht werden können.

Auch hier ist SMALLTALK konzeptionell führend, indem es mit seinem ‚Model-View-Controller Paradigm' (MVC) eine ähnliche Strukturierung der Lösung vorschlägt [Krasner et al. 88]. Die Dreiteilung erlaubt saubere Schnittstellen zwischen den Objekten für die innere Darstellung (Model), der externen Darstellung (View) und Kontrollaufgaben (Control).

Die *persistenten Objekte* enthalten *Verarbeitungsfunktionen* als Methoden und beinhalten den Zugriff auf die jeweils aus einem Objekt für eine Funktion benötigten Daten zu deren Aktivierung. Auch hier gilt für die einzelne Funktion, daß nicht jeweils sämtliche Attribute eines Objekts für die Bearbeitung benötigt werden, sondern daß spezifische logische Sichten auf die gesamte Datenstruktur des Objekts existieren. Die Verarbeitungsfunktionen sind verantwortlich für die Konsistenzerhaltung des Dateninhalts von Objekten und bieten dafür eine Transaktionslogik, die alle auf ein Objekt wirkenden Veränderungen kapselt.

Die vorgeschlagene *tabellenartige Datensicht* zur Informationsgewinnung bietet logische Sichten auf die Daten mit der Möglichkeit zur Selektion und Verknüpfung im Sinne des relationalen Datenmodells. Diese Schicht kann auch zwischengeschaltet sein, um Daten für die Präsentation zur Bearbeitung in komplexen sachbearbeiterorientierten Funktionen aufzubereiten, wenn Daten aus mehreren Objekten zur Übersicht für die Bearbeitung eines Geschäftsvorfalls benötigt werden. Veränderungen der Daten können über diese Schicht nicht durchgeführt werden.

7.2.2 Allgemeines Paradigma zur Bearbeitung und Speicherung von Objekten

Gemäß der Definition für objektorientierte Verarbeitung hat dieses Buch zum Ziel, objektorientierte Prinzipien für die Bearbeitung von Daten und deren persistente Speicherung anzuwenden.

Die Strukturierung der Verarbeitung stellt sich in einer nicht objektorientierten Umgebung wie folgt dar:

Das Verarbeitungsprogramm beschafft sich alle für die Verarbeitung benötigten Daten aus den Tabellen der Datenbank, bearbeitet die Daten entsprechend der geforderten Gesamtlogik einschließlich übergreifender Verarbeitung für mehrere Tabellen und der Abhängigkeiten der Tabellen untereinander und leitet daraus neue Werte für Einträge in den Tabellen ab, die dann direkt vom Programm in die Datenbank zurückgeschrieben werden.

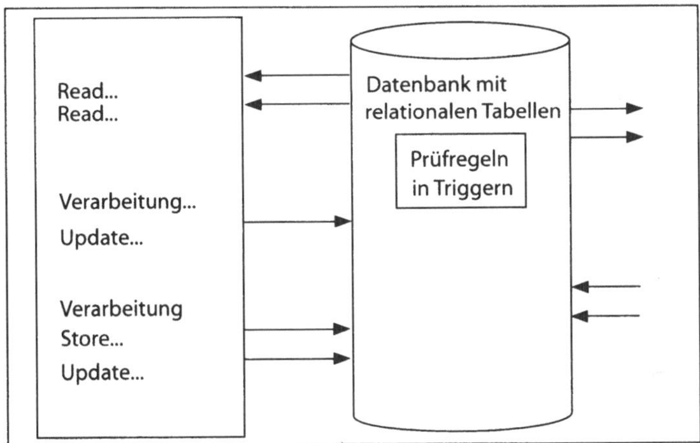

Abb. 7.5 Nicht objektorientierte Verarbeitung

Im Gegensatz dazu strukturiert die objektorientierte Verarbeitung die Bearbeitungsmethoden gemäß der Struktur der Datenobjekte und lagert diese jeweils an den Objekten an, so daß das Verarbeitungsprogramm zwar immer noch auf die Daten der Objekte zugreift, daraus aber Nachrichten für den Anstoß der im Objekt enthaltenen Bearbeitungsmethoden ableitet:

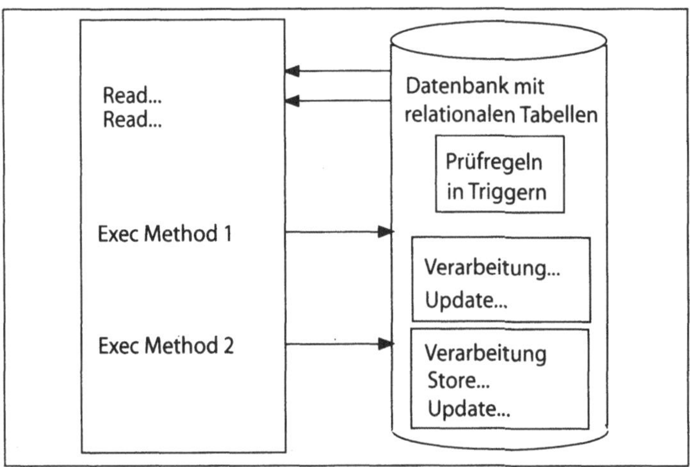

Abb. 7.6 Objektorientierte Verarbeitung

Die Denkweise wandelt sich also von einer funktionsorientierten Verarbeitung, die komplexe Bearbeitungsfunktionen in einem Programm ohne Rücksicht auf die Struktur von Datenobjekten zusammenfaßt, zu einer objektorientierten, die alle Bearbeitung der Daten eines Objekts am strukturierten und gekapselten Datenobjekt anlagert.

Um diese Struktur zu ermöglichen müssen Bearbeitungsfunktionen so gegliedert werden, daß jede Funktion/Methode jeweils nur auf ein einzelnes Objekt wirkt.

Für die weitere Betrachtung soll das im folgenden beschriebene Paradigma allen Komponenten der objektorientierten Technologie zugrundeliegen.

Das Object-Base-Management-System (OBMS) verwaltet gekapselte Objekte, die sowohl Daten, als auch Prozeduren (Methoden) beinhalten. Dabei übernimmt das OBMS die persistente Verwaltung der Daten und die Aktivierung aller Verarbeitung, die sich auf persistent verwaltete Daten beziehen.

Die folgende Abbildung zeigt das Verarbeitungsmodell einer objektorientierten Umgebung:

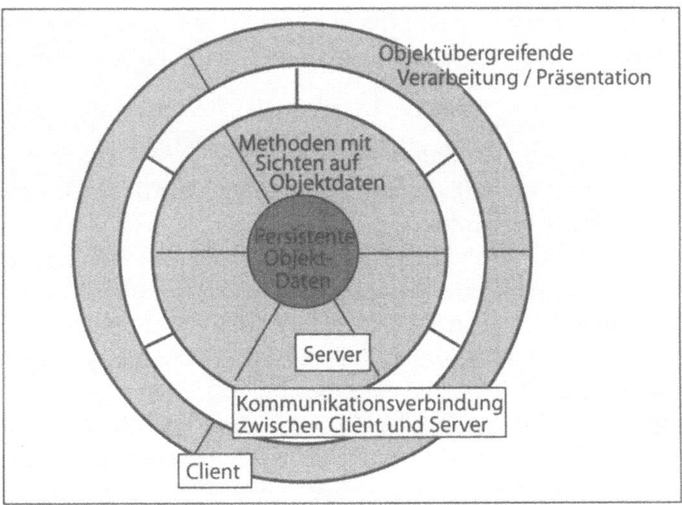

Abb. 7.7   Gekapselte Verarbeitung und persistente Verwaltung von Objekten in einer
Client/Server Konfiguration

Die persistent gespeicherten Daten bilden eine Entität der realen Welt mit allen
Attributen ab, die für eine Darstellung in der Datenverarbeitung von Interesse
sind. Die Gesamtheit aller Attribute stellen das Strukturschema des Objekts dar,
welches über Teilsichten der Außenwelt zur Verarbeitung dargeboten werden
kann. Dabei erfolgt die Bearbeitung der Daten in drei Schichten:

Kernschicht mit Datenverwaltung und Prüfregeln:
   Im Kern der persistenten Datenverwaltung können Prüfregeln in Form
   von ‚Triggern' zur Sicherstellung der Einhaltung eines definierten Werte-
   bereiches für Datenwerte und der Konsistenz von Wertebeziehungen
   zwischen Attributen an einzelne Attribute des Strukturschemas geknüpft
   sein und stellen damit eine erste Schale der Kapselung dar.

Methodenschicht mit objektbezogener Bearbeitung:
   Die Methoden auf der Verarbeitungsebene enthalten sämtliche Funktionen, die Veränderungen des Dateninhalts bewirken können.

Kommunikations-/Anzeigeschicht mit objektübergreifender Bearbeitung:
   Für die Anzeige und objektübergreifende Verarbeitung kann die nächste
   Schicht, die nicht mehr Teil des OBMS sein muß, Daten über selektive
   Sichten zur Anzeige beliebig anfordern und daraus Nachrichten zur Akti-
   vierung der gekapselten Methoden des OBMS ableiten.

Zwischen äußerer und innerer Schicht besteht eine Client/Server Konfiguration, so daß Nachrichten zwischen diesen über Kommunikationsstrecken übermittelt werden können.

Für die Bearbeitung sowohl in der inneren wie auch der äußeren Schicht sollte dieselbe Sprache zur Formulierung der Verarbeitungslogik verfügbar sein. Dabei stehen jedoch in der äußeren und inneren Schicht jeweils unterschiedliche Funktionen zur Verfügung.

Für die Bearbeitung übernimmt die innere Schicht mit ihren Methoden alle auf eine einzelne Objektklasse bezogene Verarbeitung und stellt die Konsistenz des Zustands innerhalb eines Objekts sicher, während die äußere Schicht die objektübergreifende Bearbeitung abbildet und dafür in der Lage ist, eine Konsistenz der an einzelne Objekte übermittelten Nachrichten zu gewährleisten.

In der inneren Schicht folgt der Entwurf einer Lösung dem ‚Top/Down‘ Ansatz, d.h. aus der Verallgemeinerung zur Spezialisierung eines Objekts mit Anreicherung der Funktionalität innerhalb eines Objekts und damit Schaffung von Makro-Objekten. Dabei wird die Vererbung zwischen Objektklassen entsprechend dem Ansatz von objektorientierten Programmiersprachen wie SMALLTALK und C++ zur Implementierung abgeleiteter Klassen genutzt. Demgegenüber folgt die äußere Schicht eher einem ‚Bottom/Up‘ Ansatz, der komplexere Funktionen aus der Kombination von einzelnen Verarbeitungsobjekten als Bausteinen erstellt

Während am Anfang die Programmierung des Computers im Vordergrund stand und alle Komponenten einer Lösung einschließlich der Datenverwaltung jeweils neu programmiert wurden, entstanden um 1965 Lösungen für Datenbankverwaltungssysteme als Makrofunktionen für die Datenverwaltung. Diese Entwicklung führt schließlich zum vollständigen Paradigmenwandel – weg vom Denken in Programmierung und hin zum objektorientierten Verständnis der Komponenten eines Anwendungssystems.

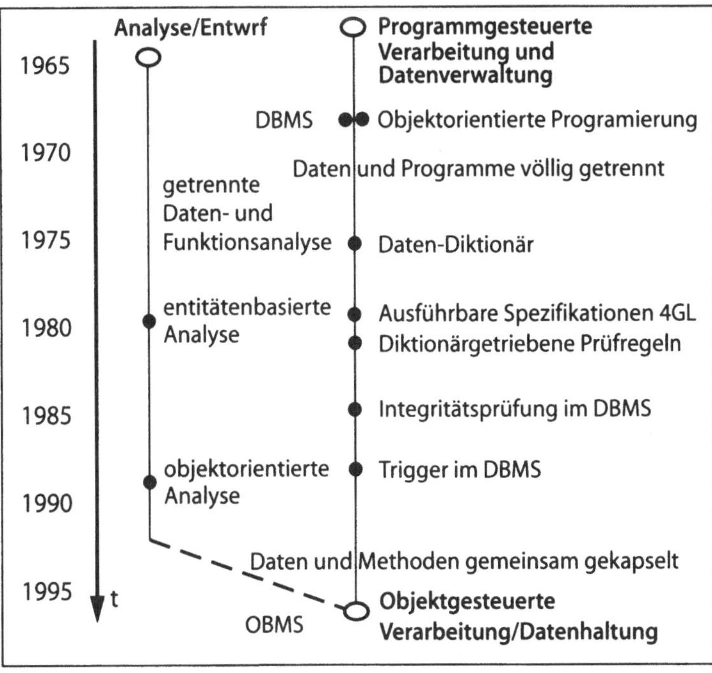

Abb. 7.8 Entwicklung der Technik für die Implementierung von Datenverarbeitungslösungen

7.2.3 Datenstrukturen

In idealer Form orientieren sich die Datenstrukturen eines objektorientierten Softwaresystems an der Struktur realer Entitäten und enthalten die Attribute zur Beschreibung dieser Entitäten, soweit sie für eine Repräsentierung im DV-System von Interesse sind. Dieses Datenmodell widerspricht dem relationalen Modell, da es Strukturen beinhaltet, ist aber gleichwohl in der Lage, für den Nutzer ,flache' Sichten auf die Daten zur Informationsgewinnung zu bieten. Dieser Punkt wird in Kap. 12 detaillierter dargestellt.

Im Falle, daß ein relationales DBMS für die Speicherung der Daten zum Einsatz kommt, kann dieses die Daten nur entsprechend den Regeln des relationalen Datenmodells strukturieren, was einen Impedanzbruch für das Gesamtsystem erzeugt. Auch wenn die Vertreter des relationalen Datenmodells heute oft zur ,Denormalisierung aus praktischen Überlegungen' raten, kann dieser Ansatz nicht empfohlen werden, da dann am Ende kein nach irgendwelchen Regeln konsequent strukturiertes Modell vorliegt, sondern das Datenmodell ,gebastelt' ist.

7.2.4   Methoden

Methoden enthalten die Verarbeitungsfunktionen, die sich auf ein Objekt beziehen. Sie sind als Teil des Objekts gekapselt und können nur über definierte Schnittstellen im Sinne von Modulen erreicht werden. Die Methoden sind in ihrer Funktionalität im Unterschied zum konventionellen Modell nicht auf Integration im Sinne ganzheitlicher Bearbeitung von Geschäftsvorgängen gerichtet, sondern vielmehr auf eine Strukturierung, die gekapselte Operationen auf einzelnen Objekten zum Ziel hat. Diese Operationen werden typisch weniger komplex sein als in konventionellen Systemen, müssen im Bedarfsfall aber auch entsprechend einer Modulbildung weiter untergliedert werden können.

7.2.5   Vererbung

Wesentliches Element der Objektorientierung ist die Vererbung von Eigenschaften in einer Klassenhierarchie, wobei eine Anpassung an spezielle Anforderungen immer durch entsprechende Spezialisierung von Grundklassen erfolgt und diese Spezialisierung immer nachvollziehbar dokumentiert ist. Dieser Ansatz unterscheidet objektorientierte Lösungen von konventionellen, in denen zwar auch eine Wiederverwendung pragmatisch angewandt wird, diese aber nicht Prinzip ist und damit auch nicht methodisch definiert.

Die in konventionellen Systemen eingesetzte Wiederverwendung bezieht sich auf sog. Programmrahmen oder einzelne Teilfunktionen wie Berechnungen oder Prüfungen, die aber allesamt nicht systematisch geordnet sind, sondern nur nach Bedarf eingesetzt werden.

7.2.6   Nachrichten

Wo konventionelle Syteme Aufrufe an Untermodulen einsetzen, nutzen objektorientierte Systeme das Prinzip von Nachrichten. Auch hier gilt, daß die Grundstruktur der Modularisierung bereits implizit ein Nachrichtenprinzip nutzt, dieses aber nicht methodisch definiert ist, sondern nur pragmatisch einen Nachrichtenaustausch zwischen Modulen einsetzt, ohne daß dafür ein bestimmtes Format definiert wäre oder überhaupt die Nachrichten als eigenständige Elemente betrachtet würden. Dagegen verletzten die meisten heute verfügbaren objektorientierten Programmiersprachen - außer SMALLTALK - das Prinzip der konsequenten Kommunikation zwischen Objekten nur über Nachrichten, indem sie einen direkten Zugriff auf Daten in einem Objekt durch Referenzierung erlauben.

7.3   Zusammenfassung

Genau wie sich objektorientierte Sprachen aus der Sprache Algol als am besten strukturierter Sprache durch Verfeinerung der Strukturierung abgeleitet haben, gilt dies auch im Vergleich von konventionellen zu objektorientierten Systemen. Es ist nicht so, daß mit Einführung der Objektorientierung alles grundsätzlich anders würde, auch wenn sich das Grundverständnis von Lösungsansätzen durchaus ändert, indem z.B. die Modellierung der Daten und Funktionen unter einem anderen Blickwinkel erfolgt. Viele Techniken für eine Systementwicklung bleiben auch im objektorientierten Ansatz unverändert und können evolutionär weitergeführt werden.

8. Beispiele objektorientierter Programmiersprachen

Im folgenden sollen einige prominente Vertreter objektorientierter Programmiersprachen dargestellt werden, gemessen an den wesentlichen von einer solchen Sprache zu erwartenden Eigenschaften. Danach werden die Anforderungen für kommerzielle Aufgabenstellungen dargestellt und einige Funktionen objektorientierter, aber auch anderer Systeme herausgestellt, die für Aufgabenstellungen im kommerziellen Umfeld besonders leistungsfähig sind.

8.1 Einige objektorientierte Programmiersprachen mit ihren Eigenschaften

Typischerweise rechnet man objektorientierten Programmiersprachen folgende Eigenschaften zu:

- Klassenkonzept
- Strukturierte Datentypen
- Metaklassen mit Methoden
- Dynamische Erzeugung von Klassen
- Vererbung
- Typisierung
- Geheimnisprinzip bei der Vererbung
- Geheimnisprinzip bei der Nutzung
- Methoden
- Nachrichtenkonzept für Zugriff auf Daten
- Aufgeschobene Implementierung von Methoden
- Polymorphismus
- Überladen
- Überschreiben

- Dynamisches Binden
- Generizität
- Freispeicherverwaltung automatisch

Zuweisung, Kopie, Identität

Folgende Kriterien sollen bei der Gegenüberstellung der Eigenschaften einiger objektorientierter Programmiersprachen angelegt werden:

Klassenkonzept

Klassen werden mit ihren Eigenschaften spezifiziert und dienen dazu, andere Klassen oder Objekte von ihnen dynamisch (Objektfabrik) oder statisch abzuleiten. Objekte sind Realisierungen (Instanzen) von Klassen.

Strukturierte Datentypen

Strukturierte Datentypen beinhalten Listen, Arrays (Tabellen), Sets (Mengen) und Tupel aus mehreren Attributen.

Metaklassen mit Methoden

Werden Klassen als Objekte aufgefaßt, so existiert für jede Klasse ein Objekt als Instanz der Klasse, welches eigene Daten und Methoden gemeinsam für alle Objekte implementiert. Da damit die Klasse auch zum Objekt wird, wird die eigentliche Klasse dann als Metaklasse bezeichnet. Dabei kann es eine gemeinsame Metaklasse geben oder aber eine Metaklasse für jede Klasse.

Dynamische Erzegung von Klassen

Daten können entweder statisch (C++) oder dynamisch (z.B. SMALLTALK, KAPPA) erzeugt werden. Dynamische Implementierung von Klassen wird besonders in interaktiven Entwicklungsumgebungen benötigt und ist bei Interpreterumgebungen sinnvoll.

Vererbung

Aus einmal spezifizierten Klassen können durch Vererbung andere Klassen abgeleitet werden. Bei der Vererbung kann die Überwachung bestimmter Regeln eingebaut werden, wie z.B., daß die abgeleitete Klasse den Typ der Elternklasse befriedigen muß. Es ist auch möglich, daß für die Vererbung bestimmte Bedingungen spezifiziert werden, die dann zur Laufzeit überwacht werden. Alternativ dazu wird die Vererbung nicht überwacht und erlaubt beliebige Änderungen in der abgeleiteten Klasse.

Typisierung

Manche Sprachen sind typfrei, d.h. es wird zur Implementierungszeit einer Klasse nicht festgelegt, welche Typen diese verarbeiten kann oder sie ist getypt, d.h. es werden Typen für die Verarbeitung bereits festgelegt. Für typfreie Sprache ist zu unterscheiden, ob der Typ zur Laufzeit statisch bei der Erzeugung der Objektinstanz eingesetzt wird, oder ob er dynamisch über den Parameter einer Nachricht jeweils übergeben werden kann.

Geheimnisprinzip bei der Vererbung

Datenstrukturen und Methoden können für die Vererbung geschützt werden, d.h. daß eine abgeleitete Klasse diese nicht sieht und ändern kann (Geheimnisprinzip), oder aber sie können offen für Veränderungen bei der Vererbung sein.

Geheimnisprinzip bei der Nutzung

Methoden können zur Laufzeit für den Nutzer verborgen sein, d.h. sie existieren in dem Objekt, sind aber von außen nicht zugänglich.

Methoden

In Klassen spezifizierte Prozeduren werden als Methoden bezeichnet, wenn sie nur über das Objekt und nicht über den Prozedurnamen alleine erreichbar sind.

Nachrichtenkonzept für Zugriff auf Daten

Manche Programmiersprachen erlauben direkte Referenzen auf Daten in einer Objektinstanz, andere erzwingen auch dafür den Aufruf einer Methode, die dann die Daten als Ergebnisparameter zurückliefert.

Aufgeschobene Implementierung von Methoden

In manchen Sprachen können Methoden in Ober- oder Elternklassen leer implementiert werden, d.h. daß sie zwar formal existieren, aber noch keine Prozeduren enthalten. Diese werden dann aufgeschoben in einer abgeleiteten Klasse implementiert.

Polymorphismus

Mit Polymorphismus (Mehrgestaltigkeit) wird die Eigenschaft bezeichnet, daß Objekte abhängig von der Art der Struktur des Aufrufs oder dem Typ des instanzierten Objekts sich anders verhalten können. Zur Erzielung von Polymorphismus gibt es mehrere Techniken: Überladen, Überschreiben, Spätes Binden, Generizität.

Überladen
Wird eine Methode neben dem Namen auch durch die Struktur (Signatur) der Parameter beim Aufruf ausgewählt, spricht man von Überladen.

Überschreiben
Bei Überschreibung wird der Prozedurkörper einer Methode bei der Vererbung ersetzt, also überschrieben.

Dynamisches Binden
Dynamisches Binden bewirkt, daß die anzuwendende Methode erst zur Ausführungszeit abhängig von dem Typ des Objekts ermittelt wird.

Generizität
Methoden können mit einem generischen Typ implementiert werden, der keinen konkreten verarbeitbaren Typ darstellt, sondern erst zur Laufzeit durch Angabe eines Typs bei der Instanzierung eines Objekts spezifiziert wird.

Freispeicherverwaltung automatisch
In manchen Systemen muß der Speicher für nicht mehr benötigte Objekte vom Nutzerprogramm freigegeben werden. Andere Systeme verwalten den Speicher automatisch.

Zuweisung, Kopie, Identität
Zuweisung, Kopie, Identität kann entweder ‚flach‘ definiert sein, d.h. daß jeweils nur die in einer Objektinstanz vorhandenen Daten und nicht auch die davon referenzierten Daten und Strukturen (evtl. andere Objekte) bei den Operationen berücksichtigt werden. Bei tiefen Operationen wird jeweils die gesamte Objektstruktur berücksichtigt.

Vergleichende Übersicht verschiedener objektorientierter Sprachen/Systeme:

1 SMALLTALK, 2 C++, 3 Objective C, 4 Turbo Pascal, 5 Eiffel, 6 KAPPA, 7 Ada

	1	2	3	4	5	6	7
Klassenkonzept	D	+	+	+	D	D	*1
Metaklassen	+	–	+	–	+	–	*2
Mehrfach Vererb.	–	+	–	–	+	+	
Typisierung	D	T	D	T	T	D	T*3
Geheimnisprinzip V.	+	+	+	+	+	+	
Geheimnisprinzip N.	+	+	+	+	+	+	
Methoden	+	+	+	+	+	+	–

	1	2	3	4	5	6	7
Nachrichtenkonzept	+	–	–	–	–	–	
Aufgesch. Methoden	–	+	–	–	+	–	
Polymorphismus	+	+	+	+	+	+	
Überladen	+	+	–	–	–	–	
Überschreiben	–	+	+	+	+	–	
Dynamisches Binden	+	+	+	+	+	+	
Generizität	+	–	–	–	+	–	
Freispeicherverw.	+	–	+	–	+	+	
Zuw., Kopie, Identität	T	F	F	F	F	F	F *4

*1 **D** dynamische Klassen

*2 **E** Eine Metaklasse, **M** mehrere Metaklassen

*3 **D** typfreie Sprache dynamisch getypt, **T** Sprache mit definierten Typen

*4 **F** flache Operationen , **T** tiefe Operationen

Wie sich zeigt, sind es bestimmte immer wieder auftretende Eigenschaften, die ein System objektorientiert machen und mehr oder weniger ausgeprägt sein können.

Ada, welches manchmal in die Nähe objektorientierter Systeme gerückt wird, fällt klar aus dem Vergleich heraus.

8.2 Für kommerzielle Aufgaben wichtige Eigenschaften

Kommerzielle Aufgabenstellungen verlangen für ihre Lösung fast immer dieselben Funktionen: Daten verwalten, Daten zur Bearbeitung darstellen, Daten bearbeiten, Informationen aus gespeicherten Daten gewinnen. Die dafür implementierten Softwaresysteme sollen möglichst gut dokumentiert sein, um eine spätere Anpassung an geänderte Anforderungen zu erlauben und Anforderungen der Revision zu genügen. Sie sollen mit möglichst geringem Aufwand erstellt und geändert werden können. Zur Erzielung besserer Ergebnisse bei der Analyse der Aufgabenstellung im Dialog mit dem Fachbereich sollte die Entwicklungsumgebung weitergehend interaktiv arbeiten, um ein Prototyping zu erlauben. Diesen Grundauftrag sollte man jeder Betrachtung der Leistungsfähigkeit von Programmiersprachen und Entwicklungsumgebungen voranstellen, um alle Systeme daran messen zu können. Eine für kommerzielle Aufgabenstellungen gut geeignete Entwicklungsumgebung sollte alle vorgenannten

Funktionen bieten, wobei zusätzlich zu berücksichtigen ist, daß das operative Umfeld kommerzieller Lösungen sich zunehmend in Richtung auf eine Verteilung der Ressourcen und der Verarbeitung in einer Client/Server Architektur entwickelt.

Folgende Kriterien sollen deshalb an alle betrachteten Sprachen und Entwicklungsumgebungen angelegt werden:

- Gestaltungsmöglichkeiten der Nutzeroberfläche
- Möglichkeit zur Unterstützung der Analyse bzw. Prototyping
- Verfügbare Datenstrukturen
- Anschluß der Daten und Spezifikation der Bearbeitungslogik
- Funktionen zur Datenverwaltung bzw. Anschluß an die Datenverwaltung
- Werkzeuge zur Bearbeitung der Komponenten eines Softwaresystems
- Dokumentation des erstellten Softwaresystems
- Änderungen und Weiterentwicklung des erstellten Softwaresystems
- Funktionen zur Erstellung veteilter Lösungen im Client/Server Umfeld

Objektorientierte Programmiersprachen sind üblicherweise definiert durch folgende Eigenschaften:

- Kapselung von Daten und Funktionen
- Vererbung
- Kommunikation über Nachrichten

In Erweiterung dieser Definition möchte ich den Begriff der Objektorientierung ausdehnen auf folgende Ansätze der Programmierung, die unter dem erweiterten Begriff der Objektorientierung zusammengefaßt werden sollten:

- Objektorientierte Programmierung nach klassischer Definition
- Programmierung durch Zusammenfügen von vorgefertigten Objekten als Komponenten komplexer Lösungen
- Programmierung durch Veränderung der Eigenschaften von Objekten
- Programmierung durch objektorientierte Analyse mit der Möglichkeit der Überführung der Analyse-Ergebnisse in eine ausführbare Spezifikation

Es erscheint nötig, die Definition für objektorientierte Programmiersprachen weiter zu fassen als bisher. Die heute gegebene Situation ist dadurch gekennzeichnet, daß objektorientierte Sprachen gerade im kommerziellen Umfeld wegen noch zu beschreibender Defizite nur beschränkt zum Einsatz kommen, andererseits aber gerade hier großer Bedarf an neuen Werkzeugen zur Steigerung der Produktivität bei der Erstellung von Anwendungslösungen gegeben ist. Entsprechend sollen im folgenden Beispiele für objektorientierte Programmierung nach allen diesen Ansätzen näher beschrieben werden, um im Anschluß aus einer Sprache der vierten Generation eine objektorientierte

Programmierungsumgebung gemäß der erweiterten Definition für objektorientierte Programmierung zu entwickeln.

Die Beispielsprachen wurden so ausgewählt, daß jeweils ein Exemplar für jeden Typ von Programmiersprache bzw. Entwicklungsumgebung vertreten ist:

- *SMALLTALK* als klassische objektorientierte Programmiersprache;
- *C++* als populäre hybrid-objektorientierte Programmiersprache;
- Microsoft *Visual BASIC* als konventionelle Programmiersprache, die vorgefertigte Objekte nutzt, welche durch Veränderung ihrer Eigenschaften programmiert werden;
- Intellicorp *KAPPA* als objektorientierte Analyse und Implementierungsumgebung:
- Software AG *NATURAL* als Softwareentwicklungsumgebung der vierten Generation, die dann beispielhaft zu einer kommerziell objektorientierten Entwicklungsumgebung weiterentwickelt werden soll.

8.3   SMALLTALK

SMALLTALK [Goldberg et al. 85, Shafer 91] ist nach Simula die klassische objektorientierte Programmiersprache. Als Besonderheit von SMALLTALK ist dort das Prinzip des Nachrichtenaustausches der Objektorientierung ‚sauber' implementiert, indem der Austausch von Informationen zwischen Objekten nur über Nachrichten erfolgen kann. In SMALLTALK wird konsequent jede Größe als Objekt interpretiert, d.h. auch einfache Zahlen. Für die einzelnen Objekte wird kein Typ statisch spezifiziert, sondern dieser wird dynamisch zur Laufzeit ermittelt. Vom imperativen Ansatz einer Sprache sind nur noch einige Bezeichnungen übrig geblieben. Die Operationen mit Zahlen werden durch Methoden abgebildet, so daß die Addition von zwei Zahlen bedeutet, daß die Nachricht ‚Addiere Zahl' an das Objekt Zahl gesandt wird:

$$7 + 4$$

bewirkt also, daß ‚+' die Nachricht identifiziert, ‚4' das Argument der Nachricht und ‚7' den Empfänger.

Eine Nachricht liefert immer einen Typ als Ergebnis zurück, der dann wieder Empfänger einer neuen Botschaft sein kann:

$$7 + 4 * 3$$

bewirkt, daß zuerst die Nachricht ‚+4' an Objekt ‚7' gesendet wird mit dem Ergebnis 11. Danach wird die Nachricht ‚*3' an das ‚Zwischenergebnis' gesendet mit dem Ergebnis 33. Es wird sichtbar, daß durch die Nachrichtentechnik die ‚normale' Hierarchie der Operationen aufgehoben wird.

Die Ergebnisnachricht kann dann an ein Objekt zugewiesen werden:

Ergebnis: = 7 + 4 * 3

Diese Notation ist für den Einsatz in kommerziellen Aufgabenstellungen zumindest gewöhnungsbedürftig.

Für die zu entwerfende integrierte objektorientierte Softwareentwicklungsumgebung erscheint weniger die Art der Anweisungen als das konsequente Nachrichtenprinzip interessant, besonders für einen Einsatz in einer verteilten Umgebung.

SMALLTALK unterstützt folgende Prinzipien einer objektorientierten Sprache:

- Klassen mit früher einer, in neueren Versionen mehreren Meta-Klassen, aus denen andere Klassen durch Vererbung abgeleitet werden;
- Einfache Vererbung in einer Klassenhierarchie als Baumstruktur
- Polymorphie mit
    Overriding (Überschreiben) mit dynamischem Binden, Generizität (implizit durch fehlende statische Typisierung)
- Klassenbibliothek mit vorgefertigten Klassen für:
    Collection, Array, Set, Bag, String, etc.
- Objektinstanzen aus Klassen
- Methoden als Operationen der Klassen
- Nachrichten
- Speicherbereinigung

Im folgenden sollen die oben definierten Kriterien an das System angelegt werden:

Gestaltungsmöglichkeiten der Nutzeroberfläche
SMALLTALK ist neben einer Programmiersprache ein System und enthält eigene Komponenten zur Gestaltung der Nutzeroberfläche, wie sie für graphische Nutzeroberflächen typisch sind. Derartige Komponenten können auch als vorgefertigte Objekte vorliegen und dann weiter verfeinert werden, bzw. sie können neu erzeugt werden.

Die Verbindung zwischen Nutzeroberfläche und interner Programmlogik wird durch das ‚Model-View-Controller' MVC Paradigma gesteuert. Die Dreiteilung erlaubt saubere Schnittstellen zwischen den Objekten für die interne Repräsentation der Anwenderdomäne (Model), der externen Darstellung (View) und Kontrollaufgaben zwischen beiden Ebenen (Control). Dieses Prinzip wird in Krasner/Pope [Krasner et al. 88] ausführlich beschrieben. SMALLTALK existiert im wesentlichen in UNIX und PC Umgebungen.

Möglichkeit zur Unterstützung der Analyse bzw. Prototyping
SMALLTALK bietet keine besonderen Leistungen zur Unterstützung der Analyse oder der Erstellung von Prototypen.

Verfügbare Datenstrukturen
Datenstrukturen können in Objekten abgebildet werden. Es gibt keine generischen Standardstrukturen im System. Es werden in einigen Implementierungen vorgefertigte Objekte für bestimmte Datenstrukturen geliefert.

Anschluß der Daten und Spezifikation der Bearbeitungslogik
Daten werden für die Verarbeitung konsequent in Objekten gekapselt und können nur über Nachrichten erreicht werden. Für die Spezifikation der Bearbeitungslogik existieren im Vergleich zu konventionellen Programmiersprachen eigene Ansätze und Konstrukte, die insgesamt SMALLTALK für einen kommerziellen Einsatz weniger geeignet oder zumindest sehr gewöhnungsbedürftig erscheinen lassen.

Funktionen zur Datenverwaltung / Anschluß an die Datenverwaltung
SMALLTALK enthält keine speziellen Komponenten oder Sprachmittel zum Zugriff auf persistent verwaltete Daten. Alle Zugriffe müssen über Zwischenmodule spezifiziert werden.

Werkzeuge zur Bearbeitung der Komponenten eines Softwaresystems
SMALLTALK enthält als System verschiedene Werkzeuge zur Bearbeitung der Softwarekomponenten:
- Browser in Form mehrerer Fenster, die jeweils unterschiedliche Abstraktionsebenen von Klassen betrachten und bearbeiten können;
- Verschiedene SMALLTALK-Implementierungen enthalten einen Debugger.

Dokumentation des erstellten Softwaresystems
Neben dem Browser gibt es keine speziellen Funktionen zur Dokumentation eines Entwurfs oder Systems.

Änderungen und Weiterentwicklung des erstellten Softwaresystems
Durch die klare Kapselung der Objekte und die Unterstützung der Vererbung können bestehende Systeme bei Änderungen die allgemeinen Vorteile objektorientierten Sprachen nutzen.

Funktionen zur Erstellung verteilter Lösungen im Client/Server Umfeld
SMALLTALK besitzt keine Funktionen zur Unterstützung einer Client/Server Verarbeitung.

Zusammenfassung

Aus dem SMALLTALK Konzept soll neben den allgemeinen Prinzipien wie Klassenbildung und Vererbung die konsequente Nachrichtenorientierung der Verarbeitung in den Entwurf der zu entwerfenden integrierten objektorientierten Softwareentwicklungsumgebung übernommen werden. Andere Konzepte erscheinen wegen ihrer Andersartigkeit im Vergleich zu konventionellen Systemen für kommerzielle Anwendungen weniger geeignet.

8.4   C++

C++ ist als objektorientierte Erweiterung der Sprache C implementiert, d.h. daß in der C++ Umgebung alle Funktionen von C zur Verfügung stehen, womit auch alle Operationen auf niederem Abstraktionsniveau verfügbar sind, aber auch sauber gekapselte Objekt spezifiziert werden können. Ein wesentlicher Vorteil von C++ liegt in der Portierbarkeit von C zwischen vielen unterschiedliche Plattformen, was die Sprache für die Implementierung von Werkzeugen attraktiv macht.

Gestaltungsmöglichkeiten der Nutzeroberfläche

C++ bietet als Programmiersprache keine eigenen Komponenten zur Gestaltung der Nutzeroberfläche. Durch die weite Verbreitung von C++ entwickeln sich allerdings mehrere Klassenbibliotheken, die entsprechende Funktionen beinhalten und am Markt angeboten werden.

Möglichkeit zur Unterstützung der Analyse bzw. Prototyping

C++ besitzt keine besonderen Funktionen zur Unterstützung der Analyse bzw. des Prototypings. Mit C++ werden häufig technische Komponenten einer Lösung, wie z.B. Nutzeroberflächen oder Werkzeuge implementiert, weniger vollständige kommerzielle Systeme für kommerzielle Aufgabenstellungen.

Verfügbare Datenstrukturen

Die in C verfügbaren Datenstrukturen sind auch für C++ verfügbar.

Anschluß der Daten und Spezifikation der Bearbeitungslogik

Der Zugriff auf die Daten geschieht mit Prozeduren auf niederem Abstraktionsniveau. Durch alle Strukturen muß ,prozedural' navigiert werden.

C++ verhindert nicht einen unstrukturierten und damit schwer pflegbaren Programmaufbau.

Verbesserungen werden durch Programmierrichtlinien versucht:
- Thielen, NO BUGS – Delivering Error-Free Code in C and C++ [Thielen 92]
- SIEMENS AG, Programmierrichtlinien für C++ [SIEMENS 92]

Funktionen zur Datenverwaltung / Anschluß an die Datenverwaltung
Es gibt keine speziellen Funktionen zum Anschluß der Methoden in den Klassen an die Datenverwaltung. Dieser muß in eigenen C Routinen programmiert werden.

Werkzeuge zur Bearbeitung der Komponenten eines Softwaresystems
C++ bietet außer einem Browser keine Werkzeuge, sondern nutzt die Editoren und Debugger der UNIX Umgebung.

Dokumentation des erstellten Softwaresystems
Außer Kommentaren im Programm-Code gibt es keine speziellen Möglichkeiten für die Dokumentation von Systemen.

Änderungen und Weiterentwicklung des erstellten Softwaresystems
Die Änderung von C++ Systemen kann sich durch die Unübersichtlichkeit des Codes bei Vererbung sehr schwierig gestalten. Es kommt wohl nicht von ungefähr, daß Philip Kahn, der Chef von Borland und damit auch Lieferant einer C++ Version von C++ als ‚write only language' spricht.

Funktionen zur Erstellung verteilter Lösungen im Client/Server Umfeld
C++ bietet keine Funktionen zur Erstellung von verteilten Lösungen in einer Client/Server Architektur. Fremde Remote Procedure Call RPC Systeme können genutzt werden.

8.5   Visual BASIC

Visual BASIC VB [Dittrich 93] basiert auf der konventionellen Programmiersprache BASIC und nutzt diese zur Spezifikation von Datenstrukturen und Verarbeitungsanweisungen. Visual BASIC ist keine objektorientierte Programmiersprache. Der interessante Aspekt von VB ist die Einbindung von vorgefertigten Objekten, die zur Spezifikation der Nutzerschnittstelle verwandt werden und durch Veränderung der Eigenschaften an die Aufgabenstellung adaptiert werden können. VB steht hier als Beispiel für eine Programmierung durch Zusammenfügen von vorgefertigten Objekten und Programmieren durch Veränderung der Eigenschaften von Objekten. Obwohl dies auch in anderen ausgereiften objektorientierten Sprachen wie Visual Works gegeben ist, soll hier Visual BASIC aufgenommen werden, da erwartet wird, daß dieses System einen pragmatischen Übergang von konventioneller zu objektorientierter Arbeitsweise aufzeigen und einschlagen wird.

Die gesamte Umgebung wird dem VB Programm in Form von Objekten gekapselt dargestellt und konsequenterweise Operationen, die sich auf diese Objekte beziehen, als Methoden bezeichnet.

Ein VB Anwendungssystem wird aus der Umgebung ‚getrieben‘, d.h. es gibt kein Hauptprogramm, welches die einzelnen Funktionen steuert, sondern die Steuerung wird nur durch Ereignisse der Nutzerschnittstelle oder anderer Schnittstellen wie DDE (Dynamic Data Interchange zwischen Programmen) ausgelöst. Damit wird ein weiteres Merkmal für objektorientierte Systeme erfüllt.

Durch Programmierung in VB können keine neuen Objekte in die Bibliothek der vorgefertigten Objekte eingefügt werden, jedoch kann diese durch in C oder einer anderen Sprache programmierte Objekte ergänzt werden.

BASIC wurde in den 60er Jahren als „Beginners Allpurpose Symbolic Instruction Code" am Dartmouth College entwickelt und ist eine höhere Programmiersprache, die leicht zu erlernen und interaktiv auszuführen ist. Üblicherweise wird BASIC mit einem Interpreter implementiert, was die Verarbeitungsgeschwindigkeit mindert, es existieren jedoch auch BASIC Compiler, so daß dann die Verarbeitungsgeschwindigkeit anderen Sprachen nicht nachsteht.

William (Bill) Gates und Paul Allen erstellten 1975 die erste BASIC-Version für einen Micro-Computer, und dies erklärt wohl die Beziehung von Microsoft zu BASIC anstelle modernerer Sprachen wie C oder Pascal. Diese Affinität könnte mit der heute gegebenen Marktmacht von Microsoft dazu führen, daß Microsoft mit BASIC eine quasi proprietäre Programmierumgebung neben den am Markt verbreiteten offenen Sprachen C, Pascal und SMALLTALK etabliert.

Nach verschiedenen BASIC Vorläufern existiert Visual BASIC seit der Einführung von Windows durch Microsoft Mitte der 80er Jahre. Mit Windows 3 hat die Verbreitung von Windows stark zugenommen und damit auch die von Visual BASIC.

BASIC ist als Programmiersprache bekannt für die Möglichkeit zu unstrukturierter Programmierung. Diese Untugend kann auch in Visual BASIC voll ausgelebt und ‚Spaghetti-Code‘ erzeugt werden. Als Mittel zur Strukturierung nutzt Visual BASIC die Subroutinen SUB, welche jeweils für eine Operation einzeln als Rahmen angeboten und nichtprozedural vom System abhängig von Ereignissen aufgerufen werden. Subroutinen können auch vom Programm gesteuert aufgerufen werden und verhalten sich dann wie selbst implementierte Anweisungen oder Methoden. Dieser Ansatz führt zu einer starken Fragmentierung des Programmcodes.

Visual BASIC ist mehr als eine Programmiersprache, es ist innerhalb der Windows Umgebung ein Subsystem mit Editoren für graphische Oberflächen und Programmcode, Interpreter/Compiler, Debugger und Hilfesystem. Diese Komponenten positionieren Visual BASIC in das Umfeld der Sprachen der vierten Generation, die auch alle diese Komponenten enthalten, wobei BASIC selbst als Sprache nicht der vierten Generation zuzuordnen ist, da wesentliche Elemente wie integrierte Datenbank-Anweisungen, nichtprozedurale Anweisungen, portierbare Ein-/Ausgabe-Anweisungen, Anschluß an ein Daten-Diktionär und Anweisungen zur Formatierung von Listenausgaben fehlen.

Im folgenden sollen folgende Komponenten der Visual BASIC Umgebung näher betrachtet werden:

- Grundstruktur eines VB Programmsystems
- Datendefinitionselemente der BASIC Sprache
- Objekte zur Gestaltung der Nutzeroberfläche
- Eigenschaften der Objekte
- Programmbeispiele

Grundstruktur eines VB Programmsystems

Hauptkomponente eines VB Programms ist das Formular *Form*. Es stellt ein Fenster dar, in das vorgefertigte VB Objekte plaziert werden können. Die Objekte werden aus einer *Toolbar* ausgewählt und mit Hilfe der Maus positioniert und in der Größe angepaßt. Dieser Ansatz zielt in Richtung auf ‚visuelle Programmierung' und unterstützt den Aufbau einer komplexen Lösung aus Bausteinen.

Die Objekte eines Fensters können jeweils auf verschiedene Ereignisse reagieren wie: Maus-Click, Werteänderung, etc. Damit wird die Ausführung aller Funktionen eines VB Programms völlig ereignisgetrieben.

Die folgende Abbildung zeigt die Toolbar und das Hauptformular mit einigen plazierten Objekten wie: Listenfeld, horizontale Bildlaufleiste, Rahmen zur Zusammenfassung von Objekten zu einer Gruppe, Uhr, Gitternetz als Tabelle und Textfeld. Objekte können auf dem Formular sichtbar oder unsichtbar plaziert werden. Sie können auch unter Programmkontrolle sichtbar bzw. unsichtbar gemacht werden. Zum Beispiel wird die Uhr üblicherweise nur als Zeitgeber im Hintergrund benutzt, um Ereignisse zu erzeugen, sie würde zu diesem Zweck nicht auf dem Formular angezeigt werden.

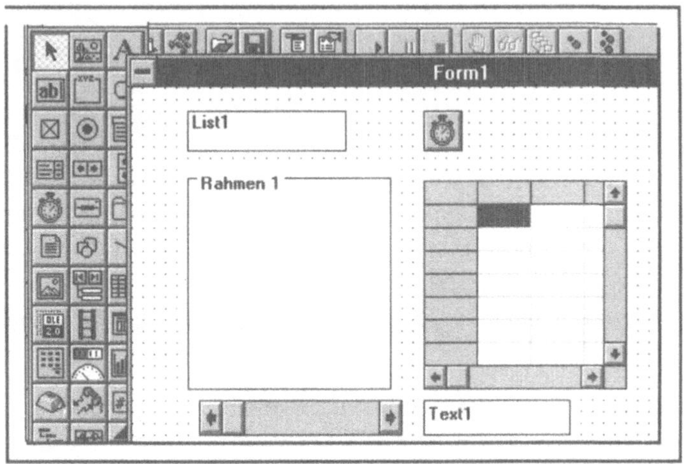

Abb. 8.1 Visual Basic Hauptformular mit einigen Objekten

Mit der Auswahl der Objekte werden auch Variablen dieser Objekte unter dem Objektnamen in die Datenumgebung des Systems eingeführt. Daten müssen zwischen der ‚inneren' Datenumgebung des Systems und den ‚externen' Objekten einzeln übergeben werden. Dieses Konzept verletzt in grober Weise das Prinzip der Kapselung und widerspricht damit der Objektorientierung. Es erfordert eine Programmierung auf niedrigem Niveau mit hohem Fehlerrisiko, da Daten unter verschiedenen Namen im Programm manipuliert werden und keine gekapselte Objektumgebung existiert.

Jedes der benutzten Objekte besitzt Eigenschaften, die individuell für jede Verwendung angepaßt werden können.

Die Anpassung von Eigenschaften der Objekte kann über einen speziellen Editor vorgenommen werden oder kann unter Kontrolle des Programms erfolgen, was die Nutzung der Objekte äußerst flexibel macht.

Für jedes Objekt sind individuell nach der Klasse eine große Zahl von Eigenschaften definiert, die z.B. die Anpassung von Schriftart und Schriftgröße, die Dimension einer Tabelle, die Farben und vieles andere mehr erlauben.

Es ist dieses VB-Konzept anpaßbarer Objekte, welches für eine objektorientierte Programmierung von allgemeinem Interesse ist, nach dem Prinzip des Aufbaus von Lösungen aus Bausteinen gemäß dem LEGO Ansatz und welches VB für die Gestaltung der Nutzeroberfläche attraktiv macht.

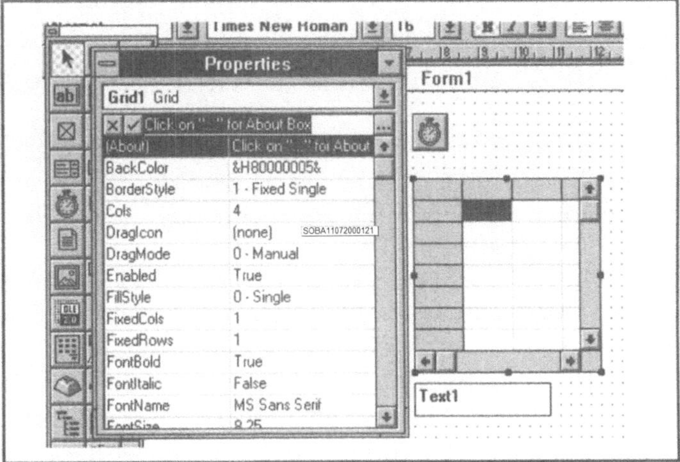

Abb. 8.2 Einige Eigenschaften eines Gitters (grid) zur Abbildung von Tabellen

Wie bereits vorstehend erwähnt, steuert bei VB die Umgebung die einzelnen Aktivitäten. Es gibt kein Hauptprogramm sondern jedes Objekt kann auf bestimmte Ereignisse reagieren, für die dann jeweils eine eigene Aktion in Form einer Subroutine formuliert werden kann.

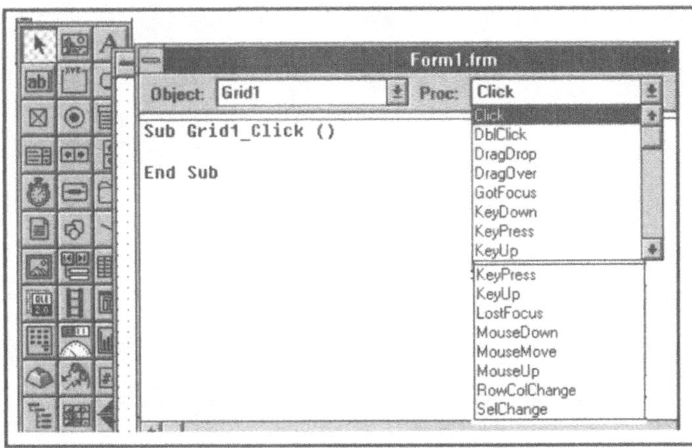

Abb. 8.3 Ereignisse, die von dem Objekt ‚Gitter‘ erkannt werden

Die Erstellung einer Lösung in VB stellt sich also insgesamt so dar, daß ausgehend von einem Formular zuerst Darstellungsobjekte auf diesem Formular plaziert werden. Danach können die Eigenschaften für die einzelnen Objekte festgelegt werden, und zuletzt werden dann den einzelnen Ereignissen, die von einem Objekt erkannt werden sollen, Operationen in Form von Subroutinen zugeordnet. Daneben können als ‚general'-Routinen konventionelle Basic-Module eingebunden werden.

Die Datenumgebung wird einmal im Programmcode durch DIMension Anweisungen spezifiziert, wobei globale und lokale Variablen spezifiziert werden können, und daneben bestehen Datenbereiche, die durch die einzelnen Objekte unter deren Namen eingeführt werden.

Für die Erstellung eines VB-Systems entstehen infolge der Strukturierung der Funktionen oder Methoden um Objekte herum eine große Zahl von kurzen Programmteilen, die zwar in sich als Reaktion auf ein bestimmtes Ereignis abgeschlossen sind, jedoch auch auf die Daten von anderen Objekten und globale Daten wirken können. Damit wird die Funktion von Programmen sehr unübersichtlich, und die Bearbeitung bei der Erstellung ist nur über einen intelligenten Editor möglich, der es erlaubt, gezielt einzelne Programmteile oder Objekte für die Bearbeitung auszuwählen.

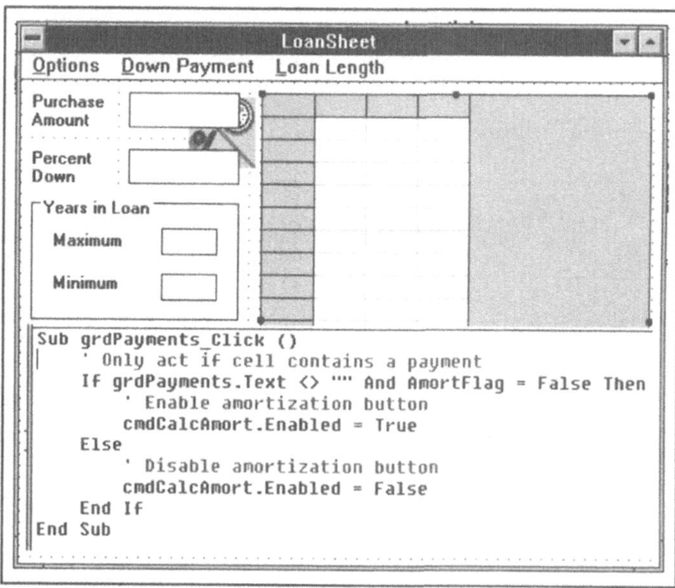

Abb. 8.4   Subroutine für das Ereignis ‚Click' mit BASIC Anweisungen, die beim Eintreten dieses Ereignisses ausgeführt werden

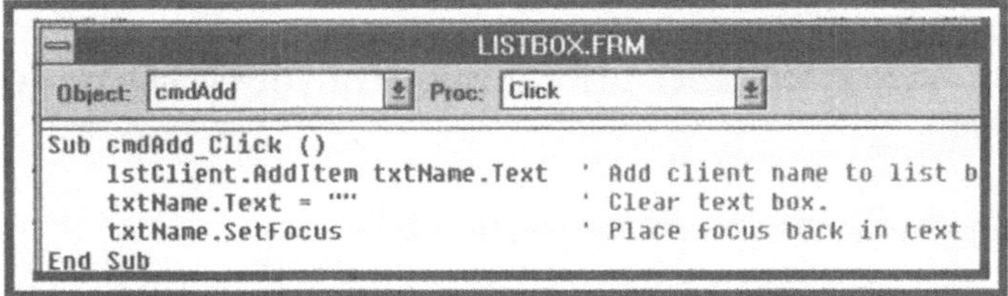

Abb. 8.5 Programmteil zum Einfügen eines Listenelementes in die List-Box

Auch die Datenbereiche eines VB-Systems sind stark fragmentiert, und es ist nicht leicht, einen Überblick über alle Daten und deren Verwendung zu erhalten.

Für die nachstehende Lösung wurden ca. 60 verschiedene Programmteile erzeugt und den einzelnen Objekten und Ereignissen zugeordnet bzw. auch als generelle Routinen erstellt, die dann aus den Objekten heraus aufgerufen werden.

Mit diesem Ansatz wird das resultierende System sehr ereignisreaktiv, aber es ist schwer, die gesamte Verarbeitungslogik und Datenstruktur zu erfassen.

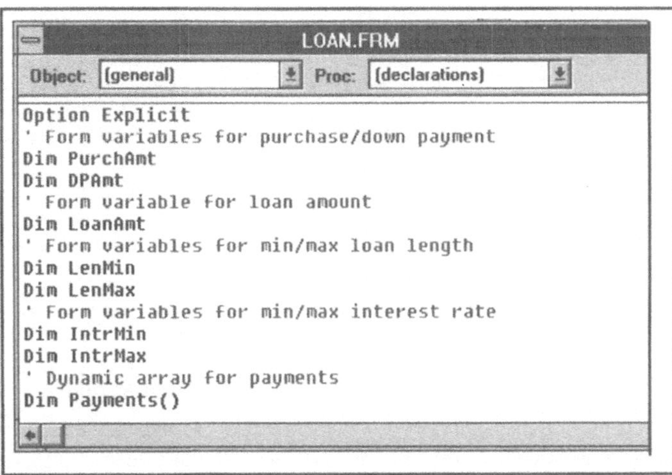

Abb. 8.6 Definition der nutzerspezifischen Datenbereiche in einem Formular

VB ist kein System, welches der Definition der klassischen Objektorientierung folgt. Es ist jedoch durch sein Prinzip der Erstellung von Lösungen aus vorgefertigten Objektbausteinen interessant, und das Prinzip der Eigenschaften soll in das später auf der Basis von NATURAL zu definierende System einfließen.

Im folgenden soll Visual BASIC nach den eingangs definierten Kriterien zur Bewertung eines kommerziell objektorientierten Entwicklungssystems beurteilt werden:

Gestaltungsmöglichkeiten der Nutzeroberfläche

VB bietet über seine vorgefertigten Objekte flexible Möglichkeiten zur Gestaltung der Nutzeroberfläche. Die vorhandenen Objekte sind in ihrer Funktionalität universell. Es erscheint wünschenswert und möglich, nach demselben Prinzip spezialisierte Formularobjekte für kommerzielle Aufgabenstellungen wie Listen, Auftragsbearbeitung, Rechnungstellung, Aus-/Ein-Lagerung, etc. zu erstellen und damit das System für einen kommerziellen Einsatz noch wesentlich leistungsfähiger zu machen.

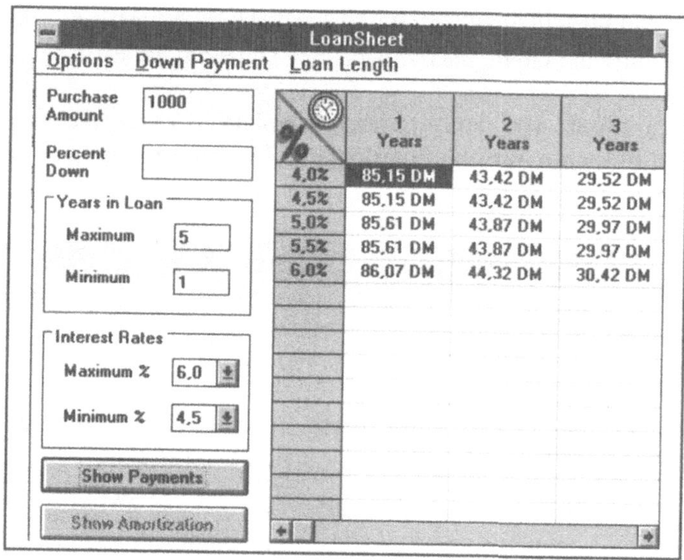

Abb. 8.7 Hauptformular eines Systems zur Berechnung von Ratenzahlungen

Möglichkeit zur Unterstützung der Analyse bzw. Prototyping

VB bietet mit seiner interaktiven Gestaltung graphischer Oberflächen die Möglichkeit für ein Oberflächen-Prototyping. Dieses kann während der Analyse einer Aufgabenstellung zur Visualisierung dienen. VB erscheint wegen der Fragmentierung der Funktionalität nicht geeignet, um prototypartig die Verarbeitungslogik von Aufgabenstellungen zu erstellen.

Verfügbare Datenstrukturen

Daten können in VB als global, d.h. verfügbar für alle Formulare und Module, formularbezogen, d.h. verfügbar innerhalb eines Formulars und lokal, d.h. verfügbar nur innerhalb einer Subroutine spezifiziert werden.

Für die Dimensionierung von Tabellen und Matrizen besteht die Möglichkeit der festen und der dynamischen Dimensionierung. Als Datentyp ist der mit Version 2 eingeführte ‚variant‘ Datentyp interessant, der alle möglichen Datenformate aufnehmen und ineinander konvertieren kann. Daneben entsprechen die VB Datenstrukturen dem allgemein für Programmiersprachen Üblichen.

Anschluß der Daten und Spezifikation der Bearbeitungslogik

Daten werden zwischen den vorgefertigten Objekten und der Verarbeitungslogik programmatisch übergeben. Zum Beispiel müssen die Daten zwischen einem Gitterobjekt und einer Tabelle in einer ausprogrammierten Doppelschleife für jede Zelle einzeln übertagen werden. Es existiert kein Konzept der ‚Darstellung von Datenbereichen‘ wie bei NATURAL, d.h. daß Darstellungsanweisungen direkt auf eine Datenstruktur wirken können. Auch für die Bearbeitung müssen Datenelemente einzeln spezifiziert werden, was zu einer prozeduralen Programmierung auf niederem Funktionsniveau mit den sich daraus ergebenden Fehlermöglichkeiten führt.

Funktionen zum Anschluß an die Datenverwaltung

In VB stehen Anweisungen zum Zugriff auf persistent gespeicherte Daten zur Verfügung. Dabei werden verschiedene Speichermethoden wie das DOS Dateisystem und auch relationale Datenbanken über SQL Anweisungen unterstützt. Auch die Anweisung zum Zugriff auf persistent gespeicherte Daten müssen auf niederem Niveau programmiert werden, was wiederum eine Fehlerquelle darstellt.

Werkzeuge zur Bearbeitung der Komponenten eines Softwaresystems

Das VB-System enthält spezielle Editoren zur Bearbeitung aller Komponenten eines Softwaresystems, wie graphischer Editor für Objekte der Nutzeroberfläche, Texteditor zur Bearbeitung des Quellcodes für einzelne Routinen und Datenbereiche. Daneben steht eine interaktive Test- und Debugging-Funktion zur Verfügung.

Dokumentation des erstellten Softwaresystems

Die in VB erstellten Softwaresysteme sind nur sehr wenig dokumentierbar. Es stehen keine besonderen Funktionen zur Erstellung einer Dokumentation zur Verfügung und besonders existiert keinerlei Daten-Diktionär, welches evtl. eine Dokumentation aufnehmen könnte. In der neuesten Version sind nunmehr Funktionen enthalten, welche den Ausdruck zusammenhängender Listen des

Quellcodes ermöglichen, womit wenigstens eine Durchsicht des Codes und die Archivierung einer gültigen Version ermöglicht wird.

Änderungen und Erweiterungen des erstellten Softwaresystems

Da die zur Lösung einer Aufgabe erzeugten Programme in sehr kleine und unstrukturierte Stücke zerteilt sind, bereitet dies für das Verstehen der Gesamtlogik bei Änderung und Erweiterung große Probleme.

Softwaresysteme sind nicht im Sinne kommerzieller Systeme mit allen Komponenten dokumentierbar, was eine geplante Erweiterung erschwert und Systeme durch lokal eingefügte Änderungen schnell ,altern' läßt, d.h. daß die Struktur immer unklarer wird.

Funktionen zur Erstellung verteilter Lösungen im Client/Server Umfeld

Mit ODBC (Open DataBase Connectivity) steht in VB ein Anschluß an DBMS verschiedener Hersteller und auf verschiedenen Plattformen zur Verfügung. ODBC vereinheitlicht die SQL Schnittstelle für das VB-System und bildet diese dann auf die unterschiedlichen SQL-Dialekte der verschiedenen DBMS ab.

Daneben bietet VB die Möglichkeit zum Anschluß von DDE und OLE Schnittstellen. Damit können innerhalb der MS-Windows Umgebung Client/Server Lösungen erstellt werden. Da MS-Windows bisher eine proprietäre und abgeschlossene Umgebung ist, stehen von Microsoft keine Funktionen mit einer allgemeinen Client/Server Funktion zu anderen Plattformen zur Verfügung. Diese können jedoch in Form von RPC (Remote Procedure Calls) von anderen Herstellern angeschlossen werden. Microsoft WOSA (Windows Open System Architecture) verspricht auch den Anschluß an Großrechner.

Zusammenfassung

Wie bereits eingangs festgestellt, ist Visual BASIC keine objektorientierte Programmiersprache, sondern nutzt nur vorgefertigte Objekte. VB entwickelt eine starke Attraktivität für die Erstellung von graphischen Nutzeroberflächen, jedoch erscheint das System für die Lösung umfangreicher kommerzieller Aufgabenstellungen wegen der daneben nötigen Programmierung auf niederem Niveau, der umständlichen Formulierung von Anweisungen zum Datenzugriff und der beschränkten Möglichkeiten zur Dokumentation des Anwendungssystems nur bedingt geeignet.

Aus VB soll für die in Kap. 12 vorzuschlagende integrierte objektorientierte Entwicklungsumgebung die ,Eigenschaften' von vorgefertigten Objekten und die interaktive Arbeitsweise übernommen werden.

8.6   KAPPA

KAPPA ist eine integrierte Softwareentwicklungsumgebung, die ursprünglich für die Erstellung von regelbasierten Expertensystemen spezialisiert war. Der mangelnde Bedarf des Markts für Expertensysteme und der Umstand, daß die KAPPA SEU Werkzeuge und Funktionen für einen objektorientierten Ansatz für die Erstellung von Softwarelösungen bietet, haben bewirkt, daß KAPPA heute vorwiegend als objektorientierte Entwicklungsumgebung positioniert wird. In dieser Arbeit wird KAPPA behandelt als Beispiel einer integrierten objektorientierten Softwareentwicklungsumgebung, welche alle Schritte von der Analyse bis zum lauffähigen System unterstützt. Der Wandel von KAPPA vom regelbasierten Expertensystem zur objektorientierten Softwareentwicklungsumgebung und die Ähnlichkeit von abstrakten Datentypen zu den ‚Slots' (Attributen) in den ‚Frames' (Datentypen) der Expertensysteme hat wohl dazu geführt, daß ‚künstliche Intelligenz' als eine der Wurzeln für objektorientierte Technologie bezeichnet wird, obwohl die Funktionalität letztlich unterschiedlich ist.

Das KAPPA System besteht aus einer Reihe von Werkzeugen und einer eigenen Sprache:

- Sprache KAL, in der Regelverarbeitung, Methodenverarbeitung und funktionale Verarbeitung formuliert werden können;
- Einbindung von ‚C' und ‚C++' Programmen;
- Objekt-Browser zur graphischen Abbildung und Bearbeitung der Klassenstruktur mit Instanzen
- Klasseneditor für die Spezifikation von Slots (Attributen) und Methoden;
- Instanzeneditor zur Erzeugung und Verwaltung von Klasseninstanzen;
- KAL Interpreter zur interaktiven Ausführung der Funktionen;
- KAL Debugger zum interaktiven Test von Klassen und Methoden;
- Window-Editor zur Gestaltung von Kommunikations-Windows aus Darstellungsobjekten;
- Persistente Verwaltung von Klassen und Instanzen;
- Anschluß an relationale DBMS;
- DDE Anschluß.

Die Aufzählung belegt, daß KAPPA eine recht umfangreiche Funktionalität für eine interaktive Erstellung von Lösungen für produktiven Einsatz bietet.

Als besondere Eigenschaften bietet KAPPA: die dynamische Erzeugung von Klassen und voll interaktive Ausführung der Spezifikationen – eine Voraussetzung für eine interaktive Entwicklungsumgebung und die Delegation von Methoden in der Klassenhierarchie und zwischen Klassen auf gleicher Ebene.

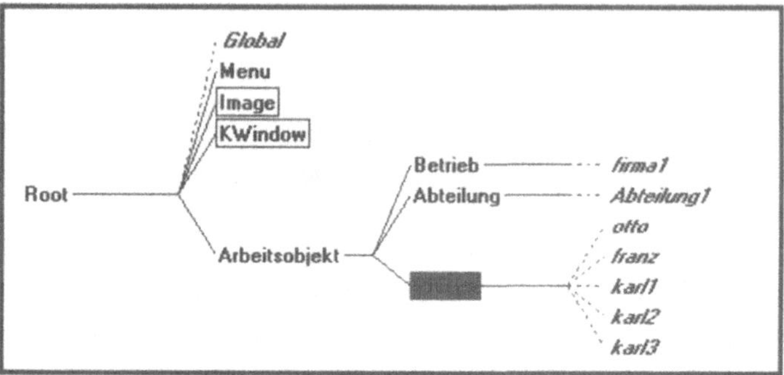

Abb. 8.8 Klassen- und Objekt-Browser in graphischer Darstellung

Der KAPPA Browser zeigt die Klassenhierarchie in graphischer Form und schafft damit bereits eine gewisse Übersichtlichkeit. Die Darstellung ist ‚aktiv‘, indem man einzelne Komponenten zur Bearbeitung ‚anklicken‘ kann.

Der Browser zeigt nicht nur Klassen, sondern auch instanzierte Objekte, die direkt manipuliert werden können, was sicher in einer Entwurfsphase sehr hilfreich ist, jedoch in einer kommerziellen Anwendung mit einer großen Zahl von Objektinstanzen nicht funktioniert.

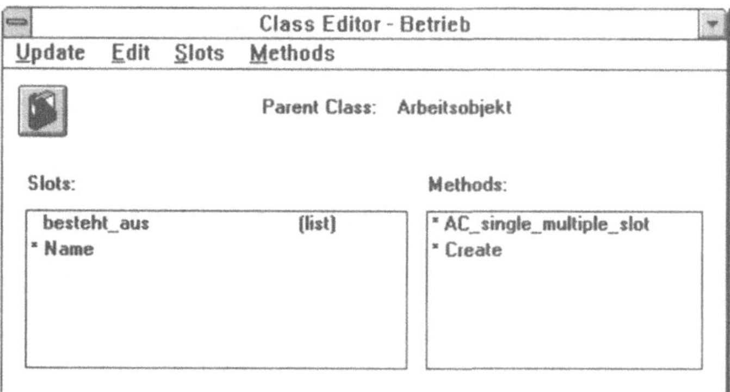

Abb. 8.9 Klasseneditor mit ‚intelligenten‘ Funktionen

Der Klasseneditor zeigt die für eine Klasse spezifizierten Informationen in strukturierter Form und erleichtert damit die Bearbeitung.

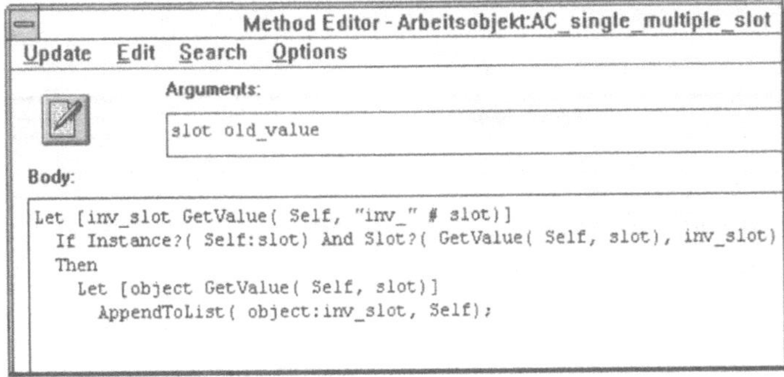

Abb. 8.10 Methodeneditor

Der Editor für den Methodenquelltext bietet keine besonderen Funktionen, die über die eines normalen Editors hinausgingen.

Das Beispiel im Fenster zeigt den Code in KAL, welcher z.T. recht unübersichtlich ist, und mit der besonderen Form des ‚Delegate‘, der Ausführung einer Methode an andere Objekte, zu ‚Wild West Programmierung‘ verleitet.

Gestaltungsmöglichkeiten der Nutzeroberfläche

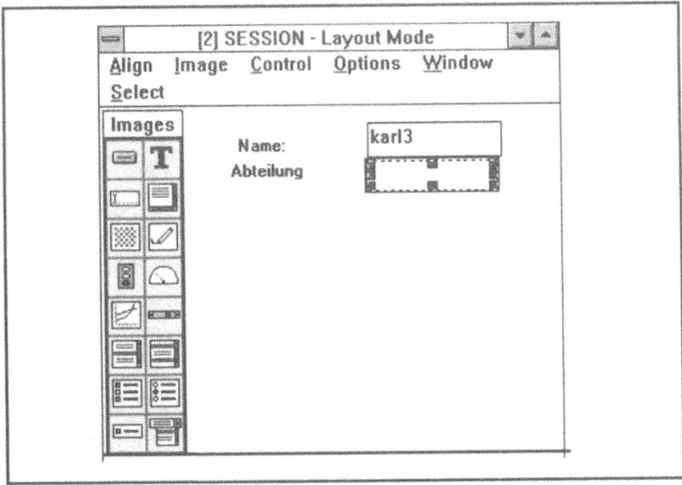

Abb. 8.11 Nutzerschnittstelleneditor mit Standardobjekten

KAPPA bietet einen Maskeneditor, mit dem recht einfach die Gestaltung der Nutzeroberfläche erstellt werden kann. Mit den dargestellten Werkzeugen in der Leiste können Oberflächenobjekte ausgewählt und plaziert werden.

Möglichkeit zur Unterstützung der Analyse bzw. Prototyping

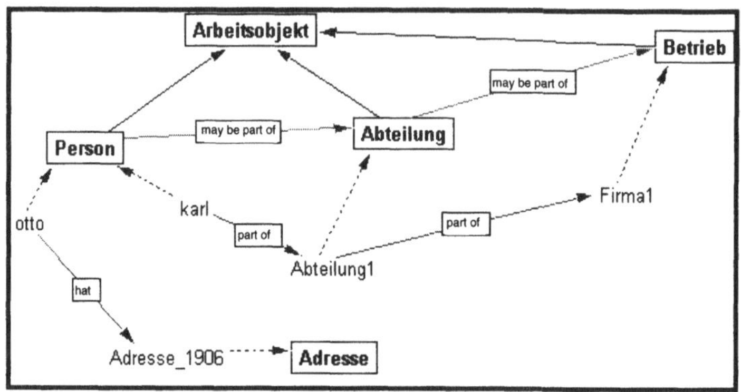

Abb. 8.12 E/R-Strukturdarstellung der UBIS-Workbench

Die UBIS Workbench ist eine Erweiterung des KAPPA Systems, erstellt von der Firma UBIS, Berlin. Die Workbench bietet die Möglichkeit einer Entity/ Relationship Modellierung in KAPPA und erlaubt den direkten Zugriff auf die dargestellten Entitäten über die graphische Oberfläche. Für die Implementierung von Anwendungssystemen stellt die UBIS Workbench vorgefertigte graphische Elemente, Funktionen und Klassen zur Verfügung.

Verfügbare Datenstrukturen
Die Sprache besitzt Standardtypen für Attribute; Datenstrukturen werden durch Verweise auf eigenständige Objekte, wie z.B. Listen und Tabellen abgebildet.

Anschluß der Daten und Spezifikation der Bearbeitungslogik
Die Verarbeitungslogik wird auf sehr niederem Abstraktionsniveau spezifiziert und bietet viele Möglichkeiten für Fehler. Dadurch kann auch für einen geübten Nutzer die Arbeit mit dem System zeitaufwendig werden.

Funktionen zur Datenverwaltung / Anschluß an die Datenverwaltung
Es gibt keine besonderen Funktionen für einen Anschluß an eine Datenverwaltung. Diese Funktionen müssen in C außerhalb des Systems programmiert werden.

Werkzeuge zur Bearbeitung der Komponenten eines Softwaresystems
Wie oben dargestellt bietet das System eine ganze Reihe leistungsfähiger interaktiver Werkzeuge. Besonders zu erwähnen ist die Möglichkeit, neue Klassen und Objektinstanzen interaktiv in einer Sitzung zu erzeugen und direkt zu nutzen.

Dokumentation des erstellten Softwaresystems

Neben der Programmierung in den Modulen und den Diagrammen aus dem Browser gibt es keine besonderen Funktionen zur Dokumentation von Systemen.

Änderungen und Weiterentwicklung des erstellten Softwaresystems

Auch für KAPPA trifft der Spruch der ‚write only language‘ zu. Durch die starke Fragmentierung komplexer Strukturen und das Prinzip des Delegierens von Operationen verliert man leicht den Überblick, was Änderungen eines bestehenden Systems erschwert.

Funktionen zur Erstellung verteilter Lösungen im Client/Server Umfeld

Es existieren im System keine besonderen Funktionen für die Erstellungen von Lösungen in einer Client/Server Architektur. Mit dem CommManager ist für die Version 3.0 ein Werkzeug zur Verbindung von UNIX und MS-Windows Clients mit Servern angekündigt.

Zusammenfassung

Das System KAPPA mit seiner integrierten Sprache KAL bietet viele Funktionen, die in einer interaktiven Softwareentwicklungsumgebung benötigt werden. Die Editoren bringen eine Erleichterung der Arbeit, und auch die Art, wie Systeme in einer Sitzung an demselben Werkzeug fertiggestellt werden können, zeigt in die Richtung von Systemen der vierten Generation.

8.7   NATURAL

NATURAL ist eine Softwareentwicklungsumgebung SEU der vierten Generation [Page et al. 79] und in seiner vorliegenden Fassung in keiner Weise objektorientiert. Obwohl der Begriff der vierten Generation nicht klar definiert ist, wird ein solches System doch allgemein durch einige Eigenschaften eindeutig gekennzeichnet:

- Völlig interaktive Arbeitsweise für den gesamten Lebenszyklus einer Lösungserstellung;
- Direkter Anschluß der Programmiersprache an ein Daten-Diktionär;
- Mächtige Anweisungen, die eine Spezifikation einer Funktion nur durch Angabe des ‚Was‘ erlauben, ohne das ‚Wie‘ programmieren zu müssen;
- Direkter Zugriff auf die Datenhaltung durch nicht-prozedurale Anweisungen;
- Integrierte Funktionen zur Spezifikation der Kommunikation mit der Nutzeroberfläche;
- Integrierte Funktionen zur Darstellung selektierter Daten als formatierte Listen;
- Instanzierung einer Verarbeitungsumgebung gemäß Objektorientierung.

NATURAL wird im Markt von unabhängigen Marktbeobachtern als führendes System dieser Kategorie positioniert. Es hat kontinuierlich über viele Jahre eine große Zahl von Anwendern gewinnen können, obwohl es keine Standardsprache abbildet.

Ein wesentlicher Vorteil des NATURAL Systems ist die Fähigkeit, NATURAL Anwendungssysteme ohne Veränderung über ein großes Spektrum von Systemplattformen vom Großrechner bis zum PC portieren zu können. Mit der neuesten Version ist NATURAL nunmehr auch für MS-Windows verfügbar und bietet dort Elemente zur Gestaltung einer graphischen Nutzeroberfläche.

NATURAL wurde 1974/75 von M. Neumann und dem Autor konzipiert und ist neben eigenen Elementen im Stil von folgenden Sprachen beeinflußt:

- COBOL für die Datenstrukturen, Verarbeitungsanweisungen und Unterprogrammstrukturen;
- FORTRAN für das Prinzip der Daten Ein-/Ausgabe mit der Möglichkeit die Spezifikationen für die Darstellung direkt auf Datenbereiche anzuwenden;
- BASIC für einige Kontrollstrukturen wie Schleifen, Numerierung der Anweisungen;
- Relationale mengenorientierte Verarbeitung.

Diese Vorlagen wurden gewählt, um eine kommerziell geprägte Sprache zu erhalten, wobei der Ansatz durch den Markterfolg bestätigt wird.

Eigenschaften des NATURAL Systems

- Klare Strukturierung der Daten und Programmlogik;
- starke Modularisierung;
- Mächtige Anweisungen zur Spezifikation der Verarbeitungslogik;
- Vollwertige Sprache zur Spezifikation von Verarbeitungslogik mit leistungsfähiger Tabellenverarbeitung;
- Direkter Anschluß des Compilers und damit der Sprache an ein Daten-Diktionär;
- Zugriff auf die Datenhaltung über nicht prozedurale und mengenorientierte Anweisungen;
- Nicht prozedurale Anweisungsblöcke zur Reaktion auf bestimmte Ereignisse;
- Anweisungen zur Darstellung der Daten an der Nutzeroberfläche;
- Objekte zur Gestaltung einer graphischen Nutzeroberfläche;
- Steuerung der Aktivitäten durch das Programm, nicht durch Ereignisse;
- Integrierte Handhabung der Nutzeroberfläche mit Windowing und passiven bzw. aktiven Hilfefunktionen;
- Integrierte und interaktive Entwicklungsumgebung mit speziellen Editoren, interaktivem Compiler und Testfunktionen;
- Integrierte CASE Umgebung mit Analyse-, Prototyping- und Generierungsfunktionen.

Komponenten des NATURAL Systems

Eine NATURAL Softwarelösung ist aus verschiedenen Komponenten aufgebaut, die jeweils mit Editoren bearbeitet werden, welche auf die Bearbeitung einer Komponenten spezialisiert sind:

- Datendefinition für Datenbereiche und Daten-Diktionär
- Entwurf von Masken mit Darstellungsobjekten
- Spezifikation der Verarbeitungslogik
- Spezifikation des nichtprozeduralen Zugriffs auf Daten der Datenbank
- Erstellung von Listen mit nichtprozeduraler Verarbeitung
- Dokumentation des erstellten Softwaresystems

Datendefinition für Datenbereiche und Daten-Diktionär

Datenbereiche können für ein NATURAL System entweder innerhalb des Programmkörpers oder auch getrennt außerhalb mit einem speziellen Editor definiert werden. Als Datenelemente stehen Datensichten aus der Datenbank über das Diktionär und temporäre Variablen zur Verfügung.

NATURAL unterstützt eine Datendefinition entsprechend COBOL, wobei Initialisierungswerte für Variablen als Teil der Definition spezifiziert werden können.

NATURAL initialisiert alle genutzten Datenbereiche entsprechend des Typs oder Formats entweder auf Nullwert oder auf den Initialisierungswert.

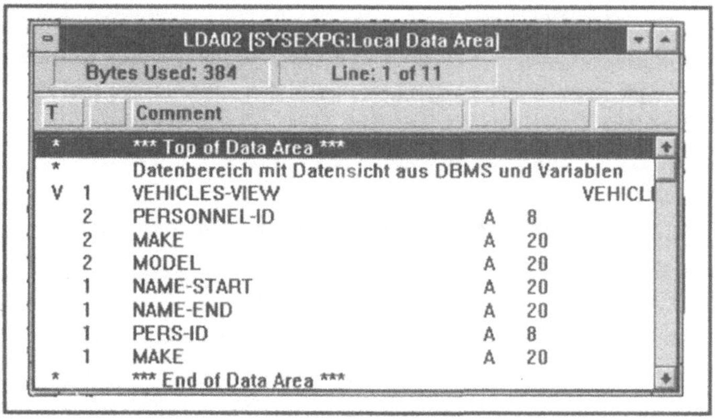

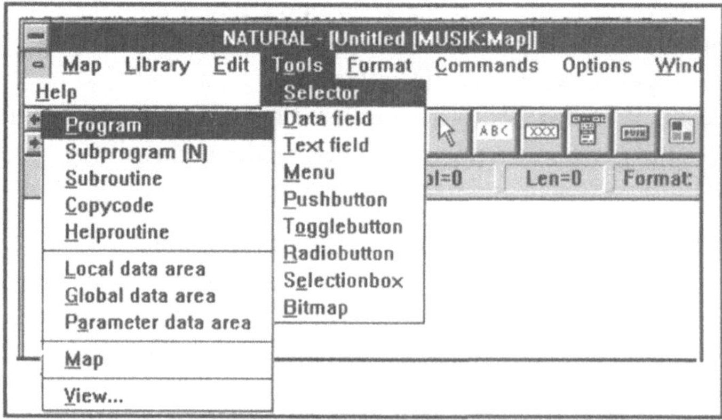

Abb. 8.13 Getrennt vom Programm definierter Datenbereich

Entwurf von Masken mit Darstellungsobjekten

Der nachfolgend abgebildete Maskeneditor bietet die Möglichkeit, vorgefertigte Elemente wie: Textfelder, Datenfelder, List-Boxen, Drop-Down Menüs, Schaltflächen (Buttons), Radio-Buttons und Bildsymbole (Ikone) – ähnlich Visual BASIC – in dem Kommunikationsfenster zu plazieren. Für jedes der Elemente können Eigenschaften wie Farbe, Schriftart, Größe von Matrizen und der Anschluß von Hilfe- oder Prüfroutinen spezifiziert werden.

Bei der Verarbeitung von Präsentationsfenstern übernimmt das NATURAL System die Steuerung der Überlagerung von Fenstern, z.B. für eine Hilferoutine.

Abb. 8.14 Ansicht des NATURAL Maskeneditors mit Objekten der Nutzeroberfläche und einer Einblendung der wesentlichen NATURAL-Komponenten

Anders als vergleichbare Systeme definiert NATURAL für die Darstellungselemente keine eigenen Datenbereiche, sondern ‚projiziert' die internen Daten unter Nutzung der Funktionen der Darstellungsobjekte auf die Nutzeroberfläche. Die Darstellungsobjekte stellen ‚Leerobjekte' mit generischem Datenbereich dar. Dabei übernehmen sie gewisse Eigenschaften der realen Datenelemente wie Überschriften, Formate, Edit-Masken von den internen Variablen bzw. auch von Datenelementen aus dem Daten-Diktionär. Dieses Konzept der Darstellung von Daten über Darstellungsobjekte vermeidet die Detailprogrammierung, welche z.B. bei Visual Basic erforderlich ist und damit auch die dadurch möglichen Fehler. Für die Darstellung von Daten an der Nutzeroberfläche braucht im NATURAL System nichts ‚programmiert' zu werden.

Es ist auch diese Form der aktiven Projektion von Daten auf die Nutzeroberfläche, die es ermöglicht, daß NATURAL Anwendungen ohne Änderung der Programme in verschiedenen Systemumgebungen betrieben werden können. Dabei wird jeweils der Dialog mit dem Nutzer auf die Möglichkeiten der Systemumgebung angepaßt.

Dieses Prinzip hat zwar mit der klassischen Definition von Objektorientierung nichts zu tun, erscheint jedoch für die Darstellungsebene des geschichteten Modells kommerzieller Lösungen geeignet, besonders wenn das Prinzip der Übernahme von Eigenschaften beim Anschluß an die Definition der darzustellenden Daten noch etwas erweitert wird.

Die folgende Abbildung zeigt als Beispiel die Darstellung eines Datenbereichs als Tabelle und als List-Box. Für beide Darstellungsformen werden nur die internen Daten referenziert und das NATURAL System übernimmt die Abbildung.

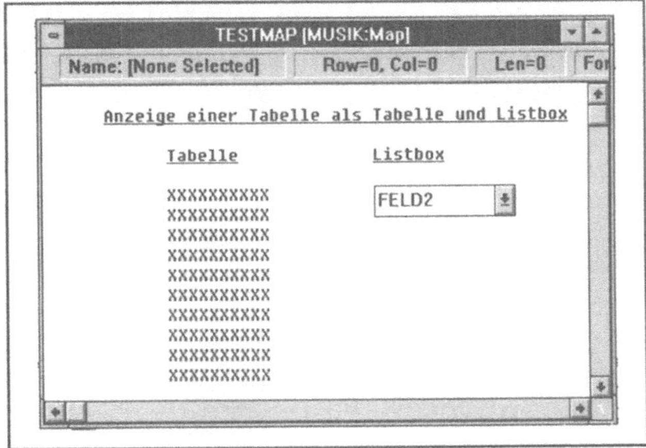

Abb. 8.15 NATURAL Maske im Maskeneditor mit Darstellung einer Datentabelle als Tabelle bzw. List-Box

Spezifikation der Verarbeitungslogik

Für die Verarbeitungslogik stehen in der NATURAL Sprache alle Funktionen einer konventionellen Programmiersprache zur Verfügung und darüber hinaus noch weitere leistungsfähige Funktionen wie: Direkte Verarbeitung von Bereichen einer Tabelle ohne ‚Ausprogrammierung‘ einer Schleife für deren Verarbeitung, Datumsarithmetik, nichtprozedurale Anweisungen für bestimmte Ereignisse, automatische Steuerung einer seitenorientierten Verarbeitung der Ausgabe. Für die Spezifikation von Ein-/Ausgabeoperationen genügt die Referenzierung der Variablen und der Maske für deren Aufbereitung.

Es sind diese Prinzipien, die NATURAL im Vergleich zu anderen Sprachen als ‚Very High Level Language‘ positionieren.

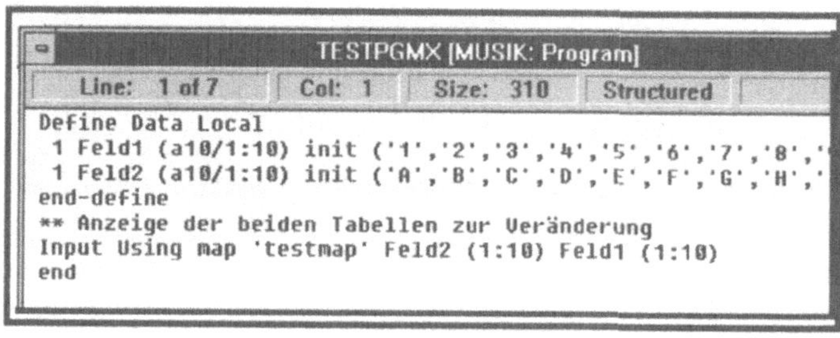

Abb. 8.16 Programm zur Anzeige einer Datentabelle zu deren Veränderung

Wie das Programmbeispiel belegt, stellt sich die Spezifikation der Darstellung von Daten an der Nutzerschnittstelle wesentlich einfacher dar als in anderen Sprachen. Als Vergleich sei Visual BASIC angeführt, wo die Handhabung einer Liste – wie Abb. 8.5 zeigt – detaillierte Programmierung erfordert. Im Gegensatz dazu bietet NATURAL nicht prozedurale Anweisungen, mit denen nur das ‚Was‘ spezifiziert wird und nicht das ‚Wie‘ programmiert werden muß.

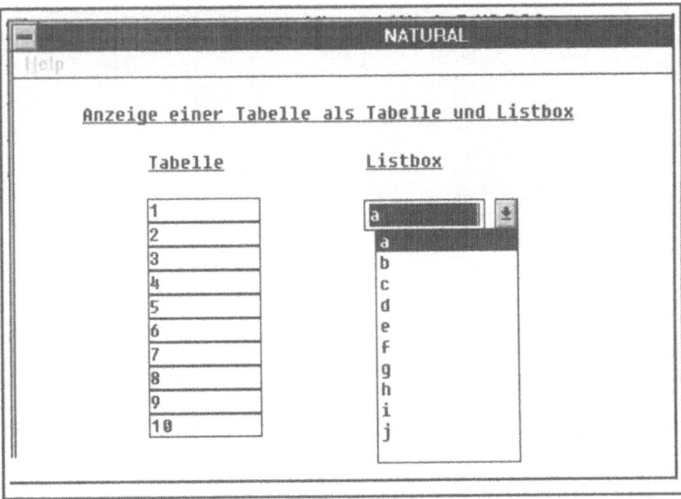

Abb. 8.17 Ergebnis-Bildschirmausgabe des obigen Programms unter Nutzung der Darstellungsmaske

Spezifikation des nichtprozeduralen Zugriffs auf Daten der Datenbank

Auch für den Zugriff auf Daten der Datenbank und anderer Speicherformen bietet NATURAL nicht prozedurale Anweisungen, die die Selektion von Daten über komplexe Kriterien und eine Projektion einzelner Attribute erlauben. Für die Bearbeitung werden auch hier die Daten direkt in den Datenstrukturen der Programmumgebung ‚abgeliefert' und stehen ohne weitere Manipulation zur Verfügung. Genau wie für die Ein-/Ausgabe folgt NATURAL auch beim Zugriff auf Daten dem Ansatz, daß diese aus der persistenten Datenverwaltung über Datensichten in die Bearbeitungsumgebung projiziert werden. Auch für die Bearbeitung von Ergebnismengen (Sets) selektierten Daten organisiert NATU-RAL automatisch eine entsprechend mengenorientierte Verarbeitung.

Zum Erhalt eines Überblicks über die in der Datenbank verfügbaren Daten verfügt NATURAL über ein integriertes Diktionär, auf das der Compiler direkt zugreift und Eigenschaften der Attribute für die Bearbeitung wie Überschriften, Formate, Längen, Editierungsmasken direkt übernimmt bzw. auch Informationen über die Verwendung der Daten in der Verarbeitung direkt im Diktionär vermerkt.

T	L	Name	F	Len	S	D
	1	TITEL	A	30		D
	1	PLATTENTITEL	A	30		D
	1	KATEGORIE	A	2		D
	1	KOMPONIST	A	20		D
	1	ORCHESTER	A	20		D
	1	INTERPRET	A	20		
M	1	INDEX	A	15		D
	1	MEDIUM	A	3		D
	1	HERSTELLER	A	20		D

Abb. 8.18 Ausschnitt aus dem NATURAL Diktionär mit Datenelementen der Datenbank

Für den Zugriff auf relationale Datenbanken sind SQL Anweisungen in die NATURAL Sprache integriert und auch hier werden die Datensichten aus der Datenbank direkt für die Verarbeitung verfügbar gemacht, und die nötige Struktur zur Verarbeitung der selektierten Menge steht als Standardkonstrukt zur Verfügung.

```
DEFINE DATA LOCAL
   1 Person VIEW of Personnel
      2 Name
      2 First-Name
      2 Age
END-DEFINE
SELECT * INTO VIEW PERSON FROM SQL.Personnel
.
Verarbeitung
.
END-SELECT
```

Abb. 8.19 SQL Anweisung eingebettet in ein NATURAL Programm

Erstellung von Listen mit nicht prozeduraler Verarbeitung

Für die Aufbereitung von selektierten Daten zu Listen und Übersichtstabellen bietet NATURAL – durch seine Erstimplementierung als Reportgenerator – entsprechende Anweisungen, die diese Formatierung direkt ermöglichen. Besonders in diesem Bereich der Funktionalität tun sich bisher objektorientierte Systeme besonders schwer, indem die Aufbereitung von Daten detaillierte Programmierung erfordert. Dies gilt auch für Visual BASIC.

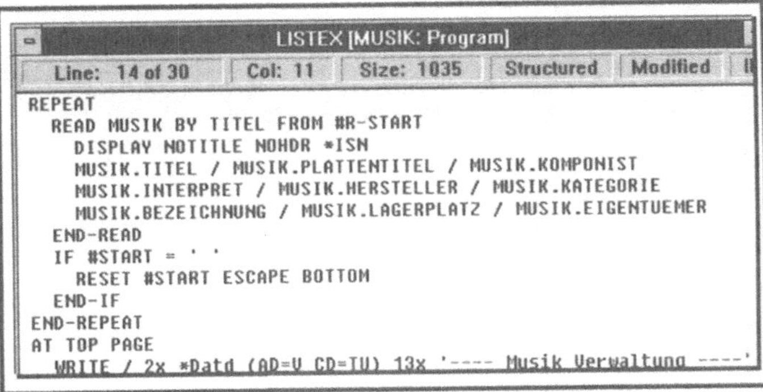

Abb. 8.20 Programmteil zur Erzeugung einer Liste mehrer Datensätze aus der Datenbank mit setorientierter Verarbeitungslogik

Neben der einfachen Aufbereitung selektierter Daten zu Listen können für deren Darstellung an der Nutzeroberfläche nichtprozedurale Anweisungen spezifiziert werden, die z.B. Aktionen beim Anfang oder am Ende einer Seite ermöglichen. Zum Beispiel erzeugen die Anweisungen im vorstehenden Beispiel die Ausgabe einer Liste mit einer Eingabeaufforderung am Ende der Seite, so daß jeweils während der Bearbeitung einzelne Sätze für eine Detailanzeige bzw. Änderung ausgewählt werden können oder aber die Anzeige der Liste neu positioniert werden kann.

Im Vergleich zu konventionellen Programmiersprachen mit dem Fokus auf ‚reine' Implementierung von Paradigmen verfolgen Sprachen der vierten Generation immer das pragmatische Ziel, oft in Aufgabenstellungen benötigte Funktionen in möglichst knappen Anweisungen mit hoher Funktionalität zu fassen, und damit den Aufwand für die ‚Programmierung' und das damit einhergehende Fehlerrisiko wesentlich zu vermindern.

```
END-REPEAT
AT TOP PAGE
   WRITE / 2x *Datd (AD=V CD=TU) 13x '---- Musik Verwaltung ----'
      (GRV) FUNKT 8X *TIME (EM=XXXXX AD=V CD=TU) / '_'(74) / ' '
   MOVE MUSIK.TITEL TO #R-START
END-TOPPAGE
AT END PAGE
  INPUT USING MAP 'LISTHEAD'
  IF #NUMMER ne 0
    MOVE #R-START TO #START  PERFORM DETAIL  ESCAPE BOTTOM
  END-IF
  IF #START NE ' '
    MOVE #START TO #R-START  ESCAPE BOTTOM
  END-IF
  DECIDE| ON EVERY *PF-KEY
   VALUE 'PF10' FETCH 'ERF-PGM'
   NONE INPUT (AD=O) 'Ungueltige Funktion' FETCH 'LISTE'
  END-DECIDE
END-ENDPAGE
END
```

Abb. 8.21 Programmteil mit nichtprozedural ausgeführten Anweisungen beim Beginn/Ende einer ausgegebenen Seite

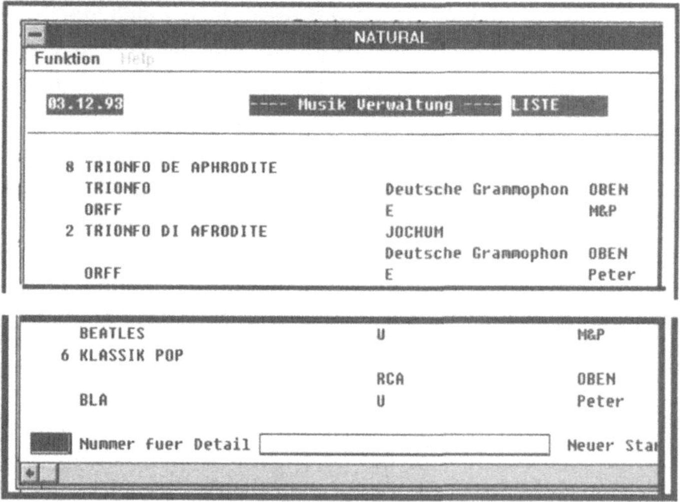

Abb. 8.22 Beispielausgabe des vorstehend beschriebenen Programms mit Listenausgabe und Eingabeaufforderung am Ende der Seite

Wie für die anderen Systeme soll auch NATURAL nach den eingangs definierten Kriterien bewertet werden:

Gestaltungsmöglichkeiten der Nutzeroberfläche
NATURAL enthält leistungsfähige Werkzeuge zur Gestaltung der Nutzerober-

fläche in einer zeichenorientierten Umgebung. In seiner vorliegenden Version auf MS-Windows kann NATURAL bzgl. der Gestaltung graphischer Elemente nicht mit den ‚modernen' Systemen wie Visual BASIC mithalten, es besteht aber auch keine grundsätzliche Schwierigkeit, die Funktionalität der Nutzeroberfläche entsprechend zu erweitern.

Das Prinzip der generischen Darstellungsobjekte, die direkt auf die internen Daten wirken können, ermöglicht eine Spezifikation der Oberfläche ohne Detailprogrammierung.

Möglichkeit zur Unterstützung der Analyse bzw. Prototyping

Zusammen mit den integrierten CASE Werkzeugen unterstützt NATURAL alle Arbeitsschritte von der Analyse mit Prototyping über den Test des entstehenden Systems bis zur kontrollierten Wartung und Veränderung. In diesem Bereich ist NATURAL im Vergleich zu anderen Sprachen bzw. Systemen sehr leistungsfähig.

Bezieht man das Diktionär-System PREDICT mit den zugehörigen CASE Werkzeugen in die NATURAL Umgebung mit ein, kann das System vollständige Anwendungslösungen aus wenigen Parametern generieren.

Verfügbare Datenstrukturen

Durch die Ableitung der NATURAL Datenstrukturen aus COBOL sind diese gut ausgeprägt und strukturiert. NATURAL bietet eingeschränkt die Möglichkeit, eigene Typen zu definieren.

Daten können in NATURAL als global, d.h. verfügbar für alle Programme und Module und lokal, d.h. verfügbar innerhalb eines Programmoduls spezifiziert werden. NATURAL unterscheidet in seiner Datendefinition zwischen Datensichten auf die Datenbank, die nur Attribute aus der Datenbank enthalten können, temporären Variablen und Parametervariablen. Für die Dimensionierung von Tabellen und Matrizen besteht die Möglichkeit der festen Dimensionierung bis zu drei Dimensionen, wobei bei der Definition bereits Initialisierungswerte spezifiziert werden können. Als Standarddatentypen steht eine breite Palette zur Verfügung, wobei beliebige Typkonvertierungen von Daten automatisch unterstützt werden.

Daneben entsprechen die NATURAL Datenstrukturen dem allgemein für kommerzielle Programmiersprachen Üblichen.

Im Bereich der Datenstrukturen ist NATURAL im Vergleich mit anderen Sprachen und Systemen sehr leistungsfähig.

Anschluß der Daten und Spezifikation der Bearbeitungslogik

NATURAL verfolgt generell den Ansatz, Daten für eine Bearbeitung durch eine andere Funktion möglichst nicht prozedural zu übertragen, sondern durch logisches Mapping zu übergeben. Dies gilt für den Anschluß der Ein-/Ausgabe, der Datenbank und auch der Übergabe zwischen Funktionsmodulen. Der NATURAL Ansatz zum Anschluß der Daten an die Bearbeitungslogik ist im Vergleich mit anderen Sprachen und Systemen sehr leistungsfähig.

Funktionen zum Anschluß an die Datenverwaltung

Der Anschluß an die Datenhaltung ist eine der wesentlichen Stärken des NATURAL Systems. NATURAL unterstützt eine breite Palette von Datenhaltungssystemen einschließlich ADABAS und relationalen DBMS. Für alle Formen der Datenspeicherung stehen nichtprozedurale Anweisungen zum Zugriff – Selektion und Projektion – und zur Aktualisierung zur Verfügung. Für die Verarbeitung von Selektionsmengen erzeugt und verwaltet NATURAL automatisch entsprechende Schleifenstrukturen.

Die NATURAL Lösung zum Anschluß der Datenverwaltung an die Verarbeitung ist im Vergleich mit anderen Sprachen und Systemen sehr leistungsfähig.

Werkzeuge zur Bearbeitung der Komponenten eines Softwaresystems

Wie bereits vorstehend ausgeführt enthält NATURAL alle Werkzeuge zur Bearbeitung der verschiedenen Komponenten einer Lösung und bietet eine Reihe von speziellen Editoren einschließlich eines interaktiven Testsystems.

Die Werkzeuge der NATURAL Umgebung sind im Vergleich mit anderen Sprachen und Systemen sehr leistungsfähig.

Dokumentation des erstellten Softwaresystems

Für die Dokumentation des erstellten Softwaresystems stehen in NATURAL umfangreiche Möglichkeiten zur Verfügung. Beginnend mit der integrierten CASE Umgebung kann bereits während der Analyse eine Strukturierung der Daten und Funktionen der Lösung erstellt werden, und es ist auch möglich, einen funktionsfähigen Prototyp zu implementieren, der dann für die Detailimplementierung verfeinert werden kann.

Da die Programmlogik nicht Code auf niederer Ebene darstellt, sondern eher in Form einer Spezifikationssprache formuliert ist, kann der Programmcode direkt als Detaildokumentation der Verarbeitungslogik dienen. Obige Beispiele belegen dies im Vergleich zu anderen Sprachen.

Weitere Komponenten der Dokumentation sind die Masken, welche die Nutzerschnittstelle dokumentieren.

Das integrierte Diktionär übernimmt die Dokumentation der Datenverwendung bis auf die Ebene eines einzelnen Attributs aus der Datenbank, der Verknüpfung der Komponenten und Programmstrukturen und der Verweise auf die Entitäten und Funktionsbausteine aus der Analyse. Da der NATURAL Compiler direkten Zugriff auf das Diktionär hat, erzeugt er alle nötigen Einträge für die Dokumentation der Softwarelösung automatisch und zuverlässig korrekt.

Die gesamte Dokumentation existiert nicht unabhängig neben dem erzeugten Softwaresystem, sondern das System enthält in sich eine Dokumentation von der Grobstruktur bis zur detaillierten Verarbeitungslogik mit allen Querverweisen.

Auch in diesem Bereich leistet NATURAL aufgrund seiner kommerziellen Orientierung mehr als konventionelle – auch objektorientierte – Programmiersprachen. Die Möglichkeiten der Dokumentation umfassen alle Schritte der Erstellung und sämtliche Komponenten der fertigen Lösung bis zur Verwendung des einzelnen Datenelementes.

Die NATURAL Funktionen zur Dokumentation der erstellten Softwarelösung ist im Vergleich mit anderen Sprachen und Systemen sehr leistungsfähig.

Änderung und Erweiterung des erstellten Softwaresystems

Durch die automatisch erzeugte vollständige Dokumentation und die ‚intelligenten' Editoren lassen sich NATURAL Lösungen mit geringem Aufwand und zuverlässig ändern und erweitern.

Funktionen zur Erstellung verteilter Lösungen im Client/Server Umfeld

Da NATURAL als System automatisch die Verarbeitungsumgebung für einen Nutzer im Sinne der Instanzierung eines Objekts verwaltet, können NATURAL Lösungen auch über mehrere – auch heterogene – Rechnerknoten verteilt werden. Dafür bietet NATURAL einmal die Portierbarkeit der Funktionalität über eine breite Palette von operativen Plattformen und daneben die transparente Kommunikation zwischen den einzelnen Komponenten. So kann z.B. der Aufruf eines Unterprogramms sich auf ein Programm in demselben Knoten beziehen oder aber auch auf eines, welches entfernt auf einem anderen Knoten implementiert ist. NATURAL übernimmt transparent die Kommunikation zwischen den Programmteilen und die Aktivierung des Unterprogramms auf dem Zielknoten. NATURAL enthält transparent die Funktionalität eines ‚Remote Procedure Calls RPC', welcher in konventionellen Sprachen über besondere Schnittstellen und Precompiler angeschlossen werden muß. In diesem Bereich ist NATURAL sehr leistungsfähig.

Zusammenfassung

Wie bereits eingangs festgestellt, ist NATURAL keine objektorientierte Programmiersprache. NATURAL besitzt eine hohe Funktionalität für die Erstellung von kommerziellen Lösungen auf einer breiten Palette von operativen Plattformen. NATURAL ist aufgrund der Programmierung als Spezifikation auf hoher Abstraktionsebene, des leichten Zugriffs auf Daten aus verschiedenen

Datenhaltungssystemen mit nichtprozeduralen Anweisungen und der guten –
teilweise automatisch erzeugten – Dokumentation der fertigen Softwarelösung
für die Erstellung von kommerziellen Softwaresystemen besonders geeignet.

NATURAL soll mit seiner Programmstruktur als Grundlage für die später
darzustellende integrierte objektorientierte Softwareentwicklungsumgebung
dienen. Diese soll als Erweiterung des bestehenden NATURAL Systems dargestellt werden, auch um zu zeigen, daß aus traditionellen Programmiersprachen leistungsfähige und ‚reine‘ objektorientierte Sprachen abgeleitet
werden können.

8.8   Objektorientierte Erweiterungen für NATURAL

Ausgehend vom System NATURAL in seiner heutigen Form sollen objektorientierte Erweiterungen für dieses System definiert werden. Ziel ist es, aufbauend auf den jeweils besten Eigenschaften aller oben behandelten Systeme
ein objektorientiertes System mit besonderer Eignung für die Lösung von Aufgabenstellungen im kommerziellen Umfeld zu schaffen.

NATURAL wurde aus verschiedenen Gründen als Basis für den Entwurf gewählt: ausgeprägte Datenstrukturen, nichtprozedurale Spezifikation von Verarbeitungsfunktionen, flexible Anpassung an verschiedene operative Umgebungen, gute Dokumentation mit integrierter CASE Funktionalität.
Daneben hat NATURAL seine Leistungsfähigkeit für Lösungen im kommerziellen Umfeld vielfach bewiesen. Letztlich soll nicht verheimlicht werden, daß der
Autor zu dem System eine besondere Beziehung besitzt.

Das enstehende System soll auch dazu dienen können, als Sprache mit einem
objektorientierten DBMS verkoppelt zu werden und damit ein Objektverwal-
tungssystem DBMS zu schaffen. Dazu sind besonders die Datendefinitionen
so zu fassen, daß sie gleichzeitig die Datenstrukturen des OODBMS abbilden
können.

Um die eingangs dargestellte geschichtete Grundstruktur kommerzieller Lösungen mit Datenverwaltung, Datenbearbeitung und Datendarstellung auf allen Ebenen unterstützen zu können, muß ein objektorientiertes System Funktionalität für alle Schichten bieten: Darstellung, Verarbeitung mit transparenter
Verteilung der Verarbeitung auf mehrere Rechnerknoten und Datenhaltung
bzw. Anschluß an bestehende Datenhaltungssysteme.

Mit den vorgeschlagenen Erweiterungen für das System NATURAL sollen
Funktionen für alle geschilderten Bereiche geschaffen werden. Dabei soll neben
der Einhaltung des objektorientierten Paradigmas auch das Prinzip der vierten

Generation beibehalten werden zur Schaffung von Standardfunktionalität für oft benötigte Funktionen.

Die für das NATURAL System vorgeschlagenen Erweiterungen umfassen:

- Erweiterung der Datenstrukturen und Datentypen
- Definition von Eigenschaften für Attribute des OBMS und Variablen
- Schaffung von Darstellungsobjekten
- Schaffung gekapselter Objekte des OBMS
- Spezifikation neuer Anweisungen
- Einführung eines Klassenkonzeptes mit Vererbung

Sie werden in Kap. 12 im Detail dargestellt.

8.9   Zusammenfassung

Wie die Darstellung der Eigenschaften objektorientierter Sprachen und Systeme und die Überprüfung auf Erfüllung einiger Eigenschaften zeigen, die für eine objektorientierte Softwareentwicklungsumgebung wünschenswert wäre, fehlen den typischen objektorientierten Sprachen diese Eigenschaften zumeist.

Es erscheint also sinnvoll für den Entwurf einer integrierten objektorientierten Softwareentwicklungsumgebung auch nicht objektorientierte Systeme in Betracht zu ziehen, um die Erfahrung dieser Systeme bei der Lösung kommerzieller Aufgabenstellungen nutzen zu können.

9. Konventionelle und objektorientierte Datenbankverwaltungssysteme

Datenbankverwaltungssysteme (DBMS Data Base Management System) stellen heute eine wesentliche Funktionalität für fast alle kommerzielle und viele technische Anwendungssysteme dar.

Objektorientierte Datenbankverwaltungssysteme (OODBMS Object Oriented Database Management System) entwickeln sich aus unterschiedlichen Richtungen [Bancilhon 88]:

- Sprachenorientierte DBMS
- Persistente Programmiersprachen
- Konstruktionsdatenbanksysteme
- Voll objektorientierte Datenbankverwaltungssysteme

Sprachenorientierte Systeme erfordern, daß das Datenmodell der Programmiersprache mit dem des DBMS übereinstimmt. Die Datentypen des DBMS und die der Programmiersprache sind also dieselben. Daten werden zwischen der Verarbeitung und der Datenbank über ‚read‘ und ‚Write‘ Operationen ausgetauscht. Persistente Daten sind also in der Datenbank gespeichert und transiente Daten in der Programmiersprache, z.B. C++ als Programmiersprache mit einem DBMS, welches C++ Datentypen aufnehmen kann.

Persistente Programmiersprachen sind solche, die über eine persistente Verwaltung für Daten verfügen, z.B. C++ mit einem persistenten Compiler. Diese Systeme unterdrücken den ‚impedance mismatch‘ zwischen der Programmierumgebung und der Datenspeicherung. Sie treten nicht als eigentliches DBMS in Erscheinung sondern die Funktion des DBMS ist einfach in der Programmiersprache vorhanden. Persistenz kann hier für ein Objekt explizit erklärt werden, d.h. daß jedes instanzierte Objekt auch persistent gespeichert wird, oder sie kann sich für ein Objekt ergeben, indem ein Root Segment eines Objekts als persistent deklariert ist und damit alle abhängigen Teile persistent werden.

Konstruktionsdatenbanksysteme sind meist eingebettet in entsprechende CAX Umgebungen und erfüllen spezielle Funktionen, wie sie in einer Konstruktionsumgebung benötigt werden.

Voll objektorientierte Datenbanksysteme unterstützen objektorientierte Datenmodellierung und sind im Prinzip echte Datenbankverwaltungssysteme, d.h. unabhängig von einer Programmiersprache. Sie enthalten:

- ein vollständiges Datenbankmodell mit Funktionen wie Set Manipulation und assoziativer Zugriff
- ein objektorientiertes Datenmodell welches: komplexe Objekte, Objektidentität, Kapselung (Geheimnisprinzip), Klassen, Vererbung, spätes Binden, vollständige Verarbeitung und Erweiterbarkeit unterstützt
- eine volle Daten Definitionssprache (DDL) mit Schema Manipulationen
- die Fähigkeit beides: die Daten (Objekte) und Metadaten (Klassen und Methoden) zu speichern und zu manipulieren
- eine Abfragesprache, die vollständig ist, deklarativ, Set Manipulation enthält und Optimisierung unterstützt
- logische und physische Datenunabhängigkeit bietet
- sehr große Datenmengen verwalten kann
- die Möglichkeit bietet, vollständige Anwendungen in einer einzigen Umgebung zu entwickeln

Ein OODBMS soll hier als ‚voll objektorientiertes‘ Datenbanksystem verstanden werden aus der Weiterentwicklung konventioneller DBMS und nicht als völlig neuer Ansatz basierend auf der objektorietierten Programmierung. Dennoch soll es auch gerade den Aspekt der ‚aktiven‘ Verwaltung von Daten und Verarbeitungsoperationen (Methoden) durch eine objektorientierte Programmiersprache mit einschließen.

Daten eines OODBMS müssen in dem Sinne definiert werden, daß sie sowohl Daten als auch Methoden als Attributwerte enthalten können, um mit der Bezeichnung ‚Objektorientiertes Datenbankverwaltungssystem‘ die Funktion zutreffend zu beschreiben.

Das folgende Kapitel soll die Entwicklung der DBMS aus konventionellen Systemen in Richtung auf objektorientierte OODBMS darstellen.

9.1   Definition des OODBMS

Während die Definition für relationale DBMS durch die relationale Algebra theoretisch festgelegt ist, existiert für objektorientierte Datenbankverwaltungssysteme keine entsprechend klare theoretische Fundierung.

Relationale DBMS haben sich ausgehend von der Theorie langsam in Richtung auf eine praktische und praktikable Implementierung entwickelt.

Dabei wurden praktische Implemetierungen von DBMS, die relationale Prinzipien verwirklichen, jedoch nicht auf der Theorie basieren – wie z.B. ADABAS, DATACOM, MODEL 204, SESAM für lange Zeit ignoriert und mit den ersten Implementierungen wie z.B. ‚System R' von IBM [Asrahan et al. 76,80] praktische Erfahrungen nachvollzogen, die eigentlich seit langem vorlagen.

So wurden auch die Erkenntnisse aus den 60er Jahren mit ‚voll invertierten Listen'Systemen nicht beachtet, die bereits damals eine völlige Invertierung der Daten in Tupel aus Gründen mangelhafter Leistungsfähigkeit (Durchsatz) als nicht praktikabel bewiesen. Auch wurden erst spät leistungsfähige Techniken für die Selektion nach komplexen Kriterien in großen Datenbeständen in relationalen Systemen entwickelt, die letztlich den seit langem bekannten Techniken aus Systemen mit invertierten Listen vergleichbar sind [Asrahan et al. 76,80], [SAG ADABAS].

Aus der Entwicklung relationaler Systeme kann festgestellt werden, daß ein ‚rein' relationales System, welches die Theorie Codd's vollständig abbildet, bis heute wegen der Nichtverträglichkeit von Theorie und praktischer Machbarkeit nicht verwirklicht wurde.

Objektorientierte Systeme nehmen im Vergleich dazu eine entgegengesetzte Entwicklung. Aus einer Vielzahl von praktischen Prototypen und Teilimplementierungen als Ansatz entwickelt sich hier langsam eine konsistente Definition für ein objektorientiertes Datenbankverwaltungssystem, wobei diese auf praktischen Anforderungen basiert und bekannte Techniken bewußt einbezieht und evtl. nur mit einem neuen Verständnis der Objektorientierung interpretiert.

Diese Entwicklung ist dem objektorientierten Grundansatz gemäß, der sich die Orientierung an der realen Welt zur Leitlinie gemacht hat.

Für die Definition eines objektorientierten Datenbankverwaltungssystems existieren z.Zt. Vorschläge in Form des „OODBMS Manifesto" [Atkinson et al. 89] und den „10 Rules for Object Oriented Entity/Relationship DBMS" [Chen 89].

Im folgenden sollen die bestehenden Regeln für objektorientierte DBMS neben denen für relationale gegenübergestellt werden, um Gemeinsamkeiten bzw. Unterschiede besser erkennen zu können.

9.1.1 Die Regeln für ein relationales DBMS [Codd 70]

0. Ein RDBMS muß in der Lage sein, Datenbanken alleine über seine relationalen Funktionen zu verwalten.
1. Information
   Alle Informationen einer relationalen Datenbank werden auf der logischen Ebene explizit auf genau eine Art und Weise dargestellt, nämlich als Werte in einer relationalen Tabelle.

2. Garantierter Zugriff
   Der Zugriff auf jeden atomischen Wert in einer relationalen Datenbank wird garantiert durch eine Kombination von Tabellenname, Primärschlüsselwert und Spaltenname.

3. Semantisches Vorgehen bei fehlenden Informationen
   Nullwerte, d.h. das Nichtvorhandensein eines Wertes wird besonders abgebildet. Nullwerte sind vom Datentyp der fehlenden Information unabhängig. Für Nullwerte sind bestimmte manipulative Funktionen vorhanden.

4. Dynamischer Online Katalog auf der Grundlage des relationalen Modells
   Die Beschreibung der Datenbank erfolgt auf der logischen Ebene auf dieselbe Art und Weise wie die Darstellung normaler Daten, so daß dieselbe relationale Sprache wie bei normalen Daten auch für deren Abfrage benutzt werden kann.

5. Umfassende Daten Subsprachen
   Ein RDBMS muß mindestens eine Sprache unterstützen, die folgende Bedingungen erfüllt: Datendefinition, Datensichtdefinition, Datenmanipulation, Integritätszwang, Autorisierung, Transaktionsbegrenzung.

6. Aktualisierbarkeit von Datensichten
   Das RDBMS enthält einen Algorithmus für die Entscheidung (zur Zeit der Datensichtdefinition), ob in der Datensicht Tupel eingefügt, gelöscht oder aktualisiert werden dürfen.

7. Einfügen, Löschen, Aktualisieren auf hoher Ebene
   Die Möglichkeit, eine Basisrelation oder eine abgeleitete Relation als einfachen Operanden zu behandeln, bezieht sich nicht nur auf das Retrieval, sondern auch auf das Einfügen, Löschen und Aktualisieren von Daten.

8. Physische Unabhängigkeit von Daten
   Programme und Aktivitäten am Terminal bleiben unbeeinträchtigt, wenn Speicherdarstellung oder Zugriffsmethoden geändert werden.

9. Logische Unabhängigkeit der Daten
   Programme und Aktivitäten am Terminal bleiben unbeeinträchtigt, wenn beliebige informationserhaltende Änderungen an Basistabellen durchgeführt werden, die eine Nichtbeeinträchtigung theoretisch zulassen.

10. Unabhängigkeit der Integrität
    Die für eine bestimmte relationale Datenbank spezifischen Integritätsbeschränkungen müssen in der relationalen Subsprache definierbar sein und im Datenkatalog (nicht in den Anwendungsprogrammen) gespeichert werden.

11. Unabhängigkeit bei Verteilung
    Das RDBMS ist im Hinblick auf die Verteilung der Datenbestände unabhängig.

12. Unversehrtheit

Falls ein relationales System über eine Low Level Sprache verfügt, darf es damit nicht möglich sein, die in der Subsprache des RDBMS spezifizierten Integritätsregeln zu unterlaufen bzw. zu umgehen.

9.1.2   Object Oriented Database Manifesto [Atkinson et al. 89]

1. Komplexe Objekte (Complex Objects)

Komplexe Objekte werden aus einfacheren durch Anwendung von Konstruktoren zusammengesetzt. Die einfachsten Objekte sind Integerzahlen, Gleitkommazahlen, logische Werte, Zeichen, Byte Ketten und andere atomare Typen.

Es existieren verschiedene Konstruktoren für die Bildung komplexer Objekte: Tupel, Sets, Behälter, Listen und Arrays als Beispiele. Minimal sollte ein System die Konstruktoren Set, Liste und Tupel unterstützen.

Objekt Konstruktoren müssen orthogonal sein: Jeder Konstruktor muß im Gegensatz zu den Konstruktoren des relationalen Modells auf jedes Objekt anwendbar sein.

2. Objektidentität (Object Identity)

Die Objektidentität ist unabhängig von Datenwerten und identifiziert das Objekt eindeutig.

Objektidentität ist von Bedeutung bei der eindeutigen Zuordnung von Objekten mit sonst identischem Inhalt und bei der Aktualisierung des Inhalts von Objekten, die über Beziehungen ausgewählt werden.

3. Kapselung (Encapsulation)

Kapselung ist nötig um die Spezifikation eines Objekts klar von der Implementierung zu trennen. Entsprechend dem Ansatz abstrakter Datentypen hat ein Objekt einen Schnittstellen und einen Implementierungsteil. Der Schnittstellenteil legt fest, welche Operationen mit welchen Parametern auf das Objekt angewandt werden können. Der Implementierungsteil hat einen Daten- und einen Prozedurteil, wobei der Datenteil den Status des Objekts darstellt, während der Prozedurteil die Implementierung der Operationen in einer Programmiersprache abbildet.

Die Datenbankinterpretation der Kapselung besagt, daß Daten und Prozeduren zusammen gekapselt werden. Dabei ist nicht völlig klar, ob die Struktur Teil des Schnittstellenteils ist oder nicht – dies ist abhängig vom einzelnen System.

Die Schnittstelle ist der einzig sichtbare Teil eines Objekts und stellt damit eine ‚logische Datenunabhängigkeit‘ her, die eine Veränderung der Implementierung des Objekts ohne Auswirkung auf den Nutzer des Objekts zuläßt.

4. Typen und Klassen (Types and Classes)
   Typen helfen in Programmiersprachen die Produktivität und Korrektheit bei der Erstellung von Systemen zu steigern. Sie legen entsprechend der Kapselung Schnittstellen und Implementierungsteil von Objekten fest. Klassen entsprechen Typen, unterscheiden sich jedoch dadurch, daß sie mehr auf die Ausführungszeit als die Spezifikation gerichtet sind. Klassen beinhalten zwei Aspekte, die ‚Objekt Fabrik‘, in der neue Objekte durch Ableitung aus Klassen geschaffen werden, und das ‚Objekt Lager‘, welches Instanzierungen von Objekten enthält. Klassen werden nicht genutzt, um die Korrektheit eines Programms zu prüfen, sondern vielmehr um Objekte zu erzeugen und zu manipulieren.

5. Klassen oder Typhierarchien (Class or Type Hierarchies)
   Vererbung ist ein Grundprinzip objektorientierter Systeme, das es erleichtert, eine klare und präzise Beschreibung der Welt zu erstellen und Gemeinsamkeiten von Spezifikationen und Implementierungen zu erkennen. In einem objektorientierten System sind alle Objekte in Klassenhierarchien geordnet und erben jeweils gemeinsame Eigenschaften von einem Objekt aus einer höheren (allgemeineren) Klasse.
   Es existieren verschiedene Arten der Vererbung wie: Ersetzung, Einschließung, Einschränkung und Spezialisierung.

6. Überschreiben, Überladen und spätes Binden (Overriding, overloading and late binding)
   Überschreibung besagt, daß mehrere unterschiedliche Operationen für verschiedene Typen von Objekten spezifiziert und dann abhängig von der individuellen Ausprägung ausgewählt werden.
   Überladen bedeutet, daß ein Programm für eine Operation direkt abhängig vom Typ des individuellen Objekts geladen wird.
   Spätes Binden bewirkt, daß die Beziehung zwischen logischem Programmnamen und der Programmlokation erst zur Ausführungszeit und nicht während der Compile Zeit hergestellt wird.

7. Vollständige Verarbeitung (Computational completeness)
   Vollständige Verarbeitung besagt, daß jede verarbeitbare Funktion in der Datenmanipulationssprache des Systems dargestellt werden kann. Diese Forderung ist für Programmiersprachen offensichtlich, stellt jedoch für Datenbanksysteme eine Neuheit dar, wo z.B. SQL keine vollständige Verarbeitung erlaubt.

8. Erweiterbarkeit (Extensibility)
   Ein Datenbanksystem wird bereits mit einer Menge vorgefertigter Typen geliefert. Erweiterbarkeit besagt, daß der Nutzer neue Typen definieren und diese genauso wie die vorgefertigten benutzen kann ohne einen Unterschied bei der Nutzung zu bemerken.

9. **Permanente Speicherung (Persistence)**
   Jedes Objekt, unabhängig von seinem Typ, kann in seinem aktuellen Zustand ohne Transformation permanent gespeichert werden. Diese Speicherung sollte implizit sein, d.h. der Nutzer sollte nicht explizit Daten übertragen oder kopieren müssen, um eine permanente Speicherung zu erreichen.

10. **Verwaltung des Sekundärspeichers (Secondary storage management)**
    Der Nutzer sollte keinen Programmcode erstellen müssen, um Daten zwischen Platten und Hauptspeicher auszutauschen, d.h. es besteht eine klare Trennung von logischer und physischer Ebene des Systems.

11. **Parallelnutzung (Concurrency)**
    Das System sollte – entsprechend den Möglichkeiten heutiger Datenbankverwaltungssysteme – die Parallelarbeit mehrerer Nutzer ermöglichen.

12. **Wiederherstellung (Recovery)**
    Nach einer Störung des Betriebs sollte das System entsprechend den Möglichkeiten moderner Datenbankverwaltungssysteme die Wiederherstellung eines kohärenten Status ermöglichen.

13. **Adhoc Informationsgewinnung (Adhoc Query Facility)**
    Das System sollte die Funktionalität einer adhoc Abfragesprache bieten. Dabei ist der Maßstab natürlich die Abfragemöglichkeit relationaler Systeme.

9.1.3 Ten Rules for Object Oriented Entity/Relationship DBMS [Chen 89]

1. **Vollständige Information (Complete Information)**
   Alle Information in einem OO/ERDB ist repräsentiert in Form von Entitäten, explizit dokumentierten Beziehungen, Attributen/Werten (einschließlich Regeln/Prozeduren) und eindeutig systemverwalteten Identifikatoren.

2. **Eindeutiger systemverwalteter Identifikator (Unique System Identifier)**
   Alle Objektausprägungen müssen eindeutig durch einen vom System verwalteten Identifikator identifiziert sein.

3. **Explizite Beziehungen (Explicit Relationships)**
   In einem OO/ERDB müssen alle Beziehungen, die zwischen Entitäten der realen Welt existieren können, abbildbar sein und bewahrt werden können. Diese Beziehungen müssen unabhängig von Datenwerten einer Entität bzw. Objekts existieren können.

4. **Generalisierung, Spezialisierung und Vererbung**
   Objekte müssen in einem OO/ERDB aus anderen Objekten durch Spezialisierung abgeleitet werden. Objekte auf niederer Ebene müssen die Eigenschaften von solchen auf höherer Ebene erben.

5. Aggregation (Aggregation)
   Es muß möglich sein, zusammengesetzte Objekte aus Ausprägungen anderer Objekte und deren expliziten Beziehungen erzeugen zu können.
6. Selbstdefinierte Datenbank (Self Defined Data Base)
   Eine OO/ERDB Datenbank muß nicht nur Daten, sondern auch deren Definitionen – Entitäten, Beziehungen und Identifikatoren – beinhalten.
7. Umfangreiche Integrität (Comprehensive Integrity)
   Ein OO/ERDB muß semantische Integrität für Entitäten und Beziehungen erhalten. Daneben muß es dem Nutzer die Definition von neuen Typen erlauben, um auch eine nutzerdefinierte Integrität zu garantieren.
8. Datenmanipulation (Data Manipulation)
   Die Operationen SELECTION und PROJECTION sind ohne Einschränkungen verfügbar, die Operation JOIN kann nur auf der Basis expliziter Beziehungen angewandt werden.
9. Implizite Auswertung von Beziehungen
   Es muß möglich sein, Objekte aus einer Struktur von Objekten selektieren zu können, ohne die Beziehungen zwischen den Objekten explizit spezifizieren zu müssen.
10. Rekursive Suche (Recursive Retrieval)
    Es muß möglich sein, rekursive Suche und komplexe Suche unter Systemkontrolle basierend auf den explizit spezifizierten Beziehungen durchführen zu können.

9.1.4   Gegenüberstellung der Kriterien aus dem Manifesto mit den Regeln von Chen und Codd:

OODBMS Manifesto	OO/ERDB Chen	RDBMS Codd
Complex Objects	Aggregation	
Komplexe Objekte	Aggregation	
Object Identity	Unique Identifier	
Objektidentität	Eindeutiger Identifikator	
Encapsulation		Log. Data Independance
Kapselung		Log. Datenunabhängigk.
Types and Classes		
Typen und Klassen		
Class or Type Hierarchies	Inheritance	
Klassen/Typen Hierarchie	Vererbung	
Overriding, Late Bind		
Überschreibung, spätes Binden		
Computational Complete		
Vollständige Bearbeitung		

OODBMS Manifesto	OO/ERDB Chen	RDBMS Codd
Extensibility Erweiterbarkeit		High Level Updating Aktualis. hoher Ebene
Persistence Permanente Speicherung		
Secondary Storage Mgmnt Verwaltung der Sekundärspeicher		Phys.Data Independance Phy. Datenunabhängigk.
Concurrency Parallelnutzung		
Recovery Wiederherstellbarkeit		
Adhoc Query Adhoc Informationsgew.	Data Manipulation Datenmanipulation	Database Language Datenbank Sprache
	Complete Information Vollständige Information	
	Explicit Relationships Explizite Beziehungen	
	Self Defined Data Base Selbstdef. Datenbank	Dynamic Online Catalog Dynam. Online Katalog
	Comprehensive Integrity Umfangreiche Integrität	Integrated Integrity Integrierte Integrität
	Implicit Relationships Implizite Beziehungen	
	Recursive Retrieval Rekursive Suche	
		Information Represent. Informationsdarstellung
		Guaranteed Access Garantierter Zugriff
		Null Value Support Nullwertunterstützung
		Database Language Daten Subsprachen
		Updatability of Views Aktualisier. Datensicht.
		Distribution Independ. Unabh. bei Verteilung
		Integrity low level acc. Unversehrtheit

Die Gegenüberstellung zeigt folgendes Ergebnis:

Jeder der drei Kataloge definiert bestimmte Kriterien, die den Autoren aus der Sicht des jeweils betrachteten Teilbereiches als wichtig erscheinen.

Keiner der Kataloge liefert eine umfassende Spezifikation aller Kriterien, die für ein Datenbankverwaltungssystem des jeweiligen Typs vollständig sind [Atkinson et al. 89].

Es gibt Übereinstimmungen einiger Kriterien zwischen den beiden Definitionen für ein objektorientiertes DBMS als auch zu der Definition für ein relationales DBMS.

Das ‚Manifesto‘ konzentriert sich auf: Strukturierte Objekte, Objektidentifikator, Kapselung, Typen/Klassen Vererbung, vollständige Verarbeitung aber auch adhoc Informationsgewinnung.

Chen's zehn Regeln konzentrieren sich auf: Objekt Identifikator, explizite Beziehungen, rekursive Suche, strukturierte Objekte, umfangreiche Integrität.

Codd's zwölf Regeln konzentrieren sich auf: Atomische Informationsdarstellung in Normalform, Nullwertunterstützung, Datenbanksubsprache, Datensichten, Integrität.

Die Definitionen für objektorientierte und relationale DBMS im Vergleich:

Die Definitionen für OODBMS und RDBMS widersprechen sich in folgenden Punkten: Strukturierung vs. Normalisierung der Information, Objektidentifikator vs. wertebasierte Identifikation über Primärschlüssel, explizit definierte vs. implizit über Werte dargestellte Beziehungen, Datenbanksubsprache vs. vollständige Verarbeitung, Kapselung vs. offene DatenTabellen. Bemerkenswert ist die Tatsache, daß auch die Definition für ein objektorientiertes DBMS die Forderung nach einer adhoc Informationsgewinnungssprache beinhaltet.

Im folgenden soll versucht werden, die Widersprüche zwischen den beiden Systemtypen aufzulösen:

Strukturierung vs. Normalisierung

Die Forderung nach Normalisierung entspringt dem Ansatz, durch Anwendung von Regeln für die Analyse von Datenbeschreibungen Redundanzen in Datenbeständen zu vermeiden. Die Speicherung von Daten in tabellarischer Form erfordert einen derartigen Ansatz, da das Verständnis für die Entitäten bzw. Objekte in ihrer Gesamtheit bei der Speicherung verlorengeht.

Läßt man jedoch zu, daß die Struktur der Daten der Struktur von realen Objekten entspricht, ergibt sich automatisch, daß Redundanzen vermieden bzw. sichtbar gemacht werden. Die Darstellung von Datenobjekten in strukturierter Form ermöglicht eine wesentlich bessere Abbildung der realen Welt und ist damit der relationalen Sicht überlegen. Schek, Dadam et al. [Schek et al. 82], [Dadam et al. 86] haben mit ihrem NF2 Datenmodell, welches flache Relationen durch hierarchisch strukturierte ersetzt bereits wesentliche Grundlagen für ein strukturiertes Datenmodell geschaffen.

Es ist auch auf der Basis strukturierter Datenhaltung möglich, an der Benutzerschnittstelle eine relationale Datenstruktur abzubilden und damit den Auftrag des relationalen DBMS zu erfüllen, d.h. für den Benutzer flexibel handhabbare Datensichten zu schaffen.

Objektidentifikator vs. wertebasierte Identifikation

Das Fehlen des Konzepts eines systemverwalteten Identifikators im relationalen DBMS ist verständlich, da ein relationales System den Objektbegriff als Entität nicht kennt. Zwar kann ein relationales System über den eindeutigen ,primary key' einzelne Tupel eindeutig identifizieren, nicht jedoch aus den einzelnen Tupeln ein eindeutig identifiziertes und strukturiertes Objekt identifizieren. Bei manchen Systemen werden wegen fehlenden eindeutigen ,primary key' Tupel mit identischen Dateninhalt nicht unterschieden oder sogar in manchen Fällen (Projektion) die ,doppelten' Tupel unterdrückt, obwohl sie nicht identisch sind.

Da die Abbildung der realen Welt die Unterscheidung von Objekten erfordert, die in ihren erfaßten Datenwerten identisch sind, muß das Konzept des systemverwalteten Identifikators als leistungsfähiger zur Abbildung des Datengehalts der realen Welt eingestuft werden. Nur so können Beziehungen zwischen Objekten zuverlässig richtig abgebildet werden.

Explizite vs. wertebasierte Beziehungen

Wie bereits im vorstehenden beschrieben, verleitet die Identifikation über Werte von Attributen zu falschen Aussagen über die Identität. Gleiches gilt für Beziehungen, die auf der Basis von Werten geknüpft werden. Ohne explizit definierte Beziehungen können in einem Datenbestand beliebige Fehlverknüpfungen auftreten und damit falsche Aussagen gemacht werden.

Beziehungen auf Wertebasis können evtl. noch durch den Endnutzer kontrolliert werden, der unmittelbar sieht, was miteinander verknüpft wird. Erfahrungen zeigen jedoch bereits hier, daß leicht falsche Aussagen aus Datenbeständen abgeleitet werden. Die persistente Verwaltung von Beziehungen zwischen Objekten durch das System kann nur auf der Basis von expliziten Beziehungen erfolgen, da hier sonst keinerlei weitere Prüfung evtl. durch die ,Intuition' des Nutzers mehr erfolgen kann.

Datenbanksubsprache vs. vollständige Verarbeitung

Die Abbildung von Objekten mit ihrem statischen Datenanteil und den dynamischen Methoden velangt, daß eine vollständige Verarbeitung als Teil der Objektbeschreibung erfaßt werden kann. Die Forderung nach vollständiger Verarbeitung widerspricht nicht der Forderung nach einer Datenbanksubsprache, sondern erweitert diese nur zu einer Sprache, die vollständige Verarbeitung erlaubt.

Kapselung vs. offene Datentabellen

Während sich das relationale Datenmodell nur mit Daten befaßt, hat das objektorientierte Modell zum Ziel, Objekte mit ihrem Daten- und Methodengehalt zu beschreiben und dem Nutzer über eine definierte Schnittstelle ‚gekapselt' zur Verfügung zu stellen. In Erweiterung des ‚View' Begriffs kann man diesen als Kapselung interpretieren und damit auch hier eine Annäherung der objektorientierten und relationalen Prinzipien erreichen.

Schlußfolgerung

Während es auf den ersten Blick so erscheint, als verfolgten relationales und objektorientiertes Modell völlig unterschiedliche Ansätze, kann man nach der Gegenüberstellung feststellen, daß das relationale Modell als Untermenge des objektorientierten interpretiert werden kann und hier den Informationsgewinnungsteil gut abbildet. Es ist hingegen nur unter Mißachtung der fundamentalen Regeln der relationalen Theorie möglich, über eine ‚Weiterentwicklung' des relationalen Modells zu einem objektorientierten zu gelangen, da einige Axiome des relationelen Modells wie z.B. Normalform, Wertebeziehungen, Datensubsprache zu eng und speziell auf ‚Datenverwaltung' ausgelegt sind, statt der ‚Abbildung von Entitäten bzw. Objekten', wie sie in der realen Welt existieren.

Das objektorientierte Modell spricht die ‚Informationsgewinnung' nur am Rande als Anforderung an, ohne jedoch auf den Grund für die Notwendigkeit näher einzugehen.

Die Bedeutung von Informationsgewinnung aus persistent verwalteten Objekten wird klarer, wenn man berücksichtigt, daß es bei einem OODBMS nicht darum geht, eine begrenzte Zahl von Objekten zu verwalten, bei denen der Datengehalt in etwa gleichwertig zum Methodengehalt ist. Für ein OODBMS geht es vielmehr darum, eine sehr große Zahl von Objekten zu verwalten, die besonders in ihrem unterschiedlichen Datengehalt von Interesse für eine offene Informationsgewinnung sind, und wo der gekapselte Methodengehalt für viele Objekte identisch ist.

Es erscheint also sinnvoll, in das Verständnis eines OODBMS die Eigenschaften eines relationalen DBMS einzubeziehen und damit neben dem Zugriff auf das gekapselte Objekt auch getrennt den Zugriff auf den Datengehalt – wenn auch definitiv nur zur Informationsgewinnung – über entsprechende Datensichten (Views) zuzulassen.

9.2 Definition der Funktionalität traditioneller DBMS

Abbildung 9.1 zeigt das geschichtete Modell der einzelnen Funktionskomponenten eines konventionellen DBMS, die im folgenden näher beschrieben werden sollen. Basierend darauf soll dann untersucht werden, welche Funktionen ein OODBMS übernehmen kann und welche Funktionen anders bzw. darüberhinaus benötigt werden.

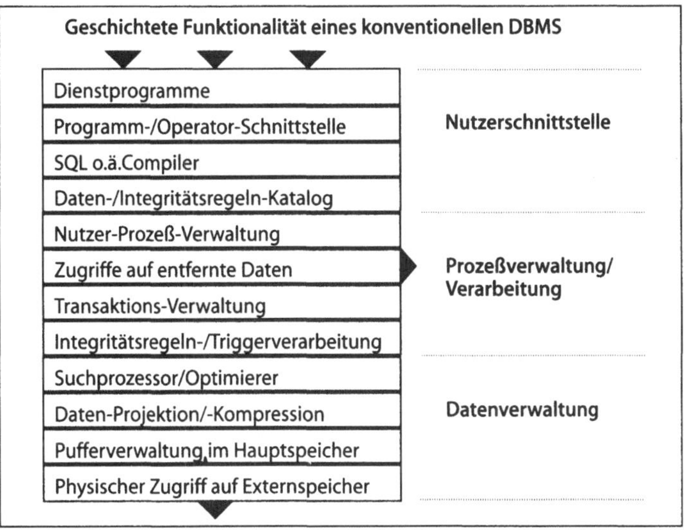

Abb. 9.1 Geschichtetes Modell der Funktionskomponenten eines DBMS

9.2.1 Dienstprogramme

Dienstprogramme dienen im wesentlichen dazu, große Datenbestände in die Datenbank einzubringen (Lader) und Datenbestände zu sichern bzw. wiederherzustellen. Aktuelle Techniken machen es möglich, Dienstprogramme parallel zum interaktiven Betrieb ablaufen zu lassen, auch wenn sie den Inhalt der Datenbank verändern, und damit einen 24 Stunden Betrieb der Datenbank zu ermöglichen.

9.2.2 Programm/Operatorschnittstelle

Als Programmschnittstelle hat sich SQL als Standard etabliert, was erwarten läßt, daß sich zukünftig benötigte Funktionen als Erweiterungen des SQL Standards darstellen werden (bereits sind SQL2 und 3 in der Diskussion für eine Normung). Dies wird nicht verhindern, daß auch proprietäre Erweiterungen von SQL entstehen werden. Der SQL Compiler ist in der Lage, SQL Anweisungen in Quellform entgegenzunehmen und unter Nutzung des Datenkatalogs sofort in ausführbaren Code umzuwandeln. Fortschrittliche Techniken erlauben es hier, einmal übersetzte Anweisungen zu verwalten und wiederzuverwenden, wenn dieselbe Anfrage erneut gestellt wird. Zur Identifikation der Anweisungen werden ‚Cursor' verwandt, die als logische Namen die Anweisung mit ihrem Stand der Bearbeitung kennzeichnen. Weit gefaßt kann man diese Selektionsanweisungen als generische Methoden interpretieren.

Andere Systeme [Sybase, Stonebraker 86] erlauben die Definition sog. ‚Stored procedures' innerhalb der Datenbank, welche komplexe Verarbeitung beinhalten können und dem Nutzer jeweils eine gekapselte Datensicht liefern.

Für die technische Kommunikation des Nutzerprozesses mit dem DBMS werden verschiedene Techniken angewandt, die jeweils zum Ziel haben, den Mehraufwand für die Kommunikation zwischen Prozessen zu minimieren. Fortschrittliche Systeme wie z.B. IBM DB2 erlauben es, daß die Aktivitäten des DBMS, soweit möglich unter dem Prozeß des Nutzers ablaufen. Dabei wird die Koordination zwischen den Nutzern über Einträge in Speicherbereichen geregelt, die gemeinsam für alle Nutzer im Zugriff stehen. Die Lösung der technischen Kommunikation zwischen Nutzerprozeß und DBMS entscheidet wesentlich über die Leistungsfähigkeit des Systems für Massendatenverarbeitung.

Die Operatorschnittstelle wird z.T. auch über spezielle SQL Anweisungen abgebildet, z.T. auch über spezielle Anweisungen z.B. zur Überwachung der Leistung des Systems bzw. des Verarbeitungsstatus einzelner Nutzeraufträge.

9.2.3 Daten/Integritätsregelnverwaltung, Zugriffsschutz

Integritätsregeln werden meist nicht in der Form freiformatierter Programme, sondern über formatierte Menüs spezifiziert. Sie definieren die Prüfung der Integrität von miteinander logisch verknüpften Datensätzen (Reihen in Tabellen) und auch in bestimmten Fällen die Wertebereiche (Domains) [SAPIENS 89], die ein Attribut annehmen kann. Integritätsregeln werden in Tabellen der Datenbank verwaltet.

Der Datenzugriffsschutz stellt im Prinzip eine Sonderform von Prüfregeln dar, die entweder nur den Zugriff auf einzelne Attribute (Spalten) oder aber auch auf Datensätze (Reihen) mit bestimmtem Wertinhalt in einzelnen Attributen prüfen und darauf basierend einzelnen Nutzern den Zugriff auf diese Daten gestatten oder verwehren.

9.2.4 Nutzerprozeß und Ressourcenverwaltung

Ein wesentliches Leistungsmerkmal von DBMS ist die Verwaltung von parallelen Zugriffen mehrerer Nutzer. Dafür müssen für den einzelnen Nutzer entsprechende Ressourcen (Prozessoren, Speicher, Tabelleneinträge) zur Verfügung gestellt werden. Moderne DBMS sind in der Lage, die Anforderungen vieler Nutzer parallel gleichzeitig auf verschiedenen eng gekoppelten Prozessoren eines Mehrprozessorsystems abzuwickeln. Nur wenige am Markt befindliche ‚alte' Systeme, die meist ihren Ursprung in der Großrechnerwelt – mit traditionell wenigen Prozessoren – haben, sind heute dazu noch nicht in der Lage. Üblich ist heute die Technik, daß Benutzeraufträge dynamisch und flexibel gleichmäßig über mehrere Prozessoren verteilt werden können, wobei dann jeder Prozessor die Aufträge eines Teils aller Nutzer bearbeitet.

Neben der Ressourcenverwaltung müssen für verschiedene Nutzer sequentielle Operationen dergestalt verwaltet werden, daß diese sich in mehreren Aufträgen an das DBMS jeweils auf den aktuellen Stand der Verarbeitung beziehen und dort fortfahren können, wo der vorige Auftrag geendet hat. Auch hier werden ‚Command Identifikationen' oder ‚Cursor' dazu verwandt, um diese ‚Mehrfachaufträge' zu kennzeichenen und einem Nutzer wieder zuordnen zu können.

9.2.5 Verwaltung von Zugriffen auf entfernte Daten

Einige Datenbanken wie DBMS ADABAS, ORACLE, SYBASE bieten die Möglichkeit, Daten über mehrere räumlich getrennte Rechner zu verteilen und damit sog. ‚verteilte Datenbanken' aufzubauen. Dazu enthält das DBMS einen Katalog der Verteilung und kann damit Aufträge an eine entfernte Datenbank absetzen.

Im wesentlichen geht es dabei um folgende Funktionen:

Zugriff auf entfernte Bestände transparent für den Nutzer;
Verteilte Transaktionen, die Bestände an mehreren Orten verändern;
Verteilt gespeicherte Bestände, die vom Nutzer logisch wie ein Gesamtbestand zu verarbeiten sind einschließlich komplexer Selektionen;
Replizierte Bestände, die denselben Datenbankinhalt an mehreren verteilten Orten identisch speichern und aktualisieren;

Es existieren verschiedene Verfahren [SAG ADABAS],[SYBASE] wie die Verfügbarkeit der einzelnen Datenbankteile untereinander kommuniziert werden.

Obwohl diese Technik verteilter Datenbanken bereits seit einiger Zeit verfügbar ist, sind nur wenige Anwendungslösungen entstanden, die verteilte Datenbanken wirklich nutzen.

9.2.6   Transaktionsverwaltung / LogSchreibung

Als Transaktionsbegriff hat sich für DBMS im Gegensatz zur OLTP Verarbeitung (Online Transaction Processing) die Definition der ‚logischen‘ Transaktion durchgesetzt. Dieser besagt, daß ein Nutzer beliebige Daten aus einer Datenbank mit der Intention für Veränderungen anfordern kann und ihm freisteht, wann er diese Veränderungen abschließt.

Prinzipiell erbringt die Transaktionsverarbeitung zwei unterschiedliche Leistungen für die Veränderung von Datenbeständen:

- Nutzerisolation zur Verwaltung der von einem Nutzer für Veränderungen angeforderten Datensätze (Reihen);
- Verwalten aller Veränderungen während einer Transaktion, so daß entweder bei erfolgreichem Abschluß alle Veränderungen angebracht sind oder bei Nichterfolg keine Veränderung.
  Für die Erzielung der Nutzerisolation existieren im wesentlichen zwei unterschiedliche Verfahren:
- Sperrverfahren, welche die von einem Nutzer für Veränderungen angeforderten Daten für andere Nutzer sperrt;
- optimistische Verfahren, die jedem Nutzer Zugriff gewähren und erst bei Eintreffen des Änderungsauftrages entscheiden, ob durch einen anderen Nutzer in dieser Zeit bereits eine Änderung durchgeführt wurde.

Sperrverfahren erzeugen das Problem des ‚Dead Lock‘, d.h. daß zwei Nutzer auf Daten warten, die der jeweils andere bereits gesperrt hat. Dabei muß für Sperrverfahren eine feine Granularität der gesperrten Ressourcen erreicht werden, da sonst durch Sperren einer zentralen Ressource wie z.B. eines Indexblocks auf hoher Ebene große Teile der Datenbank blockiert werden.

Hier hat sich inzwischen das Sperren auf Datensatz (Reihen) ebene [SAG ADABAS] durchgesetzt, nachdem wieder einige relationale Systeme längere Erfahrung bis zur Erreichung dieser bekannten Technik durchgemacht haben.

Optimistische Verfahren, die Daten nicht für einen Nutzer sperren, erzeugen das Problem, daß zu häufig eine Änderungstransaktion nicht erfolgreich beendet werden kann, weil ein anderer Nutzer in der Zwischenzeit Änderungen an denselben Daten durchgeführt hat.

Für alle Sperrverfahren ist wichtig, daß Teilveränderungen während der Abarbeitung einer Transaktion für andere Nutzer nicht sichtbar werden, jedoch für den auslösenden Nutzer jeweils bereits die geänderten Daten gezeigt werden.

Für die Log-Schreibung haben sich Verfahren durchgesetzt, die nur die tatsächlich veränderten Teile der Daten in das Log zu schreiben, das sind Werte für einzelne Attribute (Spalten). Das Log enthält alle Informationen, um eine Transaktion sicher bis zu Ende durchführen zu können, falls während der Schreiboperationen auf einem Externspeicher eine Störung auftritt oder aber alle Veränderungen wieder zurückzunehmen, falls die Transaktion wegen logischer Konflikte nicht erfolgreich zu Ende geführt werden kann. Nur einige alte Systeme müssen für die LogSchreibung noch ganze Datensätze oder gar ganze Datenblöcke auf Log schreiben.

Besondere Anforderungen stellt die Verarbeitung von Transaktionen in verteilten Datenbeständen. Da es hier nicht möglich ist, LogDaten mit einer Schreiboperation zuverlässig gleichzeitig für alle beteiligten Knoten auf Externspeicher zu sichern, muß ein sogenannter ‚Two Phase Commit‘ (Zweiphasenabschluß) der Transaktion eingerichtet werden, der es ermöglicht, in der ersten Phase an alle beteiligten Knoten die Anforderung zum Schreiben des Log zu kommunizieren und in der zweiten Phase alle für die Transaktion gehaltenen Daten wieder freizugeben. Störfälle zwischen den beiden Abschlußzuständen lassen sich damit durch Abwicklen der Transaktion ‚vorwärts oder rückwärts‘ in allen beteiligten Knoten logisch konsistent beheben.

9.2.7   Integritätsregeln und Triggerverarbeitung

Integritätsregeln stellen eine Untermenge der Triggerverarbeitung dar. Trigger werden an einzelne – auch virtuelle – Datenelemente angeknüpft und können beliebige Verarbeitungslogik – einschließlich des Zugriffs auf weitere Datensätze (Reihen) aus der Datenbank – beinhalten. Trigger werden angestoßen, indem bestimmte Attribute für die Verarbeitung ausgewählt oder aber indem Attributen Werte zugeweisen werden, die dann als Auswahl für eine bestimmte Verarbeitungsprozedur dienen können.

Die Verarbeitung von Triggern erfordert das Anstoßen einer Verarbeitung mit allen nötigen Ressourcen. Das bedeutet, daß ein modernes DBMS in der Lage sein muß, die Parallelarbeit von vielen Nutzern im Sinne eines Teilhabersystems zu verwalten. Ziel ist es dabei, für den einzelnen Nutzer sowenig Ressourcen wie möglich anzufordern und diese so kurz wie möglich zu belegen.

9.2.8   Suchprozessor/Optimierer und Indexstrukturen

Für relationale DBMS ist der Suchprozessor für die Selektion von Daten aus einem großen Bestand eine der wesentlichen Funktionen. Als Ergebnis der Selektion wird eine Menge oder ‚Set' von Datensätzen (Reihen) geliefert, der dann vom Nutzer verarbeitet werden kann.

Während Systeme basierend auf invertierten Listen wie ADABAS, MODEL 204, SESAM schon von Anfang an diese Selektion durch die Verknüpfung von invertierten Listen mit Satzidentifikationen ohne Zugriff auf die eigentlichen Datensätze durchgeführt haben, haben relationale Systeme für lange Zeit die Ergebnissets durch Lesen des Datenbestandes nach nur einem Index bzw. Schlüsselattribut ermittelt und die Technik der Verknüpfung mehrerer Indizes erst spät adaptiert. Diese Technik des Lesens der Sätze (Reihen) liefert bei kurzen Datensätzen gute Ergebnisse, versagt aber, wenn diese länger werden und damit die Zahl der Zugriffe auf Externspeicher für das ‚Durchsuchen' steigt. Heute ist die Ermittlung von ‚Ergebnissets' durch Verknüpfung mehrerer Indizes Standard. Der Optimierer ermittelt dabei, welcher Index bzw. invertierte Liste zuerst bearbeitet wird (kleinster Ergebnisset) bzw. ob ein Index überhaupt benutzt wird, da evtl. bei bereits vorliegenden kleinem Ergebnisset das Lesen der Datensätze weniger Aufwand bedeutet als das Lesen eines weiteren Index. Für die Steuerung des Optimierers speichern verschiedene Systeme am Kopf des Indexeintrags jeweils die Zahl der Sätze, die diesen Wert enthalten und damit indirekt die Länge des Index.

Für die schnelle Verknüpfung langer invertierter Listen mit einer großen Zahl von Satzidentifikatoren wenden einige Systeme die Technik der ‚Bitrepräsentation' von Satzidentifikatoren an, bei der die Nummer eines Satzes durch die relative Position eines Bit in einer Liste dargestellt wird, wobei eine ‚1' darstellt, daß der Satz selektiert ist, eine ‚0', daß er nicht selektiert ist. Systeme, die diese Technik einsetzen, erreichen in Vergleichstests die höchsten Geschwindigkeiten bei Selektionen.

Systeme mit Indizes unterscheiden sich von invertierten Listen durch die Indexstrukturen, die bei Indizes auf unterster Ebene bereits die in Blöcken sortierten Sätze oder den Primärindex beinhalten, während bei invertierten Listen die unterste Stufe des Index aus sortierten Satzidentifikationen besteht, die dann auf chaotisch gespeicherte Datensätze verweisen.

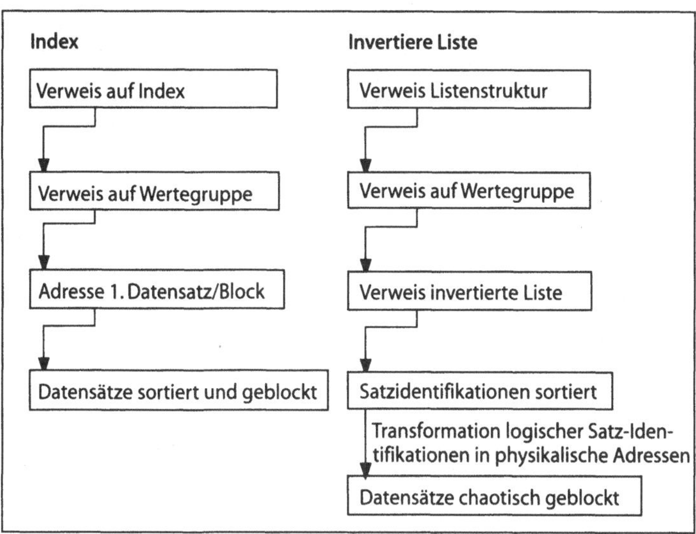

Abb. 9.2 Strukur einer invertierten Liste im Vergleich zu einem Index

Während bei einer Indexstruktur immer ein Index als ‚Primärindex‘ bevorzugt ist – Verweis auf den Datensatz – und ‚Sekundärindizes‘ jeweils Verweise auf den Primärindex darstellen, sind bei Systemen mit invertierten Listen alle Indizes gleichberechtigt und enthalten alle auf unterster Ebene Identifikationen der Datensätze, die einen bestimmten Werte enthalten.

Diese Technik macht es leichter möglich, mehrere Listen mit einer ODER Operation (MERGE) bzw. einer UND Operation (MATCH) miteinander zu verknüpfen.

Mit beiden Techniken ist es möglich, Werte für Indizes bzw. invertierte Listen aus mehreren Komponenten zusammenzusetzen, wenn der Zugriff oft über die Kombination der Werte erfolgt.

In modernen Systemen werden die Attributwerte in den Indexstrukturen komprimiert, um mit einem Datenblock (Externspeicherzugriff) möglichst viele Einträge übertragen und im Hauptspeicher halten zu können.

9.2.9 Datenprojektion/-kompression

Die relationale Projektion liefert gezielt die Auswahl der für die Verarbeitung benötigten Attribute – und unterdrückt evtl. entstehende doppelte Zeilen auf Wunsch. Diese attribut- oder spaltenorientierte Möglichkeit der Verarbeitung wurde bereits von Systemen mit invertierten Listen wie ADABAS, DATACOM, MODEL 204, SESAM eingeführt und wird in relationalen Systemen als Projektion bezeichnet. Attributselektive Verarbeitung ist besonders bei langen Datensätzen von Bedeutung, da sie vermeidet, daß jedes Programm den gesamten Datensatz für die Verarbeitung aufnehmen muß. Sie gewinnt weiter Gewicht mit der Verteilung von Datenbeständen, wo die selektierten Daten über Kommunikationsstrecken übertragen werden müssen.

Eine Kompression von Datensätzen wurde ursprünglich eingeführt, um Platz auf den Externspeichern zu sparen. Heute – nachdem die Externspeicherkapazitäten dramatisch gewachsen sind – liegt die Bedeutung der Kompression eher darin, daß damit mehr Daten im Hauptspeicherpuffer untergebracht werden können, und damit der Zugriff auf diese Daten um Größenordnungen schneller ist gegenüber dem Zugriff auf Externspeicher.

Für die Kompression der Daten stehen mehrere Verfahren zur Verfügung, von denen die einen die Kompression auf der Kenntnis der Definitionen für einzelne Attribute aufbauen (ADABAS), (SESAM), während andere die Daten nach Algorithmen komprimieren, die jeweils Wiederholungen von Zeichen verkürzt darstellen. Die Komprimierung ohne Rücksicht auf die Definition der Attribute hat Vorteile bei der Geschwindigkeit der (De) Kompression bewiesen und auch bessere Kompressionsraten erreicht.

9.2.10 Pufferverwaltung im Hauptspeicher

Eine ausgefeilte Pufferverwaltung zur Einlagerung von aktiven Teilen der Datenbank in den Hauptspeicher bestimmt wesentlich die Leistungsfähigkeit des DBMS. Dabei spielt, wie bereits ausgeführt, die Kompression der Daten eine wesentliche Rolle, daneben aber auch die mögliche Verweildauer der Daten im Hauptspeicher. Die z.Zt. leistungsfähigste Technik erlaubt, daß Datenblöcke, die bereits verändert worden sind, weiterhin im Hauptspeicher verbleiben – der Nutzer also bei Veränderungen nicht auf das Schreiben veränderter Blöcke auf Externspeicher wartet – und diese nur asynchron auf Externspeicher geschrieben werden, wenn Platz im Hauptspeicher freigemacht werden muß. Dabei werden Blöcke nach einem Alterungsmechanismus überschrieben, der ihre Benutzungsintensität in der jüngsten Vergangenheit bewertet. Weitergehende Pufferungstechniken erlauben es, Daten, die nur für den Zugriff (Aufsuchen in Tabellen) benutzt werden, in bereits aufbereiteter Form im Hauptspeicher zu verwalten und den Zugriff als Tabellenzugriff unter Kontrolle des Nutzerprogramms durchzuführen (ADABAS FASTPATH).

9.2.11 Physischer Zugriff auf Externspeicher

Es ist Ziel aller DBMS, die Zugriffshäufigkeit auf Externspeicher zu minimieren. Dazu dienen o.g. Pufferungstechniken. Daneben ist das Ziel, soviele Zugriffe wie möglich asynchron ausführen zu können, so daß der Nutzer nicht auf den Abschluß des Zugriffs warten muß. Dies ist besonders bei Schreiboperationen von Daten bzw. Indexblöcken möglich, während beim lesenden Zugriff der Nutzer auf den Abschluß warten muß, bis er mit seiner Verarbeitung fortfahren kann.

Für das Schreiben der LogDaten werden bei mehreren Systemen Transationsabschlußmeldungen für mehrere Nutzer in einem Block (Bucket) zusammengefaßt, um Zugriffe auf den Externspeicher einzusparen. Dazu ist ein hohes Transaktionsvolumen erforderlich, da alle Nutzer, die LogDaten mit demselben Zugriff schreiben, aufeinander warten müssen, und nur bei hoher Transaktionsfrequenz diese Wartezeit vernachlässigbar wird.

9.3 Objektorientierte Datenmodellierung

Neben der Kapselung von Daten und Funktionen, auf die später noch näher eingegangen werden soll, ist eine wesentliche Anforderung an objektorientierte Datenmodellierung die Fähigkeit strukturierte Objekte verwalten zu können und schnell wiederaufzufinden (Selektion), bzw. dann Teile selektierter Objekte für die Verarbeitung auszuwählen (Projektion).

Im folgenden sollen zuerst einige Aufgabenstellungen zur Verwaltung strukturierter Daten aufgezeigt und daraus dann eine allgemeine technische Lösung für die Verwaltung von strukturierten Datenobjekten abgeleitet werden.

9.3.1 Dokumentenrecherche in Textdatenbanken

Bis heute existieren keine Dokumentenrecherchesysteme, die auf rein relationalen DBMS aufbauen. Das liegt in der Tatsache begründet, daß nach der relationalen Theorie und Datennormalisierung bereits das Problem nicht faßbar ist, wenn man ein Dokument als Objekt mit einem Attribut multipler Werte (Wort in Text) betrachtet.

Normalisierung würde für ein solches Attribut fordern, daß es getrennt in einer Tabelle abgelegt wird, was in einem Haufen Wörtern resultierte, aber nicht mehr das Objekt Dokument sichtbar machen würde.

Im Falle der invertierten Liste des mehrwertigen Attributs ‚Wort in Text' sind alle Einträge von Wörtern aus einem Dokument (gekennzeichent mit der Identifikation des Objekts ‚Dokument') in einer invertierten Liste gespeichert, damit sie durch ‚MERGE' und ‚MATCH' Operationen des Systems zu einer Liste (Set) der Identifikationen verarbeitet werden. Dabei kann das Selektionskriterium aus mehreren Wörtern bestehen, und das System ermittelt die Dokumente (Objekte), die alle Wörter beinhalten. Erweiterungen der Einträge in der Indexstruktur um Angaben über Paragraph, Satz und Position in denen Wörter vorkommen, ermöglichen noch detailliertere Selektionen nur unter Nutzung von Systemleistungen [SAG ADATRS], [IBM STAIRS].

Die folgende Abb. 9.3 zeigt die normalisierte Interpretation eines Dokuments im Vergleich zu einer objektorientierten:

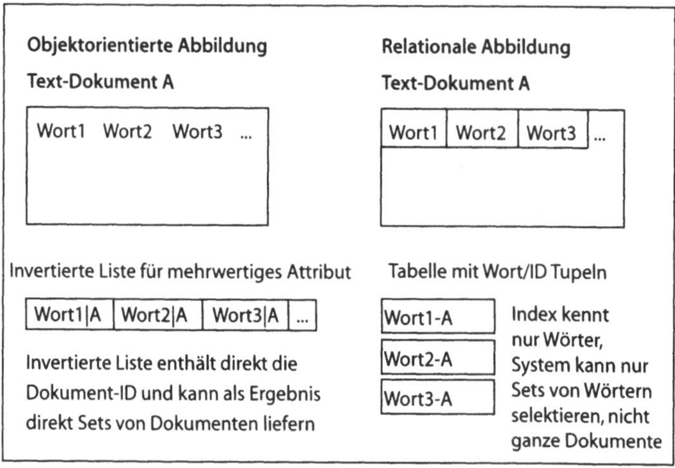

Abb. 9.3   Abbildung des Problems Dokumentenrecherche auf objektorientierte und relationale DBMS Strukturen

In relationaler Darstellung können die einzelnen Wörter aus dem Dokument nur in einer getrennten Tabelle abgebildet werden, und diese ‚Worttupel' (Reihen) werden mit einem Attribut der Dokumentenidentifikation versehen.

Das System kann hier nur die Sets von einzelnen Wörtern, die in einem Dokument vorkommen, ermitteln und liefert diese für jedes Wort einzeln dem Nutzer ab. Es bleibt nunmehr dem Nutzer überlassen, die Sets der Identifikationen gegeneinander zu vergleichen, bis er resultierende Sets von Dokumentenidentifikationen erhält, in denen alle Wörter vorkommen und damit das gewünschte Ergebnis. Da das relationale System den Begriff eines mehrwertigen Attributs nicht zuläßt, kann es den Nutzer bei dieser Problemstellung nicht wirkungsvoll unterstützen.

>>> Ein objektorientiertes System muß in der Lage sein, mehrwertige Attribute zu verwalten, um Problemstellungen dieser Art – dazu gehören auch mehrere Vornamen einer Person, Namensbestandteile aus Firmennamen und andere mehrwertige Attribute – effektiv unterstützen zu können.

9.3.2 Allgemein strukturierte Dokumente

Dokumente bestehen allgemein aus formatierten Daten, Textzeilen, Abbildungen, Rechenblättern, in Pixelform gerasterten Bildern und evtl. noch anderen Komponenten und stellen damit bereits stark strukturierte Objekte dar.

Um z.B. Textzeilen effektiv verarbeiten zu können, ist es sinnvoll, diese als eindimensionale Tabelle aus einzelnen Zeilen zu verstehen.

Auch hier läßt das relationale Modell zwar die Abbildung einzelner Zeilen in getrennte Datensätze (Reihen) zu, zerstört damit aber das Verständnis des Dokuments als zusammenhängendes Objekt.

>>> Ein objektorientiertes DBMS muß also (mehrdimensionale) Tabellen als Attribute verwalten und einzelne Ausprägungen (Occurances) gesteuert über einen Index ansprechen zu können.

Für die Einbeziehung von Abbildungen, Bildern, Rechenblättern etc. ist es nötig, daß diese gespeichert werden können und durch Zeiger an das Dokumentenobjekt angebunden werden können.

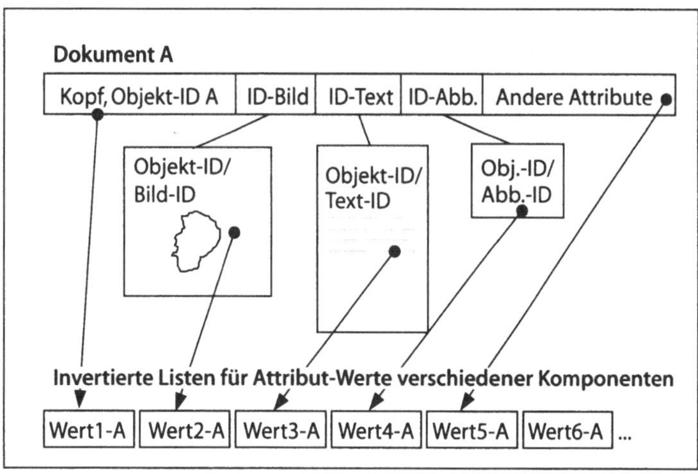

Abb. 9.4 Komplexe Dokumente als strukturierte Objekte

Kennzeichnend für den Objektbegriff ist auch hier, daß alle Teile des Dokumentes unter derselben Objektidentifikation vom System verwaltet werden und es möglich ist, Indizes (invertierte Listen) aufzubauen, die aus Attributen beliebiger Komponenten abgeleitet sind und eine Selektion von Objekten (Dokumenten) direkt durch das OODBMS über die Verknüpfung verschiedener Eigenschaften des Objekts (Attributwerte) aus allen seinen Teilen zu ermöglichen.

>>> Ein objektorientiertes System muß in der Lage sein, aus Teilobjekten zusammengesetzte komplexe Objekte zu verwalten und die Beziehungen zwischen diesen Teilobjekten durch Objektidentifikatoren als Attributwerte darstellen zu können.

9.3.3 Hierarchisch strukturierte Daten, gerichtete Graphen und Baumstrukturen in CAD Objekten

Hierarchische DBMS sind in der Lage, strukturierte Objekte (z.B. Stücklisten eines zusammengestezten Bauteils) zu verwalten. Dies geschieht über Adreßzeiger, die die einzelnen Komponenten miteinander verbinden. Genauso ist es auch möglich, gerichtete Graphen und Baumstrukturen innerhalb eines Objekts abzubilden.

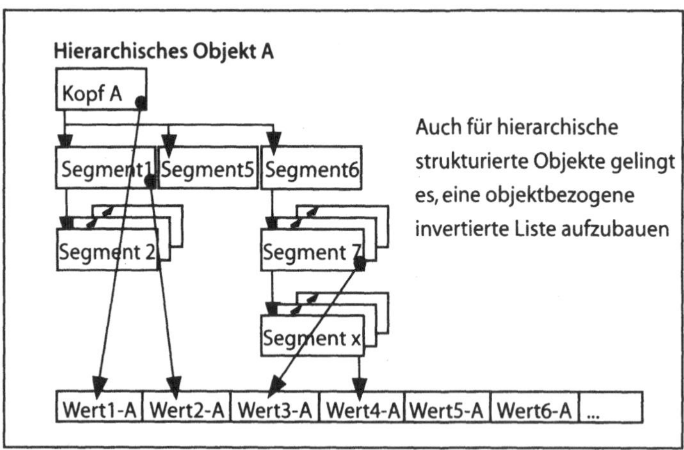

Abb. 9.5 Gerichtete Graphen und Baumstrukturen mit invertierten Listen

Relationale Systeme lassen zwar die Speicherung der einzelnen Komponenten zu, ermöglichen es aber nicht, diese zu einem Gesamtobjekt zusammenzufügen und evtl. in diesem zu navigieren oder gesamte Objekte zu selektieren.

Auch hier ist es nötig, daß ein strukturiertes Objekt mit einer eindeutigen Objektidentifikation vom System verwaltet werden kann. Mit diesem Ansatz ist es dann leicht möglich, die einzelnen Teile über Verweise aus Objektidentifikationen zu verbinden – wobei dann auch Reihenfolgen abgebildet werden können. Damit ist es auch möglich, invertierte Listen aus Werten verschiedener Attribute mit derselben Objektidentifikation aufzubauen, um die direkte Selektion von Objekten unter Nutzung von Systemleistungen des OODBMS zu erlauben.

>>> Ein objektorientiertes System muß in der Lage sein, gerichtete Graphen und Hierarchien über verkettete Objektidentifikationen als Verweis in Attributen zu verwalten.

9.3.4 Geographische Datenobjekte

Geographische Datenobjekte bilden Flächen oder räumliche Strukturen ab. Dabei ist eine Struktur beschrieben durch mehrere Stützpunkte und Verbindungslinien zwischen diesen Punkten. Die einzelnen Punkte stellen in ihrer Zusammenstellung ein geographisches Objekt dar.

Auch hier können relationale Systeme zwar die einzelnen Punkte abbilden und bei jedem Punkt evtl. auch noch die Zugehörigkeit zu einem Objekt dokumentieren, das System kann aber keine weitere Unterstützung bei der Selektion und Verarbeitung der geographischen Objekte bieten.

Wiederum liegt der Schlüssel zur Lösung des Problems im Ansatz, die Flächen mit ihren Begrenzungspunkten als Objekte zu verstehen, wodurch alle Punkte dieselbe Objektidentifikation tragen. Das geographische Objekt besitzt ein mehrwertiges Attribut (die Punkte mit ihren Koordinaten), die jeweils in Einträgen für die invertierten Listen unter derselben Identifikation resultieren. Damit sind Anfragen leicht zu beantworten, ob eine Fläche innerhalb einer rechteckigen Suchfläche liegt, indem nur für die x und y Koordinaten gefragt werden muß, ob die gesuchten Objekte Punkte (Listeneinträge) mit jeweils größeren/ kleineren Werten besitzen.

Komplizierter wird der Suchalgorithmus, wenn auch die Suchfläche nicht rechteckig ist. Hierfür ist dann ein spezieller Algorithmus nötig, der aus Stützpunkten die Linien in der Fläche bzw. im Raum errechnen kann und dann Koordinaten entlang den Linien der Suchfläche mit denen der gesuchten Fläche vergleicht.

Die folgende Abb. 9.6 zeigt eine Problemstellung für die Selektion von Flächen:

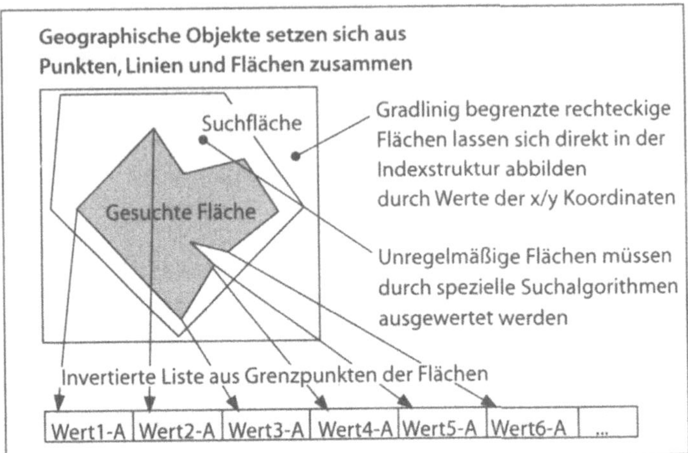

Abb. 9.6 Grundsätzliche Darstellung des Problems geographischer Objekte

>>> Ein objektorientiertes System muß spezielle Suchalgorithmen abwickeln können, die die Werte in invertierten Listen nach dynamisch ermittelten Auswahlkriterien selektieren.

9.3.5 Spreadsheet

Spreadsheets oder Rechenblätter existieren z.Zt. nur im Umfeld der benutzerindividuellen Datenverarbeitung und nicht als Teile von Datenstrukturen in Anwendungssystemen.

Für die Speicherung kann das Spreadsheet als strukturiertes Datenobjekt aufgefaßt werden, welches Attribute als Ganzes (Name, Dimension, Typographie etc.) aber auch in Teilen (Höhe der Zeile, Breite der Spalte etc.) besitzt.

Mit dem im vorstehenden bereits Gesagten ist vorstellbar, daß ein Spreadsheet als allgemein stukturiertes Dokument interpretiert und auch so abgespeichert werden kann.

9.3.6 Entity/Relationship Strukturen

Entity/Relationship Strukturen bilden neben den Objekten auch explizit die Beziehung zwischen Objekten ab. Diese Beziehungen können selbst Attribute beinhalten und werden damit zu eigenen Objekten [SAG ADBENTI].

Im Prinzip ist diese Struktur eines Entity/Relationship Systems mit der von bereits gezeigten Strukturen vergleichbar. Sie ist darüberhinaus in der Lage, Suchanfragen den Beziehungen folgend zu bearbeiten.

Zum Beispiel lassen sich familiäre Abstammungen als Beziehungen dokumentieren und damit über mehrere Generationen verfolgen mit Abfragen wie:

> FIND Person
> REFERENCED RECURSIVELY VIA Child Person = ‚Name'

zur Rückwärtsverfolgung findet den ‚UrVater/Mutter' bzw.:

> FIND Person
> REFERENCING RECURSIVELY VIA Child Person = ‚Name'

zur Vorwärtsverfolgung findet den ‚UrEnkel'.

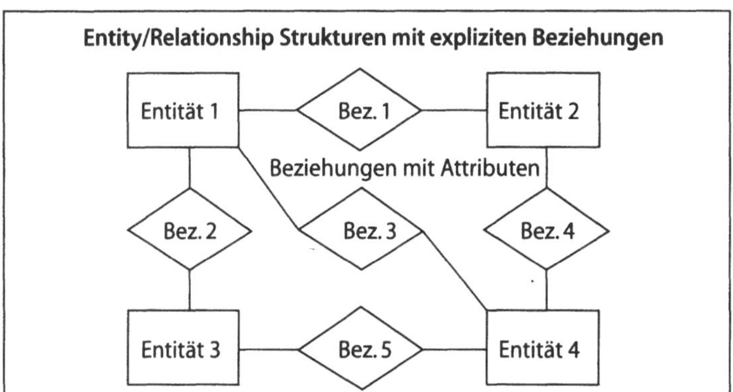

Abb. 9.7 Struktur eines Entity/Relationship Datenmodells

Die besondere Leistung des Entity/Relationship DBMS besteht also darin, Objektidentifikationen unter Benutzung der Information über Verknüpfungen ‚transformieren' zu können. Damit sind zusammengesetzte Objekte darstellbar, die beliebige Strukturen abbilden können, bzw. können auch sonst unabhängige Objekte miteinander in eine Beziehung gebracht werden, die durch das System gepflegt wird.

9.3.7 Regelbasierte Expertensysteme – Rekursive Suche

Die Problemstellung für regelbasierte Expertensysteme besteht darin, sog. ‚Reasoning Chains' (Schlußfolgerungsketten) verfolgen zu können.

Dies erfordert die Fähigkeit, rekursive Suchoperationen im Bestand der Regeln ausführen zu können, um diese auf Vollständigkeit und Widerspruchsfreiheit bzw. Bruchfreiheit zu überprüfen.

Während hier die Speicherung der Regeln nur einfache Strukturen erfordert, muß der Suchprozessor in der Lage sein, Verkettungen zu verfolgen, bei denen der Verweis (Objektidentifikation) auf das nächste Kettenglied als Attributwerte im vorherigen Kettenglied gespeichert ist [SAG NATEXP].

Mit der folgenden Anfrage kann mit rekursiver Suche eine Kette vorwärts und rückwärts verfolgt werden, wobei die Regelketten eine Sonderform der Entity/ Relationship Strukturen darstellen:

```
FIND Rule
REFERENCED/CING RECURSIVELY RULE
VIA Chain Rule = ‚xxxx' and RuleAtrr. = ‚yyyy'
```

>>> Ein objektorientiertes System muß in der Lage sein, Objekte über Objektidentifikatoren miteinander zu verknüpfen und diesen Verknüpfungen auch Selektionsanfragen auch rekursiv folgen zu können.

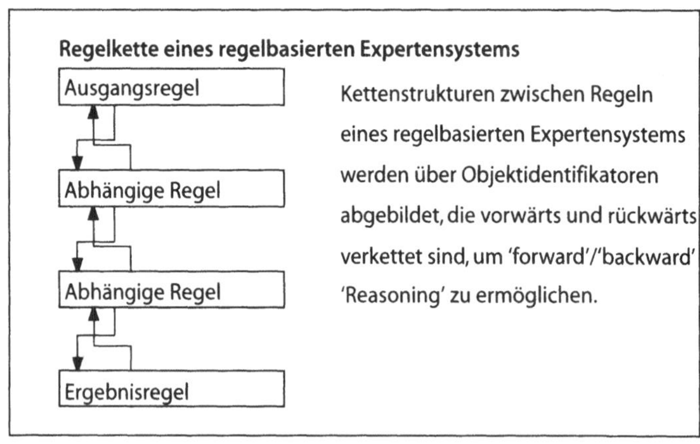

Abb. 9.8 Verarbeitungsketten in regelbasierten Expertensystemen

9.3.8   Formatierte Daten

Neben der Verwaltung von komplex strukturierten Datenobjekten muß ein OODBMS natürlich auch Datenwerte einfacher Typen für Attribute verwalten können.

Die Darstellung relationaler Strukturen bzw. Tabellen ist ein Grenzfall des allgemeinen strukturierten Objekts mit flachen Objekten aus einfachen Typen als Spalten und Zeilen und Unterdrückung aller Strukturierung in den Zeilen.

9.3.9   Beliebig strukturierte Datenobjekte

Komplexe Strukturen

Gemäß der Definition des ObjectOriented Manifesto sollte ein OODBMS Sets, Listen und Tabellen verwalten können.

Die oben beschriebenen Aufgabenstellungen haben gezeigt, daß darüberhinaus auch gerichtete Graphen, Hierarchien und Netze benötigt werden.

Das objektorientierte Datenmodell führt zu umfangreichen Datenstrukturen. Während dies aus der Sicht des schnellen Zugriffs auf sämtliche Attribute eines Objekts wünschenswert ist (store near), kann es für die sequentielle Verarbeitung von Objekten bzw. auch beim Durchsuchen der Daten von Objekten zur Ermittlung eines Ergebnisses zu Durchsatzproblemen führen.

Da das objektorientierte Datenmodell nicht erfordert, daß alle Attribute eines Objekts auch physisch zusammenhängend gespeichert werden, ist für den physischen Entwurf von Objekten immer ein vernünftiger Kompromiß zwischen der zusammenhängenden Speicherung aller Daten und deren Verteilung zur Begrenzung der Objektgröße zu suchen.

Objektidentifikatoren

Wie die oben beschriebenen Beispiele belegen, spielt der systemverwaltete Objektidentifikator eine wesentliche Rolle für die Bildung komplexer Objekte als Verweis zwischen verknüpften Objekten und als eindeutiger Verweis auf das Objekt aus den invertierten Listen.

Mehrwertige Attribute

Mehrwertige Attribute stellen den Grenzfall einer sich wiederholenden Struktur mit nur einem Attribut dar. Während mehrwertige Attribute im relationalen Modell nicht vorgesehen sind, treten sie in der realen Welt an vielen Stellen auf (Vornamen, Fähigkeiten einer Person, Autoren eines Buchs) und können im objektorientierten Datenmodell leicht abgebildet werden.

Explizite systemverwaltete Beziehungen zwischen Objekten

Die Abbildung von Entity/Relationship Strukturen erfordert die Fähigkeit, Beziehungen zwischen Objekten nicht über Wertebeziehungen von Attributen, sondern über definierte Beziehungsattribute mit Objektidentifikatoren abzubilden. Diese Beziehungen liefern auch die nötige Information für Selektionsoperationen von Objekten, die mit anderen Objekten definiert in Beziehung stehen. Das objektorientierte Datenmodell kann derartige Beziehungen abbilden, wobei die Beziehungen über die Abbildung von einfachen Sets in ihrer Ordnung und Strukturierung hinausgehen.

Aufbau von invertierten Listen aus eigenen/fremden Objektidentifikationen
Eine entscheidende Rolle bei der Zusammenfügung von komplexen Objekten bzw. der gezielten Selektion von Objekten spielen invertierte Listen, die aus Attributwerten und Objektidentifikatoren aufgebaut sind.

Für den Aufbau von invertierten Listen muß ein objektorientiertes System nicht nur einfache Attributwerte verwalten, sondern auch strukturierte Attributwerte, die z.B. die Position des Wertes in einer Liste oder Tabelle angeben können. Damit wird es möglich, die qualifizierten Werte je nach Anforderung abzugreifen und unterschiedliche Typen von Anfragen zu beantworten.

Ein Beispiel sind die Adressen einer Person, wo sich eine Anfrage entweder gezielt auf den ersten bzw. zweiten oder aber irgendeinen Wohnsitz richten kann.

Eine weitere Forderung ist die Fähigkeit, invertierte Listen aus Objektidentifikatoren fremder Objekte aufbauen zu können, um so z.B. in einem strukturierten Objekt alle invertierten Listen auf den Kopfteil zu beziehen, so daß z.B. ein Attributwert eines Objektteils auch direkt zu einer Eigenschaft des zusammengesetzten Objekts werden kann.

Adhoc Informationsgewinnung
Die Forderung nach adhoc Informationsgewinnung aus den gespeicherten Objekten läßt sich über die Verknüpfung der invertierten Listen flexibel und leistungsfähig abdecken.

Obwohl die Selektion über die Verknüpfung invertierter Listen zweifellos die schnellste Möglichkeit darstellt, kann die Selektion von Objekten prinzipiell auch für strukturierte Objekte über die Inhalte von Attributen erfolgen.

Während jedoch der Bestand in relationalen Systemen aufgrund der einfachen Struktur und Kürze der Tupel/Sätze/Reihen mit hoher Geschwindigkeit durchsucht werden kann, führt ein Durchsuchen des Bestands mit strukturierten Objekten leicht zu langen Suchzeiten.

Suche in rekursiven Strukturen über explizite Beziehungen
Eine besondere Funktion objektorientierter Systeme ist die Möglichkeit, Objekte nach Kriterien zu selektieren, die aus vernetzten Strukturen von Objekten abgeleitet werden, ohne daß der Nutzer diese Verknüpfungen spezifizieren muß.

Verwaltung des Externspeichers
Für die Verwaltung des Externspeichers fordert ein objektorientiertes System nicht nur die Speicherung von Daten in flachen Tupeln, sondern auch die Abbildung von komplexen Objekten. Für diese Verwaltung ist es nötig, daß Datenstrukturen über mehrere physische Blöcke verteilt werden können und die Projektion in der Lage ist, einzelne Attribute aus komplexen Objekten zu isolieren.

Für den Aufbau der invertierten Listen wird eine gegenüber der Verwaltung von Indizes erweiterte Funktionalität gefordert, da auch hier der Wert des Attributs aus einer komplexen Struktur isoliert werden muß, und auch die Werte in der invertierten Liste evtl. noch strukturiert sind, um die Flexibilität bei Selektionen zu vergrößern.

9.3.10 Lösungsansätze zur Verwaltung strukturierter Datenobjekte

Nachdem im vorstehenden einige Problemstellungen für komplexe Datenobjekte skizziert wurden, die allesamt mit dem relationalen Datenmodell nicht faßbar sind, sollen im folgenden bereits existierende Lösungsansätze zur Verwaltung komplexer Datenobjekte dargestellt werden.

9.3.11 ADABAS Datenstrukturen

ADABAS entstand Ende der 60er Jahre als DBMS abgeleitet aus praktischen Anforderungen für die Datenverwaltung mit hoher Leistungsfähigkeit [SAG ADABAS]. Von Anfang an unterstützte ADABAS flexible Informationsgewinnung mit Funktionen, die denen des relationalen Modells entsprechen, und daneben auch erweiterte Datenstrukturen, so mehrwertige Attribute und Wiederholungen von Feldgruppen wie die folgende Abbildung zeigt. Dabei werden die einzelnen Datensätze über systemverwaltete ‚Interne Satznummern‘ identifiziert, die man aus heutiger Sicht als vollwertige Objektidentifikatoren interpretieren kann.

ADABAS hat damit das Grundverständnis für strukturierte Objekte und den systemverwalteten Objektidentifikator zur eindeutigen Kennzeichnung von Objekten bzw. Teilobjekten geschaffen.

ADABAS hat bereits sehr früh aus heutiger Sicht ‚richtige‘ Ansätze zur Verwaltung strukturierter Daten verwirklicht und in vielen praktischen Lösungen die Leistungsfähigkeit dieser Strukturen bewiesen.

Ähnliche Ansätze enthält das System SESAM von SIEMENS [SESAM], welches vergleichbare Funktionen bietet und unabhängig in etwa derselben Zeit entstanden ist.

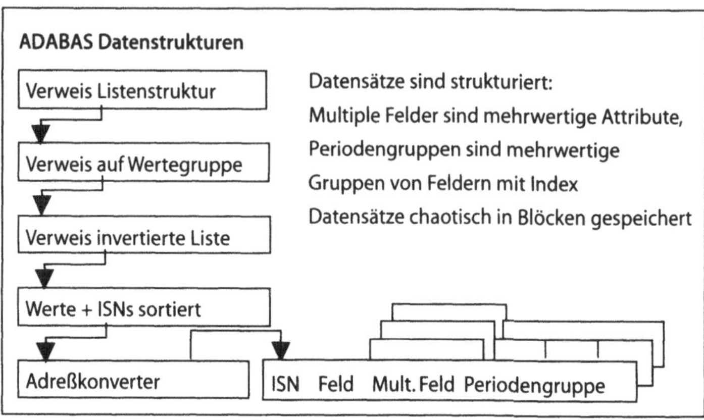

Abb. 9.9 Daten und Indexstrukturen mit invertierten Listen in ADABAS

In der Folge wurden mehrere Entwicklungen zur Erweiterung der ADABAS Datenstrukturen ‚um ADABAS herum' implementiert und nicht mit dem Datenbankkern verbunden – so ADABAS TRS zur Dokumentenrecherche [SAG ADATRS], ADABAS ENTIRE als Entity/Relationship DBMS [SAG ADBENTI] und ADABAS GEOGRAPHIC.

Es ist verwunderlich, daß die im Grunde auch heute noch aktuellen Ansätze nicht im ADABAS System weiter entwickelt und ausgebaut wurden – so wurden z.B. die engen Grenzen für die Anzahl von Strukturwiederholungen nicht aufgehoben – und das System damit riskiert, auch den Anschluß an die ‚objektorientierte' Datenstrukturierung als OODBMS zu verlieren.

9.3.12 Strukturierte Objekte im NonFirstNormalForm NF2 Datenmodell

An der Technischen Hochschule Darmstadt und im IBM Forschungszentrum Heidelberg entstand ab 1983 das NF2 NonFirstNormalForm Datenmodell [Schek et al. 82]. Die Motivation für das Vorantreiben des NF2 Datenmodells liegt auch in der Einsicht der Notwendigkeit für die Lösung praktischer Anforderungen:

„On the practical side we try to get a better solid basis for new applications of data management systems DBMS. Examples are textual data, engineering data or images: that is objects which usually have not been considered as data to be stored in currently available DBMS" ...„We believe that some of the bottlenecks can be avoided by dropping the 1NF and allowing relationvalued attributes.

User or application specific data structures and operations, e.g. retrieving elements of the kth row of a huge matrix should then be better supported by this model than by the naive storage of the large matrix as a long byte string" [Schek et al. 84].

„Auf der praktischen Seite versuchen wir eine bessere solide Basis für neue Anwendungen von DBMS. Beispiele sind Textdaten, Daten aus dem Ingenieursbereich oder Bilder: Das heißt Objekte, die normalerweise nicht als Daten für die Speicherung in gegenwärtig verfügbaren DBMS in Betracht gezogen wurden"... „Wir glauben, daß einige der Engpässe durch Aufgaben der 1NF (erste Normalform) und das Erlauben von relationenwertigen Attributen vermieden werden können. Nutzer oder anwendungsspezifische Datenstrukturen und Operationen, e.g. Auffinden der k-ten Zeile einer sehr großen Matrix sollte dann besser durch dieses Modell unterstützt werden als durch das „naive' Speichern der großen Matrix als langer ByteString"[Schek et al. 84].

Schek, Scholl et al. haben theoretisch nachgewiesen, daß die Operationen der relationalen Algebra auf die erweiterten NF2 Strukturen angewandt werden können und damit den Weg für die Auswertungsfunktionen in einem objektorientierten DBMS gewiesen.

Damit kann als allgemein bewiesen gelten, daß die relationale Algebra für die Selektion und Projektion erweitert um die Nestung (NF2) für objektorientierte Datenmodelle anwendbar ist.

Im Sinne von objektorientierten DBMS enthalten die Arbeiten keine Aussagen über einen Objektidentifikator, was wohl daher rührt, daß die Überlegungen vom relationalen Ansatz ausgingen und zum Ziel haben, diesen unter Berücksichtigung der Regeln der relationalen Algebra so zu erweitern, daß auch strukturierte Objekte relational verstanden werden können.

Die folgende Abb. 9.10 zeigt den Grundansatz der Datenstrukturierung im NF2 Modell in Form geschachtelter Relationen.

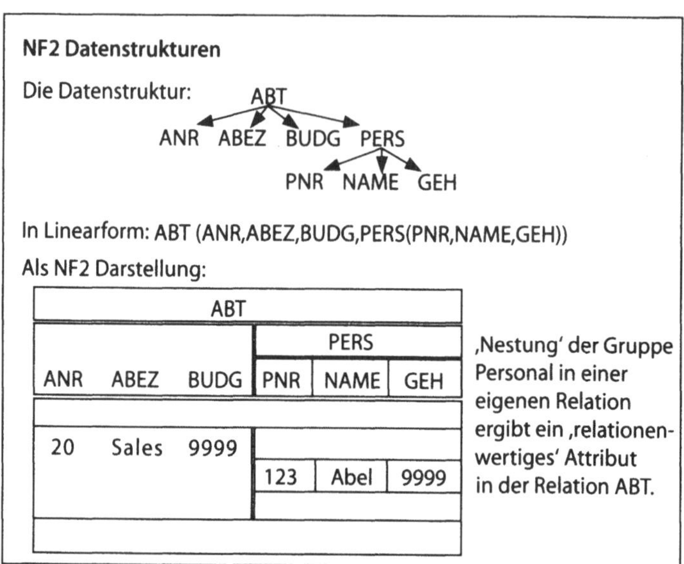

Abb. 9.10 Strukturen des NF2 Non First Normal Form Datenmodells

9.4 Erweiterung relationaler DBMS in Richtung auf objektorientierte Datenbankverwaltungssysteme – OODBMS

Bereits kurz nach Einführung relationaler DBMS in praktische Anwendungen entwickelten sich mehrere Ansätze, um die Funktionalität pragmatisch so zu erweitern, daß neue Aufgabenstellungen mit der neuen Technik angegangen werden konnten [Codd 79]. Im folgenden sollen einige dieser pragmatischen Entwicklungen dargestellt und untersucht werden, inwieweit diese die relationale Technologie bereits in Richtung auf objektorientierte Ansätze führen.

9.4.1 Verletzung der Normalisierung aus ‚praktischen‘ Anforderungen

Bereits in frühen Anwendungslösungen, die nach den Normalisierungsregeln der relationalen Theorie (um)strukturiert wurden, stellten sich Nachteile im Durchsatz und auch in der Programmierung durch die große Zahl der entstehenden

Tabellen heraus. Auch Vertreter der relationalen Lehre wie Codd und Date (dann in der Eigenschaft als Berater ihrer eigenen Firma) rieten später in Seminaren zu einem Ansatz der gezielten Denormalisierung, die es z.B. erlaubt, mehrwertige Attribute wie Vornamen einer Person oder Adressen, etc. in mehreren (nicht mehrwertigen) Attributen (Spalten) derselben Tabelle unterzubringen.

Auch große Anwendungssysteme wie z.B. SAP R2 [SAP R2] konnten bei ihrer Umstellung auf relationale DBMS in der Version R/3 trotz großer Anstrengungen kein rein relationales Datenmodell entwerfen, sondern mußten – nachdem sich der Durchsatz des Systems als völlig unzureichend herausstellte – ‚denormalisieren‘ in dem Sinne, daß wieder Datengruppen ohne Rücksicht auf die Attribut (Spalten)-Grenzen des DBMS in Blöcken abgespeichert wurden.

Es wurde also klar, daß die Atomisierung von Datenelementen für praktische Lösungen nicht von Vorteil war, und daß vielmehr öfter zusammenhängende Datenstrukturen gebraucht wurden.

9.4.2 Binary Large Objects BLOBs

Die Antwort von marktgängigen DBMS wie DB2, ORACLE, etc. war die Zurverfügungstellung von sog. ‚Binary Large Objects BLOBs‘, die mit einer Größe bis zu 32 kB in einem Attribut (Spalte) der Datenbanktabelle abgelegt werden können. Während hier wenigstens die Möglichkeit geschaffen wurde, größere Datenblöcke in der Datenbank unterzubringen, widersprachen die BLOBs jedoch praktisch dem relationalen Ansatz, da sie nur dazu mißbraucht wurden, um Objekte wie Texte oder Bilder zusammenhängend zu speichern. Der Nachteil der BLOBs liegt darin, daß das DBMS die Daten, welche in einem BLOB abgelegt sind, nicht versteht. Es ist also nicht möglich, Indizes für BLOBs anzulegen oder überhaupt nach dem Inhalt von BLOBs zu selektieren.

Wie bereits Schek [Schek et al. 84] feststellt, sind BLOBs ein ‚naiver‘ Ansatz, um relationale Systeme in Richtung auf Objektorientierung zu erweitern.

9.4.3 NF2 Relationen

Wie bereits im vorstehenden ausgeführt versteht sich das NF2 Datenmodell als Erweiterung des relationalen Modells.

Man muß jedoch zweifeln, ob ein Modell, welches die Grundaxiome, i.e. 1NF und Darstellung der Daten ausschließlich in flachen Tabellen, bewußt ignoriert, noch als Erweiterung angesehen werden kann, auch wenn es ihm gelingt die relationale Algebra auch auf strukturierte Objekte anzuwenden und diese in Form von flachen Tabellen darzustellen. [Korth et al. 87]

Es erscheint vielmehr sinnvoll, das NF2 Modell als eigenständiges Modell zu sehen, da es einer völlig anderen Grundmotivation – nämlich der Abbildung von strukturierten Objekten folgt – und damit eher als erstes Datenmodell für objektorientierte DBMS gesehen werden kann.

9.4.4 Das Darmstädter Datenbankkern System DASDBS

Ausgehend von der Anforderung nach einer erweiterten Funktionalität für DBMS wurde an der Technische Hochschule Darmstadt das Projekt DASBDS (Darmstädter Datenbank System) begonnen [Schek 87]. Dieses orientiert sich am AIM Projekt [Schek et al. 82] und dem System R als relationalem System [Astrahan et al. 76].

Der Entwurf hat zum Ziel, einen stabilen Datenbankkern mit allgemein benötigten Leistungen zu schaffen und darauf aufsetzend eine Familie von anwendungsspezifischen Erweiterungen für ‚Nicht Standard Anwendungen‘, die jeweils die von dieser Anwendung benötigte Funktionalität abdecken.

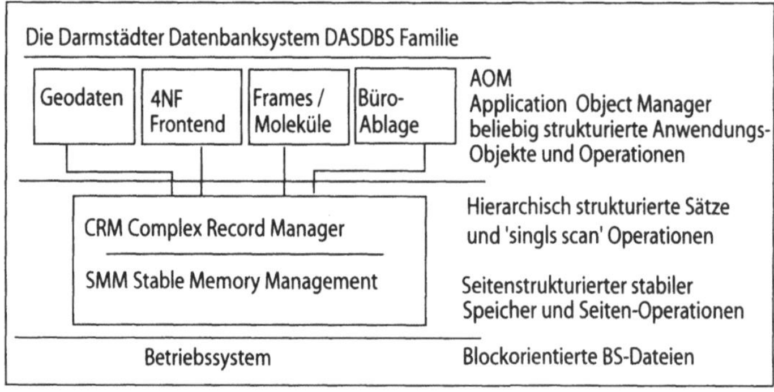

Abb. 9.11 Architektur der DASDBS Familie

Das System zeigt deutlich eine Entwicklung in Richtung auf ein objektorientiertes DBMS, obwohl noch keine ‚vollständige Verarbeitung‘ als Teil des DBMS vorgesehen wurde, keine Objektidentifikation eingeführt wird und keine Operationen oder Methoden vorgesehen sind.

9.4.5 Textverwaltung und Freitextrecherche

Die Anforderung, Dokumente über deren Inhalt selektieren zu können, gewinnt mit wachsender Integration von Textverarbeitung in die Anwendungslösungen immer mehr an Bedeutung. Wie bereits ausgeführt, erfordert die Lösung das Verständnis eines Objekts mit einem mehrwertigen Attribut.

Lösungen für Textrecherche sind neben der ADABAS TEXT RETRIEVAL im Umfeld von relationalen Systemen bei ORACLE entstanden, wobei auch hier eine nichtrelationale Sonderverarbeitung für die Selektion aus Indizes eingefügt wurde.

9.4.6   Bilddatenverwaltung

Die Möglichkeiten graphischer Darstellung von Objekten verlangt die Verwaltung von Bilddaten als Teil der in einer Datenbank gespeicherten Daten.

Bisher nutzen Anwendungen für Bilddatenspeicherung die Möglichkeiten von BLOBs und sind damit nicht in der Lage, diese Daten zu selektieren oder anders zu verarbeiten. Auch Kompressionsalgorithmen zur Verdichtung der Bilddaten sind bisher nicht Bestandteil des DBMS, sondern werden in der Anwendung vorgelagert.

9.4.7   Referentielle Integrität

Mit der Forderung nach referentieller Integrität und der Auswertung von Attributwerten in Standardfunktionen haben relationale Systeme begonnen, Verarbeitung von Daten als Teil des DBMS zu sehen.

Die Regeln von Codd besagen, daß jedes relationale DBMS eine Datenbanksprache beinhalten muß – damit wird ein Schritt in die richtige Richtung im Sinne von objektorientierten Systemen gemacht, gleichzeitig dieser Schritt aber auch nicht konsequent zu Ende geführt, sondern durch die relationalen Axiome wieder eingeschränkt.

Praktische Implementierungen von relationalen Systemen wie z.B. ENTIRE SQL DB, ORACLE und SYBASE gehen in der Funktionalität der referentiellen Integrität weiter wie es die relationale Theorie vorschreibt.

9.4.8   Einführung von Triggern

Als erstes System hat SAPIENS (damals noch DB1) [SAPIENS 89] die vollständige Verarbeitung von Daten als Teil der Datenbank ca. 1985 implementiert und damit ein objektorientiertes DBMS im Sinne der Kapselung von Daten und Funktionen.

Die Verarbeitungsregeln sind bei SAPIENS an Attribute geknüpft und werden bei Ansprechen der Attribute durch den Nutzer aktiviert.

Die Verarbeitungsregeln sind intelligent, indem sie in der Lage sind jeweils die inverse Funktion zu der spezifizierten auszuführen, wenn eine bereits begonnene Verarbeitung wieder rückgängig gemacht werden muß.

Für die Spezifikation der Verarbeitung besitzt SAPIENS eine eigene Sprache.

Unter den relationalen Systemen war SYBASE das erste, welches die Möglichkeit für vollständige Verarbeitung innerhalb der Datenbank bot.

SYBASE kann Verarbeitungsfunktionen, die in beliebigen Sprachen programmiert sein können, an Attribute anknüpfen und diese aktivieren, wenn das entsprechende Attribut vom Nutzer angesprochen wird. Durch Werte des Attributes läßt sich dabei die Verarbeitung gezielt steuern.

Das Prinzip wird im ‚offenen Datenbankserver' sogar dazu benutzt, eine entfernte Verarbeitung zu aktivieren, ohne daß dabei Datenverwaltungsfunktionen involviert sind.

9.4.9   Integration von frei programmierbaren Prozeduren in der Datenbank

Die Einführung von referentieller Integrität und Triggern führen DBMS immer weiter in die Richtung zur Kapselung von vollständiger Verarbeitung innerhalb der Datenbank.

Es gilt heute als Stand der Technik, daß ein DBMS Trigger mit vollständiger Verarbeitung bietet.

9.4.10   Weiterentwicklung von DBMS an der Schwelle zum OODBMS

Mit der Entwicklung der Datenstukturen in Richtung auf komplex strukturierte Datenobjekte auf der einen und der Integration von vollständiger Verarbeitung in der Datenbank auf der anderen Seite haben sich konventionelle DBMS bereits heute in Richtung auf objektorientierte DBMS entwickelt und stehen – wenn auch jeweils mit Teilfunktionen in verschiedenen Systemen – an der Schwelle zum vollwertigen OODBMS.

9.5 Versuch der Interpretation konventioneller DBMS als objektorientierte DBMS – OODBMS

Nach dem im vorstehenden Gesagten kann bereits hier der Versuch unternommen werden, konventionelle DBMS, wie sie heute existieren als objektorientierte Datenbankverwaltungssysteme zu interpretieren.

Dazu ist es sicher unvermeidbar, daß diese Systeme nicht mehr ‚rein relational' sein können, wie dies in praktischen Anwendungen – mit ‚Denormalisierung, der Abbildung von Wiederholstrukturen und speziellen Strukturen wie z.B. Text – tatsächlich auch nicht der Fall ist.

Jeder Eintrag im DBMS – als Datensatz bezeichnet, wie dies vor der relationalen Bewegung auch der Fall war – stellt die persistent gespeicherte Beschreibung eines Objekts dar, auf das die generischen Standardmethoden Speichern, Selektieren bzw. Lesen, Ändern und Löschen angewandt werden können. Mit diesen Methoden ist eine definierte Verarbeitung verbunden, die man als mit den Daten gekapselt ansehen kann. Mit den oben besprochenen Verarbeitungstriggern und Konsistenzregeln, die auch in einem relationalen DBMS vorhanden sein können, ist es möglich, alle Prüfungen bzw. auch Verarbeitung auf die Daten in der Datenbank als Trigger abzulegen und damit in den Methoden Speichern, Löschen und Ändern – gesteuert durch die Daten – alle nötigen Verarbeitungsregeln unterzubringen, wie dies einige Systeme z.B. SAPIENS [SAPIENS 89] auch tun. Daneben ist auch vorstellbar, daß für bestimmte Daten, die einfach nur verwaltet werden sollen, keinerlei weitere Verarbeitung nötig ist als die der generischen Standardmethoden:

Speichern – Methode bezogen auf ein Objekt und angestoßen über eine entsprechende Nachricht

Selektieren – Methode zur Selektion von einzelnen Instanzierungen einer Objektklasse angestoßen über eine entsprechende Nachricht

Auslesen – Methode zum Auslesen einer Objektinstanz angestoßen über eine Nachricht

Ändern – Methode zur Veränderung des persistent gespeicherten Datengehalts einer Objektinstanz angestoßen über eine Nachricht

Löschen – Methode zur Löschung einer persistent gespeicherten Objektinstanz angestoßen über eine Nachricht

Jede weitere Methode, die ja in ihrer Wirkung auf das gespeicherte Objekt beschränkt sein sollte, stellt letztlich nur eine Spezialisierung bzw. in ihrer Logik ausgeweitete Verarbeitung dieser Standardmethoden dar und sollte in ihrer Implementierung den Prinzipien objektorientierter Programmierung entsprechen.

9.6   Definition objektorientierter Datenbankmodelle aus der Literatur [Heuer 92]

Auch Heuer holt in seinem Buch ‚Objektorientierte Datenbanken' [Heuer 92] weit aus, um die Merkmale objektorientierter DBMS aus mehreren Wurzeln zu erarbeiten:

- Relationale Datenbanksysteme
- Semantische Datenbankmodelle
- Objektorientierte Programmiersprachen
- Objektorientierte Datenbankmodelle und Datenbanksysteme
- Objektorientierte Anfragesprachen

Er kommt zu dem Schluß, daß ‚eine einheitliche Definition oder zumindest ein einheitlicher Satz von Anforderungen für objektorientierte Datenbankmodelle zur Zeit noch nicht besteht' [Heuer 92].

Als wesentliche Kriterienkataloge nennt er das bereits ausgeführte Manifesto von Atkinson [Atkinson et al. 98] und den Vorschlag von Beeri [Beeri 90].

Sein Konzept eines OODBMS besteht aus folgenden Komponenten:

- Strukturteil
  - Typkonstruktoren, komplexe Objekte
  - Objektidentität
  - Klassen und Typen
  - Spezifikation und Schemaevolution
  - Strukturvererbung
  - Beziehungen zwischen Klassen
  - Integritätsbedingungen
- Operationenteil
  - Generische und objektspezifische Operationen
  - Datenbankprogrammiersprache
- Objektorientierte Abfragesprachen
- Höhere Konstrukte
  - Metaklassen
  - Vererbung von Methoden
  - Abstrakte Datentypen und Einkapselung
- Erweiterbarkeit
- Persistenz
- Zugriffpfade
- Transaktionen, Concurrency Control, Recovery

Insgesamt ist das Buch ‚Objektorientierte Datenbanken' eine gute Abhandlung des Themas und soll hier nicht weiter zitiert werden. Die dort angeführten Prinzipien stimmen im Grundsatz mit den zu Beginn des Kapitels bereits dargestellten überein. Diese Prinzipien werden in mehreren praktischen Beispielen angewandt und die Leistungsmerkmale existierender Systeme daran gemessen und mehrere kommerziell verfügbare Systeme übersichtlich dargestellt.

Die vorstehend aufgeführte Gliederung soll später in Kap. 12 benutzt werden, um daran orientiert eine einheitliche objektorientierte Entwicklungsumgebung zu entwerfen.

Als kommerziell verfügbare OODBMS werden angeführt und dargestellt:

- GemStone
- ONTOS / VBASE
- O2
- ITASCA / ORION
- ObjectStore
- OpenODB
- POET
- VERSANT
- G-Base

9.7   Zusammenfassung

Im vorstehenden Kapitel wurden Anforderungen an ein objektorientiertes Datenbankverwaltungssystem dargestellt. Zum Teil konnten diese bereits mit der in konventionellen Systemen verfügbaren Funktionalität abgedeckt werden. Andere Teile wurden als Anforderung formuliert und eine Struktur für die Darstellung der Funktionalität eines umfassenden OODBMS beschrieben.

Es ist festzustellen, daß keines der heute bereits zahlreich verfügbaren Systeme eine Funktionalität bietet, wie sie für eine integrierte Entwicklungsumgebung zur Erstellung kommerzieller Lösungen benötigt wird.

Viele Komponenten sind bereits in verschiedenen Systemen verfügbar, jedoch fehlt auch für objektorientierte Datenbankverwaltungssysteme noch der geschlossene Ansatz für ein System zur Analyse, Programmierung, Datenverwaltung und Informationsgewinnung.

10. Anforderungen an objektorientierte Technologie in einer Client/Server Architektur

Verteilte Verarbeitung in einer Client/Server Architektur spielt für die Lösung kommerzieller Aufgabenstellungen eine immer größere Rolle. Nachdem auch hier die Großrechner-Ära zu Ende geht, werden Werkzeuge benötigt, die die Entwicklung in dieser Umgebung erleichtern.

10.1 Verteilte Verarbeitung

Client/Server Architekturen beherrschen seit Mitte der 80er Jahre die Infrastruktur der DV. Ausgehend von in lokalen Netzen zusammengeschalteten Personal Computern umfaßt ‚Client/Server Computing' heute alle Arten von Systemen einschließlich Großrechner, mittlere proprietäre Rechner, UNIX Maschinen und PCs. Das Prinzip der Client/Server Architektur ist die Aufteilung des Betriebs einer DV-Lösung zwischen einer intelligenten Arbeitsstation (Client) am Nutzerarbeitsplatz und einem oder mehreren zentralen Servern, welche gemeinsam zu nutzende Ressourcen verwalten. Charakteristisch für Client/Server Architekturen ist die Kommunikationsstrecke, die jeweils zwischen Client und Server geschaltet ist – ursprünglich nur ein Local Area Network LAN, aber inzwischen abhängig von der Konfiguration auch anderer Kommunikationsstrecken [DCE 91]. Client /Server Architektur war ursprünglich nur definiert als die gemeinsame Nutzung zentraler Daten auf einem Server durch mehrere Klienten, jedoch wird der Schnitt zwischen Client und Server – wie folgende Abb. 10.1 zeigt – inzwischen auch an andere Stellen gelegt, so auch zwischen Präsentation und innerhalb der Verarbeitung.

Heute wird im kommerziellen Umfeld meist ein Personal Computer als intelligente Client Arbeitsstation eingesetzt.

Wesentliche zu lösende Aufgaben in einer Umgebung verteilter Verarbeitung sind der Anschluß der Verarbeitungskomponenten an die Kommunikationsschnittstelle, die Koordination der Verarbeitung in den verteilten Komponenten und schließlich das Auffinden und Adressieren der Komponenten im Netz.

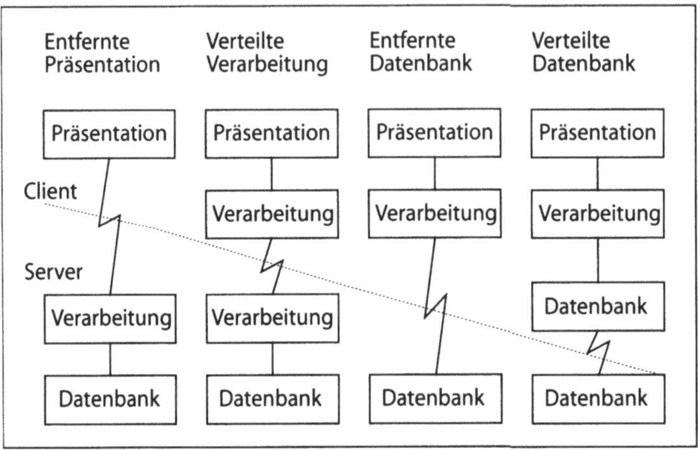

Abb. 10.1 Client/Server Architektur in verschiedenen Varianten

Entfernte Präsentation bringt die Aufbereitung der Daten auf die intelligente Arbeitsstation und erfordert eine Programm/Programm Kommunikation mit dem Aufruf entfernter Prozeduren (Remote Procedure Call RPC).

Verteilte Verarbeitung stellt die allgemeinste Form der Verteilung dar und erfordert RPC Techniken.

Entfernte Datenbanken sind die am besten ausgeprägte Form der Client/ Server Architektur, da die Datenbank schon lange als gemeinsame Ressource verwaltet wurde. Manche Systeme wie zuerst SYBASE [SYBASE] und SQL DB und in seiner Version 7 auch Oracle beinhalten die Möglichkeit, Prozeduren in der Datenbank anzusiedeln und im Zusammenhang mit dem Zugriff auf Daten zu aktivieren. Diese Lösung liefert eine Verbindung von Verarbeitung mit Datenverwaltung und implizit eine verteilte Verarbeitung, wenn auch nicht in einer einheitlichen Technologie.

Verteilte Datenbanken existieren heute in verschiedenen technischen Lösungen, haben aber wegen der Problematik der verteilten Änderungsoperationen noch keine breite Anwendung gefunden.

Es gebührt wohl der Firma TANDEM Computers der Verdienst, als erste ein Betriebssystem implementiert zu haben, dessen Komponenten und Nutzer ausschließlich auf der Basis von Nachrichten miteinander kommunizieren und welches implizit eine verteilte Verarbeitung unterstützt [Bartlett 77], [Katzmann et al.].

Im TANDEM System GUARDIAN verkehren alle Komponenten untereinander über logische Namen, die es erlauben, daß Aufträge innerhalb eines vernetzten Systems transparent auch an örtlich entfernte Rechnerknoten verschickt werden können, ohne daß der Nutzer dafür besondere Vorkehrungen treffen muß.

Eine GUARDIAN Anwendung ist dabei wie folgt strukturiert:

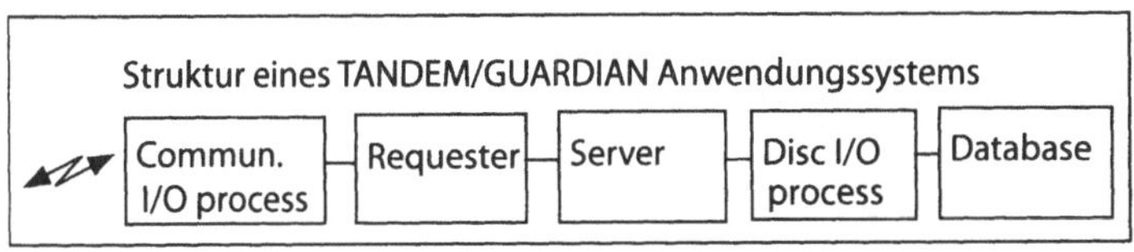

Abb. 10.2 Struktur eines TANDEM Guardian Anwendungssystems

Der ‚Communication I/O process‘ übernimmt die Darstellung von Nachrichten an Endgeräten und überträgt evtl. Softwarekomponenten zur Darstellung dorthin.

Der ‚Requester‘ formatiert Anforderungen der Anwendung in Nachrichten um und sendet diese an einen oder mehrere Server zur Ausführung. Dabei hat er keinen Zugriff zu Daten.

Der ‚Server‘ verarbeitet den Funktionsauftrag, führt sämtliche I/O Operationen durch und sendet wieder eine Antwort an den Requester.

‚Disc I/O‘ und ‚Database‘ wickeln alle Zugriffe auf Externspeicher ab, die als Aufträge vom Server eingegangen sind.

Objektorientierte Systeme haben die Anforderungen verteilter Verarbeitung in Client/Server Architekturen bisher nicht aufgegriffen. Es erfordert meist großen Aufwand, entsprechende Anschlüsse an die Kommunikationsschnittstelle aus einer objektorientierten Umgebung herzustellen.

Hier ergibt sich als erste Anforderung an objektorientierte Systeme, daß sie eine Client/Server Architektur zwischen verteilten Objekten (z.B. Präsentation und Verarbeitung oder innerhalb der Verarbeitung) unterstützen.

10.2   Aufruf entfernter Prozeduren (Remote Procedure Call, RPC)

Da der Aufruf entfernter Prozeduren immer eine Übermittlung einer Nachricht über eine Kommunikationsstrecke erfordert, ist es nötig, daß zwischen einzelnen Komponenten immer nur definierte Nachrichten ausgetauscht werden. In konventionellen Programmiersprachen können diese Nachrichten aus Unterprogrammaufrufen (Remote Procedure Calls) abgeleitet werden und es existieren Precompiler, die die entsprechenden Anschlüsse an den Programmen mit der Aktivierung des Server-Programms automatisch erzeugen. Die meisten objektorientierten Programmiersprachen – außer SMALLTALK – erlauben einem Klienten Objekt zumindest den direkten Zugriff auf Daten eines Server Objektes. Damit sind diese Sprachen für den Einsatz in einer Client/Server Architektur nicht tauglich, da keine definierten Nachrichten zwischen den Objekten ausgetauscht werden.

Es existieren z.Zt. keine RPC-Precompiler für objektorientierte Sprachen.

Als Anforderung an ein objektorientiertes System leitet sich daraus ab, daß die Kommunikation zwischen Objekten immer nur über definierte Nachrichten erfolgen kann.

Damit können Client/Server Konfigurationen über mehrere Ebenen der Verteilung aufgebaut werden, wie es in Kap. 7 dargestellt wurde.

10.3   Verteilte Verarbeitung mit integrierten Funktionstriggern

Wie bereits ausgeführt bieten einige DBMS sogenannte ‚Trigger' und ‚Stored Procedures', hinter denen sich Verarbeitungslogik verbirgt, die vom DBMS verwaltet und für den Nutzer unsichtbar abhängig von bestimmten Operationen und Ereignissen aktiviert wird. Diese Technik ist für die Lösung kommerzieller Aufgabenstellungen in einer Client/Server Architektur breit akzeptiert, da sie den Datenverkehr zwischen dem DBMS und der Verarbeitung reduziert und daneben erlaubt, bestimmte Vorselektionen und Integritätsregeln bereits in der Datenbank zu spezifizieren.

Objektorientierte Programmiersprachen nutzen bisher meist konventionelle DBMS ohne besondere Berücksichtigung objektorientierter Prinzipien. Damit ergibt sich die Situation, daß Verarbeitungslogik zum Teil in der objektorientierten Umgebung und zum anderen Teil mit anderer Technik innerhalb der Datenbank implementiert werden muß.

Auch objektorientierte DBMS bieten heute nicht die Funktion der Trigger und Stored-Procedures, was deren Akzeptanz für die Lösung kommerzieller Aufgabenstellungen behindert.

Es ist zu fordern, daß objektorientierte Systeme die Funktion von Triggern und Stored-Procedures des DBMS abbilden können, damit diese beiden Technologien zusammengeführt werden können.

10.4 Der ‚Common Object Request Broker' CRB der OMG

Die Object Management Group hat mit der Common Object Request Broker Architecture CORBA einen Vorschlag für eine objektorientierte Verarbeitung in einer verteilten Umgebung vorgelegt. Dieser Vorschlag enthält innovative Ansätze für eine verteilte Verarbeitung und verspricht eine Richtung für verteilte objektorientierte Verarbeitung festzulegen, da er von den Mitgliedern der OMG (mehr als 80 Unternehmen) gestützt wird.

Der Common Request Broker (CRB) ermöglicht, daß Clienten und Server für Objekte in getrennten Umgebungen verwaltet werden und über eine Kommunikationsstrecke miteinander verbunden sind.

Der CRB besteht aus folgenden Komponenten:

- Anschlüsse an den CRB für Klienten
- Anschlüsse an den CRB für Server
- Verwaltung der Kommunikation
- Implementierung und Instanzierung von Objekten
- Objektidentität
- Tyen in Schnittstellen
- Vererbung von Schnittstellen
- Integration fremder Objektsysteme
- Anschlüsse an DBMS
- Interface Repository

Die aufgezählten Komponenten sind in einer verteilten operativen objektorientierten Umgebung Voraussetzung für jede Technologie, die diese Aufgabenstellung lösen will, aber bisher im Umfeld objektorientierter Sprachen und OODBMS noch nicht diskutiert wird. Obwohl der CBR bisher nur in einer Umgebung (UNIX) implementiert ist, kann das Prinzip auch zwischen heterogenen Umgebungen angewandt werden und ähnelt in vielen Punkten dem bereits früher von der Software AG vorgeschlagenen ENTIRE Function Server Konzept [Pagé 90] und dem Konzept des Function Broker [Pagé 91/2].

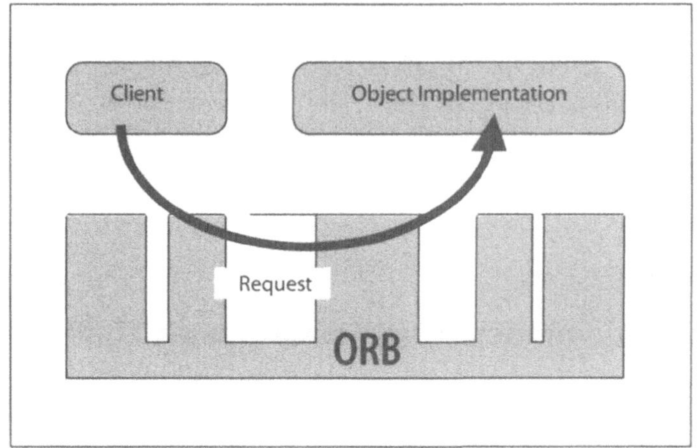

Abb. 10.3 Grundstruktur der Object Request Broker Umgebung

Die wesentliche Funktionalität des ORB besteht also darin, Aufträge an Objekte entgegenzunehmen, zu verwalten und an die entsprechenden Objekte zu vermitteln.

Erweiterte systemabhängige Funktionalität wird durch die Definition weiterer Standards in der Zukunft abgedeckt. Ziel ist es, Funktionen zur Verfügung zu stellen, bei deren Nutzung der Entwickler nicht mehr auf systemspezifische Mechanismen achten muß.

Object Services sind Dienste, die jedes Objekt zur Verfügung stellen muß. Diese umfassen derzeit:

- Management von Klassen und Instanzen
- Permanentes oder zeitweiliges Speichern von Objekten mit Methoden und aktuellem Zustand
- Konsistenz und Integrität auch über Objektgrenzen hinweg (analog zu Transaktionen)
- Funktionen für Sicherheit, Anfragemöglichkeit, Versionierung

Common Facilities sind Eigenschaften, die für eine größere Anzahl von Objekten interessant sein können wie Mail-Anbindung, Druckbarkeit, Fehlerbehandlung, Hilfefunktionalität, und diese sollten mit dem Standard Mitte 1994 verfügbar sein.

Application Objects sind individuell erstellte Objekte, die Anwendungsfunktionalität bereitstellen. OMG wird hier nicht selbst standardisieren, sondern sieht dies als Aufgabe von Fachverbänden oder EDI-Standardisierungsgremien.

10.4.1 Anschlüsse an den CRB für Klienten

Klienten kommunizieren mit dem ORB über Aufrufe an einer definierten Schnittstelle, an der die Bezeichnung für den angeforderten Dienst einer Methode, die Identifikation für das Objekt und entsprechende Parameter übergeben werden.

Für den Klienten ist der Objekt Server gekapselt, d.h. daß der Klient nur den externen Typ kennt, nicht die Implementierung der Dienste in den Objekten.

Der Anschluß an den ORB kann als statische Spezifikation der Schnittstelle (Stub Stummel Schnittstelle) über einen Precompiler erfolgen oder eine dynamische Spezifikation in einer definierten Syntax, die der ORB versteht und interpretieren kann.

Es ist Ziel der ORB Spezifikation, die Semantik der Klientenschnittstelle für alle Sprachen, Umgebungen und Implementierungen identisch beizubehalten, damit die Dienste netzweit zur Verfügung gestellt werden können.

Für den Aufruf einer Operation/Methode müssen vom Klienten folgende Angaben spezifiziert werden: Objektidentität, auszuführende Operation /Methode und Aufrufparameter und Rückgabewerte.

Die Spezifikation für den Aufruf einer Methode in einem Objekt enthält gleichberechtigt den Namen der Operation/Methode und die Objektidentität.

Damit kann im System die Ausführungsumgebung unabhängig von beiden Parametern identifiziert werden.

Dieser Ansatz bietet zwar eine mögliche Lösung für die Verarbeitung von mehreren Objekten in einer Operation, birgt jedoch die Gefahr, daß damit wieder das objektorientierte Paradigma verwässert wird und in Funktionen gedacht wird.

Folgende Abb. 10.4 zeigt die wesentlichen Schnittstellen des ORB:

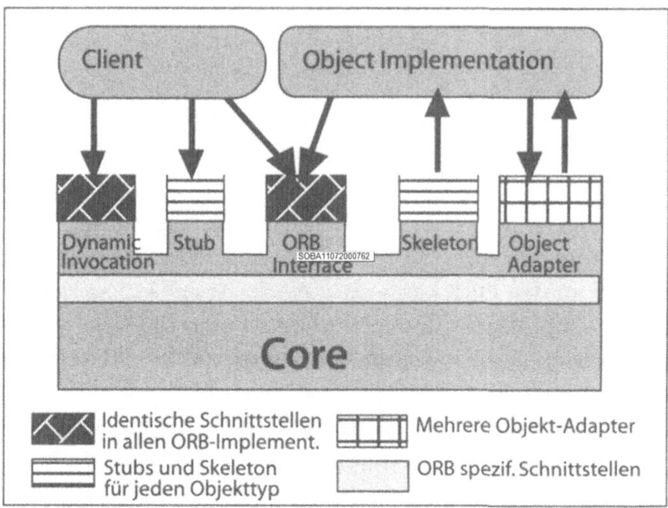

Abb. 10.4 Schnittstellen des ORB

Das ORB Interface bietet Klienten sowohl als auch Servern bestimmte Dienste an, die vom ORB Kern als generische Dienste verwaltet werden.

10.4.2 Anschlüsse an den CRB für Server

Für die Server stellen sich die Anschlüsse spiegelbildlich entsprechend dar.

Über das *Skeleton* werden im Umfeld des ORB implementierte Objekte angeschlossen, während über die Adapter fremde Objekte in die ORB Umgebung eingefügt werden können. Die Anschlüsse über das Skeleton werden vom ORB aufgerufen, wenn eine Methode in einem Objekt aktiviert wird. Für ein Objekt müssen die üblichen Operationen zur Erzeugung, Übergabe der Identität und Löschung existieren.

Für jeden Objekttyp wird bei Nutzung des Stub-Interface ein getrenntes Stub erstellt.

Über den Adapter werden Dienste des ORB für Objekte angefordert wie Erzeugung und Interpretation von Objektidentitäten, Angleich von Objektreferenzierungen an Implementierungen und die ‚Registrierung' von Implementierungen.

10.4.3 Verwaltung der Kommunikation

Normalerweise existieren Klienten und Objekt Server in derselben Umgebung, so daß die Kommunikation auf eine Inter-Prozeß-Kommunikation hinausläuft.

Schwieriger wird die Verwaltung der Kommunikation, wenn mehrere und verteilte Server in einem System existieren. Diese Möglichkeit ist in der aktuellen Version des ORB vorgesehen.

Hier bietet der ORB den Ansatz zur Verpackung von Nachrichten, so daß diese an einen entfernten Knoten übermittelt werden können.

10.4.4 Implementierung und Instanzierung von Objekten

Ein implementiertes Objekt muß sich dem ORB bekanntmachen, indem es sich ‚einschreibt (registrates)‘. Damit weiß der ORB, wo der Objekt-Server existiert.

Für den Zugriff auf die Dienste eines Objekts können Berechtigungsprüfungen eingerichtet und abgewickelt werden. Für die Instanzierung oder Aktivierung eines Objekts gibt es zwei Aufrufe, einer der eine neue Objektinstanz erzeugt und ein anderer, der sich auf ein instanziertes Objekt bezieht und dieses einem Klienten zuweist. Damit wird ein Objekt zu einem Server, der für mehrere Klienten nacheinander verwandt werden kann. Der Server muß nicht zwingend einem Prozeß entsprechen, sondern stellt einfach ein Programm dar.

Es ist auch möglich, daß dasselbe Programm Dienste für mehrere Nutzer anbietet – und damit wie ein Transaktionsmonitor (Teilhabersystem) agiert. Dabei kann der Server einen Dialog mit dem Klienten führen und besitzt einen Status, der bestehen bleibt.

Das andere Extrem, daß für den Aufruf jeder Methode ein eigener Serverprozeß initiiert wird, ist auch möglich.

10.4.5 Objektidentität

Objektidentiäten werden vom Basic-Object-Adapter (BOA) des ORB bei der Erzeugung einer neuen Objektinstanz vergeben und dann während der Lebensdauer eines Objekts verwaltet.

Für Objektinstanzen kann eine persistente Speicherung organisiert werden, die aber nur besagt, daß die Identität des Objekts verwaltet wird und der Nutzer, dem Zugriff auf ein Objekt gegeben wurde, immer auf diese zugreifen kann, auch wenn diese inzwischen vom System deaktiviert wurde.

10.4.6 Typen in Schnittstellen

Die Interface Definition Language (IDL) erlaubt die Spezifikation von Datentypen, die alle gängigen Standardtypen in Attributen enthalten können.

Als Datenstrukturen werden angeboten: Listen, Arrays, Verbindungen (Union), Aufzählungen als geordnete Listen von Identifikatoren.

Für die Spezifikation der Operationen enthält der Aufruf:

- einen Identifikator der Operation
- eine Parameterliste für die Übergabe von Werten an die Operation
- den Typ der rückgelieferten Werte
- eine optionale Ausnahmebedingung für Fehlersituationen

10.4.7 Vererbung von Schnittstellen

Eine Schnittstelle kann von einer anderen im Sinne einer Vererbung abgeleitet werden. Dabei können in der abgeleiteten Schnittstelle Erweiterungen eingeführt werden, sie erfüllt aber auch die Funktionen der Elternschnittstelle im Sinne einer Klassenhierarchie.

Mehrfachvererbung wird dabei unterstützt, wobei auch Vererbungsnetze gebildet werden können. Namenskonflikte werden durch Qualifizierung der Identifikation gelöst.

10.4.8 Integration fremder Objektsysteme

Wollen fremde objektorientierte Systeme ihre Objekte dem ORB bekanntmachen, so müssen sie die Schnittstellen des ORB nutzen, so daß sie von dort instanziert und aktiviert werden können.

Dabei müssen nicht alle Objekte bekanntgemacht werden, sondern nur solche, die eine ‚Brücke‘ zwischen den unterschiedlichen Objektsystemen darstellen. Innerhalb der beiden Umgebungen existieren dann die anderen Objekte ohne Kenntnis der Brücke.

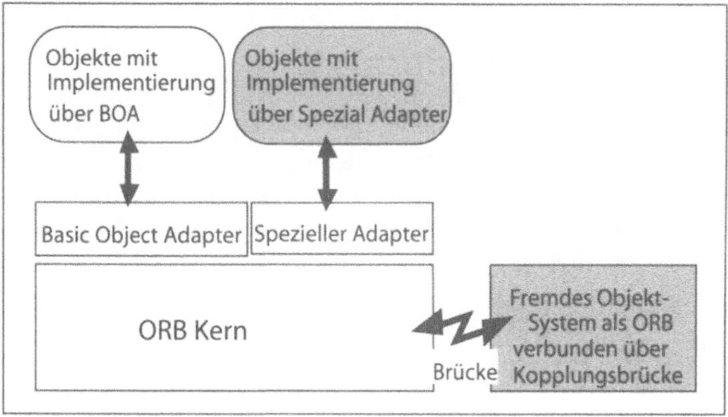

Abb. 10.5 Anschluß fremder Objektsysteme an den ORB

10.4.9 Anschlüsse an DBMS

Der Anschluß von Datenbanken erfolgt über die implementierten Objekte.

Es ist möglich über eine Kopplungsbrücke objektorientierte DBMS an den ORB anzukoppeln.

10.4.10 Das Interface Repository

Das Interface Repository verwaltet die Spezifikationen für die Schnittstellen und erlaubt dem IDL-Compiler den Zugriff auf diese Informationen. Dieser Zugriff kann auch entfernt ausgeführt werden.

Daneben kann das Repository andere Informationen aufnehmen wie: Komponenten einer CASE Umgebung oder Endnutzerumgebung o.ä.

10.5 Verteilte Transaktionsverarbeitung in einer Client/Server-Struktur

Das GUARDIAN System ist in der Lage, verteilte Transaktionen abzuwickeln, die aus einem Auftrag an mehrere Server resultieren. Dazu werden alle Meldungen, die aus dem Auftrag resultieren, auf ein Log geschrieben, so daß sie jederzeit wiederholt ausgesandt werden können.

Zwischen Requester und Server wird dann eine ‚Two Phase Commit' Prozedur abgewickelt, die es erlaubt, Wirkungen von Meldungen zurückzunehmen oder aber Meldungen wiederholt zu verarbeiten, wenn bei der ersten Verarbeitung eine Störung aufgetreten ist.

Grundvorausssetzung für diese Art der Verarbeitung ist eine ‚optimistische' Transaktionssteuerung, die es zuläßt, daß Teiltransaktionen angestoßen werden, obwohl noch nicht feststeht, ob alle Teiltransaktionen erfolgreich abgeschlossen werden können.

Objektorientierte Systeme haben bisher noch nicht die Anforderung für eine Abwicklung von Transaktionen in einer verteilten Umgebung aufgegriffen, welche aber dennoch für produktionsorientierte kommerzielle Systeme unverzichtbar ist.

10.6 Die Vision einer weltweit in einem Netz integrierten Informationsverarbeitung und das Zusammenwirken von Objekten in ‚Wide Area Networks'

Client/Server Architekturen existieren heute meist nur in lokalen Netzen. Die Vision für eine Datenverarbeitung der Zukunft enthält aber durchaus bereits die Verbindung von DV-Lösungen in Telekommunikationsnetzen, was besondere Anforderungen an die Minimierung der zwischen Objekten übertragenen Datenströme stellt. Neben der bereits formulierten Anforderung, daß Objekte nur über definierte Nachrichten miteinander kommunizieren sollten, muß weitergehend gefordert werden, daß diese Nachrichten in einem Format übertragen werden, welches eine Kompression zuläßt, und daß Objekte als ‚Funktionsserver' genügend leistungsfähig sind, daß sie mit einem Minimum an übertragener Nachricht ein Maximum an Ergebnis erzeugen können.

Ein Beispiel für eine weltweit vernetzte objektorientierte Anwendung ist das World Wide Web [Klute 94] auf der Basis des Hypermedia Systems Mosaic.

10.7 Anforderungen an objektorientierte Technologie

Ein objektorientiertes System sollte eine Client/Server Architektur zwischen verteilten Objekten (z.B. Präsentation und Verarbeitung oder innerhalb der Verarbeitung) unterstützen.

Ein objektorientiertes System sollte Objekte verteilt verwalten, in einem Netzwerk identifizieren und unsichtbar für den Nutzer für eine Verarbeitung erreichen können.

Innerhalb eines objektorientierten Systems sollte die Kommunikation zwischen Objekten immer nur über definierte Nachrichten erfolgen.

Ein objektorientiertes System sollte die Funktion von Triggern und Stored-Procedures fortschrittlicher DBMS abbilden können, damit diese beiden Technologien zusammengeführt werden können.

Ein objektorientiertes System sollte eine Transaktionsverarbeitung in einer verteilten Client/Server Architektur organisieren können.

Ein objektorientiertes System sollte in seinen Objekten die Funktionalität von ganzen Systemen abbilden können und Aufträge an die Funktionen des Systems mit einem Minimum an übertragenen Daten erledigen können.

10.8 Zusammenfassung

Objektorientierte Technologie hat bisher die Anforderungen von verteilter Verarbeitung in einem Client/Server System nur sehr begrenzt aufgegriffen. Es wird für den weiteren Erfolg objektorientierter Technologie nötig sein, daß alle Komponenten einer objektorientierten Technologie auf einen Betrieb in einer verteilten Umgebung eingerichtet sind. Diese Problematik wird in Kap. 12 aufgegriffen und dafür ein Lösungsvorschlag erarbeitet.

11. Objektorientierung und Anforderungen an ein Diktionär

Datendiktionäre oder Diktionäre tauchen bisher kaum in der Diskussion um objektorientierte Systeme auf, obwohl sie seit langem im Umfeld kommerzieller Datenverarbeitung eine zentrale Rolle spielen.

Zwar existiert der Begriff Diktionär in objektorientierten Sprachen, jedoch bezeichnet er nicht das Datendiktionär sondern eine Tabelle mit der Übersetzung von Methodennamen in Verweise auf diese Methoden, wie sie für das ‚Late binding‘ benötigt wird.

Bisher findet sich nur bei Meyer [Meyer 88] unter ‚Weitere Problemstellungen‘ ein Hinweis bei der Diskussion um Wiederverwendbarkeit und das Auffinden bereits implementierter Objekte:

‚Was man braucht ist ein System, das es potentiellen Nutzern erlaubt, vorhandene Klassen nicht nur über ihre Namen (zu ungenau) oder ihren ganzen Text (zu detailliert) zu finden, sondern auch über ihre Eigenschaften; anderes gesagt, eine Klassendatenbank mit einer zugehörigen Anfragesprache‘.

Im folgenden sollen einige mögliche Aufgaben für ein Diktionär kommerzieller Prägung in einer objektorientierten Umgebung dargestellt werden.

11.1 Diktionärsysteme in objektorientierten Systemen

Als Anforderungen an ein Diktionär führt Meyer [Meyer 88] auf:

- Beziehungen zwischen Klassen (Vererbung, Kunde) sollten in der Datenbank geführt werden. Aus offensichtlichem Grund sollten diese Beziehungen automatisch aus dem Klassentext abgeleitet und nicht manuell eingegeben werden.
- Der Kontext jeder Klasse sollte exakt beschrieben sein, so daß Verweise auf die Namen anderer Klassen (Eltern oder Lieferanten/Server) eindeutig sind, auch wenn viele Klassen in der Datenbank denselben Namen haben sollten.

- Die Versionsverwaltung sollte zu einem gewissen Grad unterstützt werden.
- Einige Klassentexte werden in der Datenbank verfügbar sein, andere mögen nicht verfügbar sein. In jedem Fall sollte eine Schnittstellenversion (wie in Eiffel vom Kommando ‚short‘ erzeugt) vorhanden sein.
- Es muß möglich sein, Zugriffskontrollen und Integritätsschutz zu implementieren.

Nur wenige dieser Ziele werden von vorhandenen Datenbanksystemen angegangen. Ein Softwarebaustein-Datenbanksystem sollte wahrscheinlich auf einem Datenbankmanagementsystem, erweitert um besondere Mechanismen, beruhen [Meyer 88].

Neben diesen Anforderungen sind weitere für einen Einsatz im kommerziellen Umfeld vorstellbar:

- Speicherung des Entity/Relationship Modells während der Analyse und Verknüpfung der Objekte der Lösung mit den Entitäten der realen Welt.
- Aufnahme der Spezifikationen für die Implementierung von Objekten während der Analyse.
- Abbilden der Abläufe der Geschäftsvorfälle (use cases) mit Dokumentation der involvierten Objekte und der Reihenfolge der Aufrufe einschließlich der Parameterstruktur.
- Dokumentation der Gruppierung von Objekten nach unterschiedlichen Gesichtspunkten, einschließlich der Verfeinerung grober Strukturen.
- Dokumentation der Verteilung von Objekten auf verschiedene Lokationen und Systeme einschließlich der Funktion eines ‚directories‘ zur Auffindung der Komponenten zur Laufzeit – wie in Kap. 10 gefordert.

11.2   Diktionärsysteme in konventionellen DBMS

Auch für die Lösung diese Problems lohnt sich ein Blick auf bereits im konventionellen Umfeld Vorhandenes, denn die oben von Meyer aufgeführten Anforderungen werden zum größten Teil durch existierende Diktionärsysteme abgedeckt.

Diktionärsysteme haben sich bereits in den 70er Jahren bei den netzwerkartigen DBMS wie IDMS [IDMS] ausgebildet, um die vorhandenen Datenstrukturen mit den Attributen als Schema zu dokumentieren und den Precompilern Informationen darüber zu liefern. Sie waren hier eine zwingende Notwendigkeit, um die strukturierten Schemata verstehen und nutzen zu können.

Aus dem ursprünglichen Datendiktionär hat sich dann mit der Erweiterung der Funktionalität ein allgemeines Diktionär entwickelt, das unterschiedlichste Informationen und Daten aus der Analyse- und Entwurfsphase für Systeme bis zum operativen Betrieb aufnehmen, dokumentieren und auf Anfrage selektiv wieder darstellen kann. So entstanden neben Texterfassungsfunktionen und Funktionen zur Dokumentation der Daten und anderer Ressourcen auch Zusatzfunktionen wie Zugriffsschutz, Zugangskontrollsysteme, Dokumentation der Verwendung von Daten und Versionsverwaltung.

Damit ist das Diktionär eine zentrale Komponente der Softwareentwicklungsumgebung, das nicht nur während der Systemspezifikation das Datenmodell und die Funktionsbeschreibungen aufnimmt, sondern dann auch für die Implementierung des Systems als Quelle für die Parameter verschiedener Generierungen dient. So spielt das Verzeichnis der Datentypen beim Generieren der programmtechnischen Modulschnittstellen eine wichtige Rolle, indem es aus den abstrakten Typdefinitionen konkrete Implementierungen für Schnittstellen in einer meist frei wählbaren Programmiersprache erzeugt.

Aus dem Diktionär haben sich auch die ‚Computer Aided Software Engineering‘ CASE-Werkzeuge entwickelt, die auch in einer konventionellen Entwicklungsumgebung einen Großteil der Implementierungsarbeit mit Generatoren automatisieren.

Die in objektorientierten Entwicklungsumgebungen angewandten Praktiken sind im Vergleich zu einem durch ein Diktionär gestützten Entwicklungsprozeß z.T rückständig und führen einen ‚Wild-West‘-Programmierstil ein, wo doch bereits Ordnung herrschte und nicht mehr programmiert sondern spezifiziert wurde.

Das in IDMS implementierte Diktionär kann dabei als Archetyp eines Diktionärs angesehen werden. Aus der Diskussion um die zentrale Funktion des Diktionärs zur Dokumentation alle Komponenten eines DV-Systems sind dann auch in anderen Systemen Diktionäre implementiert worden. So ist das Daten-Diktionär PREDICT [SAG PREDICT] gut ausgebildet und bietet zuammen mit der Komponenten PREDICT CASE folgende Funktionen:

- Verwaltung des Entity/Relationship Modells der Analyse mit Navigationsfunktionen.
- Dokumentation von Gruppenbildungen aus Entitäten und Objekten.
- Speicherung textueller Beschreibungen für geplante Komponenten.
- Verwaltung aller implementierten Komponenten wie Programme und Datenbeschreibungen mit Quelltext, Objektcode, Autor, Erstellungs-/Änderungsdatum, etc.
- Beschreibung verfügbarer Datensichten und Programmkomponenten.

- Dokumentation der Beziehungen von implementierten Komponenten zueinander wie Ableitung einer Datensicht aus einer Basissicht oder konzeptionellen Sicht.
- Automatische Dokumentation der Datennutzung auf Elementebene und der Programmverknüpfungen (cross references).
- Versionsverwaltung für Programmsysteme.
- Sicherheitssystem für die Einschränkung und die Kontrolle der Nutzung von Ressourcen.

11.3   Das Diktionär in einer CASE Umgebung

Neben der Dokumentation von Strukturen und Informationen enthält PREDICT wie auch andere Diktionäre als CASE Umgebung Generatoren zur automatischen Code-Erzeugung:

Maskengenerator

Der NATURAL Maskengenerator greift direkt auf die Information von PREDICT zu und erlaubt es, Typen und einzelne Attribute direkt in der Maske zu plazieren, wobei alle Eigenschaften von Attributen wie: Überschriften, Editierungsmasken, Prüfungen auf gültige Eingabewerte, direkt aus dem Diktionär übernommen werden. Aus der Generierung der Maske entsteht direkt die Schnittstelle zum Anschluß der Maske an das Verarbeitungsprogramm.

Im Vergleich zu den in objektorientierten graphischen Nutzeroberflächen vorhandenen Werkzeugen sind die Funktionen diktionärgestützter Systeme wesentlich leistungsfähiger, da sie nicht manuelle Eingabe von Spezifikationen erfordern, sondern im Gegenteil vorhandene Information darbieten und aktiv verwenden.

Generieren von Plausibilitätsprüfungen

Aus den Spezifikationen des Diktionärs werden direkt Codeteile zur Prüfung von Plausibilitäten erzeugt, die z.B. Wertebereiche, gültige Zeichen, gültige Werte oder auch bereits komplexe logische Bedingungen abprüfen.

Generieren von Datenbankdefinitionen

Die Spezifikationen der Analyse kann der Generator des Diktionärs direkt in gültige Spezifikationen zum Einrichten von Datenbanken erzeugen, die meist auch direkt unter Kontrolle des Diktionärs ausgeführt werden können.

Generieren von ganzen Anwendungslösungen
Basierend auf im Diktionär existierenden ‚Modelle' oder ‚Rahmen' von Verarbeitungssystemen wie z.B. Browser, Menüsteuerungen, Kommandointerpreter, etc. können bei einigen Systemen durch Generierung komplette Systeme generiert werden. Dabei stellt der Rahmen die Verarbeitungslogik im Sinne generischer Operationen, und der Nutzer kann an definierten Stellen noch eigene Spezifikationen für individuelle Verarbeitung einbringen.

Auch diese Technik wäre für viele objektorientierte Programmiersprachen von Vorteil zur besseren Handhabung von Überschreibungen bei Vererbung und z.B. der Vermeidung des ‚Yo Yo'-Problems [Budd 91]- Hin- und Herspringen zwischen Klassen zum Verständnis der Funktionalität.

11.4 Zusammenfassung

Insgesamt kann festgestellt werden, daß die in konventionellen Umgebungen verfügbaren Funktionen eines Diktionärs sich gut mit den bisher formulierten Anforderungen aus der objektorientierten Technologie decken.

Es erscheint sicher, daß aus der Verbindung von objektorientierter Technologie mit den Funktionen eines Diktionärs eine noch leistungsfähigere Softwareentwicklungsumgebung entstehen würde.

Für die Implementierung des Diktionärs bietet sich als Basis ein objektorientiertes DBMS an, welches bei Anfragen auch für den Nutzer unsichtbar die Beziehungen der Komponenten untereinander verfolgen kann.

PREDICT ist in dieser Weise implementiert mit NATURAL [Pagé et al. 79] als Programmiersprache und ADABAS bzw. die Erweiterung zur Verwaltung von strukturierten und verknüpften Daten ADABAS ENTIRE als DBMS.

Es hat sich gezeigt, daß gerade für die Implementierung eines leistungsfähigen Diktionärs erweiterte Datenbankfunktionen zur Abbildung von Strukturen und Beziehungen benötigt werden, wie sie auch in objektorientierten DBMS – zumindest bzgl. der Strukturierung von Daten – vorhanden sind.

Auch für die Implementierung der benötigten Funktionen hat sich gezeigt, daß viele ähnliche Funktionen benötigt werden, was die Nutzung von Vererbung und generischen Prozeduren/Methoden nahelegt.

12. Vorschlag für den Entwurf einer integrierten objektorientierten Softwareentwicklungsumgebung

12.1 Zielsetzung des Entwurfs

Zum jetzigen Zeitpunkt existieren bereits eine große Zahl objektorientierter Programmiersprachen und auch objektorientierter Datenbankverwaltungssysteme. Im vorstehenden wurde gezeigt, daß für den breiten Einsatz objektorientierter Technologie in einem Umfeld kommerzieller Aufgabenstellungen eine Reihe von Anforderungen erfüllt sein müssen.

Es ist Ziel des im folgenden dargestellten Entwurfs für eine integrierte objektorientierte Softwareentwicklungsumgebung (OSEU), einen groben Entwurf für ein derartiges System zu liefern, wobei zu bedenken ist, daß ein Entwurf keine Konstruktion ist und es den Rahmen dieses Buches sprengen würde, den Entwurf detailliert auszuarbeiten.

Es soll erreicht werden, daß aus den Anforderungen und dem Entwurf eine mögliche Weiterentwicklung objektorientierter Technologie für den Einsatz als OSEU für kommerzielle Aufgabenstellungen abgeleitet werden kann.

Beispiele
Für die Darstellung von Beispielen wird in diesem Buch Bezug auf die Beispielaufgabenstellungen aus Heuer ‚Objektorientierte Datenbanken‘ [Heuer 92] der dort aufgeführten Datenstrukturen genommen, ohne daß diese hier noch einmal wiederholt werden.

Die Beispiele sollen möglichst wirklichkeitsnahe Aufgabenstellungen darstellen.

12.1.1 Anforderungen an eine einheitliche Sprache

Als Kriterien für objektorientierte Sprachen hat Heuer [Heuer 92] aus Veröffentlichungen von Meyer ‚The seven steps to object-based happiness‘ [Meyer

88] und Wegner ‚abgestufte Kriteriensammlung' folgenden Katalog zusammengetragen, der dann auch für den Entwurf angelegt werden soll:

1. *Modularisierung nach Objekten:* Die Modularisierung wird aufgrund der Daten und nicht aufgrund der Funktionen vorgenommen.

2. *Abstrakte Datentypen:* Die Objekte werden als abstrakte Datentypen beschrieben, die die Implementierung einkapseln.

3. *Freispeicherverwaltung:* Speicherplaz von Objekten, auf die nicht mehr zugegriffen werden kann, soll automatisch vom System wieder freigegeben werden.

4. *Module, Klassen und Standarddatentypen:* Nichtriviale Modulen sind identisch mit nichttrivialen Datentypen. Diese werden Klassen genannt. Nur ein triviales Modul (eine einfache Prozedur etwa) oder ein trivialer oder Standarddatentyp (etwa INTEGER oder BOOLEAN) ist also keine Klasse.

5. *Vererbung:* Eine Klasse kann als Unterklasse einer anderen Klasse definiert werden und deren Attribute und Methoden erben.

6. *Polymorphismus und dynamische Binden:* Eine Methode kann auf Objekte unterschiedlicher Klassen angewandt werden und kann in unterschiedlichen Klassen auch unterschiedliche Realisierungen haben.

7. *Mehrfachvererbung:* Eine Klasse kann Unterklasse von mehreren Klassen sein.

Wegener definiert mehrere Abstufungen von Objektorientiertheit:

1. *Objekte:* Objekte besitzen Operationen und einen Zustand. Der Zustand kann durch Operationen geändert werden. Objekte können durch Botschaften Informationen austauschen. Die Reaktion auf die Botschaften wird durch Operationen implementiert.

Programmiersprachen mit Objekten heißen objektbasiert.

2. *Klassen:* Klassen spezifizieren eine Schnittstelle für die Operationen (Anm.: über die dargestellten Typen), die mit Objekten dieser Klasse durchgeführt werden können. Eine Klasse ist eine Schablone aus der Objekte erzeugt werden können. Die Implementierung der Operationen ist von außen nicht zugänglich.

Programmiersprachen mit Klassen heißen klassenbasiert.

3. *Vererbung:* Eine Klasse kann Operationen (Anm.: und Strukturen) von anderen Klassen erben.
Programmiersprachen mit Objekten, Klassen und Vererbung heißen objektorientiert.

Das vorgeschlagene System soll eine objektorientierte Sprache enthalten.

Wegener gibt weitere Kriterien, die bei ihm nicht unbedingt erfüllt sein müssen, für das vorgeschlagene System aber erfüllt sein sollen:

- *Strenge Typisierung:* Strenge Typisierung sichert zu, daß im Programm keine Typfehler zur Laufzeit auftreten können.
- *Abstrakte Datentypen:* Klassen erlauben die Definition von abstrakten Datentypen, deren Typstruktur nicht bekannt ist.
- *Nebenläufigkeit:* Das Versenden von Botschaften zwischen Objekten sollte auch – zumindest konzeptionell – parallel möglich sein. Botschaften sollten also nebenläufig sein und synchronisiert werden können.
- *Persistenz:* Der Zustand von Objekten sollte das Ende des Programms überdauern (Anm.: können) und somit persistent sein als erstes Kriterium für ein Datenbanksystem.

Da eine einheitlich Sprache für die Spezifikation der Struktur der Datenbank als auch der Verarbeitung geschaffen werden soll, müssen auch die bereits in Kap. 9 dargestellten Anforderungen des ‚Manifesto für objektorientierte Datenbanken' berücksichtigt werden.

Daraus ergeben sich zusätzlich folgende Kriterien, die hier nur noch einmal stichwortartig aufgezählt werden:

- *Komplexe Objekte* zur Abbildung von Datenstrukturen.
- *Objektidentität* zur Identifikation von sowohl persistent als auch temporär erzeugten Objekten.
- *Erweiterbarkeit* für das Hinzufügen von Operationen und Datenstrukturen ohne Veränderung von bestehenden Objekten.
- *Sekundärspeicherverwaltung* zur Erzielung einer schnellen Verarbeitung.
- *Abfragesprache* zur Informationsgewinnung aus persistent gespeicherten Objekten.

Eine einheitliche objektorientierte Sprache, welche sowohl für die Spezifikation des Datenbankschemas als auch der Prozeduren zur Bearbeitung persistent gespeicherter Objekte dienen kann, sollte zusätzlich folgende vorgeschlagene Anforderungen erfüllen:

Strukturdefinitionsteil, der auch kommerzielle Anforderungen abdeckt;
Generische Operationen implizit im Operationenteil für verschiedene Arten von Objektklassen

Eigenschaften für implementierte Klassen, die als Standardwerte für deren Verarbeitung genutzt werden können

Konsequente Kommunikation nur über Nachrichten zwischen Objekten zur Ermöglichung einer verteilten Verarbeitung – kein direkter Zugriff auf Attributwerte

Verteilte Änderungsoperationen/-transaktionen in einem Netzwerk verteilter Objekte.

Interaktive Arbeitsweise mit der Möglichkeit der dynamischen Erzeugung neuer Klassen.

Verbindungsstellen zu existierenden nichtobjektorientierten Systemen.

Die oben skizzierten Anforderungen können heute von keiner existierenden objektorientierten Sprache oder Datenbankverwaltungssystem erfüllt werden, obwohl einige bereits in verschiedenen Systemen abgedeckt sind.

12.1.2 Auswahl von Prinzipien aus bestehenden Sprachen

Für den zu erarbeitenden Entwurf sollen die in Kap. 5 dargestellten objektorientierten Prinzipien angewandt werden, d.h. es existiert für das System eine grobe Zielvorstellung, die ‚Top-Down‘ verfeinert werden soll, gleichzeitig sollen aber auch bestehende Konzepte ‚Bottom-Up‘ ‚wiederverwandt‘ werden, wenn dies auch nicht im streng objektorientierten Sinne der Vererbung oder Verwendung möglich sein wird. Leider ist es in der gegebenen Situation nicht möglich, die vorgeschlagenen Prinzipien zusammen mit potentiellen Nutzern zu verifizieren, wie das bei einer Entwicklung eigentlich nötig wäre.

* Konsequente Kommunikation zwischen Objekten nur über Nachrichten zur Ermöglichung einer verteilten Verarbeitung
* Diese Anforderung wird in der Sprache SMALLTALK erfüllt und soll von dort in den Entwurf übenommen werden [Goldberg et al. 85], [Ingalls 81].
* Unterstützung von nebenläufiger Verarbeitung
* Dieses Konzept wird von ADA unterstützt und soll übernommen werden [Ada 80], [Ichbiah et al. 79].
* Einführung von Eigenschaften für implementierte Klassen, die als Defaultwerte für deren Verarbeitung genutzt werden können
* Dieses Konzept existiert in VISUAL BASIC [VISUAL BASIC] und NATURAL [Pagé et al. 79] und soll von dort übernommen werden.
* Informationsgewinnung aus den persistent gespeicherten Objekten
* Diese Möglichkeit ist mit SQL breit im Markt eingeführt [IBM DB2], so daß die vorgeschlagene Abfragesprache SQL-basiert sein wird [Scholl 88], um vorhandenes Know-How nutzen zu können. Daneben werden objektorientierte Abfragesprachen berücksichtigt [Heuer 92].
* Interaktive Arbeitsweise mit der Möglichkeit der dynamischen Erzeugung neuer Klassen

- Die interaktive Arbeitsweise ist in NATURAL gut ausgebildet, so daß hierfür dieses System als Basis für entsprechende Konzepte benutzt werden soll. Daneben bietet KAPPA [Kappa 92] eine interaktive objektorientierte Entwicklungsumgebung und soll berücksichtigt werden.

Mit der Auswahl einiger Konzepte aus anderen Sprachen soll nicht gesagt werden, daß diese unverändert übernommen werden könnten, sondern nur, daß ein entsprechendes Prinzip vorhanden ist und angepaßt werden kann. Mit einem ähnlichen Ansatz ist vom Autor bereits früher die SEU NATURAL entworfen worden, und die Akzeptanz des Systems bei seinen Nutzern scheint dieses Vorgehen zu bestätigen.

12.1.3 Zielsetzung der einheitlichen Sprache

Die einheitliche Sprache soll alle ‚guten' Prinzipien existierender Systeme ausschöpfen und alle oben angeführten Anforderungen erfüllen. Sie soll daneben als Erweiterung der Syntax von NATURAL ausgebildet werden und auf dieser Sprache aufbauen – aus alter Anhänglichkeit aber auch aus der Erfahrung, daß der NATURAL Ansatz eines Systemverständnisses für kommerzielle Anforderungen leistungsfähige Lösungen hervorgebracht hat. Im Stil und Funktionsumfang der Verarbeitungsanweisungen wird sich der Entwurf also an NATURAL ausrichten und soll hier als System OBJECTIVE NATURAL genannt werden.

OBJECTIVE NATURAL mit der integrierten Programmiersprache NATURAL Programming Language NPL soll alle Merkmale einer objektorientierten Sprache besitzen und soll sich, wo nicht im Detail ausgeführt, an Eiffel [Meyer 88] als fortschrittlicher objektorientierter Sprache orientieren.

OBJECTIVE NATURAL soll im Stil von Sprachen der vierten Generation wie NATURAL selbst möglichst alle ‚technischen' Aspekte der Funktionalität für den Nutzer verbergen und ihn dadurch automatisch vor Fehlern bewahren. Es soll Detail-‚Programmierung' vermieden werden, und die Implementierung von Lösungen auf einer hohen Abstraktionsebene soll mehr als ‚Spezifikation' durchgeführt werden statt als ‚Programmierung'.

12.2   Eine einheitliche objektorientierte Sprache

Im folgenden soll eine einheitliche Sprache skizziert werden, die alle oben aufgeführten Anforderungen erfüllen kann. Die Darstellung des Vorschlags ist weitgehend entsprechend den einzelnen oben aufgeführten Kriterien gegliedert, so daß eine leichte Orientierung für die Überprüfung der Erfüllung möglich wird.

12.2.1   Strukturteil

Im Strukturteil eines objektorientierten Softwareentwicklungssystems (Systems) werden die statischen Aspekte der Objekte und ihre Beziehungen untereinander beschrieben.

12.2.1.1 Klassen und Typen

Unter Klasse soll hier ein klassentypbasiertes Schema verstanden werden, d.h. die Klasse faßt alle Objekte eines bestimmten Typs zusammen und stellt nach außen für Objekte nur diesen Typ dar, während sie nach innen gekapselt für alle Objekte der Klasse die Methoden enthält, welche die Operationen des Typs im Sinne des funktionalen Datenbankmodells abbildet.

Klassen sind Objektfabriken, die Instanzen von Objekten erzeugen können.

Generell werden Klassen als instanzierte Objekte von Metaklassen interpretiert, d.h. jede Klasse kann selbst Attribute und Operationen haben, die dann für alle aus der Klasse erzeugten Objektinstanzen verfügbar sind.

Eine Klasse wird durch folgende Merkmale charakterisiert:

- Die *Domäne* legt den Objektvorrat fest, aus dem die Klasse als Objektfabrik Instanzen erzeugen kann.
- Die *aktuelle Objektmenge* umfaßt alle bislang in der Klasse erzeugten Objektinstanzen, die noch nicht wieder gelöscht sind.
- Der *Zustandstyp* der Klasse beschreibt als komplexer Typ den Zustand der Klasse und beginnt mit einem Tupelkonstruktor.
- Die in der Klasse gekapselten *Methoden*, welche einzig den Zustandstyp verändern können.

Für das System wird vorgeschlagen, verschiedene Arten von Metaklassen als Wurzelklassen einzuführen, die jeweils für die unterschiedlichen Aufgaben spezifische Eigenschaften besitzen. Es wird also auch keine persistente Programmiersprache vorgeschlagen, sondern unterschieden zwischen einer persistenten Speicherung von passiven Objektattributwerten und der Aktivie-

rung dieser Attributwerte in verschiedenen spezifischen Verarbeitungsobjekten.

- *Persistente Klassen:* **p-class** zur Ableitung von Klassen, aus denen Objekte mit persistenter Verwaltung von Objektattributen erzeugt werden.
- *Listen-Klassen:* **l-class**, aus denen Objekte erzeugt werden, die aus dem
  persistenten Speicher ausgewählte oder dynamische Objektmengen
  verwalten können, so daß sie evtl. in der Selektion weiter verfeinert, sor-
  tiert und für die Verarbeitung mit der Möglichkeit der Positionierung und
  Packettierung abgerufen werden können.
- Operationen-*Klassen:* **o-class**, welche Verarbeitungsobjekte entsprechend
  den Objekten einer objektorientierten Programmiersprache für die Verarbeitung einzelner Objektinstanzen erzeugen.
- *Interface-Klassen:* **i-class** für die Erzeugung von Objekten für die Darstellung von Objekten an der Nutzerschnittstelle.

Sinn der verschiedenen Arten von Klassen ist die damit gegebene Möglichkeit,
diesen jeweils spezifische generische Operationen geben zu können, die dann
für alle Objekte dieser Klassen verfügbar sind. Die Auswahl einer Klassenart
legt also fest, welche Operationen für die erzeugten Objekte entweder als
generische Operationen vorhanden sind oder spezifiziert werden können, bzw.
auch, wo diese Objekte existieren können.

So haben Klassen – unter anderen – folgende Eigenschaften:

- Alle Klassen:
  Generische Operationen:
- Projektion von Attributwerten aus komplexen Objekten entsprechend der
  Auswahl durch das anfordernde Objekt.

- *Persistente Klassen:* **p-class**
  Generische Operationen:
- Verwaltung einer eindeutigen persistenten Objektidentität.
- Selektion von passiven Objektinstanzen aus dem Bestand persistenter Objekte über **where** Kriterien mit Bildung von Ergebnismengen in Form von
  Listen aus Objektidentitäten oder Übergabe einzelner Objektidentitäten.
- Veränderung des persistenten Bestands über explizite generische **update**
  und **store** Operationen, die einen neuen Zustand eines Objekts der persi-
  stenten Verwaltung übergeben, bzw. **delete** Operationen, die eine Objekt-
  instanz aus dem persistenten Speicher unter Beachtung von Konsistenzregeln innerhalb einer logischen Transaktion entfernen.
- Aktivierung von Triggern, welche für einzelne Attribute definiert sind.
- Erhaltung der Konsistenz in einem persistent gespeicherten komplexen Objekt.
- Verwaltung von mehreren Versionen eines Objekts.

- *Existenz:*
  - Auf dem Server, der die persistenten Daten auf dem Externspeicher verwaltet.

- *Listen-Klassen:* **l-class**
  Generische Operationen:
  - Verwaltung von Listen aus Objektidentitäten, die entweder durch Selektion aus dem persistenten Bestand oder dynamisch erzeugt wurden.
  - Auswertung von **where** Kriterien auf Listenelemente.
  - Sortieren der Liste nach Inhalten von Attributen der Objektinstanzen.
  - Positionieren, Ändern, Einfügen, Löschen von Listenelementen und Übergabe von Paketen aus Objektidentifikationen zur Verarbeitung an andere Objekte.
  - Beschaffung von Paketen von Sichten auf Attributwerte aus den in der Liste verwalteten Objektinstanzen.
  Existenz: In allen Verarbeitungsumgebungen.

- *Operationen-Klassen:* **o-class**
  Generische Operationen:
  - Bei Vorhandensein von **control** Datenstrukturen Überwachen auf Verändeungen und Auslösen von Triggern in abhängigen Objekten bei Veränderungen.
  - Überwachung und Organisation von objektübergreifenden Veränderungen als logische Transaktionen.
  Existenz: In allen Verarbeitungsumgebungen.

- *Interface-Klassen:* **i-class**
  Generische Operationen:
  - Alle Arten höherer Funktionen wie Fensterverwaltung, Elementenanzeige, List-Browser, Tabellendarstellung, Spreadsheets, Reportgeneratoren etc.
  Existenz: In Client-Umgebungen auf der intelligenten Arbeitsstation.

Die dargestellten generischen Operationen sind nicht vollständig, sondern können jeweils abhängig vom erkannten allgemeinen Bedarf erweitert werden. Hier sollte nur das Konzept für generische Operationen und die Rechtfertigung für verschiedene Arten von Wurzelklassen vorgestellt werden.

Für die Spezifikation eines Objekts ist mit dem vorstehenden folgender Teil der gesamten Syntax definiert:

```
define class New_class_name [(Type)]
     as p-class | s-class | l-class | c-class | i-class | {Ref-class ...}
```

Eine Klasse wird mit einem Namen bezeichnet (New_class_name) und entweder von einer Wurzelklasse oder von einer Referenzklasse (Ref_class) abgeleitet.

Wird für die Klasse ein Typ spezifiziert, so kann sie als Funktion referenziert werden, ohne Typ kann die Klasse nur als Prozedur verwendet werden.

Für eine Klasse kann spezifiziert werden, ob die daraus abgeleiteten Objekte in einer Multiprocessing-Umgebung parallel zu anderen Objekten aktiviert werden können oder ob sie alleinstehend aktiviert werden müssen:

[**single**] [**at** Location]

wobei [**at** Location] noch Einschränkungen bzgl. der Lokation spezifizieren kann, wo Objekte der Klasse existieren sollen, was später noch näher erläutert werden soll.

12.2.1.2 Eigenschaften von Klassen und Attributen

Aus VISUAL BASIC und NATURAL wird das Konzept von Eigenschaften für Klassen und Attribute abgeleitet. Solche Eigenschaften können sein:

Attribute:

- Maßeinheiten
- Sprache des Nutzers
- Überschriften
- Editierungsmasken bzw. Ikone
- Schriftart und -größe
- Farbe/Muster
- etc.

Klassen:

- Schriftart
- Ikone für Ikonisierung
- Beschreibung für Hilfetexte
- etc.

Eigenschaften von Klassen und Attributen werden im wesentlichen für die Darstellung verwandt. Dazu werden diese im Sinne generischer Funktionen von den Klassen-/Objektinstanzen automatisch auf entsprechende generische Eigenschaften in Darstellungsobjekten übertragen. Neben der automatischen Übertragung können die Eigenschaften auch programmatisch verändert werden. Das Prinzip entspricht genau dem von NATURAL und Visual BASIC bzw. auch dem von anderen objektorientierten Sprachen.

In der Syntax der Klassenspezifikation werden Eigenschaften als **properties** spezifiziert:

define class New_class_name [(type)]
   as p-class|s-class|l-class|c-class|i-class|
   {Ref-class ...}
[**single**] [**a t** Location]
[**properties** ({Property... })]

Wobei für Property z.B. gilt:

cd=*Color*   Spezifikation einer Farbe
id=*Icon_name*   Spezifikation des Namens einer Ikone
ft=*Font_type*   Spezifikation der Schriftart
fz=*Font_size*   Spezifikation der Schriftgröße
lg=*Language*   Spezifikation der Nutzersprache
etc.

12.2.1.3 Attribute, Typkonstruktoren, komplexe Objekte

Standarddatentypen

Das vorgeschlagene System übernimmt als Standarddatentypen alle in NATURAL verfügbaren Typen wie:

- **A** Zeichen (Alphanumeric)
- **N** Dezimal Numerische Zahlen (Numeric)
- **F** Gleitkommazahlen (Floating point)
- **I** Integerzahlen (Integer)
- **D/T** Datum-/Zeit (Date/Time)
- **L** Boolsche Größen (Logical)
- **V** wird als Typ für **variant** neu eingeführt, der die Funktion des Varianttyps in VISUAL BASIC abbildet und große Flexibilität bei der Umwandlung von anderen Standarddatentypen in eine Variantdarstellung bietet.
- **T** wird als statisch generischer Typ neu eingeführt, der in seiner Funktion dem Typ T in Eiffel entspricht.
- **X** wird als abstrakter Datentyp neu eingeführt und steht für eine Referenz auf eine Objektidentität, ohne daß damit direkt auf Attribute zugegriffen werden könnte.

Einfache Attribute werden in folgender Syntax spezifiziert:

Attribut_name (Type,length)
Beispiel:
Name (**A**20)
Alter (**N**3)

Typen, Typkonstruktoren

Als Typkonstruktoren werden die aus NATURAL bekannten Konstruktoren für die Spezifikation von Strukturen übernommen:

- Tupel (Gruppe, Aggregation) als Gruppierung mehrerer Komponententypen in einem Tupel:

  Beispiel: 1 Adresse
        2 Ort (A25)
        2 Strasse (A20)
        2 Nummer (N5)

- Tabelle (Array) als Wiederholstruktur innerhalb eines Tupels mit bis zu drei Dimensionen:

  Beispiel: 1 Array (1:20)
        2 Feld1 (A10)
        2 Feld2 (A10/1:10)
        2 Feld3 (N5)

Dem möglichen Einwand, daß derartige Strukturen doch immer durch ein entsprechendes Konstrukt wie ARRAY OF als Verweis auf eigenständige Objekttupel abgebildet werden sollten, muß entgegengehalten werden, daß wegen der verteilten Verarbeitung und der damit verbundenen Nichtverfügbarkeit des Zugriffs auf fremde Objekte durch Adreßreferenzierung aus Effizienzüberlegungen Tabellen lokal in einem Objekt existieren müssen.

Als neuer Typkonstruktor wird die Liste eingeführt, die alle Eigenschaften und Operationen einer Liste besitzt und mit folgender Notation definiert wird:

Beispiel: 1 Liste (1:*)
      2 Element1 (A)
      2 Element2 (N)
      2 Element3 (X)
      2 Adresse

Als Elementtypen sind alle Typen erlaubt, also auch strukturierte Typen.

Die Operationen: Positionieren, Ändern, Einfügen und Löschen werden wie folgt spezifiziert:

Positionieren: P*Liste := **where** Element1 = ‚xxx' **and** Element2 = 999, wobei P*Liste als Systemvariable den Zeiger auf die aktuelle Position darstellt und die Systemvariable C* jeweils die aktuelle Anzahl der Elemente in der Liste angibt.

Ändern: **move** ‚yyy' **to** Liste (*)

Einfügen: **move** ‚xxx' **to** Liste (*>) positioniert auf das neue Element
Löschen: **reset** Liste (*<) pos. auf das vorherige bzw. erste Element

Manipulationen mit dem Zeiger P*Liste sind möglich wie P*Liste + x; P*Liste = x etc. Versuche, auf ein nicht vorhandenes Element zuzugreifen oder P* zu nutzen, wenn es nicht gesetzt ist, führen zu einem Fehler.

Für einzelne Attribute können auch Eigenschaften (Prop) spezifiziert werden:

Beispiel: 1 Attribut (A20) (**c d**=*Color* **e m**=xxxxx **f t**=*Font*)
Wobei für Property z.B. gilt:

cd=C*olor*   Spezifikation einer Farbe
id=*Icon_name*   Spezifikation des Namens einer Ikone
ft=*Font_type*   Spezifikation der Schriftart
fz=*Font_size*   Spezifikation der Schriftgröße
etc.

Diese Eigenschaften werden automatisch bei der Referenzierung von Attributen durch andere Objekte auf ‚passende' generische Attribute übertragen, z.B. für ein Eingabefeld, eine Tabelle (Grid) etc.

Mit den beschriebenen Konstrukten sollen im folgenden einige Beispiele aus [Heuer 92] nachgebildet werden:

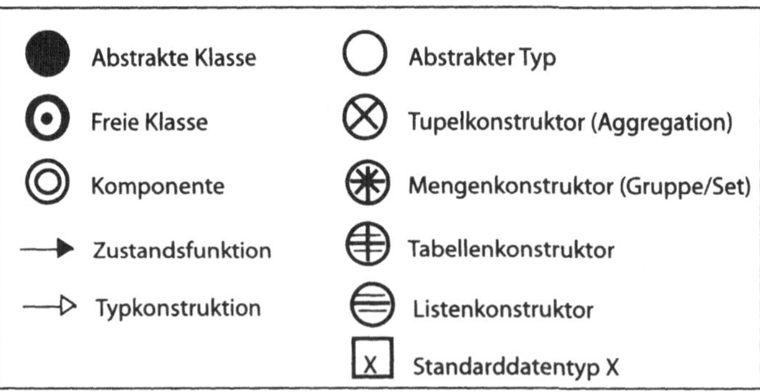

Abb. 12.1 Symbole zur Darstellung von Klassen-/Typschemata

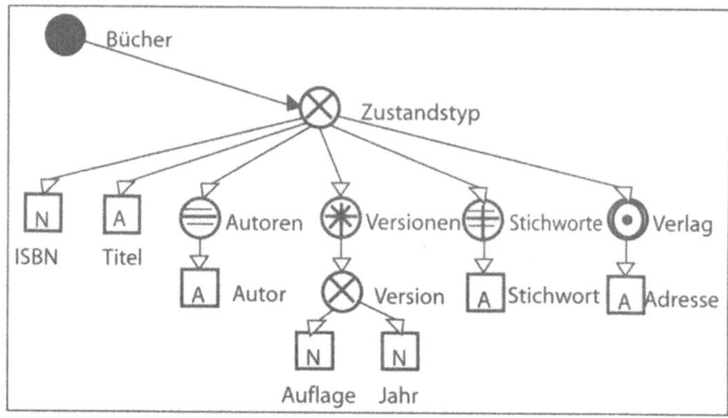

Abb. 12.2 Beispielstruktur aus dem Universitätsbeispiel

Als Tupelkonstrukt in der Syntax des Systems spezifiziert stellt sich der Typ
Bücher wie folgt dar:

```
class Bücher as p-class
1  ISBN          (N6)
1  Titel         (A30)
1  Autoren (1:*)
 2  Autor        (A20)
1  Versionen     (1:*)
 2  C*Versionen  (N7)
 2  Version
  3 Auflage  (N2)
  3 Jahr         (N4)
1  Stichworte    (A20/1:20)
1  Verlag        (X)   View of Verlag
 2  Adresse      (A25)
```

Dabei bedeuten:
- ISBN, Titel, Name, Lehrer, Auflage, Jahr, Stichworte, Verlag: Attribute aus
  Standardtypen.
- Autor (1:*): Liste der Autoren inline als Teil des Tupels mit den Attributen
  auf Ebene 2.
- Versionen (1:*): Liste der Versionen inline als Teil des Tupels mit den Attri-
  buten auf Ebene 2.
- C*Versionen stellt den Counter für die Anzahl der Elemente in der Liste dar
  und kann als Attribut im View angegeben werden. Dieses Attribut liefert
  dann immer die aktuelle Anzahl der Elemente in der Liste mit.

- Stichworte: Tabelle von maximal 20 Stichworten.
- Verlag: View auf ein Komponentenobjekt aus einer freien Klasse, welcher selektierte Attribute der Klasse Verlag zu Attributen der Klasse Bücher macht (Is part of). Implizit ist der Verweis auf den Verlag durch eine Objektidentität repräsentiert. Attribute aus der Klasse können auf Stufe 2 referenziert werden.

Mit den skizzierten Konstrukten sind alle im Manifesto geforderten Strukturen abbildbar, wobei die Konstruktoren orthogonal sind. Es lassen sich beliebige Graphen abbilden, d.h. hierarchische und Netzwerkstrukturen.

Daneben wird die Möglichkeit geschaffen, inline Strukturen in einem Tupel zu spezifizieren, was den Möglichkeiten einer kommerziellen Programmiersprache entspricht und wogegen eigentlich nichts spricht.

12.2.1.4 Operationen auf komplexen Typen

Für den Zugriff auf einzelne Teile des komplexen Typs werden folgende Operationen definiert:

- *Zugriff auf einen Tupelkonstruktor* mit Verweis auf eine Komponentenklasse: Durch Übertragen eines neuen Werts in den abstrakten Typ (X) am Kopf des Tuples werden automatisch alle referenzierten Attribute aus der identifizierten Objektinstanz ausgelesen.

  Dabei kann bei dem abstrakten Typ (X) noch angegeben werden, ob die Objekte in Paketen ausgelesen werden sollen, um die Kommunikation zwischen verteilten Knoten zu minimieren.

  Beispiel:

  ```
  1   Liste           (1:*)
    2 Komponente      (X/10)
     3 Attribut       (A20)
  ```

  Diese Pakete werden bei einer Liste so verwaltet, daß beim Positionieren in der Liste zuerst aus den Paketen ausgelesen und dann automatisch nachgelesen wird, wenn die Grenzen der Pakete erreicht sind.

- *Zugriff auf einen Listenkonstruktor* mit Verweis auf eine Komponentenklasse: Durch die bereits für Listen spezifizierten Operationen erfolgt die Steuerung des Zugriffs über die Systemvariable P*Liste, welche manipuliert werden kann.

- *Vergleich und Kopieren von strukturierten Tupeln*: Es werden die sog. flachen Vergleiche/Kopien benutzt, die nur die in dem Tupel spezifizierten Werte vergleicht/kopiert und nicht die gesamte dadurch angesprochene Struktur.

12.2.1.5 Objektidentität

Im Relationenmodell werden Tupel nur über Schlüsselwerte identifiziert. Wie bereits früher ausgeführt, ist diese Identifikation nicht zuverlässig und kann nicht als Basis für eine Objektidentiät benutzt werden. Im folgenden soll eine Objektidentität aufbauend auf dem Konzept der Internen-Satz-Nummer (ISN) von ADABAS [SAG ADABAS] bzw. SESAM [SESAM] entwickelt werden.

Eindeutige systemverwaltete Objektidentifikation

Die eindeutige und systemverwaltete Objektidentifikation (OID) hat für den Aufbau von OBMS zentrale Bedeutung. Nur damit ist es möglich, Objektausprägungen eindeutig zu kennzeichnen. Jedes Objekt erhält bei seiner Instanzierung eine eindeutige Objektidentifikation vom OBMS zugewiesen, welche sich während der gesamten Lebensdauer nicht ändert. Sollen Objekte aus derselben Klasse in mehreren Rechnerknoten verwaltet werden, muß über den Wert eines oder mehrerer Attribute die Zuordnung zu dem Verwaltungsknoten bestimmt werden. Bei der ersten Instanzierung des Objekts müssen die Werte für die Bestimmung des Speicherorts mitgeliefert werden. Da ein wesentliches Ziel der vorgeschlagenen OSEU eine Funktion in einer verteilten Umgebung mit mehreren Rechnerknoten ist, muß die Objektidentität in transienter Darstellung jeweils die Knotenidentifikation beinhalten, um einen entfernten Zugriff auf eine Objektinstanz zu ermöglichen. Die Objektidentifikation sollte in möglichst kurzer Form binär dargestellt werden, z.B. 4Bytes (ca 4.3 Mia Objekte), da sie in vielen Listen und Verweisen des Systems verwandt wird. Die Objektidentifikation ist vom Speicherort des Objekts und von dem internen Zustand seiner Instanz unabhängig. Über die OID können Objekte beliebig oft referenziert werden, so daß in Objektmodellen das Konzept der gemeinsamen Unterobjekte in Netzen (Lattice bzw. shared subobjects) implizit integriert ist.

Teil der Objektidentität ist jeweils die Art und die Identifikation der Klasse, zu der ein Objekt gehört. Bei jeder Referenzierung eines Objekts außerhalb des persistenten Speichers wird also immer die Identifikation der Klasse als Teil der Objektidentität mitgeführt. Dies ist nötig, da bestimmte generische Operationen aus dieser Klassenidentität abgeleitet werden und implizite Prüfungen damit ermöglicht werden. Daneben enthält auch die Identifikation transienter Objektinstanzen die Knotenidentifikation.

Da die vorgeschlagene SEU OBJECTIVE NATURAL sowohl die Verarbeitungsumgebung für Objektinstanzen als auch die persistente Speicherung umfaßt, werden zwei Arten von Objektidentifikationen benötigt, die unterschiedlich verwaltet werden.

Für transiente Verarbeitungsobjekte wird die Position der Adresse des Objekts in einer Adreßliste als Identifikation vorgeschlagen. Damit können Objektinstanzen frei im Speicher verschoben werden, und es ändert sich nur der

Adreßeintrag in der Tabelle – alle Referenzen bleiben erhalten.

Für persistente Objekte wird eine interne Objektnummer vom System verwaltet und eindeutig vergeben. Objektinstanzen der persistenten Klassenart erhalten, auch wenn sie erst im transienten Speicher erzeugt werden, sofort eine persistente Objektidentität.

Generell gibt es zwei Ansätze für die Vergabe von Identifikationen: fortlaufend und mit Wiederverwendung. Für fortlaufende Nummern muß der Nummernkreis entsprechend groß gewählt werden, für die Wiederverwendung werden Ketten freier Nummern gepflegt, so daß bei der Vergabe einer neuen Nummer keine Suchoperationen nötig werden.

Sollen mehrere Objektdatenbanken koordiniert arbeiten und Verweise zwischen den einzelnen Datenbanken erlauben, empfiehlt es sich, für die einzelnen Knoten Identifikationskreise für die eindeutige Objektidentifikation einzurichten.

Operationen auf Objekte

Auf Objektinstanzen können verschiedene Operationen ausgeführt werden, die im Kontext der Objektidentität von Bedeutung sind:

- *Identität:* Zwei Objekte sind identisch, wenn sie dieselbe Objektidentität besitzen.
- *Flache Gleichheit:* Zwei Objekte sind oberflächlich gleich, wenn sie denselben Zustand in ihrem Zustandstyp besitzen. Es soll im System immer nur auf flache Gleichheit abgeprüft werden.
- *Zuweisung:* Zuweisungen auf die Objektidentität ist eine identitätserhaltende Zuweisung mit Referenzsemantik.
- *Flaches Kopieren:* erzeugt eine neue Kopie des Zustandstyps eines Objekts, nicht aller Referenzen. Es wird nur flaches Kopieren unterstützt.

12.2.1.6 Objektinstanzen als Automaten
Erzeugen von Objektinstanzen und Verwaltung von Verweisen

Objektinstanzen sind nicht nur einfache Routinen, sondern existieren als Zustandstyp, nachdem sie erzeugt sind, mit den enthaltenen Attributwerten, solange, bis sie explizit gelöscht werden. Dieses Konzept kann aus dem Verständnis von NATURAL für eine Nutzerumgebung abgeleitet und analog benutzt werden.

Objekt_Name.**create**

Objektinstanzen werden durch eine explizite Anweisung erzeugt, wobei Objekt_Name als symbolischer Name auf eine Surrogat-Variable vom Typ (X) verweist, die dann die Objektidentität der erzeugten Objektinstanz aufnimmt.

Objekt_Name:**release**

Verweise auf Objektinstanzen können mit einer Anweisung wieder gelöscht werden, wobei hiermit nur der identifizierte Verweis auf das Objekt gelöscht wird, nicht die Objektinstanz.

Objektinstanzen werden nur unter Kontrolle des Systems automatisch gelöscht, wenn sie durch keinen Verweis mehr erreichbar sind und Speicher benötigt wird.

Durch Übertragen einer Objektidentität in eine Surrogat-Variable vom Typ (X) innerhalb eines Tuples werden alle Attribute, die aus dem Objekt in dem Tupel referenziert werden, mit aktuellen Werten der identifizierten Objektinstanz gefüllt.

Für bestimmte Operationen kann die eigene Objektinstanz innerhalb des Objekts mit **current** identifiziert werden.

Initialisierung neu erzeugter Objekte

NATURAL bietet bereits das Konzept der Initialisierung von Speicherbereichen in Datenstrukturen von Modulen. Dieses Konzept kann ohne Änderung übernommen werden, wobei, wie später ausgeführt wird, die Initialisierung mit Leerinformation oder Nullwerten erfolgen kann.

Semantisches Vorgehen bei fehlenden Informationen

Das relationale Datenmodell kann für ein Attribut zwischen vorhandener und nicht vorhandener (Leerwert) Information (manchmal auch unglücklich Nullwert genannt) unterscheiden.

Es sind dort Regeln definiert, die festlegen, wie die Verarbeitung bei Nichtvorhandensein von Information in einem Attribut zu erfolgen hat, diese beziehen sich aber nur auf die in SQL vorgesehenen Funktionen.

Für eine vollständige Verarbeitung müssen Regeln für die Behandlung von Leerwerten durchgängig für sämtliche Operationen definiert werden, um eine Leerwertverarbeitung in einem OBMS implementieren zu können.

Dazu kann generell der Ansatz gelten, daß ein Attribut immer den Leerwert annimmt, wenn einer der Operanden der Operation einen Leerwert enthält. Diese Regel bezieht sich auf Übertragungen und arithmetische Operationen.

Die Sprache des OBMS muß die Defintion eines Leerwerts zulassen und intern entsprechende Verarbeitungsmöglichkeiten besitzen.

Bei der Initialisierung von neuen Objekten, wird als Standard eine Initialisierung auf Leerwert vorgenommen.

Objektinstanzen als Automaten

Objektinstanzen haben, wie bereits ausgeführt, einen Zustand. Damit besitzen sie ein Gedächtnis und fungieren wie Automaten. Für die Ausführung von Operationen in Objekten kann also jeweils ein Zustand abgeprüft und bestimmt werden, ob die gewünschte Operation auf den vorliegenden Zustand des Objekts möglich ist.

Diese Zustandsprüfungen werden in den aus Eiffel [Meyer 88] übernommenen später und im Detail dargestellten Vorbedingungen durchgeführt.

12.2.1.7 Zugriff auf Attribute eines Objekts

Wie bereits ausgeführt, ist ein wesentliches Ziel der vorgeschlagenen OSEU, daß sie in einer verteilten Umgebung funktionieren kann. Dies bestimmt die Art und Weise, wie auf Inhalte/Werte von Attributen in Objektinstanzen zugegriffen werden kann.

Der Zugriff auf Daten in Objekten geschieht immer analog zum Zugriff auf Daten aus Tabellen einer Datenbank. Es werden Sichten (Views) auf die Objekte in den referenzierenden Objekten spezifiziert und damit festgelegt, welche Attribute eines Objekts von einem anderen Objekt für seine Funktion benötigt wird.

Eine direkte Änderung von Attributinhalten über eine Referenz ist generell nicht möglich.

Dieses Prinzip ist aus SMALLTALK [Goldberg et al. 85] bzw. auch NATURAL [Pagé et al. 79] abgeleitet und sichert eine wirkliche Kapselung des Objektinhalts.

Sichten zur Minimierung der übertragenen Daten

Um beim Zugriff auf Objektinhalte nicht jeweils die gesamte Datenstruktur übertragen zu müssen, können in dem referenzierenden Objekt Sichten aus ausgewählten Attributen spezifiziert werden. Dabei kann diese Sicht entweder wieder in den Typ des referenzierenden Objekts aufgenommen werden, oder aber sie wird nur für die Bearbeitung benötigt, soll aber nicht nach außen weitergegeben werden.

Beispiele für Sichten in Klassentypen wurden bereits dargestellt. Die Spezifikation der Sichten zum Zugriff auf Attribute wird innerhalb des Objekts oder aber nur in einer Methode hinter dem Konstrukt **data** angegeben:

```
define class New_class_name [(type)]
    as p-class|s-class|l-class|c-class|i-class
...
objects
    [controls {Attribute}... ]
    [attributes {Attribute}... ]
    [data {Attribute_ref | Variable}]
```

Die Möglichkeiten der Strukturierung der Views entsprechen den vorher dargestellten Möglichkeiten der Tupelkonstruktoren und ist dem DEFINE DATA Konstrukt aus NATURAL äquivalent.

Beispiel:
data
1   View_Name **view of** Class_ref
  2 Attribute1   (T)
  2 Attribute2   (T)
etc.

Dem View wird als Struktur ein eigener Name gegeben, und über Class_ref wird die Klasse identifiziert, aus der die Datensicht abgeleitet werden soll.

Automatische Übertragung von Attributinhalten

Die ausgewälten Attributwerte werden für eine aktuelle Objektinstanz an das referenzierende Objekt übertragen, wenn die Surrogat-Variable (X) mit einem neuen Wert für eine Objektidentifikation gefüllt wird.

Technisch erfolgt der Zugriff auf Daten in einem Objekt unterschiedlich, je nach der ‚Nähe‘ des referenzierten Objekts. Existiert das Server-Objekt in derselben Ausführungsumgebung wie das Client-Objekt, so kann der Zugriff auf die Daten über Adreßreferenzen erfolgen, die in der Tabelle der Objektidentitäten verwaltet werden. Dabei ist die Adressierung in einem Objekt so organisiert, daß sämtliche Adressen über Relativadressen (Offsets) auf eine Referenzadresse des Objekts bezogen sind. Diese Art der Adressierung existiert bereits in NATURAL und kann direkt übernommen werden.

Diese automatische Übertragung kann abhängig von der Art des referenzierten Objekts und dessen Lokation unterschiedliche Aktionen erfordern und Techniken nutzen:

- Lokales instanziertes Objekt.

Der Zugriff geschieht über die Tabelle der Objektadressen, wobei für die Übertragung direkt die vorhandenen Adressen genutzt werden können.

- Entferntes instanziertes Objekt.

Für den Zugriff auf entfernte Objektinstanzen wird eine Anforderung aufgebaut, welche die angeforderten Attribute spezifiziert. Diese Anforderung wird in einem später im Detail beschriebenen Protokoll verpackt und kommuniziert. Die Daten des Ergebnisses werden dann als Block übertragen, wobei auch hier wieder einzelne Elemente über ihre relative Position im Block adressiert werden, so daß keine Adreßumsetzung für den Zugriff auf ein einzelnes Element erfolgen muß.

Der Zugriff löst eine Nachricht an das entfernte Objekt aus, welche die Anforderung der zu übertragenden Daten analog zu einem ‚Format-Puffer‘ in ADABAS [SAG ADABAS] spezifiziert, worauf die ausgewählten Daten in einem Block in die lokale Datenstruktur zurückübertragen werden.

- Objekt aus dem persistenten Objektspeicher.

Der Zugriff löst eine Nachricht an den Objektmanager aus, der das persistent gespeicherte Objekt ausliest und dann die Daten entspreched dem Verfahren für entfernte Objekte zurückliefert.

Veränderung von Attributinhalten

Inhalte von Attributen können generell nur durch die Aktivierung von Methoden innerhalb von Objekten geändert werden. Jeder Aufruf einer Methode in einem Objekt kann automatisch eine Rückübertragung der aktuellen Attributwerte in die referenzierende Sicht auslösen.

Aktualität referenzierter Attributinhalte

In einer verteilten Umgebung und besonders beim Auftreten von Nebenläufigkeit, wie es für das vorgeschlagene System vorgesehen ist, sind die durch Übertragung referenzierten Attributinhalte jeweils nur bedingt aktuell, indem ja sofort nach dem Auslesen evtl. ein anderes Objekt eine Änderung auf die Inhalte durchführen kann.

Zur Wahrung der Konsistenz sollte der Zugriff auf Werte aus Objektinstanzen nur unter Kontrolle der Transaktionsverarbeitung ermöglicht werden, so daß nur konsistente Zustände sichtbar werden.

Die Aktualisierung der Inhalte von Attributen in der referenzierenden Objektinstanz kann über die explizite Anweisung **get** Object_ID veranlaßt werden. Bezieht sich das **get** auf einen strukturierten Tupel, der auch Referenzen auf andere Komponentenobjekte beinhaltet, so werden automatisch auch alle Komponenten aktualisiert. Die Anweisung **get** entspricht in ihrer Funktionalität der bereits in NATURAL existierenden GET Anweisung.

Eine Verarbeitung ist in der Gestaltung ihrer Logik dafür verantwortlich, daß sie sich jeweils auf aktuelle Werte abstützt, wie es ja auch im wirklichen Leben die Verantwortung eines Mitarbeiters ist, daß er sich aktuelle Daten für seine Arbeit besorgt.

12.2.1.8 Spezifikation und Schemaevolution

Da die Klassen in objektorientierten Systemen strukturierte Objekte abbilden, erhebt sich die Forderung nach einer Möglichkeit der Veränderung einmal definierter Klassen viel stärker, als z.B. bei relationalen Systemen. Diese Veränderungen müssen flexibel und ohne großen Einfluß auf bereits bestehende Objekte durchgeführt werden können, wenn die objektorientierte Technologie die Probleme vermeiden will, die mit hierarchischen und netzwerkartigen Systemen alter Prägung bestanden und auch zu deren Untergang beigetragen haben.

Dabei sollen diese Veränderungen bei laufendem Betrieb des Systems, d.h. sowohl bestehender Anwendungssysteme als auch der Entwicklungsumgebung durchgeführt werden können.

Als Voraussetzung für diesen Ansatz ist die Regel von Chen zu beachten, daß alle Strukturinformation des OBMS in Form von Objekten als Daten im System gespeichert werden und damit der Verwaltung für Transaktionsverarbeitung unterliegen.

Folgende Möglichkeiten für Änderungen in bestehenden Klassenschemata sollen im vorgeschlagenen System erlaubt sein und erscheinen mit vernünftigem Aufwand technisch machbar bzw. in den Systemen ADABAS und NATURAL bereits realisiert:

- Erweiterungen des Datentyps durch Hinzufügen neuer Attribute auch in Strukturen.
- Hinzufügen neuer Methoden und Ändern von Methoden.

Aus der Erfahrung mit Datenbanksystemen und Programmiersprachen hat sich gezeigt, daß in den meisten Anwendungen erweiternde Veränderungen in der Datenstruktur ausreichend sind und freie Änderungen in den Prozeduren/ Methoden. Weitergehende Änderungen wie Löschungen, Umbenennungen, Umstrukturierung erfordern die Umstrukturierung bestehender Objekte und Prozeduren und können nicht im laufenden Betrieb durchgeführt werden. Manche Systeme wie z.B. ADABAS ENTIRE [SAG ADBENTI] bieten für derartige Änderungen Dienstprogramme an.

12.2.1.9 Strukturvererbung

Vererbung soll im vorgeschlagenen System streng nur als IS-A (Ist eine Art von) Vererbung möglich sein, d.h. Vererbung dient der Spezialisierung oder Erweiterung. Damit ist auch erreicht, daß spezialisierte Typen jeweils den Elterntyp enthalten.

In einem OBMS mit persistent gespeicherten Attributen von Objekten hat diese Art der Vererbung besondere Bedeutung. Zum Beispiel sind Studenten aus dem Universitätsbeispiel [Heuer 92] Abkommen von Personen. Das bedeutet, daß der Personentupel des Studententyps unter der Klasse Personen verwaltet wird und es damit möglich ist, über die Klasse Personen auch auf die Personenattribute von Studenten zuzugreifen. Die Ergänzung der Personenklasse um die Informationen für Studenten erzeugt also im Typ der Studenten einen Tupel für Personen und speichert die personenbezogene Information in der Klasse der Personen ab.

Beispiel:
define Student **as** Person
1   Personendaten **as view of** Person

```
    2 Nachname      (A20)
    2 Vorname       (A20)
  1 Matrnr          (N6)
  1 Studienfach     (A20)
  ...
```

Studenten erben also als Tupel die Struktur der Personen und ergänzen diese. Es ist nötig, daß die referenzierenden Objekte für Studenten dann jeweils bei der Aktivierung der Methoden genügend Information liefern, damit alle geforderten Attribute auch für Personen bei einer Neuanlage gefüllt werden können.

Mit dieser Technik ist es möglich, daß eine Person, die zuerst als Student in den Objektspeicher aufgenommen wurde, später auch andere Rollen übernehmen kann, wie z.B. Angestellter zu werden, was eine andere Spezialisierung der Person darstellt. Damit braucht ein Objekt bei der Übernahme verschiedener Rollen nicht die Klasse zu wechseln, sondern es existiert jeweils der Elternteil unter der Klasse, aus der geerbt wurde.

Vererbung in diesem Sinne stellt eine Spezialisierung der Klassen aber eine Generalisierung der Domänen dar, indem die Abkommensklasse in ihrem Typ und evtl. Methoden spezialisiert werden, durch die Speicherung der Teiltupel in der Elternklasse aber die Domänen der Abkommens- und Elternklasse vereinigt und damit generalisiert werden.

In der Vererbung kann das Vererben gesteuert werden für:

- Schnittstelleninformationen wie die Menge der Attribute
- Implementierungsinformationen wie den Typ der Attribute
- Instanzinformationen wie die zugeordneten Attributwerte

Diese Informationen werden von der Elternklasse auf die Abkommensklasse übertragen.

12.2.1.10 Allgemeine Beziehungen

Im vorstehenden wurden bisher die Beziehungen IS-A als Beziehung in der Strukturhierarchie und IS-PART-OF als Komponentenbeziehung eingeführt.

Daneben gibt es aber noch allgemeine Beziehungen, die zwischen Klassen oder aber auch zwischen Objektinstanzen derselben Klasse bestehen können.

Beispiel für solche Beziehungen sind: Eltern, Freunde, Partner, etc. bei Personen, bezogene Firmen, Banken, etc. in kommerziellen Anwendungen.

In einer solchen Beziehung wird das referenzierte Objekt nicht Teil des referenzierenden, sondern es soll nur eine bestimmte Qualität einer Beziehung ausgedrückt werden. Mit diesen allgemeinen Beziehungen lassen sich Netze von Objektinstanzen aufbauen, in denen dann navigiert werden kann.

Typischerweise werden solche Beziehungen auch in Selektionsanfragen ausgenutzt, wie später noch detailliert wird, wo z.B. der Urvater einer Person in einer rekursiven Verfolgung der Beziehung über mehrere Generationen gefunden werden soll oder alle Freunde und Freundes-Freunde.

In dem Typ einer Klasse werden derartige Beziehungen wie Attribute benannt und werden über abstrakte Typen (X) als Verweise auf die verbundenen Objekte abgebildet.

Beispiel:
Person as **p-class**

1	Name	(A20)	
1	Vater	(X)	**as directed relation to** Person (1:1)
1	Mutter	(X)	**as directed relation to** Person (1:1)
1	Freunde	(1:*)	
	2 Freund	(X)	**as symmetric relation to** Person **via** Freund (0:0)

Attribute aus den verbundenen Objekttupeln können bei dieser Art der Beziehung nicht direkt angesprochen werden, dazu müßte ein gesonderter Tupel als View auf Person erzeugt werden.

Dabei können gerichtete **directed** 1:n Beziehungen durch einfache Speicherung des Surrogats in einem Attribut gespeichert werden.

Für symmetrische **symmetric** n:m Beziehungen wird in der Spezifikation der Beziehung angegeben, in welchem Attribut der verbundenen Klasse das Gegenstück der symmetrischen Beziehung abgebildet ist. Das System pflegt dann automatisch dieses Attribut im Gegenstück, wann immer die eigene Liste der verbundenen Elemente geändert wird.

Dieses Konzept wird zum Teil in einigen Systemen implementiert wie KAPPA, DAMOKLES, EXTREM und ADABAS Entire [SAG ADBENTI].

12.2.1.11 Integritätsbedingungen

Integritätsbedingungen haben in objektorientierten Systemen eine andere Bedeutung als in relationalen. Während dort die meisten Integritätsbedingungen die Beziehungen zwischen Relationen auf der Basis von Domänen der Schlüsselwerte überwachen müssen, sind Beziehungen zwischen Objekten bei objektorientierten Systemen immer korrekt, da sie auf Objektidentifikationen aufbauen.

Folgende Integritätsbedingungen weden für das System vorgeschlagen:

- Wertebereiche für Attributwerte
- Strukturangaben (Edit-Masken) für Attributwerte
- Kardinalitäten von Beziehungen
- Kardinalitäten von Listenlängen und Mengen
- Allgemeine statische Integritätsbedingungen einschließlich Beziehungen
- Allgemeine dynamische Integritätsbedingungen

Diese werden jeweils entsprechend der Notation für Eigenschaften in einer geeigneten Syntax bei der Spezifikation des Attributs angegeben und werden vom inneren Kern des Objektverwaltungssystems bei der Einspeicherung neuer Objektzustände überwacht. Sie stellen Prozeduren des Strukturteils dar und keine Operationen/Methoden für Objekte, d.h. daß sie mit dem Strukturteil vererbt werden und nicht in instanzierten/aktivierten Objekten, sondern als generische Prozeduren vom Kern des Systems ausgeführt werden.

Das Konzept existiert ausgeprägt in SAPIENS [SAPIENS 89] und kann von dort übernommen werden.

12.2.2 Operationenteil

Unter Operationen für Objekte sollen hier sowohl generische Operationen im Kernsystem und den Klassenarten als auch nutzerimplementierte Methoden in den Klassen verstanden werden.

Die hier dargestellten Operationen schließen nicht die Operationen zur Informationsgewinnung ein, denen später ein eigenes Kapitel gewidmet ist.

12.2.2.1 Grundstruktur objektorientierter DV-Systeme
Grundstruktur objektorientierter DV-Systeme aus Kap. 7:

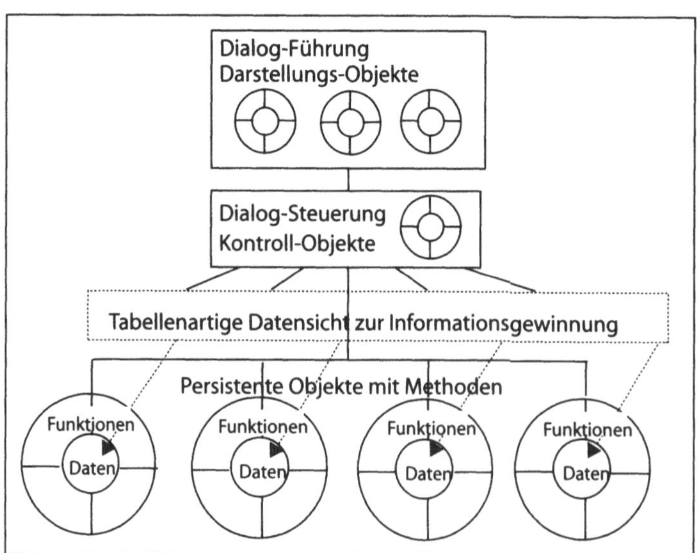

Abb. 12.3 Grundstruktur objektorientierter Systeme

Es wird deutlich, daß es in einem integrierten objektorientierten System verschiedene Arten von Objekten mit unterschiedlichen generischen Operationen geben muß, wie auch zum Anfang des Kapitels bereits ausgeführt.

Hier sollen nun einige der generischen Operationen im Detail beschrieben werden.

12.2.2.2 Generische und klassenspezifische Operationen

* Operationen des Kernsystems:
- Pufferverwaltung zur Aktivierung von persistenten Objekten und Verarbeitungsobjekten.
  Entsprechend den Funktionen einer DBMS-Pufferverwaltung verwaltet das System den Hauptspeicher und lagert dazu nicht benötigte Objekte zeitweise auf einen Externspeicher aus.
- Aktivierung von generischen Prozeduren in Integritätsbedingungen.
  Das System übernimmt die Verwaltung der Prozeduren/Methoden aus Objekten, lädt diese und stellt die benötigten Speicherbereiche für die Verarbeitung zur Verfügung.
- Verwaltung der Kommunikation zwischen Objekten.
  Da das vorgeschlagene System grundsätzlich für den Betrieb in einer verteilten Umgebung ausgelegt ist, übernimmt es auch die Abwicklung der Kommunikation zwischen Objekten, d.h. es erkennt aus einem Methodenaufruf, ob das angesprochene Objekt in einer anderen Umgebung existiert, beschafft sich aus systemverwalteten Tabellen die Zieladresse für das Objekt, verpackt die Nachricht in eine entsprechende Form passend für das zur Verfügung stehende Kommunikationsprotokoll und wickelt die Kommunikation ab.

* Alle Klassen:
- Projektion von Attributwerten aus komplexen Objekten entsprechend der Auswahl durch das anfordernde Objekt.
  Da die Möglichkeit der Projektion auf selektierte Attribute für alle Objekte besteht, ist diese Projektionsfunktion als generische Funktion im System vorhanden und steht allen Objekten zur Verfügung.
- Verwaltung einer eindeutigen persistenten Objektidentität.
  Für die Identifizierung von Objekten wird vom System eine Objektidentität verwaltet und eindeutig vergeben, die nach den bereits im vorstehenden ausgeführten strukturiert ist. Jedes Objekt erhält eine eindeutige Objektidentität und behält diese solange es existiert.

* *Persistente Klassen:* **p-class**
- *Selektion zur Auswahl von Objektmengen von passiven Objektinstanzen* aus dem Bestand persistenter Objekte über **where** Kriterien mit Bildung

von Ergebnismengen in Form von Listen aus Objektidentitäten oder Übergabe einzelner Objektidentitäten.

Die Funktion ist in der Lage, Objektmengen entsprechend der Funktionalität eines relationalen DBMS zu selektieren und zur Verarbeitung in Form von Listen bereitzustellen.

- *Veränderung des persistenten Bestands* über explizite generische **update** und **store** Operationen, die einen neuen Zustand eines Objekts der persistenten Verwaltung übergeben, bzw. **delete** Operationen, die eine Objektinstanz aus dem persistenten Speicher unter Beachtung von Konsistenzregeln innerhalb einer logischen Transaktion entfernen.

- *Konsistenzverwaltung für einzelne Objekte.* Ziel ist die Konsistenz des Objektstatus und die Präsentation ausschließlich konsistenter Zustände nach außen.

  Unter Nutzung der Systemfunktionen zur Verwaltung des Hauptspeicherpuffers und der Externspeicherverwaltung werden die Dateninhalte von Objektinstanzen auf dem Externspeicher verwaltet und für die Bearbeitung im Hauptspeicher bereitgestellt. Diese Funktion ist für die Erhaltung der Konsistenz für strukturierte Objekte verantwortlich.

- *Aktivierung von Triggern, welche für einzelne Attribute definiert sind.* Wie oben ausgeführt können für einzelne Attribute Trigger und Verarbeitungsprozeduren spezifiziert werden. Die generische Systemfunktion ist dafür verantwortlich, diese Trigger abhängig von der Bedingung, z.B. Änderung des Werts, Zugriff auf den Wert o.ä. zu aktivieren und dafür evtl. benötigten Speicher zu beschaffen.

- *Listen-Klassen:* **l-class**
- *Verwaltung von Listen aus Objektidentitäten,* die entweder durch Selektion aus dem persistenten Bestand oder dynamisch erzeugt wurden. Entsprechend der Selektion von Objektmengen aus dem persistenten Bestand steht dieselbe Funktion auch für Listenobjekte zur Verfügung.

- *Sortieren der Liste nach Inhalten von Attributen der Objektinstanzen.* Für manche Anwendungen werden die Ergebnislisten in sortierter Reihenfolge benötigt. Die generische Sortierfunktion kann Objektmengen nach dem Inhalt beliebiger Attribute sortieren.

- *Positionieren, Ändern, Einfügen, Löschen von Listenelementen* und Übergabe von Paketen aus Objektidentifikationen zur Verarbeitung an andere Objekte. Die generischen Funktionen der Listenklassen implementieren alle Funktionen, die zur Listenverarbeitung benötigt werden.

- *Beschaffung von Paketen von Sichten auf Attributwerte* aus den in der Liste verwalteten Objektinstanzen.

Zur Minimierung der Kommunikation zwischen entfernten Rechnerknoten kann eine generische Systemfunktion automatisch eine Paketierung der übertragenen Daten bei bestimmten Operationen durchführen. Diese Paketierung ist dann unsichtbar für den Nutzer und braucht von ihm nicht programmiert zu werden.

- *Operationen-Klassen:* **o-class**
- *Überwachung der* **control** *Datenstrukturen auf Veränderungen* und Auslösen von Triggern in abhängigen Objekten bei Veränderungen.
  Bei der Instanzierung von Objekten, die Kontrollstrukturen beinhalten, werden diese automatisch als Referenzen mit den Daten in Kontrollobjekten als Referenz verbunden. Die Datenstrukturen in Kontrollobjekten werden vom System permanent auf Veränderung überwacht und bei Veränderungen daraus für die betroffenen Objekte Nachrichten abgeleitet, die als Parameter den Namen der Variablen zur Identifikation der entsprechenden Methode und den alten und neuen Wert als Parameter beinhalten.
- *Überwachung und Organisation von objektübergeifenden Veränderungen* als logische Transaktionen.
  Während die persistente Objektverwaltung für die Sicherstellung der Konsistenz innerhalb strukturierter Datenobjekte verantwortlich ist, stellt die generische Funktion zur Organisation von objektübergreifenden Transaktionen sicher, daß logische Pakete von Verarbeitungsoperationen zusammengefaßt und im Sinne von logischen Transaktionen vom System verwaltet werden. Damit wird erreicht, daß logische Transaktionen entweder insgesamt oder aber insgesamt nicht durchgeführt werden.

- *Interface-Klassen:* **i-class**
- Alle Arten höherer Funktionen wie Fensterverwaltung, Elementenanzige, List-Browser, Tabellendarstellung, Spreadsheets, Reportgeneratoren, etc.
  Als generische Funktionen wickeln die Interface-Klassen alle für eine Kommunikation mit dem Nutzer nötigen Operationen ab. Dies schließt ein, daß eine Kommunikation auf logischer Ebene spezifiziert ist und durch das System auf die unterliegenden technischen Möglichkeiten abgebildet wird.

12.2.2.2.1 Methoden

Für die Implementierung von Methoden steht in dem vorgeschlagenen System prinzipiell die Anweisungen der NPL Sprache in NATURAL zur Verfügung.

Diese sollte eventuell an einigen Stellen ‚bereinigt' werden, da sie aufgrund der Evolution von einer Abfrage- zu einer Programmiersprache einige Konstrukte enthält, die bei der Verwendung als objektorientierte Sprache nicht benötigt werden.

Besonders wird der Zuweisungsoperator geändert in „:=" statt „=" wie bisher. Damit kann dann die Anweisungsbenennung COMPUTE entfallen, da aus := dies Anweisung abgeleitet werden kann.

Für die Verwendung bestimmter Anweisungen bestehen Restriktionen, so daß z.B. Ein-/Ausgabeanweisungen nur in Kommunikationsobjekten aus der Klasse **i-class** benutzt werden können.

Da die Kommunikation zwischen Objekten dieselbe Form hat wie heute die Kommunikation mit dem DBMS, stehen diese Anweisungen allen Objekten zur Verfügung, d.h. jedes Objekt kann auf persistente Objekte direkt zugreifen oder aber die Information aus der Datenbank über zwischengelagerte Objekte erhalten.

Eine Methode wird in OBJECTIVE NATURAL in folgender Syntax spezifiziert:

method Method_name (Signature)
Method_body ...
end-method

Dabei bedeuten:

- Method_name
  Der Name der Methode, der innerhalb einer Klasse eindeutig sein muß.

- Signature
  Die Parameterstruktur zur Aktivierung der Methode entsprechend dem Aufbau des Parameterdatenbereiches in NATURAL.

- Method_body
  Der Körper der Methode mit den Anweisungen.

Eine Methode wird immer mit **end-method** abgeschlossen.
Für die Referenzierung von Methoden wird folgende Syntax vorgeschlagen:

- Prozeduraufruf
  Object_ID|Class_ID.Method_name (Parameter)
- Funktionsaufruf

Wurde die Klasse mit Typ spezifiziert, so kann sie in einem Funktionsaufruf benutzt werden. Dabei kann der Typ entweder ein Standardtyp oder der Typ der Klasse mit der Notation (**classtype**) sein.

move Object_ID|Class_ID.Method_name (Parameter) **to** Target_variable

Beispiel:
move Person_adresse **to** Adresse
A := Object_Id.method (Parameters) + X

Methoden können also für eine einzelne Objektinstanz oder aber auch für eine Klasse aktiviert werden, wobei dann eine ausgewählte Menge von Objektinstanzen bearbeitet wird.

Im Falle der Aktivierung auf eine Klasse muß ein Selektionskriterium spezifiziert werden:

select where SQL_Criteria|Criteria_reference

Dieses Kriterium kann entweder ‚hardcoded' in der Quelle spezifiziert werden oder aber in einer Variablen, auf die dann mit Criteria_reference verwiesen wird. Die letztere Möglichkeit ist von großer Bedeutung in Systemen, die unter Steuerung des Nutzers die zu bearbeitenden Objekte selektieren sollen.

12.2.2.2.2 Vor- und Nachbedingungen

Die Funktionalität der Vor- und Nachbedingungen wird aus dem System Eiffel ohne Änderungen übernommen. Das Konzept des **old**-Werts für den alten Zustand des Objekts vor der Bearbeitung existiert bereits in NATURAL und kann von dort verwendet werden. Dies schließt auch das Konzept der Klasseninvarianz ein.

Wie dort ist es wichtig zu beachten, daß die Vor- und Nachbedingungen bei der Vererbung von Methoden immer mitvererbt werden, und für die Spezialisierung nur der Körper der Methode verändert werden kann.

12.2.2.2.3 Disziplinierte Fehlerbehandlung

Wie in Eiffel vorgeschlagen besitzt NATURAL ein System zur disziplinierten Behandlung von Fehlern.

Fehlersituationen werden immer in einer ON-ERROR Bedingung signalisiert, wenn eine solche vorhanden ist, und es können dort bestimmte Operationen durchgeführt werden. Wird in einer Routine oder dann Objekt keine Fehlerbehandlung spezifiziert, sucht das System in der Hierarchie der instanzierten Objekte nach einer solchen. Wird endgültig keine Spezifikation für eine Fehlerbehandlung gefunden, wird der Name der Klasse, die Methode, Quellzeile in der Methode und die Art des Fehlers protokolliert und die Verarbeitung geordnet abgebrochen, das heißt z.B., daß Speicher und gehaltene Ressourcen freigegeben werden und angefangene Transaktionen geordnet rückgesetzt werden. Für bestimmte Fälle ist auch ein RETRY vorgesehen, um die Operation noch einmal versuchen zu können – wie z.B. bei Nichtverfügbarkeit von Ressourcen, so daß der Ansatz sich mit dem von Eiffel weitgehend deckt und so übernommen werden kann.

12.2.2.2.4 Sichten als dynamische Typen von Klassen

Das Konzept der Sichten auf Objekte wurde bereits im vorstehenden dargestellt. Dieses Konzept erlaubt es, auf Attribute eines Objekts selektiv zuzugreifen. Da der Typ eines Objekts durch die vollständige Struktur des Typkonstruktors festgelegt wird, werden durch diese Sichten praktisch dynamische Typen für die Verwendung des Objekts erzeugt. Obwohl diese Flexibilität im Grunde sehr wünschenswert ist, kann sie jedoch auch Probleme verursachen. Der Typ eines Objekts wird spezifiziert, um das Objekt als Größe zu beschreiben. Wird nur auf Teile des Typs zugegriffen, kann es sein, daß mit dieser Sicht nicht mehr die gesamte Größe mit ihren wesentlichen Attributen beschrieben wird und z.B. nicht alle Attribute bei der Erzeugung einer neuen Objektinstanz mit Werten belegt werden.

Wie im vorstehenden bereits ausgeführt, kann in dem Typ eines Objekts spezifiziert werden, welche Mindestauswahl von Attributen mit Werten belegt werden muß. Dies kann über Trigger abgeprüft werden. Die dynamische Erzeugung von Typen wird in ihrer Integrität also zum Teil vom System abgeprüft, zum Teil muß jedoch auch die Anwendung selbst entscheiden, welche Informationen für eine bestimmte Operation zwingend benötigt werden, um eine korrekte Bearbeitung zu gewährleisten.

12.2.2.3 Datenbankprogrammiersprache

Mit der Sprache NPL wird die Funktionalität von Methoden implementiert. Daneben wird aber auch noch die Sprache zur Formulierung der Integritätsregeln und der Anweisung in den Triggern benötigt. Wie bereits gesagt, stellen diese Anweisungen nur einfache Prozeduren dar und sind nicht Teil der Verarbeitungsobjektumgebung. Es erscheint sinnvoll, auch für diese Zwecke dieselbe Sprache NPL einzusetzen, da in den Triggern letztlich die volle Funktionalität benötigt wird und es angenehm ist, wenn für alle Belange dieselbe Sprache verwandt werden kann.

In der Datenbankprogrammiersprache steht natürlich auch das Sichtenkonzept zur Verfügung und ein Trigger kann durchaus auch auf Daten aus mehreren Objekten zugreifen und diese verändern, da der Kern ja auch für die Konsistenz der persistenten Objekte zuständig ist. Betrachtet unter dem Blickwinkel der Kapselung kann die gesamte Funktionalität der Trigger als gekapselt betrachtet werden, da sie für den Nutzer nicht zugänglich ist und die Trigger nur von ‚Objekt-Bank-Administratoren' implementiert werden.

Für die Prozeduren der Trigger in der Datenbank gilt bezüglich der Vererbung, daß sie an Attribute gebunden sind und damit als Teil der Datenstruktur des Typs einer Klasse mitvererbt werden. Eine Spezialisierung oder Änderung der Prozeduren bei einer Vererbung ist nicht vorgesehen, sie sind Teil der generischen Systemfunktionalität.

12.2.2.4 Nachrichtenaustausch zwischen Objekten

Der Austausch von Nachrichten zwischen Objekten ist in dem vorgeschlagenen System für verteilte Verarbeitung eine der wesentlichen Funktionen. Wie bereits ausgeführt, gehört sie zu den generischen Systemfunktionen, d.h. daß alle technischen Aspekte der Kommunikation vom System abgewickelt werden und für den Nutzer immer dasselbe logische Kommunikationsprotokoll zur Verfügung steht, welches dann vom System entsprechend dem Bedarf auf unterschiedliche technische Implementierungen abgebildet wird.

Zur Minimierung der Kommunikation zwischen Nutzer und OBMS Prozeß sollte es möglich sein, mehrere Unteraufträge an dieselben Objektklasse in einem Auftrag zu spezifizieren und die Daten zu komprimieren.

Während bei einem konventionellen DBMS bisher nur Datenverwaltungsaufträge kommuniziert werden mußten, müssen zwischen Objekten sowohl Datenverwaltungs- als auch Verarbeitungsaufträge ausgetauscht werden. Die vorgeschlagene Schnittstelle des logischen Kommunikationsprotokolls hat primär zum Ziel, eine Client/Server Architektur mit verteilt gespeicherten Objekten zu unterstützen. Dazu muß folgende Information über die Kommunikationsschnittstelle des OBMS kommuniziert werden:

- Identifikator zur Auswahl des Servers
- Identifikator des Nutzer-/Klientenknotens
- Identifikator des Nutzers/Klienten
- Identifikator des Auftrags bei asynchronen bzw. sequentiellen Operationen
- Zeitstempel der Auftragsabgabe
- Objektklassenname(n)
- Objektname(n) oder Objektidentifikation(en) oder Kriterium für Selektion von Objekten (nach Bedarf) + Identifikation
- Kriterium für Projektion + Identifikation
- Spezifikation der Operation
- Parameterliste zur Beschreibung des Auftrags
- Parameterliste zur Beschreibung der Ergebnisse
- Antwortmeldung

Im einzelnen:

- Identifikator zur Auswahl des Servers
  Der Server wird im Netz auf der Basis eines logischen Identifikators ausgewählt, wobei ein Verzeichnis der Server-Dienste die Lokation des Servers aus der Objektklasse ermitteln kann.
- Identifikator des Nutzer-/Klientenknotens
  Die Identifikation des Nutzerknotens wird übermittelt, um evtl. die Ergebnisse in einem anderen Zeichensatz abliefern zu können, falls sich die

Zeichensätze von Klient und OBMS unterscheiden. Auch diese Information kann aus einem Verzeichnis der Dienste ermittelt werden.

- Identifikator des Nutzers/Klienten
  Zur Autorisierungsprüfungen und evtl. Auswahl eines individuellen Nutzungsprofils nur beim Eintritt in einen neuen Verarbeitungsknoten.

- *Profil des Nutzers* zur Spezifikation von Sprache, Maßeinheiten etc. in denen der Nutzer Attributwerte erwartet.

- *Identifikator des Auftrags* bei asynchronen bzw. sequentiellen Operationen oder Aufträgen, die über mehrere Verarbeitungsschritte zwischen Nutzer und OBMS abgewickelt werden. Für Aufträge, auf deren Fertigstellung der Nutzer nicht wartet, wird der Auftrag identifiziert, um eine logische Verbindung zum Auftrag beim Nutzer bzw. beim OBMS herstellen zu können.

- Zeitstempel der Auftragsabgabe
  Für einige Operationen wird der Zeitstempel der Auftragsabgabe verwandt, um asynchron weitergereichte Funktionsanforderungen geordnet abarbeiten zu können. Dazu wird der Zeitstempel der Nutzerseite kommuniziert.

- Objektklassenname
  Bezeichnung der Objektklasse, aus der Objektinstanzen selektiert werden sollen.

- Objektname oder Objektidentifikation
  Zur Auswahl des Objekts, das an der Operation teilnehmen soll, über Namen oder Identifikation – bei Bedarf.
  Für den Bezug auf ein spezifisches Objekt wird die Objektidentifikation jeweils bei der Bearbeitung an den Nutzer kommuniziert und kann auch referenziert werden.

- Kriterium für Selektion (nach Bedarf) + Identifikation
  Wenn noch kein einzelnes Objekt für die Bearbeitung ausgewählt wurde, wird nur der Name der Klasse kommuniziert zusammen mit einem Selektionskriterium, welches dann Objekte entweder in einer Liste verfügbar macht oder direkt eine Operation auf alle ausgewählten Objektinstanzen anwendet.
  Das Selektionskriterium baut auf der Funktionalität eines relationalen SQL Selektionskriteriums auf und bezieht sich jeweils auf den Datengehalt der persistent gespeicherten Objekte. Die Operation wird auf alle ausgewählten Objektausprägungen angewandt. Mit der Anwendung von SQL für die Objektselektion kann eine setorientierte Verarbeitung für Objekte erreicht werden und damit die Prinzipien relationaler Datenverwaltung und Verarbeitung auf eine Objektumgebung übertragen werden, wobei aber jeder Zugriff auf einzelne Objekte über die GET Methode überwacht wird.

Ziel der SQL Erweiterungen soll es sein, daß Kriterien zur Selektion von Daten aus allen Datenmodellen über dieselbe Sprache formuliert werden können.

Standard SQL Selektion:
Für die Selektion von Projekten, an denen ein Mitarbeiter mit ‚Namen' beteiligt ist:

```
SELECT FROM Projekte
WHERE Mitarbeiter-Nummer =
  (SELECT Nummer FROM Person WHERE Name = ‚Name')
```

Diese Art der Verknüpfung sollte nur erlaubt sein, wenn sie im Objektkatalog explizit vermerkt ist, sonst sollte sie als Fehler erkannt werden, um Fehlverknüpfungen zu vermeiden.
Die Anfrage kann kann dann unter Nutzung der explizit spezifizierten Beziehung formuliert werden als:

```
SELECT Projekte
REFERENCED VIA Mitarb.-in-Proj. Person
  WHERE Person Name = ‚Name'
```

Selektion aus Textdaten:

```
SELECT FROM Document
WHERE Abstract = ‚Abstract' AND Author = ‚Author'
AND Text-Body = ‚Word ADJ Word' OR = ‚Word INSEN Word'
AND = ‚SYN Word'
```

Das Kriterium schließt Daten aus formatierten Attributen ‚Abstract' und ‚Author' ein und formuliert eine Textsuche aus Wörtern, die noch durch spezielle Textoperatoren wie ADJ (Adjacent), INPAR (In Paragraph), INSEN (Insentence), SYN (Synonym) et al. verknüpft werden können [SAG ADATRS].
Selektion aus Entity/Relationship Daten:

```
SELECT FROM Person
WHERE Name = ‚Name' AND
REFERENCED RECURSIVELY UNITIL LEVEL 2
  VIA Kind Person = ‚Name'
```

Das Kriterium selektiert eine Person, die denselben Namen trägt wie der Ahn bzw. Urahn der Person, während das Weglassen der UNITL Klausel die Suche bis zum Ur-/Ur...ahn ausdehnen würde [SAG ADBENTI].
Es ist wichtig, daß das Kriterium dynamisch so kommuniziert wird, daß es vom Nutzer unter Programmkontrolle geändert werden kann.

Für den Bezug auf Selektionsmengen in Listen wird dem Kriterium eine Identifikation mitgegeben, die das Listenobjekt identifiziert, welches das Ergebnis der Selektion aufnehmen soll.

Kriterium für Projektion + Identifikation

Das Projektionskriterium entspricht der Funktionalität der relationalen Projektion auf einzelne Attribute erweitert um die Möglichkeit, Tabellen als Pakete zu spezifizieren oder auch Unterstrukturen aus Objekten.

Die Schnittstelle sollte die Möglichkeit bieten, Tabellen von Attributen aus mehreren Objekten in einem Auftrag zu kommunizieren. Dabei werden hierarchische Strukturen entsprechend den Möglichkeiten des NF2 Modells oder Datenstrukturen kommerzieller Programmiersprachen abgebildet, ohne daß die ‚Kopfdaten‘ jeweils wiederholt werden.

```
SELECT
1 Auftrag
  2 *IDENT  (System-Identifikator)
  2 Auftrags-Nummer
  2 Auftrags-Zeile (1:50)
    3 Menge
    3 Preis
FROM Order ...
```

Spezifikation der Operation

Die einzelnen Operationen von Methoden werden über logische Namen gekennzeichnet.

Parameterliste zur Beschreibung des Auftrages

Die einzelnen Parameter für den Auftrag werden in der Parameterliste zusammengefaßt und stellen entweder Daten für Objektinhalte oder Parameter für die Steuerung einer Methode dar.

Parameterliste zur Beschreibung der Ergebnisse

Ergebnisse werden entsprechend dem Kriterium für die Projektion abgeliefert (evtl. noch komprimiert). Ergebnisse sind Daten in Form von Parametern, die entweder direkt aus Objekten ausgelesen wurden oder das Ergebnis der Verarbeitung einer Methode im Objekt darstellen.

Antwortmeldung

Die Antwortmeldung liefert eine Rückmeldung über den Erfolg der Verarbeitung der Auftragsnachricht bzw. eine Fehlermeldung.
Ein Auftrag kann an das OBMS auf verschiedene Arten übergeben werden:

Entfernte Kommunikation über versandte Nachrichten

Für die Kommunikation von Nachrichten über eine Übertragungsstrecke im Client/Server Betrieb ist es nötig, die Nachrichten entsprechend zu verpacken und zwischen dem entfernten OBMS Prozeß und dem Nutzerprozeß einen Wartezustand zu organisieren.

Direkte Verarbeitung unter Kontrolle des Nutzerprozesses

Zur Steigerung der Leistung des OBMS bei Massenverarbeitung von Objekten ist die Minimierung der Kommunikation zwischen Nutzer und OBMS wesentlich. Dazu sollten die Programme des OBMS unter der Prozeßsteuerung des Nutzerprozesses ablaufen können, besonders auch zur Ausnutzung von Mehrprozessorkonfigurationen, wo möglichst der für den Nutzer aktive Prozessor auch die OBMS Aktivitäten übernehmen sollte. Dasselbe gilt für die Konstellation, wo ein Prozeß für die Kommunikation auf der Seite des OBMS eingerichtet werden muß und dieser dann gleichzeitig für die Abwicklung der Aktivitäten des OBMS genutzt werden kann.

Für diese Arbeitsweise ist es nötig, daß sämtliche Koordinierungen zur Organisation der Parallelnutzung von Ressourcen über entsprechende Befehle des Prozessors abgewickelt werden, und daß evtl. nötige Zugriffe auf Externspeicher als Auftrag an Prozesse unter Kontrolle des OBMS übergeben werden können.

12.2.2.5 Anforderungen für Nebenläufigkeit

In einem verteilten System liegt die Überlegung nahe, daß mehrere Operationen parallel in verschiedenen verteilten oder aber auf einem Multiprozessor auch lokalen Objekten durchgeführt werden. Dazu ist die Möglichkeit in der Sprache zu schaffen, daß Aufträge abgesetzt werden können, ohne daß auf die Ausführung gewartet wird, und daß dann auch das Warten auf die Beendigung der Aufträge und die Synchronisation organisiert werden kann.

Bisher enthält NATURAL diese Funktion nicht, obwohl bereits eine Syntax dafür vorgeschlagen ist, welche auch hier verwendet werden soll:

Objekt_ID.Methode (Parameter) **wait as** Event_name

Diese Notation bewirkt, daß die Verarbeitung in dem Klientenobjekt nach Absetzen eines Auftrags ohne Unterbrechung fortgesetzt wird, und daß ein Ereignis spezifiziert wird, welches eintritt, wenn der Auftrag abgeschlossen ist.

Für das Warten auf derartige Ereignisse ist folgende Syntax vorgesehen:

wait on {Event_name ... }

Das bedeutet, daß die Verarbeitung unterbrochen werden kann, wenn auf die Fertigstellung bestimmter Aufträge gewartet werden muß, und daß auf mehrere

Aufträge gleichzeitig gewartet werden kann, wobei die Spezifizierung mehrerer Eventnamen bedeutet, daß dann sämtliche Ereignisse eintreten müssen.

Auf Klassenebene kann für eine Klasse mit der Notation **single** spezifiziert werden, daß Nebenläufigkeit für diese Klasse nicht möglich ist, d.h. daß diese nicht parallel zu anderen Objekten aus einem Klientenobjekt aufgerufen werden kann. Wird **single** für eine Klasse spezifiziert, überwacht das Klientenobjekt beim Aufruf, daß nicht andere Aufträge an andere Klassen aktiv sind.

12.2.2.6 Parallelarbeit und Kontrollstrukturen

Parallelarbeit

Das Ermöglichen der Parallelarbeit von Objekten erfordet noch einige Überlegungen bezüglich der Aktualität der referenzierten Daten.

Es wird auch bei dieser Überlegung klar, daß eine Parallelarbeit nur erlaubt werden kann, wenn die Kommunikation zwischen Objekten ausschließlich über definierte Nachrichten abläuft und nicht über Adreßreferenzen, da sich sonst der Zustand eines Objekts ändern könnte, während auf einzelne Attribute zugegriffen wird.

Für die Ermöglichung von Parallelarbeit muß also sichergestellt werden, daß beim Auslesen von Attributwerten aus einem Objekt sich diese nicht verändern können. Dies kann durch die Nutzung entsprechender Semaphore des Betriebssystems zur Steuerung des Wartezustands von Prozessoren organisiert werden, wobei natürlich darauf zu achten ist, daß die Verarbeitung nicht lange unterbrochen werden darf.

Bedingt durch die Parallelarbeit evtl. auch in Multiprozessorumgebungen können für dieselbe Objektinstanz gleichzeitig mehrere Aufträge erzeugt werden, die nacheinander abgearbeitet werden müssen. Es ist nicht möglich, daß dieselbe Objektinstanz mehrfach parallel auf mehreren Prozessoren bearbeitet wird. Zur Verwaltung der parallel eingehenden Aufträge wird eine Warteschlange vor jedem Objekt eingerichtet, die dann vom Objekt abgearbeitet wird, indem es sich die Aufträge nacheinander aus der Warteschlange ausliest.

Mit diesem Konzept wird dann auch die Stapelarbeitsweise für Objekte möglich, d.h. daß große Mengen von Aufträgen an Objekte abgesetzt werden, die dann nacheinander abgearbeitet werden. Damit kann für das gesamte System auch basierend auf einer objektorientierten Architektur eine Stapelverarbeitung organisiert werden – eine Anforderung, die in einer kommerziellen Anwendung häufig gegeben ist. Objekte können dann als eigenständige Verarbeitungsprozessoren verstanden werden, die evtl. auch durch eine Auftragsverwaltung gesteuert zu bestimmten Zeiten aktiviert werden können. Diese Arbeitsweise ist in „The ENTIRE Open Function Server" [Pagé 91/2] näher dargestellt.

Kontrollstrukturen

Kontrollstrukturen wurden bereits vorgestellt als Mittel zur automatischen Organisation der Parallelarbeit in mehreren Prozessen und Fenstern an der Nutzerschnittstelle.

Diese Funktionalität erfordert eine besondere Adressierungstechnik auf Variablen der Kontrollstrukturen, so daß jede Änderung von einem Programmcode überwacht und daraus Nachrichten abgeleitet werden können. Diese Überwachung auf Änderungen kann auf der untersten Ebene der Adressierung z.B. bei der Ermittlung der aktuellen Adresse aus der relativen Position erfolgen.

Es ist verständlich, daß die Überwachung auf Veränderung einen Mehraufwand bedeutet und deshalb nur auf Kontrollstrukturen angewandt werden kann, um die Leistung des Systems nicht generell zu mindern.

12.2.3 Höhere Konstrukte

Bisher wurden die einfachen funktionalen Komponenten des vorgeschlagenen Systems OBJECTIVE NATURAL dargestellt. Im folgenden sollen nun die höheren Konstrukte des objektorientierten Aspekts des Systems beschrieben werden.

12.2.3.1 Metaklassen

Mit den Klassenarten wurden bereits einige Metaklassen vorgestellt und begründet, warum verschiedene Wurzelklassen für die Spezifikation von Klassen existieren müssen.

Die spezifizierten Klassen werden in OBJECTIVE NATURAL auch als Objekte instanziert, indem jeweils beim ersten Aufruf auf eine Klasse oder ein Objekt aus einer Klasse, diese Klasse auch als Objekt instanziert wird. Das bedeutet, daß eine Klasse als Objekt auch einen Datentyp besitzt und Methoden enthalten kann.

Die Syntax zur Spezifikation der Klasse wird damit erweitert zu:

```
define class New_class_name [(type)]
    as p-class|s-class|l-class|c-class|i-class|
    {Ref-class ...}
    [single] [at Location]
    [properties ({Property...}) ]
[global
    [controls {Attribute}... ]
    [attributes {Attribute}... ]
[methods
    [public] {Method_name (signature) Method-body }... ]
```

Die als **global** deklarierten Daten stehen allen Objekten zum Zugriff zur Verfügung. Dabei kann die Referenz auf diese globalen Daten immer über eine Adreßreferenz erfolgen, da Objekte einer Klasse nur in einer Verarbeitungsumgebung instanziert werden können.

Die unter **controls** spezifizierten Attribute referenzieren entsprechende Attribute in einer Kontrollklasse und organisieren damit automatische Aktualisierung der Inhalte über Kontrollstrukturen auf Klassenebene.

Als **attributes** spezifizierte Attribute sind allgemeine Attribute der Klasse.

Methoden, die hinter **public** spezifiziert werden gehören zum Klassenobjekt und können wie die Methoden in Objektinstanzen der Klasse durch Angabe nur des Klassennamens aufgerufen werden.

OBJECTIVE NATURAL implementiert also insgesamt das Konzept einer Metaklasse für jede Klasse, die als Teil der Spezifikation für die Klasse spezifiziert wird. Dieses Konzept ist auch in der neuesten Version von SMALLTALK implementiert. In Metaklassen ist die volle Verarbeitungsmöglichkeit von Klassen gegeben. Eine Vererbung von Methoden wie sie später im Detail noch dargestellt werden soll, wird auch auf die Methoden der Metaklasse angewandt.

12.2.3.2 Vererbung von Strukturen und Methoden

Einfache Vererbung

Vererbung wird in OBJECTIVE NATURAL nur im Sinne einer Klassenhierarchie als IS-A Beziehung erlaubt, d.h. daß eine abgeleitete Klasse den Typ der Elternklasse befriedigen muß und auch Methoden nicht in ihrer definierten Wirkung verändern darf, sondern evtl. diese nur anders implementieren. Die abgeleitete Klasse muß also in ihrer Vererbung immer die IS-A Bedingung befriedigen, d.h. sie muß auch noch die Elternklasse repräsentieren bzw. beinhalten.

Für die ‚Wild-West‘ Programmierung des Vererbens von Wem-immer, nur um an den Code der Klasse heranzukommen, kann evtl. eingeführt werden, indem dafür ein besonderer Konstrukt wie **like-class** eingeführt wird, der zwar Spezifizierungen von einer Klasse übernimmt, ansonsten aber die Klassenhierarchie abbricht und praktisch eine neue Klasse auf oberster Ebene erzeugt.

In der Klassenspezifikation kann für einzelne Komponenten mit **public** angegeben werden, was auf abgeleitete Klassen vererbt werden kann und mit **private**, was nicht vererbt werden soll.

Vererbung von Datenstrukturen

Wie bereits ausgeführt, bedeutet die Vererbung von Datenstrukturen, daß für die abgeleitete Klasse ein strukturierter Datentyp entsteht, der als eine vorgegebene Komponente die Struktur der Elternklasse enthält. In der abgeleiteten Klasse können dann weitere Tupel und strukturierte Komponenten hinzugefügt werden. Diese Technik setzt sich auch über mehrere Vererbungsgenerationen entsprechend fort.

Vererbung von Methoden

Die in einer Methode mit **require** und **ensure** spezifizierten Vor- und Nachbedingungen werden entsprechend der Technik in Eiffel immer mitvererbt.

Mehrfachvererbung

Erbt eine Klasse von mehreren Elternklassen, so können Konflikte in der Benennung von Attributen und Methoden entstehen. Mit der **rename** Anweisung entsprechend Eiffel können diese Konflikte gelöst werden. Auch die Konstrukte für die Umbenennung von Methoden und die Steuerung des Zugriffes auf Methoden der Elternklasse können entsprechend übernommen werden.

12.2.3.3 Polymorphismus und Generizität

Allgemeine Prinzipien

Unter Polymorphismus, d.h. ‚Vielgestaltigkeit' werden folgende Konzepte zusammengefaßt:

Überladen (Overloading)

Überladen bedeutet, daß unter demselben Methodennamen mehrere Implementierungen für diese Methode in derselben Klasse existieren, die dann über die Signatur der Parameter beim Aufruf der Methode ausgewählt werden. Damit wird die Signatur der Parameter praktisch zum Teil der Identifikation der Methode.

SMALLTALK bietet das am besten ausgeprägte Konzept des Überladens, indem sogar arithmetische Operationen und andere, die normalerweise als Basis- bzw. als generische Operationen implementiert sind, als Methoden angesehen und damit überladen werden können.

Überschreiben (Overriding) mit spätem Binden (Late Binding)

Überschreiben bedeutet, daß in einer abgeleiteten Klasse eine Methode, die bereits unter einem bestimmten Namen in einer Elternklasse existiert, durch ein **redefine** neu implementiert wird.

Das dynamische Binden oder ‚Late Binding' bewirkt, daß die Auswahl einer Operation in einer Methode unter einem bestimmten Namen erst zur Laufzeit abhängig vom Typ der referenzierten Objektinstanz erfolgt. Dies macht es möglich, daß mehrere Methoden für eine Klasse existieren, die jeweils unterschiedlich implementiert sind und abhängig vom Typ des referenzierenden Objekts ausgewählt werden.

Ein gutes Beispiel ist eine Druckerklasse, die jeweils abhängig vom Typ des aktuellen Objekts, völlig andere Operationen beinhalten muß.

Generizität

Generizität – ein schönes Wort – besagt, daß Klassen spezifiziert werden können, ohne daß in der Spezifikation bereits der Typ der involvierten Objekte angegeben wird. Dieser wird dann erst zur Laufzeit bei der Erzeugung einer Objektinstanz angegeben und an den entsprechenden Stellen in der Klassenimplementierung eingesetzt. Mit dieser Technik ist es möglich, Klassen zu erzeugen, die Operationen für beliebige Typen von Objekten bieten.

Ein gutes Beispiel ist eine Klasse Liste, für die alle Typen von Objekten instanziert werden können.

Implementierung in OBJECTIVE NATURAL

Für das vorgeschlagene System OBJECTIVE NATURAL sollen die Prinzipien wie folgt implementiert werden:

- Überladen (Overloading)
  Überladen von mehreren Methoden, die in einer Klasse spezifiziert sind, erfolgt abhängig von der Signatur der Methoden. Das System prüft, ob bei der Implementierung mehrerer Methoden unter demselben Namen eine eindeutige Signatur gegeben ist.
- Überschreiben (Overriding) mit spätem Binden (Late Binding)
  Entsprechend der gesteuerten Vererbung in einer IS-A Beziehung, sollen bei der Reimplementierung einer bereits spezifizierten Methode nicht beliebige Änderungen in der Funktionalität möglich sein, sondern nur die Implementierung verfeinert werden können.
  Dies kann über Vor- und Nachbedingungen abgeprüft werden oder aber auch der Disziplin der Entwickler überlassen werden.

Der Compiler enthält eine Option, die angibt, ob die Vor- und Nachbedingungen im generierten Code implementiert oder ignoriert werden sollen, wenn das System bereits seit längerem erprobt ist und damit die Notwendigkeit für eine dauernde Prüfung der Bedingungen entfällt, denn letztlich erfordern diese auch Prozessorleistung.

Eine andere wesentliche Anwendung des Überschreibens ist die verschobene Implementierung, d.h. daß für einzelne Methoden in einer Klasse mit **deferred** spezifiziert werden kann, daß die Methode erst in der abgeleiteten Klasse implementiert werden soll.

In diesem Falle können zwar mit **require** und **ensure** die Vor- und Nachbedingungen für die Methode bereits spezifiziert werden- und werden dann auch mitvererbt, der Körper der Methode wird aber erst später durch ‚Late Binding‘ abhängig von dem aktuellen Objekt implementiert.

Generizität

Generizität kann unter Nutzung des generischen Typs **T** erreicht werden. Es wäre in konkreten Anwendungen zu prüfen, ob evtl. in einer Klasse mehrere verschiedene **T**-Typen z.B. durch die Angabe als T1, T2, etc. nötig werden, um dann abprüfen zu können, daß jeweils die passenden Typen in Operationen miteinander kombiniert werden.

Klassen, die T-Typen beinhalten, können nicht direkt benutzt werden, da sie noch nicht vollständig spezifiziert sind, es fehlt die Angabe, auf welche Typen die generischen Methoden wirken sollen.

Diese Spezifikation kann auf zwei Arten ‚nachgereicht' werden:

Spezifikation des Typs bei Vererbung

Will eine abgeleitete Klasse von einer generischen Klasse erben, kann sie nach der Spezifikation der Elternklasse einen Typ spezifizieren, der dann den generischen Typ im abgeleiteten ersetzt.

define class New_class_name [(type)]
as Ref-class (Typ)

Spezifikation des Typs bei der Objektinstanzierung

Mehr Flexibilität bietet die Spezifikation des Typs bei der Erzeugung einer Objektinstanz, die dann einen bestimmten Typ aufnimmt.

create Object_name.Class_name (Typ)

12.2.3.4 Abstrakte Datentypen und Einkapselung

Eines der wesentlichen Ziele der Objektorientierung ist das Zusammenführen von Daten und Prozeduren in einem gekapselten Objekt, welches nach außen nur über seine Signatur die verfügbaren Datensichten und Operationen darstellt, aber keine Veränderung des Zustands, d.h. der Attribute des Objekts, über generische Operationen zuläßt sondern nur über definierte Methoden.

Mit dem bisher Dargestellten errreicht OBJECTIVE NATURAL dieses Ziel sehr gut, indem die Kapselung zur Laufzeit gegeben ist und auch für die Vererbung eine Kontrolle durch das System durchgeführt werden kann.

Unter Berücksichtigung der Tatsache, daß OBJECTIVE NATURAL auch die persistente Verwaltung der Daten einschließt sei hier bereits ausgesprochen, daß das System auch keine generischen Funktionen für Datenverwaltung wie GET, UPDATE, STORE, DELETE enthält, auch wenn unter diesem Namen später Operationen eingeführt werden. Diese Operationen werden immer über vorgeschaltete Methoden gekapselt und gesteuert.

12.2.4 Erweiterbarkeit

Ein weiteres Ziel der Objektorientierung ist die Implementierung des ‚Offen-Geschlossen' Prinzips. Das heißt, daß möglichst große Flexibilität für die Wiederbenutzung von einmal implementierten Komponenten mit der Möglichkeit der Anpassung an die spezifische Aufgabe gegeben wird. Diese Wiederverwendung wird möglichst vom System gesteuert, so daß die Komponenten geschlossen bleiben können und nicht verändert werden müssen, um die einmal implementierten Strukturen und Operationen vor unbeabsichtigten ‚Falsch'-Änderungen zu schützen.

OBJECTIVE NATURAL bietet in dieser Richtung viele Möglichkeiten, indem es alle Varianten des Polymorphismus ausschöpft und bei der Vererbung die nötigen Restriktionen erzwingt bzw. erzwingbar macht. Verglichen mit anderen Systemen bietet OBJECTIVE NATURAL alle Möglichkeiten zusammengenommen – was ja auch der Ansatz bei der Spezifikation war.

OBJECTIVE NATURAL unterstützt bei der Widerverwendung die Spezialisierung und Erweiterung, nicht die Änderung vom Bestehenden.

Es hat sich in der Praxis erwiesen, daß diese Möglichkeiten besonders bei Datenstrukturen ausreichend sind, und daß bei Programmstrukturen auch nur eine kontrollierte Erweiterungsmöglichkeit angebracht erscheint.

12.2.5 Übersicht der Syntax für objektorientierte Erweiterungen in OBJECTIVE NATURAL

Nachdem im vorstehenden bereits einige Elemente der Anweisung zur Spezifikation eines Objekts in OBJECTIVE NATURAL dargestellt wurden, soll im folgenden noch einmal die gesamte Syntax dargestellt werden:

```
define class New_class_name [(type)]
    [as p-class|l-class|o-class|i-class|]
    [like] {Ref-class} ...
    [single] [at Location]
[properties ({Property...}) ]
[global
    [controls {Attribute}... ]
    [attributes {Attribute}... ]]
    [methods
[public] {Method_name (Signature) Method-body }... ]
[private {Method_name (Signature) Method-body }... ]
[attribute {Attribute_name = Method-body}... ] ]
    objects
    [controls {Attribute}... ]
```

```
        [attributes {Attribute}... ]
        [data {Attribute_ref | Variable}
   [methods
   [control  {Class_name|Object_id::Attribute_name
      (Bef-value,After-value): method-body}... ]
   [public {Class_name (Signature) |
          Method_name (Signature) Method-body}... ]
   [private {Method_name (Signature) Method-body}... ]
   [attribute {attribute_name = method-body}... ]]
   end-define
```

Attribute:
```
      {Level Attribute_name  [(Type[/Dim])]
            [Prop ({Property}... )] [init | const (Init-val)]
                [domain Domain_ref | Value-spec]}
            [trigger Trigger-body ~= Method_body]

      | {Level View_name view of Class_name (Dim)
            * | [Attribute] ... }
```

Variable:
```
      {Level Attribute_name  [(Type[/Dim])]
            [Prop ({Property}... )] [init (Init-val)]
            [domain Domain_ref | Value-spec]} |
```

Method-body:
```
      [data local {Variable | Attribute-ref}...
      [data control {attribute-ref]...
      end-data]
      {statement}...
   end method
```

Attribute-ref:
```
      {Level Attribute_name [prop ({property}... )] |
      {Level View_name view of class_name (dim)
            * | attribute-ref}
```

Im einzelnen enthalten die Komponenten der Anweisung folgende Spezifikationen:

```
define class New_class_name [(type)]
   [as p-class|s-class|l-class|c-class|i-class]|
   [like] {Ref-class} ...
            enthält die Spezifikation für die Klasse
   [single] [at Location]
            spezifiziert evtl. Restriktionen für die Lokation der Klasse
```

[properties ({Property... })]
spezifiziert Eigenschaften für die Klasse

global   spezifiziert die Daten der Metaklasse, also der Klasse als Objekt

methods ... public | private
spezifiziert die Methoden der Metaklasse mit **private** als nicht sichtbare Methoden und **public** als bei der Vererbung veränderbare Methoden.
Für die Implementierung des Methodenkörpers steht die gesamte Syntax der NATURAL Sprache NPL zur Verfügung.

objects   leitet die Spezifikation der instanzierbaren Objekte ein

controls {Attribute}...
Definition von neuen Kontrollvariablen als Teil des Typs der Klasse

attributes {Attribute}...
Attribute der Objekte

data {Attribute_ref | Variable}
lokale Daten, die für die Bearbeitung benötigt werden, aber nicht Teil des Typs sind

methods   leitet die Spezifikation der Methoden ein

control {Class_name|Object_id::Attribute_name
(Bef-value,After-value): method-body}...
Prozedur, die bei Veränderung des Werts der benannten Kontrollvariablen durchgeführt werden soll

public {Class_name (Signature) |
Method_name (Signature) Method-body}...
öffentliche Methoden, die bei Vererbung verändert werden können

private {Method_name (Signature) Method-body}...
private Methode, die bei der Vererbung geschützt bleiben

attribute {attribute_name = method-body}...
Methode zur Ermittlung des Werts bei Referenzierung des benannten Attributs

Es zeigt sich, daß für die Sprache NATURAL mit wenigen Ergänzungen eine voll objektorientierte Syntax definiert werden kann.

Für den Betrieb sind an NATURAL nicht viele Veränderungen nötig, da die verfügbaren Techniken auch die Anforderungen für objektorientierte Verarbeitung abdecken können.

12.3 Objektverwaltung im ‚Object Base Management System' OBMS – Aspekte der technischen Implementierung

Wie die folgende Abb. 12.4 zeigt, erfordert die Implementierung eines OBMS keine völlig neuen Techniken, sondern kann durch Erweiterung bestehender Funktionalität erreicht werden.

Während in der Vergangenheit das DBMS nur die zentrale Stelle für die gesamte Datenverwaltung und den Zugriff auf Daten war, wird das OBMS nunmehr insgesamt zur zentralen Stelle nicht nur für die Datenverwaltung, sondern auch für deren vollständige Verarbeitung.

Dies erfordert besonders bezüglich der Ressourcenverwaltung ausgefeilte Techniken, da damit auch die Funktion eines Teilhabersystems in das OBMS integriert werden muß.

Erweiterte geschichtete Funktionalität eines OODBMS

Dienstprogramme	
Programm-/Operatorschnittstelle	Empfang von Nachrichten
	Struktur-Schema-Verwaltung
SQL o.ä. Compiler	Compiler für vollständ. Verarbeitung
Daten-/Integritätsregelnkatalog	Methodenverwaltung
Nutzer-Prozeß-Verwaltung	
Zugriffe auf entfernte Daten	Verwaltung externer Beziehungen
Transaktions-Verwaltung	
Integritätsregeln-/Triggerverarbeit.	Vollständige Verarbeitung
Suchprozessor/Optimierer	Verarbeitung invertierter Listen
Datenprojektion/-Kompression	Bearbeitung von Strukturen
Pufferverwaltung im Hauptspeicher	
Physischer Zugriff auf Externspeicher	

Abb. 12.4 Erweiterungen im Schichtenmodell eines DBMS zur Abdeckung der objektorientierten Funktionalität des OBMS

Zur Erzielung einer hohen Leistungsfähigkeit des Gesamtsystems ist es nötig, die Funktionalität der einzelnen Schichten möglichst eng miteinander zu koppeln und generell die Kommunikation zwischen verschiedenen Prozessen – als aufwendige Operation – soweit wie möglich zu vermeiden.

12.3.1 Der Objektkatalog mit dem Strukturschema als zentrale Definition aller Komponenten

Der Datenkatalog ist für relationale DBMS eine zentrale Komponente zur Übersicht über die Definition der gespeicherten Daten. Von viel größerer Bedeutung ist der Objektkatalog mit dem Daten/Methoden-Struktur-Schema für ein OBMS, da er wesentlich mehr Information für die Darstellung und Verarbeitung der Daten enthält. Der Begriff Schema wurde der Begriffswelt der netzwerkartigen DBMS entnommen, die in der Vergangenheit die ausgeprägteste Abbildung von Strukturen in Datenobjekten boten [IDMS].

Der Objektkatalog enthält alle Mechanismen zur Implementierung der o.g. Abstraktionen:

APO	A-Part-Of	Attribute und strukturierte Tupel
AKO	A-Kind-Of	Vererbung für Attribute und Methoden
ART	A-Relation-To	Beziehungen über Objektidentifikatoren

Für ein OBMS ist das Schema für alle unterliegenden Funktionen Voraussetzung, um die gespeicherten Daten und Funktionen ‚verstehen‘ zu können. Das Schema eines OBMS sollte unbedingt getrennt von den Daten selbst verwaltet werden, um es möglich zu machen, daß es unabhängig von den Daten verändert werden kann. Dazu wird die Struktur in einer Form spezifiziert, die Änderungen (Erweiterungen) der Struktur erlaubt, ohne eine Änderung der gespeicherten Daten zu erfordern. Dies ist möglich, wenn die Struktur nur auf Namen der Attribute aufbaut und Strukturen der Speicherung nur durch relative Verweise oder Tabellen von Attributnamen abbildet. Damit können jederzeit neue Elemente an die Struktur angefügt werden. Auch für die Positionierung auf Methoden kann diese Technik angewandt werden, wobei für die Namen und Verweise der Methoden ein Diktionär eingerichtet wird.

Während die Daten eines relationalen DBMS in Tabellen strukturiert sind, wobei für jede Tabelle die Struktur aller darin enthaltenen Relationentupel einmal beschrieben ist, muß für die Verwaltung von Objekten jeweils für jedes Objekt ersichtlich sein, zu welcher Klasse es gehört, um daraus dann den Verweis auf die entsprechende Strukturbeschreibung abzuleiten.

Für einzelne Attribute enthält das Schema: Namen, relative Position in der Struktur evtl. definiert durch Position in einer Tabelle, Eigenschaften wie: Datenelement/Methode, mehrwertiges Attribut, Gruppe von Attributen, Format bzw. Verweis auf anderes Teilobjekt, Zeichendarstellung, Standardlänge, Grenzwerte/erlaubte Werte, Maßeinheit, Nutzersprache, Existenz einer invertierten Liste, Nullwertverarbeitung/-unterdrückung.

Zur Erfüllung der zehn Regeln von Chen (Vollständige Information) wird der Objektkatalog in Objekten des OBMS abgelegt, so daß er für den Nutzer zugänglich ist; für die schnellere Verarbeitung wird er jedoch komprimiert und vorübersetzt abgelegt.

12.3.2 Attribute

Gemäß dem Ansatz zur Vereinigung der Eigenschaften eines ‚offenen' DBMS mit denen eines ‚gekapselten' OBMS enthält das OBMS ‚offene' und ‚gekapselte' Attribute.

Offene Attribute (Attributes) stellen den nach außen offen sichtbaren Datengehalt von Objekten im inaktiven persistenten/gespeicherten Zustand dar. Offene Attribute können vom OBMS entsprechend der Funktionalität eines DBMS ausgewertet werden, ohne daß dazu das entsprechende Objekt aktiviert werden muß. Werte von offenen Attributen können nicht von außen verändert werden.

Attribute eines Objekts sind formatierte Daten, Systemidentifikatoren, Text, große Datenblöcke o.ä. nach Bedarf.

Für Attribute wird eine generische Verarbeitung der Werte abhängig vom Typ des Attributs aktiviert:

- Formatierte Daten werden bei Vorhandensein von Domänen auf Einhaltung der Domänen überprüft.
- Trigger, die für einzelne Attribute spezifiziert werden können, werden bei Einspeicherung, Zugriff, Änderung, Löschung aktiviert.
- Ein Systemidentifikator wird immer auf Existenz des Objekts überprüft und zum Aufbau von Beziehungen in invertierten Listen benutzt.
- Text wird z.B. für den Aufbau der invertierten Liste nach bestimmten Regeln in einzelne Wörter zerlegt.
- Andere Arten von Operationen sind vorstellbar und können nach Bedarf vom Verwalter des OBMS eingefügt werden.

Mit dieser Information kann das OBMS Objekte in passiver Instanzierung persistent verwalten, Datensichten auf die Objekte abbilden und auf Anforderung Objekte aktivieren.

Auch können bereits bestimmte Prüfungen für den Inhalt von Attributen ohne weitere Spezifikation von besonderen Methoden bei der Einspeicherung von Daten durchgeführt werden.

12.3.3 Persistenz

Die persistente Verwaltung von Objekten umfaßt sowohl die Daten der Attribute als auch die Methoden zu deren Bearbeitung. In NATURAL ist bereits eine

Verwaltung der Programme und des Diktionäs in der Datenbank organisiert, die als Basis für den technischen Ansatz dienen kann.

12.3.3.1 Chaotische geblockte Datenspeicherung

Die Speicherung der Daten eines Objekts erfolgt in Blöcken, die Daten komprimiert enthalten und chaotisch auf Externspeicher abgelegt sind.

Die Aufteilung der Daten auf Blöcke ist unabhängig von der internen Struktur des Objekts und wird nur durch die Menge der komprimierten Daten bestimmt. Es muß möglich sein, die Daten eines Objekts auf mehrere Blöcke zu verteilen. Dabei sollte – wie schon erwähnt – die logische Strukturierung des Objekts so vorgenommen werden, daß nicht zu große zusammenhängende Datenblöcke entstehen, da diese jeweils in Gänze zwischen Extern- und Hauptspeicher ausgetauscht werden müssen.

Blöcke auf dem Externspeicher werden über die Blocknummer adressiert, wobei eine Konvertierungstabelle die Übersetzung zwischen Objektidentifikation und Blocknummer übernimmt (Adreßkonverter).

Objekte können also zwischen verschiedenen Blöcken umgelagert werden, ohne daß dazu eine Änderung in den invertierten Listen nötig wäre, sondern jeweils nur der Eintrag im ‚Adreßkonverter' geändert werden muß [SAG ADABAS], [SESAM].

Im Prinzip ist es möglich, die Daten für ein OBMS beliebig zu speichern, d.h. es ist auch denkbar, daß die Daten in einem konventionellen DBMS abgelegt werden und dann von der Datenverwaltung des OBMS durch Zugriffe auf das DBMS für die Verarbeitung in der Objektumgebung zugänglich gemacht werden.

12.3.3.2 Datenkompression

Daten werden in der Objektdatenbank komprimiert abgelegt. Für die Kompression können verschiedene Verfahren angewandt werden:

- Kompression nach einzelnen Attributen
- Kompression der gesamten Daten eines Objekts ohne Kenntnis der Struktur

Während die erste Methode die feinste Granularität bei der Wiedergewinnung aufweist, verursacht sie aber auch den höchsten Verwaltungsaufwand.

Die zweite Methode muß immer das gesamte Objekt dekomprimieren, kann dies aber aufgrund der einfacheren Vearbeitung schneller erledigen.

Sinnvoll erscheint eine Verbindung beider Lösungen, wobei Unterstrukturen des Objekts einzeln komprimiert und selektiert werden und innerhalb dieser Strukturen eine weitere Kompression ohne Kenntnis der einzelnen Attribute erfolgt.

12.3.3.3 Veränderung in Objekten

Wie bereits beschrieben, werden Änderungen in den Blöcken des Datenspeichers nur unter Kontrolle des Puffermanagers und möglichst asynchron zum Nutzerprozeß angebracht. Die gesamte Verwaltung des Austauschs von Daten zwischen Extern- und Hauptspeicher erfolgt nur unter Kontrolle des Puffermanagers, während die Bearbeitung von Blockinhalten (Projektion und Kompression) nur unter Kontrolle der logischen Datenverwaltung im Hauptspeicher – gesteuert durch die Strukturdefinition des Objektschemas im Objektkatalog.

12.3.4 Diktionär-Informationen im OBMS

Neben dem Objektkatalog werden im OBMS auch die Diktionär-Informationen verwaltet. Dabei stellt das Diktionär eine Anwendung der Daten- und Methodenverwaltung des OBMS dar.

12.3.5 Pufferverwaltung / Virtueller Speicher

Hier gilt das für konventionelle DBMS Gesagte ohne Veränderung. Da in einem OBMS große Datenstrukturen für Objekte entstehen, ist es wichtig, diese so zu zerteilen, daß sie in Teilen vom Externspeicher in den Hauptspeicher transferiert werden können, um den Platz im Hauptspeicher effektiv zu nutzen.

12.3.6 Organisation der Ausführung von Operationen

Diese Organisation umfaßt die Aktivierung ausgewählter Objekte für die Verarbeitung und die Zuweisung von Prozessen für deren Bearbeitung.

12.3.6.1 Selektion von passiven Objektinstanzen

Gemäß dem Ansatz des vorgeschlagenen OBMS geschieht die Verarbeitung der Objektdateninhalte auf zwei unterschiedliche Arten:

- Verarbeitung des Dateninhalts passiv instanzierter Objekte aus dem persistenten Speicher
- Verarbeitung des Dateninhalts aktiv instanzierter Objekte
- Verarbeitung passiver Objektinstanzen

Für die Informationsgewinnung aus dem Dateninhalt und die Massenverarbeitung von Objekten bietet die vorgeschlagene Sprache zur vollständigen Verarbeitung die Möglichkeit, den Inhalt passiver Objekte direkt zu selektieren und für eine Verarbeitung auszulesen, wobei diese keine Änderungen an den Inhalten vornehmen kann.

Bei jedem Auslesen über eine **get** Operation ist die Methode **get** vorgeschaltet und steuert den Zugriff auf Daten programmatisch.

Zur Informationsgewinnung wird vorgeschlagen, die SELECT Anweisung der Datenmanipulationssprache SQL als Standardoperation zu verwenden, da diese bereits eingeführt und für Informationsgewinnung gut tauglich ist.

SELECT Attribute FROM Klasse WHERE Kriterium

Alle Klauseln der SELECT Anweisung werden unterstützt, wobei ein JOIN nur erlaubt ist, wenn eine entsprechende Beziehung der Objekte im Katalog hinterlegt ist.

Als wesentlicher Unterschied zur relationalen Selektion von Tupeln/Reihen aus Tabellen erfordert die Selektion von Objekten eine ‚objekterhaltende‘ Ergebnismenge [Heuer 92], [SAG ADABAS], d.h. daß für alle selektierten Objekte und deren Komponenten die Objektidentifikationen quasi als verdecktes Attribut immer mitgeliefert werden und dann für jede Referenz auf das Objekt bzw. die Komponenten benutzt werden.

Für die Selektion über Beziehungen und rekursive Selektion werden die beiden Operatoren REFERENCED und REFERENCING eingeführt [SAG ADBENTI]:

- REFERENCED besagt, daß sich in dem abhängigen Objekt ein Zeiger mit Namen eines Attributs befindet, der auf das gesuchte Objekt verweist.
- REFERENCING besagt, daß sich in dem gesuchten Objekt ein Zeiger mit Namen eines Attributs befindet, der auf abhängige Objekte verweist.

SELECT FROM Person WHERE Attribut1 = ‚Wert‘
REFERENCED VIA Kind BY PERSON WHERE Attribut2 = ‚Wert‘

Das Kriterium selektiert Personen mit bestimmten Eigenschaften, die mit anderen Personen mit bestimmten Eigenschaften über die Beziehung ‚Kind‘ in Beziehung stehen.

Für die Formulierung von Selektionskriterien in Texten wird die Erweiterung eingeführt, daß innerhalb einer Textkonstanten Operatoren für die Verknüpfung von Wörtern angegeben werden können:

SELECT FROM Document
WHERE Author = ‚Author‘
AND Text-Body = ‚Word ADJ Word‘ OR = ‚Word INSEN Word‘
AND = ‚SYN Word‘

Das Kriterium schließt Daten aus formatierten Attributen ‚Author' ein und formuliert eine Textsuche aus Wörtern, die noch durch spezielle Textoperatoren wie ADJ (Adjacent), INPAR (In Paragraph), INSEN (Insentence), SYN (Synonym) et al. verknüpft werden können [SAG ADATRS].

Für andere spezielle Selektionskriterien sind ähnliche einfache Erweiterungen von SQL denkbar.

Verarbeitung aktiver Objekte

Für Veränderungen stehen dieselben Anweisungen wie vorher zur Verfügung, ergänzt um die Anweisungnen für Veränderungen, d.h. es ist auch möglich, aus der Methode eines Objekts mehrere andere Objekte als Set zu selektieren und zu verarbeiten, z.B. auch zu verändern.

Folgende Standardmethoden- bzw. -anweisungen sind verfügbar:

STORE, UPDATE, DELETE, BEGIN/END TRANSACTION

Diese Anweisungen bewirken nicht die Änderung von Daten in Objekten – diese wird nur über die Methoden des Objekts ausgeführt – sondern steuern nur die Übertragung des Objekts in den persistenten Speicher.

Wird ein geändertes Objekt ‚vergessen', d.h. daß nach einer Änderung seines Zustands in der aktiven Verarbeitung keine Übertragung in den persistenten Speicher angefordert wurde und soll dieses Objekt dann durch die Speicherverwaltung entfernt werden, so kann eine Fehlermeldung erfolgen.

Die Verarbeitungsprozeduren/Methoden/Programme können in verschiedenen Sprachen implementiert werden.

Daneben wird vorzugsweise die eigene Sprache OBJECTIVE NATURAL innerhalb des OBMS genutzt.

Für den Anschluß an ‚fremde' Sprachen wird eine Schnittstelle ähnlich der für SQL vorgeschlagen, zur Aktivierung von Methoden in Objekten um die Anweisung ergänzt:

process Object.Methode (Parameter)

Für die Verarbeitung von Objekten müssen diese aktiviert werden. Während das konventionelle Objektmodell davon ausgeht, daß für die Aktivierung einer Instanz ein Prozeß gestartet werden muß, wird in einem OBMS die Aktivierung erreicht, indem die persistent gespeicherten Daten des Objekts in den Arbeitsspeicher gebracht werden und der Verarbeitung des Datenbankverwaltungssystems zugeführt, welches auch die Ausführung von Programmen aktivieren kann.

Mit diesem Ansatz bedeutet die Aktivierung von Objekten keinen großen Aufwand, und der Unterschied im Aufwand der Verarbeitung einer aktiven Objektinstanz ist nicht wesentlich größer als die Verarbeitung von Daten einer Datenbank mit aktiven Triggern.

12.3.6.2 Verwaltung sequentieller Prozesse

Sequentielle Verarbeitungsprozesse sind in der konventionellen objektorientierten Technologie nicht vorgesehen. Es ist besonders dieser Mangel, der den Einsatz objektorientierter Technik in einer kommerziellen Umgebung behindert, da hier häufig sequentielle Verarbeitung von Massendaten erforderlich ist.

Das vorgeschlagene OBMS kann sequentielle Verarbeitungsprozesse auf die gespeicherten Daten entsprechend einem DBMS ohne aktive Instanzierung abwickeln. Dazu werden Identifikationen für die einzelnen sequentiellen Operationen der verschiedenen Nutzer verwaltet, so daß eine Verarbeitung in Schritten erfolgen kann, bei denen der Nutzer jeweils die Daten eines oder mehrerer Objekte für die Verarbeitung anfordert, die aber keine Veränderungen durchführen kann.

12.3.6.3 Die Nutzerprozeßverwaltung

Ein wesentliches Leistungsmerkmal ist auch für ein OBMS die Verwaltung von parallelen Zugriffen mehrerer Nutzer auf die Objekte und deren Aktivierung zur Verarbeitung. Dafür müssen für den einzelnen Nutzer entsprechende Ressourcen (Prozessoren, Speicher, Tabelleneinträge) zur Verfügung gestellt werden.

Da moderne Maschinen meist über mehrere eng gekoppelte Prozessoren verfügen, muß das OBMS so implementiert sein, daß es diese symmetrisch ausnutzt und dynamisch an die einzelnen Nutzer zuweist. Wie oben bereits ausgeführt, sollte eine Kommunikationen zwischen Prozessen soweit wie möglich vermieden werden.

Ein Nutzerprozeß kann solange ohne Unterbrechung arbeiten, wie Daten im Hauptspeicher verfügbar sind. Es ist Aufgabe der Pufferverwaltung, Daten sowohl aus der Datenbank als auch evtl. ausgelagerte Daten aus instanzierten Objekten bereitzustellen (NATURAL Nutzerverwaltung). Ergibt sich die Situation, daß Daten nicht verfügbar sind, wird ein Auftrag an die Pufferverwaltung abgesetzt, indem wiederum eine I/O-Operation unter Nutzung des Codes der Pufferverwaltung vom Nutzerprozeß angestoßen wird, und die Verarbeitung für den Nutzer geht in einen Wartezustand, bis die Daten bereitstehen. Der jetzt freiwerdende Prozeß bleibt weiter aktiv und übernimmt aus der Warteschlange die Verarbeitung für einen anderen Nutzer, für den ein Auftrag in verarbeitbarem Zustand vorliegt.

Dieses Prinzip der aktiven Übernahme von Aufträgen durch die Nutzerprozesse selbst hat sich gegenüber dem Prinzip eines getrennten ‚Dispatchers‘ bewährt, da hierdurch nur ein Minimum an wirklichen Wartezuständen und damit Verwaltungsaufwand für das Betriebssystem entsteht, indem jeder Prozeß für das Betriebssystem solange aktiv bleibt wie noch Arbeit für irgendeinen Nutzer zu erledigen ist.

Für die aktive Instanzierung von Objekten werden den einzelnen Nutzern Speicherbereiche dynamisch zugewiesen und unter der allgemeinen Pufferverwaltung so verwaltet, daß sie am Ende einer Verarbeitung sofort wieder freigegeben werden können. Damit wird das Problem des ‚Garbage‘ (toter zugewiesener Speicher) vermieden, indem die ‚Garbage Collection‘ immer sobald wie möglich durchgeführt wird.

Speicherbereiche, die an einen Nutzer im Wartezustand zugewiesen sind, können unter Kontrolle der Pufferverwaltung auf Externspeicher ausgelagert werden, wenn die Hauptspeicherressourcen knapp werden.

Auch bei der Bearbeitung von Objekten, besonders bei der Verarbeitung der inaktiven Datenattribute müssen neben der Ressourcenverwaltung für verschiedene Nutzer sequentielle Operationen verwaltet werden. Ein Nutzer muß in der Lage sein, sich in aufeinanderfolgenden Aufträgen an das OBMS jeweils auf den aktuellen Stand der Verarbeitung zu beziehen und dort fortfahren zu können, wo der vorige Auftrag geendet hat. Auch hier werden ‚Command-Identifikationen‘ oder ‚Cursor‘ dazu verwandt, um diese ‚Mehrfachaufträge‘ zu kennzeichnen und einem Nutzer wieder zuordnen zu können.

12.4 Verarbeitung in Client/Server Architekturen

Die Verarbeitung in Client/Server Umgebungen stellt gesteigerte Anforderungen an die Verwaltung der Prozesse und der Kommunikation zwischen den Prozessen.

Im folgenden sollen technische Aspekte für die Lösung dieser Aufgabenstellung dargestellt werden.

12.4.1 Kommunikation von definierten Nachrichten zwischen Objekten

Wie bereits vorher dargestellt ist ein wesentliches Entwurfskriterium für das vorgeschlagene System die konsequente Kommunikation zwischen Objekten nur über definierte Nachrichten und nicht über irgendwelche Referenzierung.

Für die Kommunikation sollte das System unterschiedliche Kommunikationsprotokolle unterstützen und dafür das logische Inhaltsprotokoll der Nachricht jeweils identisch auf die verschiedenen Kommunikationsprotokolle abbilden können.

Lösungen für dieses Problem sind in der objektorientierten Technologie bisher nicht vorhanden, bestehen jedoch im Umfeld von Datenbankverwaltungssystemen wie: ADABAS (NET-WORK) [SAG ADABAS], ORACLE, SESAM [SESAM], SYBASE [SYBASE]. Diese können als Basis für den Entwurf benutzt werden.

12.4.2 Selektionen von Objektmengen in einer verteilten Umgebung

Entsprechend dem bereits in Kap. 9.2.5 gesagten, gibt es auch in einem OBMS die Möglichkeit, auf entfernte Objekte zuzugreifen.

Die entfernten Zugriffe können über Selektion von Objekten in der entfernten Umgebung entsprechend den Möglichkeiten eines DBMS erfolgen.

Die Ausprägung komplexer Objekte mit einer Objektidentifikation bedingen als weitere Anforderung, daß ein Objekt aus Teilen zusammengesetzt ist, die in verteilten Knoten untergebracht sind.

Da die Verknüpfung von komplexen Objekten auf dem Objektidentifikator aufbaut, muß in verteilten Systemen dafür Sorge getragen werden, daß entsprechende Identifikationskreise für die einzelen Knoten eines verteilten Systems innerhalb eines konsitenten Identifikationssystems eingerichtet werden.

12.4.3 Transaktionen, Concurrency Control, Recovery

Transaktionsverarbeitung stellt in einer objektorientierten und dazu noch verteilten Umgebung eine technische Herausforderung dar, die bisher noch nicht als gelöst angesehen werden kann.

Im folgenden soll der allgemeine Ansatz für die Organisation von Transaktionsverarbeitung dargestellt werden, dann aber auch ein Vorschlag für die Lösung einiger Probleme, die besonders in einer verteilten objektorientierten Umgebung auftreten.

12.4.3.1 Allgemeine Definition für logische Transaktionen

Logische Transaktionen überführen den Inhalt der Objektbank von einem global konsistenten Status in einen anderen.

Ein Nutzer kann während der Bearbeitung einer logischen Transaktion mehrere Objekte ansprechen und dabei Veränderungen in den Objekten auslösen. Diese Veränderungen können zu temporär inkonsistenten Zuständen führen, wobei diese jedoch nicht für andere Nutzer sichtbar werden. Änderungen werden zusammen beim Abschluß (Commit) der Transaktion konsistent in der

Datenbank angebracht und dann für andere Nutzer sichtbar. Die Organisation einer Transaktionsverarbeitung erfordert, daß alle von einem Nutzer aktivierten Objekte auch vom System als zusammengehörend erkannt werden und nicht völlig getrennt voneinander existieren. Zu diesem Zweck wird z.B. bei der Kommunikation einer Nachricht an das OBMS die Nutzerkennung mitgeliefert, so daß damit alle für einen Nutzer zusammengehörenden Objekte erkannt werden können.

Die Transaktionsverarbeitung des OBMS stellt sicher, daß beim Auftreten beliebiger Probleme in der Verarbeitung der Transaktion jeweils konsistente Zustände in der Objektdatenbank hergestellt werden. Dazu werden alle Veränderungen, die während einer logischen Transaktion auftreten in einer komprimierten Form der geänderten Attribute auf ein Log mitgeschrieben, so daß sie während der Bearbeitung einer Transaktion alle bereits durchgeführten Veränderungen zurückgenommen und nach Abschluß der Transaktion insgesamt zuverlässig angebracht werden können. Für alle Fehlerfälle muß der Nutzer also nur darauf vorbereitet sein, evtl.die letzte Transaktion zu wiederholen.

Transaktionen werden durch eine explizite ‚**begin transaction**‘ Anweisung begonnen und über ein ‚**end transaction**‘ abgeschlossen.

Wird versucht, eine Veränderungsoperation auf ein Objekt durchzuführen, wenn keine Transaktion begonnen wurde, führt dies zu einer Fehlermeldung.

Die implizite Transaktionssteuerung ermöglicht es, z.B. bei der Bearbeitung eines Auftrags die Transaktion mit dem Auftragskopf zu beginnen und mit dem Auftragsabschluß zu beenden.

Bei Transaktionen, die Veränderungen in mehreren Verarbeitungsknoten auf verschiedenen Rechnern durchführen, kann der Abschluß einer Transaktion nicht mit einer einzigen zuverlässigen Schreiboperation erzielt werden. Für diese Konstellationen wird ein sog. ‚Two-Phase-Commit‘ abgewickelt, bei dem der Abschluß einer Transaktion in zwei Phasen erfolgt. In der ersten Phase wird an alle Knoten eine Anforderungen zum Schreiben der Log-Information ausgesandt. Mit Schreiben der Log-Information sind alle Knoten zuverlässig in der Lage, die Transaktion entweder zurückzusetzen, falls einer der Knoten die Verarbeitung nicht erfolgreich abschließen konnte, oder vollständig abzuwickeln. In der zweiten Phase wird dann eine Nachricht zur Freigabe der noch für einen Nutzer gesperrten Ressourcen ausgesandt und damit die verteilte Transaktion vollständig abgeschlossen.

12.4.3.2 Nutzerisolation über harte Sperren vs. optimistische Verfahren

Während der Bearbeitung einer Transaktion muß der Nutzer in seinen Wirkungen auf die von ihm zu verändernden Objekte isoliert sein. Objekte, die er verändern will, muß er also für den Zugriff durch andere Nutzer sperren.

Für diese Sperre ist es nötig, eine feine ‚Granularität' der blockierten Ressourcen anzustreben, so daß jeweils die Wahrscheinlichkeit für einen Konflikt gering ist. Hier hat sich in relationalen Systemen die Sperre auf Satzebene durchgesetzt. Im Falle des OBMS ist der Satz das gesamte Objekt und damit immer noch eine recht große Datenstruktur.

Im Gegensatz zu den früher für die Nutzerisolation eingesetzten ‚harten' Sperren, d.h. der Zugriff wurde blockiert – mit der Gefahr für einen sog. ‚Deadlock' zwischen zwei Nutzern, haben sich heute sog. ‚weiche' Sperren durchgesetzt, die für alle Nutzer den Zugriff zulassen, jedoch beim Abschluß der Transaktion prüfen, ob während der Verarbeitung eines Nutzers ein anderer dieselben Daten verändert hat. In diesem Falle wird der Nutzer, für den eine Veränderung durch einen anderen festgestellt wurde, durch eine Fehlermeldung informiert und seine Transaktion an den Anfang rückgesetzt. Er muß diese Transaktion dann noch einmal durchführen und dabei bereits auf die geänderten Daten zugreifen.

Auf der Basis von ‚weichen' Sperren kann die Granularität der Sperre weiter verbessert werden, indem es für bestimmte Objekte möglich ist, nur einzelne unabhängige Attribute oder Unterstrukturen zu sperren und nicht das gesamte Objekt.

Mit diesem Ansatz läßt sich die logische Transaktion auch für ein OBMS als Mittel zur Nutzerisolation und Erhaltung eines konsistenten Zustands in der Objektdatenbank verwenden.

12.4.3.3 Transaktionsverarbeitung in der realen Welt

Dennoch bleiben mit diesem Ansatz viele Probleme ungelöst, wie z.B. die Dauer der Sperrung eines Objekts und die zuverlässige Verwaltung der Rücksetzung von abgebrochenen Transaktionen in einer verteilten Umgebung.

Um hier zu besseren Lösungen zu kommen hilft der Blick in die reale Welt unter dem Aspekt, wie dort in solchen Situationen verfahren wird.

Aus dieser mehr philosophischen Betrachtung des Problems soll dann ein besserer technischer Lösungsansatz abgeleitet werden.

12.4.3.4 Bestandsverändernde und überschreibende Änderungen

Grundsätzlich ist bei Veränderungen zu unterscheiden zwischen ‚*überschreibenden*' und einen ‚*Bestand verändernden*' Änderungen

Für *Bestandsveränderungen* (solche, die aus einer Menge wie z.B. Geldbetrag, Lagerbestand o.ä. jeweils für einen Nutzer eine Untermenge anfordern), existieren folgende Verfahren:

- Wird eine Menge angefordert, die nicht vorhanden ist, kann nicht weitergearbeitet werden, ansonsten wird diese Menge – meist für eine bestimmte Zeit reserviert und wieder freigegeben, wenn keine endgültige Abbuchung erfolgt;

- Bei der ‚positiven' Änderung des Bestands (Einlagerungen oder Einzahlungen auf ein Bankkonto) ergeben sich meist keine Konflikte, und Änderungen werden dankbar entgegengenommen ohne daß dafür eine besondere Reservierung nötig wäre.
- Wird eine angeforderte Menge nicht mehr benötigt, weil z.B. ein Gesamtauftrag nicht vollständig abgewickelt werden konnte, wird die angeforderte Menge wieder zurückgegeben.

Für *überschreibende Änderungen*, wie Namensänderungen, Änderungen in der Zuordnung zu einer Abteilung etc. (die erfahrungsgemäß insgesamt seltener sind) gilt, daß sie meist nicht von dem alten Wert abhängig sind, sondern nur von der Aktualität des Werts – so kann es sein, daß eine überschreibende Änderung für denselben Wert von mehreren Stellen ausgelöst wird, je nachdem, wer die neue Information zuerst abliefern will.

Eventuell wird es dann gar nicht nötig sein, eine Veränderung anzubringen, weil sie bereits angebracht ist.

Für überschreibende Änderungen wird jeweils der alte und neue Wert während der Abwicklung der Transaktion gespeichert und damit vermerkt, auf welchen Wert sich die Änderung bezieht. Eine Änderung kann zurückgenommen werden, wenn bei der Zurücknahme noch der eigene ‚neue' Wert angetroffen wird, ansonsten ist die Information, die rückgesetzt werden soll, nicht mehr aktuell, da sie bereits wieder überschrieben worden ist.

Mit dieser Unterteilung der Änderungen in bestandsverändernde (inkrementale) oder überschreibende Änderungen kann auch die technische Lösung formuliert werden.

12.4.3.5 Bestandsverändernde Änderungen

Bestandsverändernde Änderungern werden so bearbeitet, daß der Nutzer eine Reservierungsanfrage an das persistente Objekt sendet, das dann die Verfügbarkeit bestätigt und die angeforderte Menge vorsorglich reserviert. Falls die Menge nicht reserviert werden kann, wird eine Fehlermeldung zurückgeliefert. Im positiven Falle wird die Reservierung durch eine ‚END-TRANSACTION' Nachricht vom Nutzer bestätigt und die Bestandsänderung endgültig durchgeführt. Geht eine ‚END-TRANSACTION' Nachricht nicht nach einer bestimmten – einstellbaren – Zeit ein, so wird die vorsorgliche Reservierung wieder zurückgesetzt und der Bestand wieder auf den vollen Bestand gesetzt.

Besonders für eine Verarbeitung in einer verteilten Umgebung ist dieser Ansatz von Vorteil, da hier ‚Kontingente' an einzelne Knoten vergeben werden können, die dann lokal ‚verbraucht' werden.

Auch dieses Prinzip ist dem objektorientierten Ansatz folgend aus der realen Welt entnommen und erweist sich für eine objektorientierte Technik als tauglich.

12.4.3.6 Überschreibende Änderungen

Bei jeder Zuweisung von Werten an persistente Attribute werden die aktivierten Objekte als geändert markiert. Bei Aussenden der Nachricht ‚END-TRANS-ACTION' an das allgemeine Objekt ‚P-CLASS' in einer Nutzerumgebung werden alle Veränderungen für alle Objekte zusammengestellt und an die persistente Datenverwaltung zur Veränderung des Bestands übergeben. Die Datenverwaltung prüft nun durch Vergleich der ‚BEFORE' und ‚AFTER' Inhalte, ob der Bestand noch unverändert ist und damit die Änderungen angebracht werden können. Die Änderungen werden dann in einer Transaktion (nach alter Prägung) einschließlich der bestandsverändernden Änderungen abgeschlossen und dem Nutzer eine positive Rückmeldung gegeben. Wird festgestellt, daß inzwischen der Bestand verändert wurde, erhält der Nutzer eine Fehlermeldung (BACKOUT-TRANSACTION). Für das Anbringen der Änderung wird geprüft, ob evtl. der neue Wert bereits angebracht ist. Dann wird die Änderung quittiert, ohne angebracht zu werden.

Für die Rücknahme von überschreibenden Änderungen wird geprüft, ob der aktuelle Wert des Attributs noch dem ‚alten' Wert der Transaktion entspricht. Wenn ja, kann die Änderung zurückgenommen werden, wenn nein, ist die Rücknahme überholt, da der Wert bereits inzwischen aktualisiert wurde.

12.4.3.7 Langzeittransaktionen

Neben der Notwendigkeit einer Nutzerisolation während einer logischen Transaktion erfordern einige Anwendungssysteme wie z.B. Planungssysteme die Möglichkeit, eine Menge von Objekten über längere Zeit bearbeiten zu können und erst später wieder an die Objektdatenbank zur Speicherung abzuliefern.

Auch hier ergibt sich das Problem der Nutzerisolation, die jedoch nicht über einfache logische Transaktionen durch technische Nutzerisolation gelöst werden kann.

Zur Lösung dieses Problems haben sich Techniken durchgesetzt, die von einem Nutzer bearbeiteten Werte von Attributen vor dem Einspeichern in die Datenbank mit dem dann aktuellen Stand vergleichen und dem Nutzer abweichende Werte zurückliefern, so daß dieser entscheiden kann, wie der Konflikt zu lösen ist.

Sperren für Langzeittransaktionen beziehen sich dabei immer auf einzelne Sichten eines Objekts, nicht auf das gesamte Objekt.

12.4.3.8 Versionsführung

In der kommerziellen Anwendung von OBMS spielen die Versionen, die ein Objekt im Verlauf der Zeit durchgemacht hat, im allgemeinen keine Rolle. Ein kommerzielles DBMS ist üblicherweise nur an den aktuellen Werten interessiert.

Planungssysteme wiederum erfordern die Möglichkeit, verschiedene Versionen eines Objekts verwalten und auf Anforderung wieder aktivieren zu können.

Mit der oben beschriebenen Technik der Log-Schreibung als Veränderungen in einzelnen Attributwerten, enthält das Log die gesamte ‚Geschichte‘ des Datenbankinhalts. Für ein OBMS, welches auch Versionen von Objekten verwalten soll, muß also der aktuelle Inhalt der Objektdatenbank zusammen mit dem Log als Datenbank betrachtet werden.

Für die Erzeugung einer ‚Version‘ werden Objektinhalte im aktuellen Zustand als Instanzen festgeschrieben. Eine Version faßt unter einer Versionsnummer den aktuellen Zustand aller Teilkomponenten zusammen.

Durch Rückwärtsanbringen von Veränderungen können daneben persistente Objekte der Datenbank selektiv in jeden beliebiegen Zustand rückversetzt werden.

Es würde den Rahmen dieses Buches sprengen, wenn alle Anforderungen in dieser Richtung vollständig darzustellen [VBASE 87]. Das Problem wird hier nur der Vollständigkeit halber angesprochen, und um zu zeigen, daß die vorgeschlagenen Techniken auch brauchbar sind, um Lösungen für dieses Problem zu erstellen.

12.4.3.9 Synchrone vs. asynchrone Änderungen

Konventionelle DBMS gehen bei Veränderungen immer von einer sofortigen Durchführung aus. Dieser Ansatz ist aus der Logik der Programmierung zur Verarbeitung von Daten aus konventionellen DBMS verständlich, da diese nur im Moment der Verarbeitung die Konsistenz der Daten sicherstellen können.

Für OBMS sind auch hier neue Überlegungen angebracht, die in Betracht ziehen, daß die Objekte Verarbeitung als Operationen/Methoden beinhalten und nur über Nachrichten aktiviert werden.

In vielen Fällen reicht hier das Aussenden einer Nachricht aus, um eine Verarbeitung anzustoßen, ohne daß auf den Abschluß der Operation gewartet werden muß.

12.4.3.10 Zeitgestempelte Änderungen in Objektbestände für Verteilung

Im Zusammenhang mit konventionellen DBMS ist die Technik der verteilten Datenbanken für lange Zeit intensiv diskutiert woden. Bisher sind allerdings nur wenige praktische Lösungen bekannt, die auf verteilten Datenbanken mit synchroner Kopplung basieren.

Da OBMS eher von einem gekapselten Ansatz für einzelne Objekte ausgehen und der Aspekt der Informationsgewinnung aus einer Masse von Objekten bisher nicht betrachtet wurde, wurde die Verteilung der Objekte bisher nicht als Problem gesehen.

Die Nutzung von OBMS für kommerzielle Anwendungen erfordert auch hier Überlegungen für eine Lösung von verteilten Objektbeständen.

Im Prinzip gilt das bereits in Kap. 9.2.5 Gesagte. Auch hier ermöglicht die Kapselung von Objekten unter bestimmten Bedingungen wieder eine Lösung durch asynchrone Verteilung von Veränderungen.

Dazu werden die Einträge im Log mit einem Zeitstempel versehen, so daß ein asynchroner Prozeß die Veränderungen in ihrem zeitlichen Ablauf verfolgen und gemäß einer Verteilungstabelle in anderen Knoten anbringen kann.

12.4.3.11 Negativtransaktionen zur Rücknahme einer Transaktion

Dazu werden die Wirkungen einer logischen Transaktion in einer ‚Negativtransaktion' spiegelbildlich implementiert und diese Anweisungen bei Empfang der Nachricht zum Backout einer Transaktion ausgeführt.

12.4.4 Verbindungsstellen zu Fremdsystemen – Wie können existierende Datenmodelle/-bestände und bestehende Anwendungen erhalten werden?

Eine objektorientierte Technologie wird im kommerziellen Umfeld nicht in Isolation existieren, sondern muß immer im Verbund mit bereits bestehenden konventionellen Komponenten arbeiten können.

Um dies zu erreichen, sind im System ‚Verbindungsstellen' vorzusehen, die einen Anschluß fremder Komponenten erlauben.

Es wurde hier bewußt das Wort ‚Verbindungsstellen' gewählt, da das Wort ‚Schnittstellen' in seiner Semantik einen Bruch der Lösung an diesen Schnittstellen vermittelt, wogegen ‚Verbindungsstellen' auch in der Sprache das Verbinden unterschiedlicher Techniken in einer Lösung als positiv darstellen.

Die Einführung objektorientierter Prinzipien für die Implementierung von Anwendungslösungen wirft die Frage auf, ob damit alle bisher erstellten Lösungen mit ihren Daten- und Programmentwürfen und Implementierungen in der neuen Welt der objektorientierten Implementierungen nicht mehr brauchbar sind.

Diese Frage hat wesentliche Bedeutung für die Akzeptanz der Objektorientierung, da kein Nutzer ‚auf der grünen Wiese' mit der Implementierung von neuen objektorientierten Lösungen anfangen kann, sondern neben neuen Lösungen auch für längere Zeit bestehende Lösungen weiterführen und mit neuen verbinden muß.

Die Fähigkeit für einen gleitenden Übergang und Koexistenz wird wesentlich die Verbreitung des objektorientierten Ansatzes für kommerzielle Lösungen bestimmen und darüber entscheiden, ob Objektorientierung als zwar neue und bessere Technik aber als exotisch gesehen wird oder wirklich in bestehende Lösungen evolutionär eindringen und sich damit weit verbreiten kann.

Im folgenden sollen einige Überlegungen angestellt werden, wie bestehende Lösungen in eine objektorientierte Welt eingefügt werden können.

12.4.4.1 Anschluß von relationalen Datenbanken

Es ist möglich, in einem OBMS einen Zugriff auf bestehende Daten eines relationalen DBMS zuzulassen und damit die Bestände transparent in den Objektbestand einzuschleusen.

Für diesen Zugriff auf Daten in bestehenden DBMS ergeben sich zwei Ansätze:

- Das OBMS nutzt nur das bestehende DBMS als ‚Datenspeicher' ohne die Selektionsmöglichkeiten dort auszunutzen und baut eigene invertierte Listen für die Selektion der Daten auf oder
- das OBMS nutzt soweit wie möglich die bestehenden Selektionsmöglichkeiten des DBMS und reicht die Daten nur über die Objektschnittstelle weiter. Mit dieser Lösung ergibt sich eine Funktionalität, die der des View-Prozessors gleichwertig ist.

12.4.4.2 Datenkapselung über definierte Verbindungsstellen

In Anwendung modularer Programmierungstechniken wurde bereits in bestehenden Lösungen eine Datenkapselung durch den Zugriff auf Daten nur über definierte Verbindungsstellen geschaffen.

Wo immer derartige definierte Verbindungsstellen bestehen, ist es möglich, diese durch Ersetzung der Verbindungsstellenfunktionalität an einen neuen Datenentwurf und Speicherungstechniken anzupassen.

12.4.4.3 Der aktive View-Prozessor zur Kapselung von Funktionen in Fremdsystemen

Eine wesentliche Anforderung für eine fließende Einführung objektorientierter Techniken ist die Erhaltung bestehender Daten.

Um eine Datenkapselung mit einer objektorientierten gekapselten Darstellung der Daten zu erreichen, besteht die Möglichkeit, Daten nur über einen aktiven ‚View-Prozessor' verfügbar zu machen, der die physischen Daten kapselt und von der Art der Darstellung für den Nutzer völlig unabhängig macht, dabei aber Selektion und Projektion auf die gespeicherten Daten ermöglicht.

Im aktiven ‚View-Prozessor' können neben den Funktionen zum Zugriff auf Daten auch Operationen zu deren Verarbeitung untergebracht werden, womit der View-Prozessor nach außen ein objektorientiertes Verhalten zeigt und damit in eine objektorientierte Welt integriert werden kann [SAG NATVIEW].

Bestehende Daten können so ohne Veränderung für neue objektorientierte Funktionen umstrukturiert werden.

12.4.4.4 Bestehende Anwendungen als Grenzfälle

Gemäß dem evolutionären Auftrag der Objektorientierung erscheint es sinnvoll, auch bestehende Anwendungssysteme auf ihre Positionierung in einer objektorientierten Welt zu betrachten bzw. ihre Rolle entsprechend neu zu definieren.

Bestehende Anwendungssysteme sind meist ‚nachrichtengetrieben', d.h.:

- Ein Nutzer sendet am Terminal eine Nachricht ab.
- Der TP-Monitor (Transaction Processing) empfängt die Nachricht und ruft abhängig davon ein bestimmtes Programm mit einer bestimmten Funktion auf.
- Nach Abschluß der Arbeit des Programms, bei der definierte Daten bearbeitet wurden, sendet das Programm über den TP-Monitor wieder eine Nachricht an den Nutzer.
- Das Programm wird entweder unter Freigabe seiner Ressourcen beendet, oder es hält die Ressourcen und kann eine neue Nachricht desselben Nutzers verarbeiten.

Objektorientiert könnte man diesen Vorgang folgendermaßen interpretieren:

- Ein Objekt sendet eine Nachricht aus.
- Ein anderes Objekt wird instanziert.
- Das instanzierte Objekt wickelt eine gekapselte Funktion ab.
- Das Objekt liefert eine Antwort.
- Das Objekt wird wieder gelöscht und ‚Garbage Collection' durchgeführt, oder es bleibt weiter instanziert.

Mit dieser Betrachtungsweise ist es möglich, bestehende Anwendungsfunktionen als Objekte zu interpretieren und in eine objektorientierte Umgebung einzufügen, was auch in der Praxis technisch gelöst ist [Pagé 91/1-2].

Obwohl die oben beschriebenen Ansätze zur Erschließung bestehender Daten nicht unmittelbar mit der Funktion eines OBMS zu tun haben, erscheint es doch sehr wichtig, derartige Übergangsstrategien zu entwickeln, um ein OBMS in einer bestehenden Umgebung gleitend einführen zu können.

12.5   Informationsgewinnung aus dem OBMS

Wie bereits im vorstehenden dargestellt spielt die flexible Informationsgewinnung aus den Daten der gespeicherten Objektinstanzen eine wesentliche Rolle für ein OBMS zum Einsatz in kommerziellen Lösungen.

12.5.1 Welche Attribute erlauben Informationsgewinnung?

Für die Informationsgewinnung können nur ‚offene‘ Attribute verwandt werden, d.h. es sollten sämtliche Attribute eines Objekts als ‚offen‘ gekennzeichnet werden, welche Daten enthalten, die für eine Auswertung von Interesse sind.

Obwohl die noch zu diskutierenden invertierten Listen die Selektion stark beschleunigen, ist prinzipiell auch eine Selektion über solche Attribute möglich, für die keine invertierte Liste eingerichtet wurde. Im Grenzfall kann also der gesamte Objektdatenbestand sequentiell durchgelesen werden, um Auswertungen zu erhalten.

12.5.2 Die Rolle von Indizes bzw. invertierten Listen

Invertierte Listen bieten die Möglichkeit, die Werte von Objektattributen für eine schnelle Auswertung zugänglich zu machen, ohne daß dafür die Objektdaten insgesamt gelesen werden müssen.

Der Begriff ‚invertierte Listen‘ rührt daher, daß in diesen Listen nicht Datensätze mit Werten in Attributen gespeichert sind, sondern Attributwerte mit Listen aus Objektidentifikationen, die diesen Wert beinhalten.

Da invertierte Listen sich immer auf ein bestimmtes Objekt beziehen, werden sie immer für bestimmte Klassen angelegt, d.h. daß für ein ‚freies‘ Objekt, welches als Komponente in mehreren anderen Objekten sein kann, mehrere invertierte Listen mit jeweils der Objektidentität des Kopfobjekts als Verweis angelegt werden.

Auswertungen mit invertierten Listen werden so abgewickelt, daß z.B. für die Selektionsanfrage nach allen Personen mit einem ‚Namen‘ und einem ‚Alter‘ zuerst die invertierte Liste der Objektidentifikationen für den Wert ‚Namen‘ ausgelesen wird und dann die Liste für ‚Alter‘ durch eine ‚Match‘ Operation zum Erhalt einer UND Funktion mit der ersten Liste verknüpft wird, wobei nur solche Identifikationen erhalten bleiben, die in beiden Listen vorkommen.

Ähnlich ist es auch möglich, eine ODER Funktion zu erhalten, indem die zweite Liste durch eine ‚Merge‘ Operation mit der ersten zusammengeführt wird.

12.5.3 Der Aufbau von invertierten Listen

Folgende Abb. 12.5 zeigt den Aufbau einer invertierten Liste für ein einfaches Attribut:

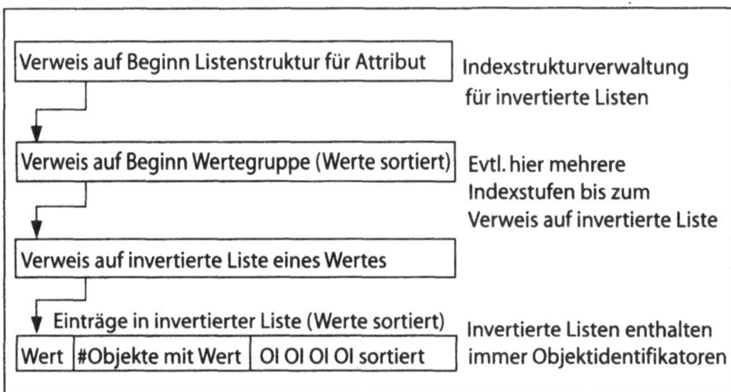

Abb. 12.5 Struktur invertierter Listen

Ein guter Ansatz für den Aufbau invertierter Listen findet sich bei ADABAS [SAG ADABAS], allerdings sind hier die Werte nicht komprimiert und nicht alle Möglichkeiten der Leistung invertierter Listen bzgl. der Strukturierung der Werte ausgeschöpft.

Invertierte Listen bieten die Möglichkeit, nicht nur einfache Attributinhalte als Werte in den Listen zu verwenden, sondern diese mit Zusatzinformation zu versehen, die dann bei der Verarbeitung der Listen direkt verwandt werden kann:

- Mehrwertige Attribute
  Mehrwertige Attribute erzeugen unter jedem Wert des Attributs einen Eintrag der Objektidentifikation in der entsprechenden invertierten Liste.
- *Werte mit Index aus Tabelle*
  Indexstrukturen aus Objekten – so auch möglicherweise mehrwertige Attribute – erzeugen Einträge zusammengesetzt aus Wert und Tabellenindex. Damit besteht die Möglichkeit, invertierte Listen nur unter Nutzung des Werteteils auszuwerten und die Detailinformation Index zu ignorieren oder aber auch den Informationsgehalt des Index für die gezielte Suche nach einem Eintrag an einer bestimmten Position in der Tabelle zu verwerten.
- *Werte aus Texten kombiniert mit Paragraphen-/Satzidentifikation*
  Für Textrecherchesysteme ist es von Vorteil, die Werte der invertierten Liste mit der Zusatzinformation der Position des Worts im Paragraph bzw. Satz zu versehen, um die Rechercheoperatoren INPAR (InParagraph) bzw. INSEN (InSentence) bei Bedarf auswerten zu können [IBM STAIRS].

- *Werte kombiniert mit Mandantenidentifikation*
Manche Bestände müssen für mehrere Mandanten physisch gemeinsam aber logisch getrennt verwaltet werden. Hier besteht die Möglichkeit den einzelnen Werten der Attribute, die Identifikation des Mandanten voranzustellen oder diese anzufügen.
Damit können dann bei der Selektion nur die invertierten Listen berücksichtigt werden, die für einen bestimmten Mandanten zutreffen.
Über eine Steuerung von außen ist es möglich, die Mandantensteuerung für übergreifende Auswertungen auszuschalten.
- *Werte kombiniert mit Zeitstempel*
Für die Verwaltung datierter Bestände, bei denen z.B. eine bestimmte Ausprägung eines Objekts zwar schon vorab in der Objektdatenbank gespeichert, aber noch nicht verarbeitet wird, ist es möglich, die Einträge der Werte in der invertierten Liste mit einem Zeitstempel zu versehen und dann bei der Auswertung die aktuelle Zeit zu berücksichtigen, so daß ein Objekt ab einem bestimmten Zeitpunkt für die Verarbeitung aktiv wird.
- *Verwendung von fremden Objektidentifikatoren*
Für den Aufbau von invertierten Listen aus großen zusammengesetzten Datenobjekten, deren Teile unter verschiedenen Objektidentifikatoren der Teile abgelegt sind, kann es von Vorteil sein, den Objektidentifikator des Kopfobjekts auch in Listen aus Attributen der Teilobjekte zu verwenden, um immer sofort die Identifikation der Kopfobjekte bei Selektionen zu erhalten.
- *Beliebige Manipulation der Werte in invertierten Listen*
Wie im vorstehenden gezeigt, sind vielfältige Manipulationen mit Werten der invertierten Listen möglich, so z.B. die Zusammenstellung von Werten aus mehreren (Teil-) Werten, Ermittlung von Werten für die invertierte Liste durch Berechnung, Ermittlung aus mehreren anderen Werten, etc.
An diese Stelle sollte also ein OBMS eine offene Verbindungsstelle anbieten, an der der Nutzer seine eigenen Verarbeitungsroutinen zum Aufbau der Werte ankoppeln kann. Diese Routinen werden dann abhängig vom Namen des Attributs beim Aufbau der invertierten Listen aufgerufen.
Für alle invertierten Listen gilt, daß immer eine Selektion von Objektidentifikatoren aus den invertierten Listen durch Match und Merge Operationen durchgeführt wird.
Das Ergebnis ist immer eine Liste (Set) von Objektidentifikatoren, die dann weiter verarbeitet werden können.
Die Ergebnissets von Objektidentifikatoren können benannt und weiter vom System zur Anforderungen von Teilen des Gesamtset verwaltet werden, Positionierung innerhalb des Set vorwärts/rückwärts zur Verarbeitung einzelner Objekte oder weiteren Eingrenzung der Selektion bei Bewahrung des bereits erreichten Ergebnisses.

12.5.4 Relationale Selektion aus dem Datengehalt des OBMS

Mit dem Ansatz der ,offenen' Attribute läßt sich die relationale SELECT Operation uneingeschränkt zur Selektion von Objekten auf eine Objektdatenbank anwenden.

Obwohl dabei die invertierten Listen eine entscheidende Rolle für die Erreichung kurzer Selektionszeiten spielen, ist jedoch eine Selektion auch über die Inhalte der Objektdaten durch Auslesen möglich.

Das Ergebnis der Selektion ist in jedem Fall ein Set von Objektidentifikatoren, die dann beliebig weiterverarbeitet werden können evtl. auch durch weitere Kriterien weiter eingeschränkt.

Die Funktion JOIN kann nur auf der Basis dokumentierter Beziehungen zugelassen werden, um Fehlverknüpfungen zu unterbinden.

12.5.5 Selektion über Beziehungen / Rekursive Suche

Da der Objektidentifikator in den invertierten Listen eine eindeutige Kennzeichnung eines Objekts darstellt, ist es auch möglich, die Identifikationen von Objekten unter Nutzung von Beziehungen in die Identifikatoren anderer Objekte zu übersetzen. Damit können Ergebnissets für die Selektion von Objekten aufgebaut werden, deren Selektion von abhängigen Objekten bestimmt wird, die mit den ausgewählten Objekten in Beziehung stehen.

Zum Beispiel existieren Personen- und Automobilobjekte, die über die Beziehung des Eigentums miteinander verbunden sind:
Gesucht sind alle Personen, die ein Auto mit ,Farbe' besitzen
Diese Frage kann relational folgendermaßen formuliert werden:

SELECT Person WHERE Owner-Id =
(SELECT Owner-Id FROM Car WHERE Color = ,Farbe')

In objektorientierter Form stellt sich die Frage wie folgt dar:

SELECT Person REFERENCED VIA Owner BY Car
WHERE Color = ,Farbe'

Diese Anfrage kann eine 1:n Beziehung abbilden:

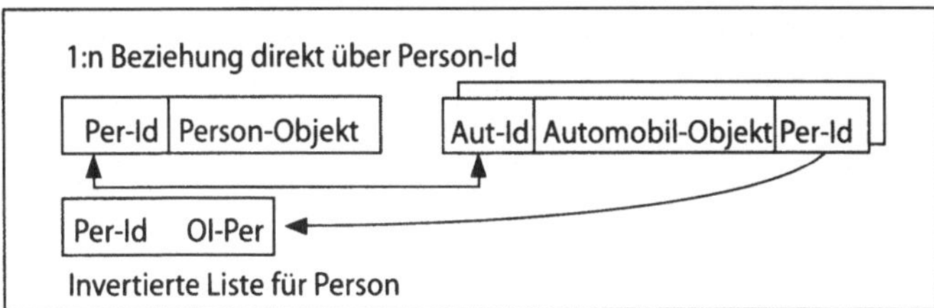

Abb. 12.6 Abbildung einer 1:n Beziehung in der invertierten Liste

Schwieriger wird die Konstruktion für die Abbildung von n:m Beziehungen, wenn z.B. mehrere Personen mehrere Autos besitzen.

Hier muß eine Zwischendatei für die Abbildung der Beziehungen eingefügt werden:

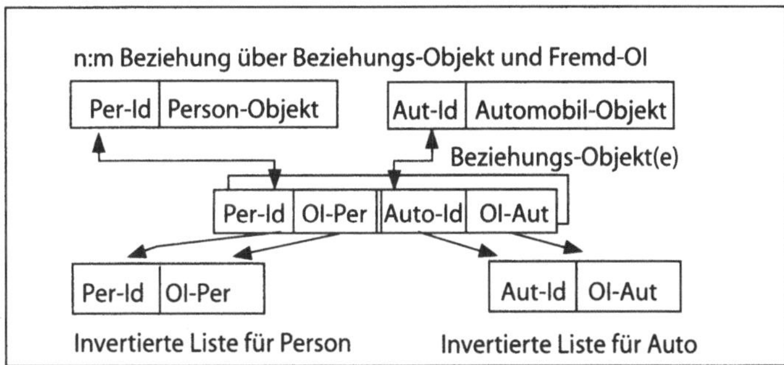

Abb. 12.7 Abbildung einer n:m Beziehung über invertierte Listen

Die Frage nach Personen, die eine Auto mit ‚Farbe' besitzen, kann relational folgendermaßen formuliert werden:

SELECT Person WHERE Owner-Id =
(SELECT Owner-Id FROM Relation WHERE Car-Id =
(SELECT Car-Id FROM Car WHERE Color = ‚Farbe'))

In objektorientierter Form stellt sich die Frage wie folgt dar:

SELECT Person REFERENCED VIA Owner BY Car
WHERE Color = ‚Farbe'

Diese Anfrage kann eine n:m Beziehung abbilden, jedoch zeigt sich bereits hier, daß die Formulierung nach relationalen Regeln immer komplexer wird.

Die objektorientierte Form der Anfrage kann deshalb genauso einfach wie im 1:n Beispiel aussehen, weil dem OBMS das Beziehungsobjekt als solches bekannt gemacht werden kann, was zur Folge hat, daß jeweils invertierte Listen unter der Identifikation des Ursprungsobjekts angelegt werden und damit die Beziehung sich für die Abfrage genauso darstellt, wie ohne Beziehungsobjekt.

Natürlich ist es möglich, bei der Selektion unter Nutzung von Beziehungen direkt auch weitere Kriterien anzufügen:

SELECT Person WHERE Name = ‚Name‘ AND Age GT nn AND
REFERENCED VIA Owner BY Car
WHERE Color = ‚Farbe‘ OR Make = ‚Make‘

Besondere Bedeutung haben rekursive Beziehungen innerhalb derselben Klasse von Objekten wie z.B. Familienbeziehungen oder Kettenbeziehungen zwischen Regeln eines regelbasierten Expertensystems [SAG ADBENTI]:

SELECT Person REFERENCING RECURSIVELY VIA Child
BY Person WHERE Name = ‚C‘

ergibt aus Abb. 12.7 ‚B‘ und ‚A‘, ‚D‘ und ‚E‘

SELECT Person REFERENCED RECURSIVELY VIA Child
BY Person WHERE Variable = ‚A‘

ergibt aus Abb. 12.7 ‚B‘ und ‚C‘

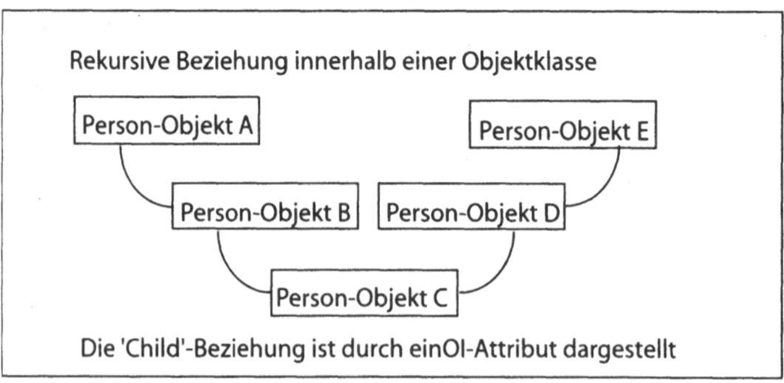

Abb.: 12.8 Rekursive Beziehung innerhalb einer Klasse

Diese Selektionskriterien sind relational kaum noch darstellbar, da jede Beziehung einzeln ausformuliert werden muß, d.h. eine allgemeine rekursive Anfrage gar nicht dargestellt werden kann.

Zur Lösung der Anfrage nutzt das OBMS die definierten Beziehungen und bietet als besondere Leistung die Möglichkeit, Ketten von Beziehungen in beiden Richtungen zu verfolgen und dabei einen Ergebnisset von OIDs aufzubauen.

12.5.6 Spezialisierte bzw. benutzerimplementierte/offene Selektionsfunktionen

Im vorstehenden wurden einige Selektionsfunktionen dargestellt, die auf der Basis von invertierten Listen und explizit dem System bekanntgemachten Beziehungen möglich sind. Hier sind weitere Selektionsfunktionen denkbar bzw. ergeben sich aus der jeweiligen Aufgabenstellung.

Das OBMS sollte im Suchprozessor eine offene Verbindungsstelle bieten, an der der Nutzer nach bestimmten Regeln eigene Prozessoren ankoppeln kann.

Dabei wird der Prozessor jeweils über das Attribut ausgewählt, welches die Beziehung darstellt.

Er muß ggf. nicht nur in der Lage sein, den Ergebnisset über invertierte Listen zu ermitteln, sondern auch über die Inhalte von Objekten, was prinzipiell immer möglich ist, jedoch meist zu zeitaufwendig.

12.5.7 Vorgefertigte Selektionskriterien

Die Technik invertierter Listen, die jeweils leicht eine Verfeinerung eines bereits bestehenden Set ermöglichen, erlauben es auch, vorgefertigte Selektionskriterien, die evtl. für einen Nutzer die verfügbare Objektmenge einschränkt, unter einem Namen im System abzulegen und dann automatisch heranzuziehen, wenn der Nutzer unter bestimmten Bedingungen auf Objekte des OBMS zugreift.

12.5.8 Mandantenfähigkeit / Datenschutz

Mandantenfähigkeit ist eine bestimmte Ausprägung eines vorgefertigten Selektionskriteriums, das einen bestimmten Aufbau der invertierten Liste erfordert.

Genauso kann Datenschutz für den Zugriff auf Objekte organisiert werden, indem diese durch Hinzufügung eines Gruppenidentifikators in Gruppen unterteilt werden, oder indem eine explizite Beziehung von Nutzern zu einzelnen Objekten über Beziehungsobjekte aufgebaut wird, die dann automatisch vom System ausgewertet werden.

12.6 Objektorientierte Abfragesprachen

Das Gebiet der objektorientierten Abfragesprachen befindet sich noch stark in der Diskussion [Heuer 92]. Es existieren verschiedene Entwicklungen für objektorientierte Systeme und daneben auch der Ansatz SQL als Abfragesprache zu verwenden.

Für den Entwurf von OBJECTIVE NATURAL soll SQL als Abfragesprache benutzt werden, da dies im kommerziellen Umfeld weit verbreitet ist und damit bereits Know How für die Anwendung existiert.

Für die Anwendung von SQL gilt das bereits bei der Beschreibung der Selektion von Objektmengen Gesagte, d.h. daß nur Verbindungen für JOIN Operationen benutzt werden können, die auch definiert sind.

Für die Darstellung der Ergebisse von Anfragen ist die objekterhaltende Eigenschaft der bereits früher beschriebenen Zugriffssprache nicht erforderlich.

12.6.1 Darstellung der Ergebnisse und Anschluß an Werkzeuge auf der intelligenten Arbeitsstation

Die Ergebnisse einer Selektion werden möglichst nur als Listen von Verweisen auf die selektierten Objekte dargestellt. Es sollte vermieden werden, daß in der Ergebnismenge bereits die Daten der Attribute enthalten sind.

Damit wird der Zugriff auf die eigentlichen Attributwerte aktualisiert, d.h. daß diese erst beim Zugriff zur Verarbeitung ausgelesen werden.

Es ist klar, daß die Selektion sich nur auf den Zustand zum Zeitpunkt der Abfrage beziehen kann, d.h. daß evtl. das Ergebnis ‚veraltet‘ bis es verarbeitet werden kann und evtl. einzelne Attribute dann andere Werte beinhalten können.

Um dieses Problem zu vermeiden, können besonders in der Abfragesprache auch sofort zum Zeitpunkt der Abfrage alle angeforderten Attribute ausgelesen und in einen Zwischenspeicher eingelagert werden.

Für die Darstellung der Ergebnisse stehen z.B. Funktionen wie die des NATURAL Report-Writers zur Verfügung. Damit sind interaktiv Listen erstellbar, und es können Nachselektionen bzw. Sortierungen der Ergebnisse durchgeführt werden oder graphische Darstellungen erzeugt werden.

12.6.2 OLE Anschlüsse aus Verarbeitungssystemen

Für den Anschluß an andere Systeme in einer MS-Windows Umgebung kann eine OLE Spezifikation von OBJECTIVE NATURAL Objekten erzeugt werden, so daß diese aus anderen Umgebungen angesprochen und benutzt werden können.

Damit erschließen sich weitere Möglichkeiten der Präsentation über Standardwerkzeuge wie Spreadsheet und Textverarbeitung.

12.6.3 Darstellungssysteme als Objekte

Wie bereits früher gesagt, stellen sich heute die auf PCs vorhandenen Werkzeuge noch nicht wie Objekte, sondern wie Systeme dar.

Wünschenswert wäre eine Implementierung von Werkzeugen als generische Objekte, die Eigenschaften der darzustellenden Objekte wie: Editierungsmasken, Maßeinheiten, Nutzersprache, Ausdehnung von Listen und Arrays, etc. direkt übernehmen könnten.

Dieser Ansatz existiert bisher für PC Werkzeuge noch nicht, erscheint aber sehr attraktiv.

Mit den Möglichkeiten von OBJECTIVE NATURAL könnten solche generischen Werkzeuge erstellt werden, da generische Objekte unterstützt werden.

12.6.4 Übergabe der Daten an andere Systeme

Da in der Programmierumgebung von OBJECTIVE NATURAL alle Sprachmittel von NATURAL zur Verfügung stehen, können Fremdsysteme zur Nutzung über den Aufruf von Unterprogrammen angeschlossen werden.

Andere objektorientierte Systeme können angeschlossen werden, wenn sie eine Schnittsstelle äquivalent zu OLE bieten. Dazu ist es vorstellbar, daß die Spezifikationen für die Erzeugung der Verbindungsstellen automatisch aus den Spezifikationen der OBJECTIVE NATURAL Umgebung abgeleitet werden können.

OBJECTIVE NATURAL kann seine Objekte anderen Systemen anbieten, indem auch hier z.B. Spezifikationen für den Object Request Broker direkt aus der Spezifikation der Objekte abgeleitet werden können.

Die Übergabe von Mengen an fremde Systeme kann unter Nutzung der Listenobjekte in OBJECTIVE NATURAL so organisiert werden, daß jeweils einzelne Objekte oder aber Blöcke von Objekten übergeben werden. Es sind hier ausreichend Freiheitsgrade gegeben, um alle möglichen Anforderungen abdekken zu können.

12.7   Editoren zur Bearbeitung der OBMS Spezifikationen

Für die Bearbeitung von Objekten aus der OSEU bieten sich ‚intelligente' Editoren an, die mit spezifischen Funktionen auf die Struktur der einzelnen Objekte abgestimmt sind. Diese Editoren entsprechen im Prinzip den in NATURAL bereits vorhandenen, wobei diese noch um einige weitere spezielle Ausprägungen erweitert werden müßten. Andere gute Beispiele für intelligente Editoren liefert VISUAL Basic [VISUAL BASIC].

12.7.1   Struktureditor

Der Struktureditor bearbeitet die Datenstrukturen mit ihren einzelnen Komponenten ähnlich dem in Abb. 8.18 dargestellten Beispiel.

Mit dem Struktureditor werden sowohl die Typdefinitionen der Klassen als auch die von einzelnen Klassen benutzten Datensichten bearbeitet.

Der Vorteil des Struktureditors für die Arbeit liegt darin, daß die Darstellungsfunktionalität speziell auf Datenstrukturen abgestellt ist und unmittelbaren Zugriff auf das Diktionär hat, so daß z.B. bei der Erstellung einer Datensicht nur ausgewählt werden muß und keine Eingaben nötig sind.

12.7.2   Nachrichteneditor

In einer objektorientierten Technologie spielen Nachrichten eine große Rolle, da die Verbindung zwischen Objekten nur über diese Nachrichten abgewickelt wird. Ähnlich dem Struktureditor sollte auch ein Nachrichteneditor verfügbar sein, mit dem bei der Nutzung von Methoden direkt auf die Spezifikation der Methodensignatur zugegriffen werden kann, und damit der Nachrichtenaufbau bereits im Editor von dieser abgeleitet werden kann, um Fehlermöglichkeiten auszuschließen.

12.7.3   Methodeneditor

Der Methodeneditor erlaubt es, Rahmen von Anweisungen oder Funktionen als Modelle in die editierte Klasse aufzurufen und dann an die speziellen Anforderungen anzupassen. Der Methodeneditor verfolgt die Struktur der Logik z.B. für automatische Einrückungen und überwacht bereits das korrekte Abschließen von Blöcken.

12.7.4 Maskeneditor

Auch der Maskeneditor entspricht im wesentlichen dem NATURAL Maskeneditor, d.h. er erlaubt die visuelle Positionierung vorgefertigter Darstellungsobjekte auf dem Schirm und deren Verknüpfung mit der Datenstruktur, die dargestellt werden soll. Für die Darstellung von Daten sind also nie prozedurale
Datenmanipulationen nötig, sondern es werden nur Referenzen von konkreten
Datenelementen zu den generischen Datenelementen der Darstellungsobjekte
hergestellt. Gleichermaßen werden dabei auch die Eigenschaften von Attributen bzw. der ganzen Klasse durch Referenzierung als Default übergeben und
können nach Bedarf überschrieben werden.

12.8   Der Compiler

Da ein OBMS eine vollständige Verarbeitung für Objektinhalte enthält, muß der
Compiler nicht nur Selektionsprogramme – wie SQL, sondern vollständige
Klassendefinitionen direkt übersetzen, d.h. Klassendefinitionen mit Datenstrukturen und Methoden werden innerhalb des OBMS auch in Quellform abgelegt und können dynamisch jederzeit übersetzt werden, um Veränderungen
zu erlauben. Übersetzte Klassen sind dabei untrennbar mit der Quellform der
Klasse verbunden, so daß sichergestellt ist, daß die ausgeführte Version auch
wirklich dem Quellcode entspricht.

Fehler während der Compilierung können direkt bearbeitet werden, indem
über den Editor das an der Fehlerstelle markierte Quellprogramm direkt zur
Korrektur angezeigt wird.

Eine neue Übersetzung einer Quelle wird immer nötig, wenn sich der Inhalt
eines Objekts – Eigenschaften oder Operationen – verändert. Generell wird versucht, alle Typprüfungen für Parameter in Nachrichten bereits während der
Compile-Zeit abzuwicklen, um eine höhere Verarbeitungsgeschwindigkeit zu
erreichen und Fehler bei der Verarbeitung möglichst auszuschließen [SAG
NATURAL], [SAG NATURAL EXPERT]. Das Ergebnis der Übersetzung wird
persistent als Objekt in der Objektdatenbank abgelegt und – wenn möglich –
wiederverwandt.

Die im OBMS verfügbare Sprache schließt den Sprachumfang von SQL vollständig ein und geht entsprechend der Definition einer objektorientierten
Sprache wie in Kap. 8 ausgeführt darüber hinaus.

Die Implementierung des NATURAL Interpreters und Compilers beweist,
daß derartige interaktive Compiler machbar sind und das Ergebnis des ausführbaren Codes auch einen optimierten Maschinencode liefern kann.

12.9 Aspekte der technischen Implementierung

Die technische Implementierung des Systems erfordert eine klare Aufgliederung in Modulen, da die einzelnen Funktionen jeweils in verschiedenen Werkzeugen wiederverwandt werden. So besteht z.B. die Intelligenz der Editoren z.T. daraus, daß sie Teile des Compilers zur Syntaxprüfung direkt nutzen.

Diese Systemstruktur der OSEU erfordert in sich einen stark objektorientierten Ansatz mit einzelnen Komponenten, denen klare Aufgaben zugewiesen sind und die jeweils über Nachrichten miteinander kommunizieren können.

Auch hier ist eine verteilte Bearbeitung gefordert, die eine intelligente Arbeitsstation und einen oder gar mehrere Server für das OBMS umfassen. Damit erscheint die Implementierung der OSEU mit den eigenen technischen und sprachlichen Mitteln als der geeignete Weg. Daß dieser Weg gangbar ist, wird auch mit dem bestehenden NATURAL System bewiesen, dessen sämtliche Dienstprogramme einschließlich der intelligenten Editoren, des Diktionärs und der Analysewerkzeuge als NATURAL Anwendung realisiert wurden und nur performance-kritische Kernfunktionen in ASSEMBLER oder C implementiert sind.

12.10 Analyse und Entwurf von kommerziellen Systemen

Ziel der OSEU ist es, die objektorientierte Analyse bereits zum Teil der Implementierung zu machen und dafür durchgängige Werkzeuge von der Analyse bis zum Betrieb des fertigen Systems zur Verfügung zu stellen.

Die OSEU auf der Basis des OBMS wird damit auch zur Objektenzyklopädie, in der alles Bekannte über die Objekte von der Beschreibung aus der Analyse bis zur technischen Implementierung enthalten ist.

Die Struktur der Enzyklopädie muß es erlauben, daß Komponenten als zusammengesetzte Objekte interpretiert werden und dann mit der Implementierung zu einzelnen Objektklassen verfeinert werden. Es sollte möglich sein, einzelne Klassen unter verschiedenen Strukturierungsaspekten zu Komponenten zusammenzufassen und dabei mehrere Abstraktionsebenen zuzulassen, wie Entitäten Struktur der realen Welt, Strukturierung in der Organisation, Struktur der DV Infrastruktur und die Struktur der Implementierungskomponenten. Für die Abbildung dieser Strukturen ist eine objektorientierte strukturierte Datenverwaltung Voraussetzung.

12.10.1 Werkzeuge zur Analyse mit Anschluß an das OBMS

Die Analyse und Strukturierung der Aufgabenstellung in Entity/Relationship Modellen wird heute üblicherweise mit graphischen Werkzeugen durchgeführt, die jedoch in bestehenden CASE Umgebungen meist nicht direkt mit einem Diktionär verbunden sind. Ein Beispiel von mit dem Diktionär integrierten Analysewerkzeugen bietet die KAPPA Workstation von UBIS.

Für die integrierte OSEU ist es unabdingbar, daß die Analysewerkzeuge direkt mit dem Diktionär des OBMS verknüpft sind und einmal die erarbeiteten Ergebnisse direkt dort ablegen und zum anderen jederzeit Informationen aus dem Diktionär auslesen und in Diagrammen darstellen können.

Dazu ist es nötig, daß nicht nur die beschreibenden Daten der Entitäten in dem Diktionär abgelegt werden, sondern auch die Spezifikation der graphischen Darstellung – evtl. mehrerer graphischer Darstellungen.

Auch hier arbeitet der Editor wieder wie ein generisches Objekt, welches die konkreten Daten der darzustellenden Entitäten aufgreift und an entsprechende Darstellungsobjekte übergibt.

12.10.2 Integration der Ergebnisse aus der Analyse mit dem Entwurf im OBMS

Bei konventionellen SEUs besteht ein wesentliches Problem üblicherweise darin, daß zwischen den Strukturen des Entity/Relationship Modells und den Komponenten zur Implementierung der Softwarelösung wegen des ‚impedance mismatch‘ keine direkte Beziehung hergestellt werden kann.

Da die Objektorientierung eine Strukturierung der Lösung entsprechend der Strukturierung der Entitäten aus der realen Welt erlaubt, ist es möglich, die Komponenten und Objekte der Implementierung direkt mit den Entitäten in Verbindung zu bringen. Dabei stellt die Gruppierung der implementierten Objekte jeweils nur eine andere Abstraktion einer Entität der realen Welt dar, wie sie ja bereits als Strukturierungsmöglichkeit im Diktionär gefordert wurde.

12.10.3 Unterstützung der Verfeinerung von Komponenten zu Objekten

Auch die Verfeinerung der Komponenten ist nur eine andere Abstraktionsart, so daß die Zerlegung in einzelne Objekte einen Top-Down Ansatz für eine Strukturierung im objektorientierten Sinne darstellt und nicht eine funktionale Zergliederung.

Auch bei der Aufgliederung der Komponenten in Objekte ist das Strukturierungskriterium weiterhin: Aus welchen Teilen besteht die Komponente und nicht primär, was tut diese Komponente für die ‚Gesamtaufgabenstellung'. Erst nachdem die beteiligten Objekte identifiziert sind, wird untersucht, welche Funktionen diese im Kontext der Aufgabenstellung übernehmen und wie sie zusammenwirken.

Auch bei der Zuweisung von Funktionen an Objekte muß entsprechend der Analyse entlang der Geschäftsvorfälle ‚mehrschichtig' gedacht werden, d.h. daß dasselbe Objekt unterschiedliche Rollen in verschiedenen Geschäftsvorfällen spielt, und damit Funktionen für verschiedene Geschäftsvorfälle in demselben Objekt abgebildet sind.

Insgesamt stellen die Geschäftsvorfälle ein weiteres wesentliches Strukturierungskriterium dar, indem diese die DV Lösung mit der Realität verknüpfen und in dieser Form nur in einer objektorientierten Umgebung abgebildet werden können.

12.10.4 Informationsgewinnung aus dem Diktionär

Das Diktionär wird für die Entwicklung eines Systems zur ‚Enzyklopädie', in der alles Wissen über die reale Welt und deren Abbildung in der DV Lösung gespeichert ist, verwandt.

Obwohl diese Information sehr stark strukturiert ist, wird mit den Möglichkeiten der objektorientierten Abfragesprache, wie im vorstehenden skizziert, eine ungeplante Informationsgewinnung aus den gespeicherten Daten ermöglicht.

An dieser Stelle können nicht alle geforderten Auswertungen beschrieben werden, da es ja gerade typisch für dynamsiche Auswertungen ist, daß der Bedarf adhoc auftritt.

Vorstellbar sind Abfragen wie: Wer ist für welche Klassen zuständig, in welchem Status steht die Implementierung der Klassen, wieviele Klassen gehören zu einer bestimmten Komponente, wieviele Klassen sollen auf einem bestimmten Rechnerknoten implementiert werden, wie groß ist der zu erwartende Datenfluß zwischen zwei Rechnerknoten, etc.?

Im folgenden sollen zwei Bereiche der Informationsgewinnung aus der Enzyklopädie besonders herausgestellt werden: Die Dokumentation der Geschäftsabläufe, die Verfolgung von Beziehungen und die Unterstützung bei der Wiederverwendung von Klassen.

12.10.4.1 Dokumentation der Geschäftsabläufe

Die Dokumentation von Geschäftsabläufen bzw. Geschäftsvorfällen spielt in der aktuellen Diskussion um effektive DV Lösungen eine große Rolle.

Obwohl konventionelle Systeme nach Funktionen strukturiert waren, zeigt sich doch gerade hier ein Mangel in der Möglichkeit, Geschäftsvorfälle in dem implementierten System erkennen und verfolgen zu können.

In der vorgeschlagenen objektorientierten SEU werden Geschäftsvorfälle benannt und dienen als Strukturierungskriterium für den Austausch von Nachrichten zwischen Objekten.

Damit ist es immer möglich, Geschäftsvorfälle in ihrem Ablauf zu dokumentieren und auch über direkte Anfragen an die Enzyklopädie darzustellen.

Je nach Infomationsbedarf können zusammen mit dem Geschäftsvorfall die Beschreibungen aus der Analyse, d.h. Benennung der beteiligten Entitäten – evtl. bis zu den Namen der beteiligten Personen – oder aber die Objekte aus der DV Lösung mit dem Inhalt der ausgetauschten Nachrichten, der Beschreibung bzw. Implementierung der Operationen/Methoden und dem Datenbedarf für diese Operationen angezeigt werden. Es kann dargestellt werden, welchen Weg die Abwicklung des Geschäftsvorfalls über verteilte Lokationen nimmt, welche Belastung der Kommunikationsstrecken sich aus der Häufigkeit des Geschäftsvorfalls ergibt, etc.

Nachdem der Geschäftsvorfall einmal als Strukturierungskriterium eingeführt ist, kann beliebige Information darüber an die beteiligten Entitäten und Objekte angelagert werden und damit auch beliebig detaillierte Information über den Geschäftsvorfall angesammelt werden.

Hier zeigt sich wieder der Bedarf für eine dynamische Änderung der Struktur und Inhalte des OBMS, indem sicher nicht sämtliche Informationen über Geschäftsvorfälle bereits bei der ersten Implementierung der OBMS Enzyklopädie bekannt sind, sondern sich diese mit fortschreitender Erfahrung erweitern wird.

12.10.4.2 Verfolgung von Beziehungen

Für die Informationsgewinnung aus der Enzyklopädie ist die Verfolgung von Beziehungen eine wesentliche Operation.

Da die Enzyklopädie auf dem OBMS aufbaut, kann sie alle Möglichkeiten der Verknüpfung von strukturierten Objekten nutzen. Werden z.B. alle Objekte gesucht, die von Mitarbeiter ‚X' bearbeitet werden, so ist folgende Anfrage denkbar:

select Objekte **referencing** Mitarbeiter **via** Bearbeiter **where** Name = ‚X'

Für die Identifikation von Geschäftsvorfällen, für die Objekte auf einem bestimmten Verarbeitungsknoten implementiert werden:

select Geschäftsvorfälle **referencing** Objekte **via** Teilvorgang **referencing** Lokationen **via** Implementierungsort **where** Bezeichnung = ‚X'

Es zeigt sich, daß gerade die für das OBMS eingeführten Möglichkeiten der dynamischen Verfolgung von Beziehungen in Anfragen entsprechend der Entity/Relationship Strukturen essentiell für die Informationsgewinnung aus der Enzyklopädie sind.

Die angeführten Beispiele für die Enzyklopädie lassen auch erkennen, daß derartige Möglichkeiten für dynamsiche Informationsgewinnung für beliebige andere Anwendungen des OBMS nicht weniger von Bedeutung sein werden.

12.10.4.3 Unterstützung beim Wiederauffinden geeigneter Komponenten/Klassen

Ein wesentliches Ziel der Objektorientierung ist die Wiederverwendung einmal implementierter Objektklassen als Bausteine und Komponenten.

Um diese Wiederverwendung unterstützen zu können müssen die Bausteine über Beschreibungsmerkmale gekennzeichnet werden, so daß sie anhand dieser Merkmale ausgewählt werden können.

Im folgenden sollen einige der vorstellbaren Beschreibungsmerkmale aufgeführt werden:

- Beschreibung der Aufgabenstellungen für die Klasse
- Textliche Beschreibung des Objekts
- Datenreferenzen
- Nachrichteninhalte
- Bezeichnung und Beschreibung der Methoden
- Autor
- Erstellungsdatum

Die Aufzählung der Merkmale zeigt, daß die Dokumentation von Klassen in der Enzyklopädie diese als Dokumente kennzeichnet, und damit die Möglichkeiten der Dokumentenrecherche auch für die Identifikation von wiederverwendbaren Klassen genutzt werden können.

Auch diese Anforderungen an die Abfragemöglichkeit kann von dem vorgeschlagenen OBMS abgedeckt werden, da Dokumentenverwaltung konkret als eine der geforderten Aufgabenstellungen beschrieben wurde.

12.11 Zusammenfassung

Im vorstehenden Kapitel wurde ein Vorschlag für eine integrierte objektorientierte Softwareentwicklungsumgebung OSEU erarbeitet, die sämtliche in früheren Kapiteln dargestellten Anforderungen aus verschiedenen Aufgabenstellungen abdeckt und daneben auch die Regeln des Manifesto bzw. von Chen und Codd berücksichtigt.

Es zeigt sich, daß für die Implementierung eines derart durchgängigen Systems mehrere heute bekannte Technologien genutzt werden können, gleichzeitig aber auch Anpassungen erforderlich sind. Diese Anpassungen erscheinen nicht so tiefgreifend, als daß sie nicht zu bewältigen wären.

Es erscheint bewiesen, daß bei Anwendung eines ‚offenen' Ansatzes, der pragmatische Lösungen sucht, statt Dogmen zu verfolgen oder zu verteidigen, auch heute noch sehr widersprüchliche Technologien wie Objektorientierung und relationale Theorie bzw. objektorientierte und prozedurale Programmierung vorteilhaft miteinander verbunden werden können.

13. Bewertung des Prinzips Objektorientierung

Im vorstehenden wurde eine Technologie beschrieben, die das objektorientierte Paradigma umfassend für die verschiedenen Bereiche der DV implementiert. Im folgenden sollen nun einige allgemeine Entwicklungen in Richtung auf das objektorientierte Paradigma skizziert und damit aufgezeigt werden, daß Objektorientierung neben der Technik auch wesentliche Bedeutung als allgemeines Verständnis für organisatorische Ansätze besitzt.

13.1 Auswirkungen des Einsatzes objektorientierter Prinzipien auf die Produktivität von DV- und Fachbereichen

Objektorientierung wird in Unternehmen z.Zt. oft als neues ‚Allheilmittel‘ zur Lösung der anstehenden Aufgaben und besonders zur Produktivitätssteigerung diskutiert. Die folgenden Punkte geben einen kurzen Ausblick auf die allgemeine Bedeutung der Objektorientierung als ökonomisches Prinzip für kommerzielle Lösungen in der Datenverarbeitung.

13.1.1 Produktivitätssteigerung bei der Erstellung und Pflege kommerzieller DV Lösungen

Obwohl in der DV Szene aktuell intensiv über Objektorientierung diskutiert wird, wurden bisher im wesentlichen nur technisch orientierte Lösungen zur Herstellung von Nutzeroberflächen unter Einsatz von objektorientierter Technologie implementiert. Dies ist dadurch bedingt, daß die heute verfügbaren Werkzeuge zwar das objektorientierte Paradigma sauber implementieren, jedoch keine Funktionen bieten, wie sie für kommerzielle Aufgabenstellungen benötigt werden. Während bei der Entwicklung von Softwarewerkzeugen Produktivitätssteigerungen bereits realisiert werden konnten, stehen entsprechende Erfahrungen mit kommerziellen Projekten noch aus. Hier müssen sich objektorientierte Werkzeuge an CASE Generatoren und Werkzeugen der vierten Generation messen lassen, wobei bestehende Defizite, wie ungenügende Administration von Projektgruppen, Dokumentation bzw. Wartbarkeit der Lösung durch die Nichtverfügbarkeit eines umfassenden Diktionärs sichtbar werden.

Allgemein ist für die Zukunft eine Produktivitätssteigerung bei der Erstellung von Lösungen zu erwarten, jedoch müssen dazu Techniken erweitert werden, wie dies in dem Vorschlag (Kap. 12) für eine integrierte objektorientierte Werkzeugumgebung dargestellt wurde.

13.1.2 Auswirkungen auf das Projektmanagement

Gefangen im Paradigma funktionalen Denkens und tayloristisch strukturierter Arbeitsteilung findet der DV Bereich in vielen Unternehmen nicht den Weg zur effektiven Kommunikation mit dem Fachbereich. Hier kann ein Ansatz, getragen von dem objektorientierten Paradigma helfen, welches auch hier tayloristische Strukturen in einem Projektmodell vermeiden hilft, das auch in der Projektstruktur das Denken in ganzheitlichen Entitäten mit definierten Aufgaben und Verbindungsstellen untereinander implementiert. Das objektorientierte Projektmodell stellt Fach- und DV Bereich als Partner mit definierten Aufgaben nebeneinander und legt Regeln für die Zusammenarbeit fest. Obwohl Projekte der DV auch bisher in einer Projektstruktur abgewickelt wurden, führt das objektorientierte Projektmodell doch einige wesentliche neue Ansätze ein, die helfen können, oft aufgetretene Schwierigkeiten zu vermeiden. Sinnvoll wird seine Anwendung für umfangreichen Aufgabenstellungen, an denen viele Projekte in der Vergangenheit aufgrund der funktionalen Strukturierung gemäß des ‚Wasserfallmodells‘ gescheitert sind, indem die erarbeiteten Spezifikationen oft nicht mehr an die nachfolgenden Mitarbeiter in der funktionalen Kette vermittelt werden konnten. Zum anderen wird oft am Ende des Projekts festgestellt, daß trotz detaillierter Analyse die Aufgabe nicht richtig erfaßt wurde oder aber das Umfeld sich während der Lösungserstellung verändert hat. Gerade diese Fehler sind am schwersten zu korrigieren und verursachen die höchsten Kosten. Ziel des objektorientierten Projektmodells ist es, einen Projektverlauf zu organisieren, der möglichst viele Möglichkeiten für eine Rückkopplung während der Durchführung eröffnet. Diese kann auf verschiedene Weise erreicht werden, indem entweder in einem Prototyp wesentliche Teile der späteren Gesamtlösung als Modell erstellt werden und damit dem späteren

Nutzer eine vorgezogene Erfahrung ermöglicht. Oder es wird insgesamt nicht sofort die ‚beste' Lösung angestrebt, sondern die Lösung, die mit geringstem Aufwand den größten Nutzen erzielt (80% Lösung für 20% der Kosten). Diese kann dann in weiteren Entwicklungszyklen verfeinert werden und trifft besser den aktuellen Bedarf. Besonders der zweite Ansatz bietet den Vorteil, daß er zu einem kontinuierlichen ‚Change-Management' führt, welches eine dauernde Suche nach Verbesserung zum Prinzip erhebt und die Brüche bei ‚großen Umstellungen' vermeidet. In jedem Fall wird die Gesamtaufgabe entsprechend dem objektorientierten Projektmodell in einzelne Komponenten gegliedert. Erst dadurch wird auch eine große Aufgabe beherrschbar, und es bietet sich die Chance, im Sinne von ‚Simultaneous Engineering' mehrere Teile getrennt voneinander voranzutreiben und evtl. einige Teile bereits in Produktion zu nehmen, bevor andere fertiggestellt sind. Insgesamt nimmt das objektorientierte Projektmodell Abschied von der theoretischen Planung und tayloristischen Funktionsstrukturierung und versucht, mehr Eigenverantwortung Rückkopplung in die Projektarbeit zu bringen.

13.1.3 Objektorientierung ermöglicht neue Architekturen für die verteilte Client/Server Datenverarbeitung

Noch vor wenigen Jahren war das Thema Architektur in der Datenverarbeitung (DV) in aller Munde und Hersteller wie IBM mit SAA oder DEC mit NAS unter anderen versprachen Portabilität für Lösungen, die Fähigkeit der Zusammenarbeit über verschiedene Plattformen unter dem schönen Begriff ‚Interoperabilität' und die Sicherung der Investitionen für alle Zukunft auf der Basis von Standardschnittstellen. Es ist still geworden um viele dieser Initiativen, und nur wenige Anbieter haben wie die Software AG mit der „Offenenen Integrierten Software Architektur" wirklich ihr Versprechen eingelöst. Gleichzeitig ist das technische Umfeld für DV Lösungen trotz der Einführung ‚offener' Systeme nicht einfacher, sondern komplexer geworden. Viele Unternehmen sehen sich in der Situation, daß Netze mit heterogenen Rechnerknoten und Arbeitsstationen aufgebaut werden müssen. Weiterhin stellt sich immer öfter das Problem, eigene Lösungen mit Standardsoftware zu ergänzen und zu verbinden. In vielen Unternehmen sind noch die Lösungen aus den frühen achtziger Jahren im Einsatz, die noch auf der Basis eines eigenen einheitlichen Entwurfs entstanden waren. Es existiert keine Vorstellung, wie für die nächsten Jahre eine ähnlich vollständige und einheitliche Lösung für das Unternehmen erstellt werden könnte. Viele hoffen auf Standards als solide Basis oder versuchen ihre eigenen Lösungen auf den Strukturen von Standardsoftware aufzubauen. Der Überblick über eine größere Zahl konkreter Situationen zeigt, daß eine stabile integrierte und zukunftssichere Lösung nur durch eine Lösungsarchitektur möglich wird, die sich an der Objektorientierung ausrichtet. Nur damit ergibt sich ein Rahmen, in den dann Komponenten aus eigener Entwicklung und Standardsoftware eingebunden werden können. Die Software Architektur eines Unternehmens definiert einen fachlichen ‚Generalbebauungsplan' aus Komponenten für alle in den nächsten Jahren benötigten Lösungen, legt die wesentlichen Plattformen fest, die zum Einsatz kommen sollen und definiert vor allen Dingen Schnittstellen, über die einzelne Komponenten miteinander verbunden werden können. Nur durch Definition einer derartigen ‚objektorientierten' Struktur im weiteren Sinne kann die Diskussion und Verwirrung durch das Erscheinen immer neuer Produkte in Grenzen gehalten und die Instabilität von Standards kompensiert werden. Erst eine eigene ‚objektorientierte' Architektur liefert einen Maßstab, gegen den neue Produkte in ihrer Tauglichkeit für einen Einsatz gemessen werden können. Die technische Architektur eines Unternehmens muß als wesentliche Komponente Schnittstellen mit definierter Funktion beschreiben und diese dann auf der Basis unterschiedlicher Technologie realisieren. Diese Schnittstellen können nicht nur zur Kopplung verteilter Rechner dienen sondern auch zur Ankopplung von Standardsoftware. Nächster Schritt ist die Schaffung von Sofwarebausteinen, die eine definierte Funktionalität aus dem Gesamtbebauungsplan als gekapselte Komponenten – nicht im Sinne eines Top-Down Entwurfs, sondern einer Bottom-Up Wiederverwendung – implementieren. In jedem Fall zahlt sich die Anfangsinvestition für die Erstellung eines objektorientierten Bebauungsplans in kurzer Zeit durch geringeren Aufwand für die Pflege der Lösung und die leichtere Möglichkeit der Anpassung an neue Komponenten aus. Auch wenn die Diskussion um Standards und offene Systeme den Anschein erweckt, als würden nun alle Bausteine für den Aufbau einer verteilten DV vom Hard- oder Softwarelieferanten geliefert, kann dennoch nur ein objektorientierter Entwurf des Gesamtsystems wirklich eine Linie in die Implementierung größerer zusammengesetzter Systeme bringen.

13.1.4 Schnittstellen bestimmen die Integration von DV Lösungen

Integration für Softwaressysteme der Datenverarbeitung sah man bisher immer nur dann gegeben, wenn eine komplexe Funktionalität als monolithische Gesamtlösung verfügbar gemacht werden konnte. Derartige Lösungen bilden heute noch die operative Basis der DV in vielen Unternehmen und auch Standardsoftware ist noch nach diesem Prinzip ‚integriert'. Für die Integration wurde meist ein einheitlicher Datenentwurf für das gesamte System angestrebt und die Funktionen miteinander verflochten. Nur als ‚zweitbeste' Lösung wurde akzeptiert, wenn Systeme über Schnittstellen miteinander verkoppelt wurden und darüber Daten miteinander ausgetauscht haben. Erfahrungen an vielen Stellen haben gezeigt, daß die Erstellung eines einheitlichen Datenmodells einen immensen Aufwand verursacht – wenn es denn je fertiggestellt wird – und daß die Pflege und Anpassung monolithischer Systeme gleichermaßen schwierig und teuer ist. Daneben stellen die aktuellen Client/Server Systemumgebungen neue Anforderungen der Verteilung von Funktionen, die mit dem alten Ansatz integrierter Systeme nicht mehr beherrscht werden können. Mehr und mehr setzt sich daher die Erkenntnis durch, daß Integration nicht mehr in monolithischen Lösungen, sondern nur noch durch die Verbindung von Teilsystemen und Komponenten mit jeweils definierter Funktionalität erreicht werden kann. Damit kehrt sich die Bewertung für die Integration von Systemen um, indem nunmehr die Integration über Schnittstellen als die bessere Lösung gesehen werden muß, und monolithisch integrierte Systeme nachteilig sind – diese Entwicklung gilt übrigens nicht nur für Softwaresysteme sondern gleichermaßen für die operativen Bereiche der Organisation. Sprachlich läßt sich diese Neuorientierung erreichen, indem man konsequent nicht mehr von ‚Schnittstellen‘, sondern von ‚Verbindungsstellen‘ spricht, was dann bereits im Begriff eine positive Botschaft für strukturierte Systeme vermittelt. Auch ergibt sich daraus, daß man nicht mehr ‚Schnittstellen‘ meiden, sondern ‚Verbindungsstellen‘ suchen muß – ein Grundansatz, der weitreichende Konsequenzen für die Ausrichtung von Mitarbeitern haben kann. Erster Schritt für eine Integration durch Verbindung ist nicht mehr die Analyse des Gesamtsystems, sondern vielmehr die Zerteilung der Aufgabe in klar gegliederte Komponenten, die dann einzeln weiter verfeinert und eigenständig fertiggestellt werden können. Bereits bei diesem Schritt werden die Verbindungsstellen festgelegt, so daß das spätere Zusammenfügen leicht möglich wird – auch dies im Gegensatz zu früher, wo Schnittstellen – weil zweitklassig – erst viel später betrachtet wurden. Dieser Ansatz erleichtert auch den Aufbau von umfangreichen Lösungen aus heterogenen Komponenten unter Einbeziehung von Standardsoftware für bestimmte Teilkomponenten. Diese müssen zur Integration nicht mehr wie früher ‚angepaßt‘ werden, sondern werden nur noch über definierte Verbindungsstellen angeschlossen. Möglich wird dieser Ansatz auch durch die immer ähnlichere Gestaltung der Nutzeroberfläche aller Systeme getrieben durch den objektorientierten graphischen Ansatz. Damit ist ein integriertes System der Zukunft entsprechend den technischen Anforderungen einer Client/Server Umgebung ‚vertikal‘ zwischen Nutzerdialog, Verarbeitung und Datenhaltung aufgeteilt und daneben die Verarbeitung und Datenhaltung auch ‚horizontal‘ d.h. funktional gegliedert. Mit dieser Struktur kann eine Verteilung des Gesamtsystems auf mehrere Lokationen ebenso beherrscht werden, wie die punktuelle Erneuerung und Anpassung ohne Auswirkung auf das Gesamtsystem. Es existiert heute noch keine Standardsoftware, die diesen Ansatz unterstützt, denn auch Neuentwicklungen von Standardsoftware basieren meist noch auf der Integration alter Definition als monolithische Systeme. Die Integration durch Verbindung von Modulen erfordert ein objektorientiertes Verständnis – nicht Detailkenntnisse in Programmiersprachen – bei vielen Beteiligten und schafft damit die Voraussetzungen zur Beherrschung der ‚Objektorientierung' im weiteren Sinne. Auch wenn die nötigen Verbindungsstellen heute erst rudimentär (CORBA) als objektorientierter Standard verfügbar sind, können diese mit vertretbarem Aufwand erstellt werden, wenn erst einmal das Prinzip der objektorientierten Integration erfaßt ist.

13.1.5 Kommunikation zwischen DV und Fachbereich

Über lange Jahre hat die tayloristische Arbeitsteilung zwischen den Fach- und DV Abteilungen dazu geführt, daß die implementierten Lösungen nicht wirklich die realen Anforderungen abdecken. Gefangen in ihren jeweiligen Abteilungen erkennen oft beide Seiten, daß man gar nicht mehr miteinander kommunizieren kann und für eine Aufgabenverteilung nicht weiß, welchen Part jede Seite verantwortlich beizutragen hat. Hier hilft nur, Spielregeln neu festzulegen und diese klar zu kommunizieren. Auch hier kann die Orientierung am objektorientierten Paradigma dazu verhelfen, sich wieder als Teile eines Ganzen zu verstehen und im Sinne der gemeinsamen Aufgabe zusammen mit klarer Aufgabenverteilung und gekapselter Abarbeitung der eigenen Aufgabe mit definierter Kommunikation zum anderen Bereich zu agieren. Das objektorientierte Paradigma kann hier interpretiert im weiteren Sinne einen Anstoß für die Erzielung eine neuen Form der Kooperation bewirken.

13.1.6 Durchdringung der Unternehmen mit DV Lösungen

Im Zusammenhang mit Client/Server Lösungen spielt Objektorientierung – verstanden als grundlegendes Paradigma – eine wesentliche Rolle bei der Durchdringung von Unternehmen mit Datenverarbeitungslösungen. Sie ist hier unabdingbare Voraussetzung für die gekapselte Strukturierung und Verteilung der Funktionen in die einzelnen Bereiche. Erst durch eine objektorientierte Denkweise skizzierten Definition in einer komponentenorientierten Struktur ist eine derartige Verteilung sinnvoll möglich, wo sonst durch komplexe funktionale Aufteilung und die mangelnde Koordination der Datennutzung ein Chaos droht. Objektorientierung schafft die Möglichkeit, eine Vielzahl von Komponenten, Werkzeugen und Lösungen miteinander zu verbinden und dem Nutzer durch die Zusammenstellung einer Gesamtlösung aus ähnlich strukturierten Bausteinen eine integrierte Gesamtlösung für seine individuellen Anforderungen zu bieten. Auch wenn heute noch nicht für alle Bereiche die entsprechenden objektorientierten Werkzeuge zur Verfügung stehen, können doch mit dem richtigen Verständnis neue Lösungen auch mit konventionellen Werkzeugen objektorientiert strukturiert werden.

13.2 Wirtschaftliche Bewertung des Einsatzes objektorientierter Techniken

Objektorientierung ist heute in kommerziellen Lösungen nur wenig verbreitet. Der Grund dafür liegt sicher neben den mangelnden kommerziellen Werkzeugen im allgemeinen Zeitverzug für die Umschulung der Mitarbeiter. Damit sind heute auch für einfache kommerzielle Aufgabenstellungen noch nicht die wirtschaftlichen Vorteile für den Einsatz objektorientierter Technologie nachzuweisen. Erschwerend kommt hinzu, daß der Einsatz von ‚rein' objektorientierter Technologie zuerst den Aufbau eines entsprechenden Know-how und der Basiskomponenten erfordert, bevor die Vorteile der Wiederverwendung zum Tragen kommen könnten. Von den Verfechtern der Objektorientierung muß eine Beschäftigung mit einem kommerziellen Umfeld und die Schaffung von Werkzeugen für die Befriedigung der gefundenen Anforderungen gefordert werden. Im vorstehenden wurden einige Vorschläge für eine Entwicklung in diese Richtung auf mehreren Gebieten der Objektorientierung gemacht, die zumindest in Teilen auch bereits von einigen Werkzeuganbietern diskutiert werden und letztlich alle verfügbar gemacht werden müssen. Es kann heute bereits festgestellt werden, daß die Einführung von Objektorientierung – zumindest als Grundprinzip – langfristig wesentliche wirtschaftliche Vorteile bringt, auch wenn heute noch nicht sämtliche erforderlichen Werkzeuge für den durchgängigen Einsatz objektorientierter Technologie verfügbar sind.

13.3 Entwicklungen zu Objektorientierung im weiteren Sinne

Während im vorstehenden Objektorientierung im wesentlichen nur aus der Perspektive der Erstellung von DV Lösungen betrachtet wurde, müssen doch im Gesamtkontext auch andere Entwicklungen im Umfeld der DV betrachtet werden, die auf eine Objektorientierung hinzielen.

- *Restrukturierung der Geschäftsprozesse* im Sinne von Prozeßketten wird in vielen Unternehmen aktuell vorangetrieben. Diese Betrachtung von Abläufen führt zu einer Strukturierung der Geschäftseinheiten in Entitäten, die definierte Nachrichten miteinander austauschen, was der Objektorientierung entspricht.
- *Restrukturierung der Unternehmen* hat heute in vielen Fällen zum Ziel, die bisher meist eingerichtete tayloristische Arbeitsteilung zu überwinden und wieder zu autonomen Arbeitsgruppen zu kommen. Auch hier wird ein objektorientiertes Verständnis verlangt, da die Paradigmen für die Unternehmensstruktur durchaus diesem Verständnis entsprechen.
- *Büroautomatisierung* ist ein Bereich, der in der nächsten Zukunft große Bedeutung als Ratiopotential in Unternehmen gewinnen wird. In der Büroautomatisierung werden strukturierte Objekte bearbeitet und weitergereicht, eine Entwicklung in Richtung auf Objektorientierung.
  Mehr und mehr werden auch operative transaktionsorientierte Systeme entsprechend dem Ansatz der Vorgangsbearbeitung bzw. des Workflow Management organisiert. Es ist zu erwarten, daß dieses Paradigma insgesamt für sämtliche operativen Lösungen der Zukunft zur Anwendung kommen wird.
- *Client/Server Architekturen* wurden bereits bei der Betrachtung der Technologie berücksichtigt. Hier soll diese Architektur noch einmal angeführt werden als allgemeine Struktur entsprechend dem objektorientierten Paradigma und damit als weitere Entwicklung, die zur Objektorientierung führt.
- *Strukturierung von DV Systemen* gemäß den Strukturen der realen Welt erscheinen heute an vielen Stellen als der geeignete Ansatz für effektivere und letztlich auch effizientere Lösungen. Auch wenn dieses Paradigma nicht mit der Definition der Objektorientierung im engeren Sinne umfaßt werden kann, sollte doch dringend bedacht werden, eventuell die Definition des objektorientierten Paradigmas weiter zu fassen, um das volle Potential dieses neuen Verständnisses ausschöpfen zu können.
- Getragen vom objektorientierten Ansatz werden strukturierte Systeme, welche über Nachrichten miteinander kommunizieren, nicht mehr als zweitbeste Lösung hinter einer voll integrierten Lösung gesehen, sondern Objektorientierung hilft dabei, früher als ‚Schnittstellen‘ gesehene Übergänge zwischen Systemen als ‚Verbindungsstellen‘ zu verstehen und die Zusammensetzung komplexer Systeme aus mehreren Komponenten zum erstrebenswerten Ziel zu machen und nicht zum ungeliebten Kompromiß, wie es heute noch vielfach gesehen wird.

14. Einsatz objektorientierter Methoden in der Organisation von Unternehmen

Während im vorigen Kapitel bereits versucht wurde, die Definition des objektorientierten Paradigmas auch innerhalb der Datenverarbeitung auszuweiten, soll im folgenden eine Betrachtung über objektorientierte Ansätze in der Organisation von Unternehmen angestellt werden.

14.1 Evolution der Organisationsstrukturen in Richtung auf die Strukturierung von Entitäten

Für die Organisationsstrukturen in Unternehmen wurden bereits die verschiedensten Ansätze diskutiert von hierarchischen ‚Abteilungsstrukturen‘ bis zu funktionsorientierten ‚Ablauforganisationen‘ [Krallmann 92]. Daneben ist ein andauernder Widerstreit zwischen zentralen und dezentralen Organisationen zu beobachten. Immer wieder wurden die gerade als richtig erkannten Strukturen in Frage gestellt und danach genau das Gegenteil als neue Wahrheit herausgestellt. In der Erkenntnis, daß der andauernde Wandel das einzig Konstante in einer evolutionären Entwicklung ist, sollen hier die Strukturen von Organisationen aus der Sicht der Objektorientierung – Modellierung nach der realen Welt – betrachtet und evtl. Wege zu einer Organisationsstruktur aufgezeigt werden, die den permanenten Wandel zum Prinzip erheben und auch beherrschen kann.

14.1.1 Hierarchisch strukturierte Organisationen

Die Organisation stellt in einem Unternehmen eine stützende Struktur dar, die ein Arbeiten in geordneten Bahnen ermöglicht. Die hierarchische Struktur ist abgeleitet von militärischen Prinzipien der Kommandoerteilung und -durchführung auf der einen und Verdichtung der Information entlang der Hierarchiekette bis zur obersten Führung auf der anderen Seite.

Hierarchische Strukturen können sich dabei an der Aufbauorganisation, d.h. den Abteilungen mit unterschiedlichem Auftrag oder auch an der Ablauforganisation, d.h. der Aufteilung der Funktionen gemäß einer tayloristischen Arbeitsteilung orientieren.

An vielen Stellen zeigt sich aus den verschiedensten Gründen immer mehr, daß hierarchische Strukturen nach den genannten Prinzipien nicht mehr leistungsfähig sind und im Wettbewerb mit anderen Prinzipien wie z.B. der Führung im Konsens oder dem partizipativen Führungsprinzip unterlegen sind.

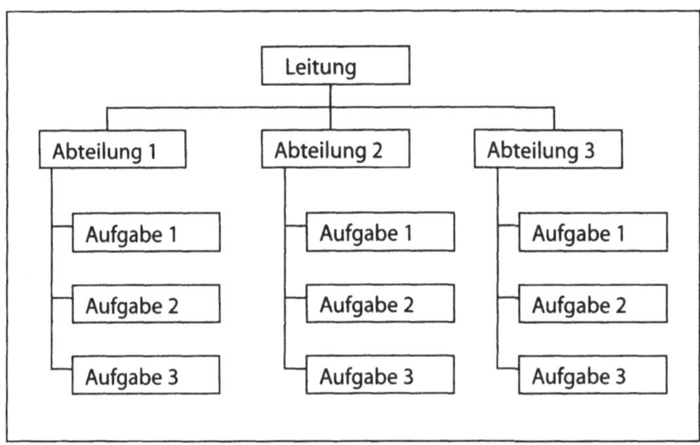

Abb. 14.1 Hierarchische Aufbauorganisationsstruktur bzw. tayloristische funktionale Arbeitsteilung

Die Unzufriedenheit mit der jeweils gegebenen Aufteilung der hierarchischen Struktur hat in vielen Unternehmen dazu geführt, daß permanent nach einer besseren Struktur gesucht wird und daraus dauernde Umorganisationen resultieren, die jedoch meist den Nachteil haben, daß sie die gesamte Struktur verändern und damit evtl. etwas verbessern aber in jedem Falle auch funktionierende Strukturen wieder zerstören.

Die ‚großen‘ Umorganisationen haben meist nicht den gewünschten Effekt, da sie nicht in der Lage sind, Erfahrungen aus dem alten Zustand zu verwerten und Neues im Sinne einer Verbesserung gezielt einzuführen.

14.1.2 Matrix-/netzwerkartig strukturierte Organisationen

Matrix- bzw. netzwerkorientierte Organisationsstrukturen haben das Ziel, die strenge Hierarchie aufzulockern und die Verantwortung für einen Bereich oder Abteilung auf mehrere Verantwortliche für die einzelnen Belange aufzuteilen.

Meist entstehen mit diesen Strukturen Probleme, die daher rühren, daß die jeweilige Verantwortung nicht klar abgegrenzt werden kann und immer ein Zweig die ‚vorherrschende‘ Verantwortung beansprucht.

Die Entwicklung zu ‚aufgelockerten‘ hierarchischen Strukturen zeigt auf, daß offensichtlich ein Bedarf für eine andere als die hierachische Struktur besteht, diese aber noch nicht klar genug erkannt ist, um vemittelt und verstanden werden zu können.

Das Problem liegt darin, daß mit diesen Strukturen immer noch ‚die Organisation‘ als primäres Element betrachtet wird und nicht die einzelnen Einheiten mit ihren Aufgaben und den daraus resultierenden organisatorischen Bedürfnissen.

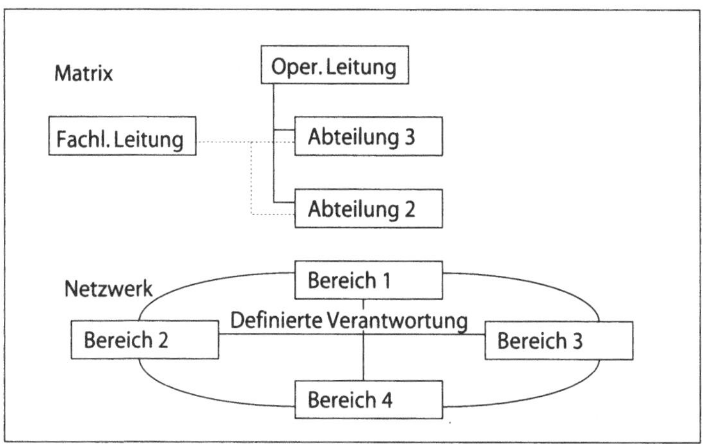

Abb. 14.2 Matrix- und netzwerkartige Organisationsstruktur

14.1.3 Objektorientiert strukturierte Organisation – Von der Arbeitsteilung zur Übernahme von Aufgaben

Die Arbeitsteilung oder der Taylorismus hat lange Zeit die Organisation von Unternehmen geprägt. Ziel war es, die Effizienz zu steigern auch unter Inkaufnahme von Einbußen an Flexibilität. Jeder kennt als Beispiel das Fließband des Henry Ford, welches das berühmte T-Modell in jeder Farbe produzieren konnte, wenn sie nur schwarz war. Diese Art von Taylorismus hatte ihre Berechtigung, solange es darum ging, teure Investitionen in große und unflexible Maschinen zu nutzen. Heute ist jedoch nicht mehr das Ziel die Steigerung der Effizienz in der Nutzung der knappen Ressourcen, sondern die Stärkung der Effektivität im Einsatz der verfügbaren Fähigkeiten. Dazu aber muß der einzelne Mitarbeiter innerhalb seiner Arbeitsumgebung Phantasie aus eigener Kompetenz und Autorität entfalten können, und er muß seine Aufgabe in der Unterstützung anderer und nicht der Verteidigung der eigenen Position sehen. Eine hierarchische und arbeitsteilige Ordnung unterdrückt aber gerade die Fähigkeiten wie Vielseitigkeit, Kreativität und Intuition. Unternehmensführer verlangen auch zunehmend von ihren Managern mehr Beweglichkeit, Veränderungswillen und Delegation der Verantworung an die Mitarbeiter. Um diese Delegation aber wirkungsvoll durchführen zu können ist es nötig, die Aufgabe der ‚Organisation‘ wieder nach ihrer Urdefinition als Struktur zur Verbesserung der Leistung der einzelnen Einheiten zu verstehen. Der Ansatz muß also davon ausgehen, daß die Organisation sekundär hinter den operierenden Einheiten steht und nicht als beherrschend davor. Das Unternehmen der Zukunft ähnelt einem Organismus, in dem viele ‚Organe‘ über ein komplexes Netzwerk aus Nerven und Hormonen über Regelkreise miteinander kommunizieren. Jeder kann sich auf den anderen verlassen und erwartet von ihm definierte Leistungen gemäß einer Absprache für die Schnittstellen und Übertragung der Verantwortung für die Durchführung. Dieser Ansatz führt zu einer ‚objektorientierten‘ Strukturierung mit der Definition von klaren Funktionen, die an einzelne Einheiten übertragen und innerhalb der Einheiten durch eine Anforderung aktiviert werden. Durch die objektorientierte Strukturierung des Gesamtunternehmens werden dann auch einzelne ‚Organe‘ in ihrer Leistungsfähigkeit meßbar, und es ergibt sich die Chance für andauerndes Lernen und Anpassen als Prinzip. Diese lernende Organisation muß Fehler als Prinzip akzeptieren und mit schneller Korrektur innerhalb der einzelnen Einheit reagieren, ohne daß dafür das Gesamtsystem verändert werden muß. Neben Managern, die bereit sind, Macht und Status abzugeben, braucht das neue System Mitarbeiter, die keine Angst vor der Verantwortung haben und auch Widerspruch wagen. Es kommt damit für die Organisation darauf an, daß die Menschen umdenken und wieder Aufgaben übernehmen anstatt auf eine Verteilung der Arbeit zu warten.

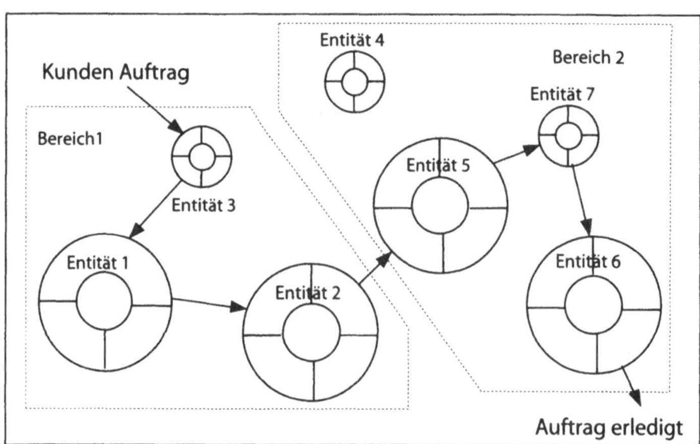

Abb. 14.3 Objektorientierte Organisationsstruktur

Für die objektorientierte Organisationsstruktur gilt dasselbe Paradigma wie für die objektorientierte Implementierung von DV Lösungen:

- Oberstes Ordnungskriterium sind die agierenden Entitäten mit definierten Funktionen und benötigten Ressourcen.
- Die einzelnen Entitäten kommunizieren über definierte Nachrichten.
- Die Struktur der Organisation dient nur dazu, die operierenden Entitäten im Sinne von Gruppierung zu strukturieren.

Der objektorientierte Ansatz für Organisationsstrukturen läßt sich noch erweitern, indem man auch Vererbung und Delegation zur Strukturierung der einzelnen Entitäten bzgl. ihrer Komponenten und Delegation von Aufgaben berücksichtigt. Auch hier ist das objektorientierte Paradigma uneingeschränkt anwendbar.

Grundprinzip einer objektorientierten Organisation ist – wie bei der objektorientierten Systemerstellung – die Herausstellung von eigenständigen Entitäten, die einen Typ nach außen repräsentieren und bzgl. der Implementierung der Funktionen, Nutzung der Ressourcen und interner Organisation völlig frei sind.

Es erscheint sinnvoll, diese Betrachtung auch für die Organisationsstrukturen konsequent anzuwenden, da damit eine einheitliche Betrachtungsweise sowohl für organisatorische als auch für DV-technische Strukturierung eingeführt werden kann und die bekannten Probleme mit dem Nichtverstehen von Matrix- und Netzwerkorganisationen sicher vermieden werden kann.

14.1.4 Projektbezogene strukturierte Organisationen

Nachdem eine Organisation objektorientiert strukturiert ist, und das Hauptaugenmerk auf die handelnden Entitäten – nicht auf die Struktur – gerichtet ist, wird auch eine projektorientierte Organisation leichter vorstellbar.

Diese erfordert nur, daß temporär Entitäten mit einer definierten Aufgabe instanziert werden und die Schnittstellen zu anderen Entitäten klargestellt werden.

Wo heute bei der Zusammenstellung von Projekten oft die ‚Stammabteilungen' mit ihren Interessen die Projektorganisation überlagern – und stören, wird es durch das neue objektorientierte Paradigma leichter möglich, konsequent das Projekt mit seiner eigenen Organisation und Aufgabe zu sehen und uneingeschränkt für seine Aufgabenstellung zum Erfolg zu führen.

14.1.4 Zentrale oder dezentrale Strukturen

In vielen Unternehmen entbrennt in regelmäßigen Abständen eine Diskussion über die Frage, ob die Organisation zentral oder dezentral zu strukturieren sei.

Obwohl die vorstehende Darstellung der objektorientierten Organisation eigentlich bereits eine Lanze für dezentrale Organisationen gebrochen hat, sollen doch noch einige weitere Aspekte berücksichtigt werden.

Da die Diskussion um zentral bzw. dezentral nie endgültig entschieden wird, bleibt festzustellen, daß es keine alleinige Wahrheit für zentrale oder dezentrale Lösungen gibt, sondern meist jeder Zentralisierung eine Dezentralisierung folgt und umgekehrt.

Es bleibt jedoch zu untersuchen, warum dies der Fall ist und welches die Kriterien für die Auswahl sind.

Es scheint, daß Dezentralisierung immer dann eingestzt wird, wenn neue Ansätze für die Gestaltung des Geschäfts gesucht werden, d.h. wenn eine Steigerung der Effektivität erreicht werden soll. Oft jedoch wird auch dezentralisiert, wenn die alte zentrale Organisation so träge geworden ist, daß sie nicht mehr aufgeweckt werden kann, was aber eher als Notmaßnahme, denn als geplante zielgerichtete Maßnahme zu sehen ist. Dezentralisierung erscheint im Prinzip immer geeignet, um neue ‚Substanz‘ in Form neuer Ideen und Verfahren in die Organisation einzuführen.

Zentralisierung dagegen wird meist gewählt, wenn es um die Steigerung der Effizienz von Verfahren durch die Ausschöpfung der Vorteile von ‚Economies of Scale‘, d.h. Wirtschaftlichkeit großer Einheiten geht. Für die Organisation heißt das, das bestimmte Funktionen zusammengefaßt werden und aus den einzelnen Entitäten an spezialisierte Entitäten übertragen werden.

Bei der Zusammenfassung von Aufgaben kann Kompetenz von zentral nach dezentral durch Vererbung, aber auch von dezentral nach zentral durch Bündelung übertragen werden, indem jeweils die ‚best practice‘, d.h. beste Ausprägung einer Aufgabe ermittelt und auf andere Einheiten übertragen wird.

Es zeigt sich in der Diskussion des Themas, daß ein objektorientiertes Verständnis der Organisationsstrukturen auch hier geeignet ist, um die nötige Flexibilität in das Verständnis der Anforderungen und der Möglichkeiten für Lösungen einzubringen.

14.2 Auswirkungen objektorientierter Prinzipien auf die Produktivität von DV- und Fachbereichen

Lean Management durch Strukturierung

Auch wenn es als weit hergeholt erscheint, hat doch die Objektorientierung eine Parallele in modernen Organisationsprinzipien. Netzwerkstrukturen, flache Hierarchien, Delegation der Verantwortung an eigenständige Einheiten und die vielfältige direkte Kommunikation zwischen Funktionsbereichen unter dem Begriff *Lean Management* stellen letztlich objektorientierte Prinzipien dar, die hier nur mit einer anderen Terminologie belegt sind. Begriffe des ‚Lean management‘ wie Einbindung in das Unternehmen, weniger vertikale Hierarchie, Aufhebung der strikten Arbeitsteilung und Schaffung horizontaler Kooperation in definierten Projekten sind nichts anderes als objektorientierte Prinzipien angewandt auf die Organisation. Damit können erstmals dieselben Analysemethoden und Prinzipien zur Strukturierung sowohl für die organisatorische Gestaltung als auch für die unterstützenden DV Systeme eingesetzt werden, was insgesamt die Integration der Datenverarbeitung in die Organisation erleichtern sollte.

Schaffung ergebnisorientierter Arbeitsgruppen statt arbeitsteiligem Taylorismus mit Spezialisierung

Entsprechend den maschinenbestimmten Prinzipien der Industrialisierung war auch die Datenverarbeitung der Anfänge geprägt durch eine tayloristische Arbeitsteilung. Die zentrale Datenverarbeitung basierte auf dem Mainframe vergleichbar der zentralen Dampfmaschine. Die Erstellung von Anwendungslösungen war vergleichbar der Fließbandproduktion starr und maschinengeprägt, so daß sich der Nutzer in der Fachabteilung alles wünschen konnte ‚solange es keine Änderung bedeutete‘ genau wie der Kunde der ‚Tin Lizzy‘ jede Farbe haben konnte, ‚solange sie nur schwarz war‘. Objektorientierung unterstützt die Entwicklung zu mehr Flexibilität und kürzeren Rückkopplungszyklen in ergebnisorientierten Arbeitsgruppen, indem damit auch die Datenverarbeitung nunmehr in der Lage ist, den allgemeinen Trend zur Überwindung des Taylorismus und Schaffung von ergebnisorientierten Arbeitsgruppen bzw. Funktionseinheiten aufzugreifen.

Dezentralisierung versus Zentralisierung

Zusammen mit Objektorientierung wird auch die Dezentralisierung der Datenverarbeitung diskutiert und diese wird als Ziel gegenwärtig nicht in Frage gestellt. Dazu ist festzustellen, daß Objektorienterung a priori nichts mit Dezentralisierung zu tun hat und richtig verstanden genauso das Objekt Konzernholding abbildet wie die kleinste gekapselte operative Einheit. Objektorientierung wäre falsch verstanden, wenn damit einer totalen Dezentralisierung das Wort geredet werden sollte. Hier zeigt sich wieder die Notwendigkeit eines ‚Top-Down‘ neben dem eines ‚Bottom-Up‘ Objektverständnisses. Objektorientierung ermöglicht nicht nur Wiederverwendbarkeit durch das Erkennen von gleichartigen Funktionen, sondern ist auch ein Strukturierungsprinzip zum Ordnen von Funktionseinheiten in Komponenten.

Allgemeine Betrachtung

Mit Einführung des objektorientierten Paradigmas auch für die Strukturierung der Unternehmensorganisation werden die Strukturierungsprinzipien insgesamt vereinheitlicht und es ist zu erwarten, daß dadurch wesentliche Potentiale für die Steigerung der Leistungsfähigkeit durch ergebnisorientierte Strukturen und damit Vermeidung unnötiger Aufwände für nichtproduktive Strukturen freigesetzt werden können.

Objektorientierung im weiteren Sinne wird damit zum Grundprinzip aller Strukturierung. Auch das Vererbungsprinzip kann in der Organisation unverändert genutzt werden und verspricht hier dieselben Vorteile wie in technischen Lösungen.

15 Zusammenfassung und Ausblick auf zukünftig zu erwartende Entwicklungen

Wie eingangs gesagt, entwickeln sich objektorientierte Prinzipien bisher in verschiedenen Bereichen getrennt nebeneinander. Es ist bisher auch Organisationen wie der Object Management Group OMG noch nicht gelungen, ein umfassendes objektorientiertes Paradigma zu definieren und damit Entwicklungen in den verschiedenen Bereichen in dieselbe Richtung zu lenken. Im folgenden fassen wir noch einmal zusammen und entwickeln ein Szenario, wie die weitere Entwicklung der Objektorientierung ablaufen könnte.

15.1. Zusammenfassung

Objektorientierung als neues Paradigma für kommerzielle Informationsverarbeitung im weiteren Sinne zu entwickeln, wurde erfüllt, indem Objektorientierung zuerst aus den verschiedensten Blickwinkeln betrachtet und danach ein Entwurf für eine integrierte objektorientierte Softwareentwicklungsumgebung vorgeschlagen wurde.

Insgesamt kann ein einheitliches Verständnis für Objektorientierung für alle Bereiche erreicht werden, und darauf aufbauend kann die objektorientierte Softwareentwicklungsumgebung OSEU aus bestehenden Techniken mit vertretbarem Aufwand abgeleitet werden.

Aus dem Dargelegten geht hervor, daß die Entwicklung der Objektorientierung bisher noch nicht in Richtung auf einen derartigen einheitlichen Ansatz erfolgen kann, da sich die einzelnen Bereiche noch getrennt entwickeln. Dieses Fachbuch dient dazu, Überlegungen in Richtung auf ein Rahmenwerk zur weiteren Implementierung der Objektorientierung anzustoßen.

Es zeigt sich, daß ‚Objektorientierung' als Prinzip weiter gefaßt und an verschiedenen Stellen anders definiert werden muß, wenn daraus eine für kommerzielle Aufgabenstellungen leistungsfähige Technologie entstehen soll.

Zur akademischen Diskussion des Themas kann dieses Buch die Erfahrung aus industriellen Techniken beitragen, die bisher im akademischen Umfeld noch nicht berücksichtigt wurden.

15.2 Warum kann erst jetzt eine Entwicklung zur Objektorientierung einsetzen?

Bereits im Kap. 3 wurde untersucht, warum Objektorientierung erst jetzt als Paradiagma in die kommerzielle Informationsverarbeitung Eingang gefunden hat. Neben den wirtschaftlichen und damit wohl bestimmenden Gründen kann auch festgestellt werden, daß die Entwicklung in den verschiedenen Bereichen an einen Punkt gelangen mußte, wo einerseits ein Verständnis der Grundanforderungen möglich und zum anderen erkannt wurde, daß die bis dahin verfolgten Ansätze so nicht mehr weiterzuführen waren.

Zum gegenwärtigen Zeitpunkt treffen viele Faktoren zusammen, die eine weitere Entwicklung in Richtung auf Objektorientierung erforderlich machen:

- Analyse und Entwurf von DV Lösungen nach dem daten- und funktionsorientierten Wasserfallmodell haben sich als nicht leistungsfähig bewiesen.
- In vielen Unternehmen sind die Versuche für die Erstellung von unternehmensweiten Datenmodellen nach der Investition von großen Aufwendungen gescheitert.
- Graphische Nutzeroberflächen machen an der Mensch-Maschine Schnittstelle das objektorientierte Paradigma in Form von Ikonen für den Nutzer sichtbar und führen damit zu der Überlegung, auch das dahinterliegende DV System entsprechend zu strukturieren.
- Erste Erfahrungen beim Einsatz von objektorientierten Programmiersprachen zeigen zwar gute Ergebnisse für das Prinzip aber auch Defizite der verfügbaren Werkzeuge für die Lösung von kommerziellen Aufgabenstellungen auf.
- Das relationale Modell für die Strukturierung bzw. Entstrukturierung der Datenbankinhalte hat gravierende Mängel des Modells für eine große Zahl von Aufgabenstellungen sichtbar gemacht.
- Die Verteilung von Lösungen in einer Client/Server Architektur und die Überlegungen zu einem ‚Network Computing‘ erzwingen die Kapselung von Einheiten und die Einführung von Kommunikation über Nachrichten.
- Viele Unternehmen stehen vor der Notwendigkeit, ihre Organisation neu zu strukturieren, da die bestehenden Organisationen und Strukturen sich als nicht leistungsfähig erwiesen haben.

Diesen positiven Einflußfaktoren stehen auf der anderen Seite aber auch negative entgegen wie:

- Das relationale Datenmodell ist gerade erst breit im Markt eingeführt und ein Know-how dafür aufgebaut.

- Die kommerzielle Programmierung ist immer noch stark daten- und funktionsgetrieben durch Mitarbeiter, die über Jahre in diesem Pradigma geschult wurden und entsprechend gearbeitet haben.
- Wesentliche Investitionen werden auch aktuell noch in konventionelle Standardlösungen getätigt und stellen damit ein Trägheitsmoment für die Einführung objektorientierter Technologie dar.
- Die Objektorientierung hat bisher noch keinen Ansatz zur Koexistenz mit bestehenden Lösungen gefunden, so daß der Umbruch noch abrupt erfolgen müßte, was in den meisten Fällen nicht möglich sein wird.

Berücksichtigt man die Tatsache, daß alle ‚neuen' Techniken wie graphische Nutzeroberflächen, strukturierte Datenobjekte und verteilte Verarbeitung in Richtung von Objektorientierung zeigen, kann als gesichert angenommen werden, daß die Entwicklung dorthin unumkehrbar ist und in der Zukunft an Dynamik gewinnen wird.

15.3   Wer kann Objektorientierung umfassend implementieren?

Bisher haben erst einige meist kleine Firmen punktuell objektorientierte Technologie in Produkten angeboten. Es ist nicht gesichert, daß diese auch am Markt erfolgreich sein und je die Kraft besitzen werden, einen umfassenden Ansatz zu implementieren.

Die akademische Welt auf der anderen Seite diskutiert objektorientierte Prinzipien, verfügt jedoch nicht über die Infrastruktur, um diese in Produkte zu formen und am Markt zu plazieren.

Auch Kooperationen wie z.B. die zwischen IBM und der Technischen Hochschule Darmstadt zum Thema NF2 Datenmodell zeigen, daß auch auf diesem Wege keine marktrelevanten Produkte entstehen.

Wer also erscheint am besten positioniert, um die Objektorientierung als umfassendes Paradigma in die DV Technologie einzuführen?

- Traditionell starke Firmen im Umfeld der DV wie IBM, DEC, Siemens Nixdorf stecken in einer wirtschaftlichen Krise und sind alle mit ihren Initiativen für Architekturen gescheitert.
- Die Firma Microsoft besitzt zwar z.Zt. sicher die Marktmacht, um Objektorientierung konsequent durchzusetzen und verfolgt mit Object Linking Environment OLE auch Entwicklungen in diese Richtung. Zur Zeit besitzt dieses Unternehmen aber nur Erfahrung mit ‚Massen'-Werkzeugen auf der

PC Arbeitsstation, und es fehlt die Erfahrung mit individuellen kommerziellen Systemen.

- Hewlett Packard, SUN, DEC, NCR und viele weitere Unternehmen haben sich in der Object Management Group zusammengeschlossen, um die objektorientierte Technologie weiterzutreiben. In den Jahren der Existenz der OMG ist jedoch bisher nichts wesentliches geschehen, so daß auch für die Zukunft nicht zu erwarten ist, daß die Geschwindigkeit der Innovation dort wesentlich gesteigert werden kann, und daß OMG die Objektorientierung vorantreibt.

- Die Firma NeXt hat in den vergangenen Jahren eine neue Technolgie aus Hard- und Software auf der Basis von Objektorientierung entwickelt und ihre Identität mit der Objektorientierung verknüpft. Leider sind bisher die kommerziellen Erfolge nicht so groß, daß der Durchbruch erreicht werden konnte, und gerade kürzlich hat NeXt die eigene Hardwarelinie aufgegeben. NeXt positioniert sich jetzt am Markt als Anbieter fortschrittlicher objektorientierter Softwaretechnologie und versucht durch Partnerschaften mit SUN und Hewlett Packard das nötige Momentum im Markt zu erreichen.

- Am besten positioniert erscheinen die Anbieter von Datenbankverwaltungssystemen wie ORACLE, SYBASE, INFORMIX und eigentlich auch Software AG, die inzwischen fast alle auch Entwicklungswerkzeuge um die Datenbank herum implementiert haben und sich mit ihrem Produktangebot im kommerziellen Umfeld individueller Lösungen bewegen. Einige von diesen Anbietern besitzen inzwischen die Kraft, den Markt zu beeinflussen und werden wahrscheinlich die Objektorientierung benutzen, um sich von ihren Mitbewerbern zu differenzieren.

Da diese Unternehmen ihre Technologie als Werkzeuge im Wettbewerb zu Standardlösungen am Markt anbieten, haben sie ein Interesse, diese Technologie weiterzutreiben und z.B. durch die Inaussichtstellung von Produktivitätssteigerungen durch Objektorientierung attraktiv zu machen.

15.4 In welchem Zeitablauf ist die Verbreitung objektorientierter Prinzipien zu erwarten?

Neben der Frage, wer denn objektorientierte Technolgie im Markt breit durchsetzen könnte, ist auch die Frage nach dem zu erwartenden zeitlichen Ablauf von Interesse.

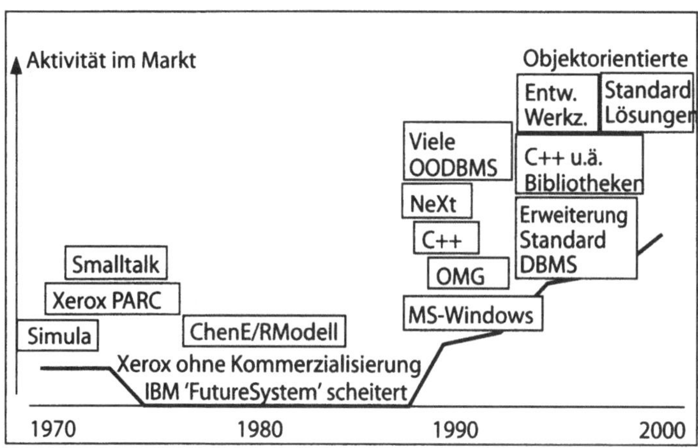

Abb. 15.1 Zeitlicher Verlauf objektorientierter Initiativen

Nach einer ersten Phase großer Aktivität mit der Programmiersprache SIMULA und dem revolutionären Xerox PARC Projekt, aus dem Technologien hervorgingen, die erst heute nach und nach kommerziell im Markt eingeführt werden (Apple, MS-Windows, Adobe Postscript, Ethernet), erstarb die Aktivität für Objektorientierung für lange Zeit, da Xerox nicht in der Lage oder interessiert war, die Technologie zu vermarkten, und die objektorientierte Initiative der ‚Future Systems‘ von IBM scheiterte. In dieser ‚Totphase‘ wurde nur das Entity/Relationship Modell von P. Chen im Markt diskutiert und für die Analyse eingesetzt. Erst Ende der 80er Jahre wurde der Schock des Mißerfolgs von Xerox und IBM überwunden und neue Aktivitäten zur Entwicklung der Objektorientierung setzten ein, nachdem das von IBM stark vermarktete relationale Datenmodell Defizite erkennen ließ und die Marktführerschaft der Technologie an PC- und UNIX-basierte Lösungen und damit neue Anbieter überging.

In dieser neuen Phase objektorientierter Aktivität treten aktuell eine große Zahl von Anbietern mit gänzlich neuer Technologie für OBMS in den Markt ein, jedoch ist nicht zu erwarten, daß diese das Momentum für einen langfristigen Erfolg gewinnen können.

Wesentlicher erscheinen die Aktivitäten der Anbieter konventioneller relationaler DBMS und von PC-basierten Werkzeugen wie C++ mit Werkzeugkästen und Objektbibliotheken.

Ein wesentlicher Schritt wird die Zusammenführung der DBMS Technolgie mit objektorientierten Entwicklungswerkzeugen sein, der für ca. 1997 zu erwarten ist. Erst damit ist die Basis für die Erstellung von umfangreichen objektorientierten kommerziellen Lösungen gelegt, eine Voraussetzung, die für eine Durchdringung des Markts unumgänglich ist. Erst danach, d.h. nach dem Jahre 2000 wird die Objektorientierung in Standardlösungen Eingang gefunden haben und damit als Stand der Technik allgemein akzeptiert sein. Diese Entwicklung erscheint wahrscheinlich, da gerade mit großen Investitionen neu erstellte Standardlösungen, die für die nächsten Jahre den Markt bestimmen werden, noch nicht objektorientiert sind, jedoch erst einen Zyklus der Vermarktung durchmachen müssen, bis sie ersetzt werden können.

Aus dem skizzierten Ablauf ergibt sich, daß das objektorientierte Paradigma damit ca. dreißig Jahre benötigt, bis es als Stand der Technik breit im Markt eingeführt sein wird, wobei davon mehr als zehn Jahre durch zwei wesentliche Fehlentwicklungen und die Vermarktung eines ‚falschen' relationalen Paradigmas für die Weiterentwicklung der Objektorientierung verloren gingen.

A. Glossar

Objektorientierung – Definition der im Umfeld verwandten Terminologie
Mit ‚e‘ sind für dieses Buch geprägte eigene Definitionen gekennzeichnet

Abfrage (query/selection) Eine Aktivität, die die Selektion von Objekten über explizit oder implizit identifizierte Kollektionen basierend auf einem spezifizierten Selektionskriterium bewirkt.

Abstraktion (abstraction) Erkennen von wesentlichen Eigenschaften und Ähnlichkeiten in Entitäten/Objekten und das Konzentrieren für den Moment auf das Wesentliche und die Ähnlichkeiten nicht auf die Details und die Unterschiede. Abstraktion wird benötigt, um eine Klassenbildung durchführen zu können und möglichst allgemein verwendbare Objekttypen zu finden.

Abstrakter Datentyp (abstract data type) Beschreibung der externen Eigenschaften von abstrakten Entitäten/Objekten, d.h. aller verfügbaren Operationen mit den Parametern zu deren Aktivierung, manchmal auch als Schnittstelle bezeichnet. Klar von der externen Beschreibung eines Datentyps (Definitionsmodul) getrennt ist die Implementierung aus Datenstrukturen und Algorithmen (Implementationsmodul). Der abstrakte Datentyp ist begrifflich die Vorstufe zu einem Objekt.

Abstrakte Klasse (abstract class) Klasse, die selbst keine Instanzierungen besitzt, sondern nur als Oberklasse für die Vererbung von Eigenschaften auf abgeleitete Klassen dient.

Aggregation (aggregation) Zusammenfassen von mehreren Objekten zu einem komplexen Objekt unter Anwendung des kartesischen Produkts oder anderer ‚part-of‘ Beziehungen.

Aktion (action) ‚e‘ Aktionen werden durch Ereignisse oder Stimuli angestoßen und lösen evtl. die Durchführung einer Funktion oder Methode aus.

Aktivierung/Deaktivierung (activation/deactivation) Ein Objekt kann mit den Werten für seine Attribute instanziert in passivem Zustand persistent gespeichert sein. Bevor seine Methoden ausgeführt werden können, muß es aktiviert werden, d.h. in einen Arbeitsspeicher unter einen Prozeß gebracht werden. Nach der Verarbeitung wird es durch Ablegen in der Objektbank wieder deaktiviert.

Analyse (analysis) syn. Problemanalyse Allgemein: Das Studium eines Problems oder einer Aufgabenstellung, bevor eine Aktivität gestartet wird. In der DV: Studium eines Problems, welches zur Spezifikation eines extern wahrnehmbaren Verhaltens führt. Vollständige, konsistente und machbare Aussage über die Anforderung; funktionale und operationale Eigenschaften. Objektorientierte Analyse: Spezifikation der in einer Aufgabenstellung gefundenen Entitäten/Objekte und Klassen und deren statische und dynamische Beziehungen untereinander.

Anforderung (request) Eine Anforderung ist ein Ereignis bestehend aus einer Operation und keinem oder mehr Parametern. Ein Klient sendet eine Anforderung an einen Server, um einen Dienst erfüllt zu bekommen. Mit der Anforderung verbunden sind die Ergebnisse, die dem Klienten zurückgeliefert werden. Eine Nachricht kann eine Anforderung übertragen. Eine Anforderung enthält die Spezifikation für eine Operation und Parameter.

Argumente (arguments) Bestandteil einer Nachricht

Assoziation (association) Beziehung zwischen Objekten auf Klassenebene.

Aspekt (aspect) ,e' Betrachtung eines Datenobjekts bzw. Datensatzes durch eine Datensicht zur Auswahl bestimmter Attribute.

Asynchrone Anforderung (asynchronous Request) Eine Anforderung (Request), bei der der Anfordernde (Klient) nicht die Verarbeitung anhält, um auf das Ergebnis der Anforderung zu warten.

Atomität (atomicity) Operationen: Eigenschaft, welche sicherstellt, daß eine Operation entweder den Zustand aller an der Anforderung teilnehmenden Objekte verändert oder keine. Wenn eine Menge von Operationen atomisch sind, können Anforderungen an diese Operationen serialisiert werden. Attribute: Atomische Attribute sind solche, die nicht weiter zerteilbar sind wie z.B. Integerzahl, Boolscher Wert.

Attribut (attribute) ‚e' Eigenschaften von Entitäten der realen Welt werden in Attributen von Objektklassen beschrieben, wobei ein Attribut die Beziehung eines Objekts zu einer anderen Entität/Objekt darstellt, auch z.B. einem atomischen Typ. Üblicherweise stellt diese Beziehung eine Operation mit einem Parameter dar. >Eigenschaften. Attribute werden in einem DV System meist persistent verwaltet.

Ausprägung (occurance) Bezeichnet einen Eintrag in einer Tabelle oder die Instanz einer Objektklasse.

Austauschformat (exchange format) Beschreibung zum Ex-/Importieren von Objekten.

Autonomie (autonomy) Die abstrakten Datentypen erlauben es Objekten, als autonome Agenten zu fungieren, die auf eine Sammlung von Nachrichten in bestimmter Weise antworten. Ein autonomer Verarbeitungsknoten kann seine Ressourcen ausgewählten Nutzern im Netzwerk verfügbar machen. Der Eigentümer einer Ressource sollte immer die Möglichkeit haben, während des Betriebs Zugriffsrechte auf seine Ressourcen zu gewähren oder auch zurückzunehmen.

Behälter (bag, container) Ein Behälter enthält eine ungeordnete oder geordnete Menge von Tupeln oder Objekten, die als Ergebnis aus einer Selektionsoperation resultieren und auch doppelte Einträge derselben Objektidentität beinhalten. Die Objekte in einem Behälter können als Listen, Tabellen, Keller angeordnet sein.

Beziehung (relationship, link) Beziehung zwischen zwei oder mehr Entitäten oder Objekten, die *explizit* über Wertebeziehungen oder Verweise aus Objektidentifikatoren ausgedrückt wird. Relationship ist nicht zu verwechseln mit Relation: beide Begriffe sagen etwas völlig Verschiedenes aus. Statische Beziehungen können bestehen zur Zuordnung zu einer Klasse (Is-a-Beziehung), einem komplexen Objekt (Part-of Beziehung). Dynamische Beziehungen bestehen als Nachrichtenaustausch.

Binden (binding) Objektorientierung: Auswahl einer Methode durch eine rufende Operation und Verbindung mit den Parameterdaten, die von der Methode benötigt werden (Method Binding). >Dynamisches Binden, Statisches Binden. ‚Frühes Binden' (Early Binding) besagt, daß bereits beim Compilieren bekannt ist, welche vorhandenen Funktionen und Operatoren benutzt werden. ‚Spätes Binden' (Late Binding) besagt, daß die Verbindung in Form

von Adressen über Zeiger erst zur Laufzeit hergestellt wird, so daß z.B. die aktuelle Verarbeitungsroutine abhängig vom Objekttyp ausgewählt werden kann.
Client/Server Computing: Verbindung von Client zu Server über eine logische Identifikation, die über ein Directory in eine physische Identifikation umgewandelt wird.

Block (block) DBMS: Physikalische Struktur zur Speicherung von mehreren Datensätzen oder Tupeln auf Plattenspeicher.
Programmierung: Gekapselte Struktur (meist mit BEGIN ... END) eingegrenzt, die den Geltungsbereich von Variablen festlegt und in manchen Fällen Parallelarbeit zwischen Blöcken erlaubt.

Botschaft (message) = Nachricht

Canonische Synthese (canonical synthesis) Methode zum Aufbau eines canonischen Datenmodells, welches getrennte Sichten auf Daten zu einer einheitlichen Datenstruktur vereinigt. Diese Zusammenfügung eliminiert doppelte Datenelemente und Beziehungen zwischen diesen.

CASE (Computer Aided Software Engineering) Methodisch strukturierter Ansatz zur Analyse von Aufgabenstellungen und der Implementierung von Lösungen unterstützt durch Softwarewerkzeuge auf einem Rechner.

Client/Server Computing Aufteilung der Verarbeitung auf zwei oder mehrere Rechnerknoten, bei denen jeweils der eine als Anfordernder (Klient) und der andere als Dienstleister (Server) fungiert.

Dämon (daemon) Prozeß, der – einmal angestoßen – in einen Wartezustand geht und auf Aufträge von Klienten wartet, um dann aufzuwachen und diese zu bearbeiten.

Datenkapselung (encapsulation) > Kapselung

Datenmodell (data model) Allgemein eine Zusammenstellung von Entitäten, Operatoren und Konsistenzregeln. Modellierungsmöglichkeiten für Datenstrukturen: Das Entity/Relationship Modell kennt Entitäten und explizite Beziehungen zwischen Entitäten; das hierarchische Datenmodell kennt aus Segmenten zusammengesetzte hierarchisch strukturierte Daten; das Netzwerkdatenmodell kennt neben den hierarchischen auch netzwerkartige Strukturen verknüpft über Adreßverweise; das Non First Normal Form NF2

Datenmodell kennt strukturierte Entitäten vergleichbar zum hierarchischen und Netzwerkdatenmodell; das relationale Modell kennt nur flache Tabellen in der sog. ersten Normalform (NF1).

Datentyp (data type) (abstrakter Datentyp) Formale Beschreibung von Eigenschaften, die eine Menge von Gegenständen bzgl. ihres Datengehalts hat. Definition der Datenschnittstelle >Typ.

Datensicht (data view) Abbildung von ausgewählten Attributen eines Objekts für die Nutzung in der Methode eines Objekts.

Datensatz/Satz (record) Zusammenstellung von Attributen einer Entität. Manchmal äquivalent zu Tupel bzw. Reihe verwendet, wobei der Datensatz keine Normalisierung vorschreibt und eine Sturkturierung der Attribute erlaubt.

DBMS (Data Base Management System) System zur Verwaltung von Daten, die nach einem bestimmten Datenmodell strukturiert sind und mit den typischen Funktionen: Selektieren, Speichern, Löschen, Ändern verarbeitet werden können.

DCE (Distributed Computing Environment) Der von OSF (Open Software Foundation) definierte Ansatz für heterogen verteilte Verarbeitung bestehend aus Schnittstellen und einer Reihe von Produkten wie: Directory Services, Distributed File Service, Distributed Time Service, RPC Remote Procedure Call, Security Service, Threads.

Delegation (delegation) Während Vererbung statisch eine neue Objektklasse erzeugt, erlaubt die Delegation einem Objekt, dynamisch Methoden eines anderen Objekts zu nutzen und damit die Eigenschaften des neuen Objekts zu bestimmen. Mit Delegation wird kein statisch neu existierendes Objekt erzeugt, sondern nur dynamisch ein neues Objekt zusammengestellt.

Destruktor (destructor) Konstruktion in C++, mit der nicht mehr benötigte Objektinstanzen gelöscht werden.

Dienst (Service) Eine Verarbeitung, die für einen Klienten auf eine Anforderung hin durchgeführt wird.

Dienstleister (Server) > Server entspricht dem empfangenden Objekt für eine Nachricht.

Domäne (domain) Werte, die ein Attribut annehmen kann, bzw. Ausprägung von Werten eines Elements eines Set (Reihe) in einer Relation (Tabelle).

Dynamisches Binden (dynamic binding) Binden, welches erst nach Aussenden der Anforderung erfolgt und ermöglicht, daß Komponenten erst zur Ausführungszeit miteinander verknüpft werden, wobei die Typen dynamisch angepaßt werden. Dynamisches Binden erfordert ,Polymorphismus'.

Dynamische Typisierung (dynamic typing) Die Fähigkeit einer Routine die Typbeschreibung der Schnittstelle als Parameter entgegenzunehmen und für die Interpretation anderer Parameter zu verwenden.

Eigenschaften (properties) ,e' Attribute von Objekten innerhalb eines DV-Systems. Damit werden *Attribute* auf Entitäten der realen Welt und *Eigenschaften* für Objekte aus der DV Implementierung angewandt.

Einbettung (embedding) Erzeugen eines Objekts aus einer Entität, die kein Objekt ist, indem diese in eine entsprechende Hülle verpackt wird.

Eingang (entry) auch Prozeßeingang wird benutzt, um Rendezvous zwischen Prozessen zu bezeichnen. Der Eingang ist im sichtbaren Teil des Prozesses erklärt und entspricht der Spezifikation eines Unterprogramms.

Einschränkungen (constraints) Abstrakte Datentypen gehen davon aus, daß die möglichen Operationen vollständig zur Verfügung stehen. In der Realität werden meist nicht alle möglichen Operationen oder Wertebereiche implementiert, sondern nur eine beschränkte Menge. Um die Einschränkungen der Implementierung prüfen zu können, müssen diese ausgedrückt werden, z.B. als Einschränkung in der Menge der Werte für eine Instanzenvariable oder Vor-/ Nachbedingungen für Methoden, die die Einschränkungen abprüfen können.

Element (element) Feld zur Beschreibung eines Attributs eines Objekts.

Empfänger (receiver) Empfangendes Objekt für eine Nachricht, entspricht einem Server.

Entfernen (destruction) Eine Objektinstanz entfernen (löschen).

Entfernter Prozeduraufruf (remote procedure call RPC) Aufruf einer Prozedur in einem entfernten Verarbeitungsknoten über eine Kommunikationsstrecke.

Entität (entity) beschreibt ein Objekt der realen Welt in der Analysephase einer DV Lösung. Eine Entität ist äquivalent zu dem Begriff des Objekts einer DV Lösung, hat aber nicht die Eigenschaften, wie sie für das Objekt in der Informationsverarbeitung definiert sind.

Entity/Relationship Model (Entitäten/Beziehungen) Datenmodell, welches Objekte in ihrer Gesamtheit (Entität) abbildet und explizite Beziehungen zwischen diesen dokumentiert.

Entwurf (design) Spezifikation der Komponenten für die Lösung eines Anwendungsproblems. Der Entwurf wird im allgemeinen nach der Analyse eines Problems durchgeführt und hat zum Ziel, das Realitätsmodell auf den Lösungsbereich abzubilden. Objektorientierter Entwurf: Beschreibung der logischen und physischen sowie statischen und dynamischen Modelle des zu erstellenden Systems.

Ereignis (event) Aktivität, die durch eine Entität oder ein Objekt ausgelöst wird und eine Veränderung des Zustands einer Entität oder eines Objekts herbeiführen kann.

Ergebnis (results) Die Information, welche von einem Objekt auf eine Anforderung zurückgeliefert wird. Enthält Werte für Parameter und Statusinformation über die Anforderung z.B. eine Fehlermeldung.

Erzeugen (create) Eine Objektinstanz erzeugen.

Exemplar (instance) > Instanz.

Exportieren (export) Die Beschreibung eines Objekts an eine externe Entität übertragen.

Fabrik (factory) Eine Objektfabrik besitzt Dienste zur Erzeugung von Objekten.

Feld (array) Mehrwertiges Datenfeld mit einer oder mehreren Dimensionen.

Garbage Collection Bereinigung des Speichers von nicht mehr benötigten und nicht mehr benutzen Objektinstanzen.

Geheimnisprinzip (information hiding) Verbergen von Implementierungsdetails. Mit dieser Eigenschaft erlauben es objektorientierte Systeme, einzelne Komponenten mit ihrer extern sichtbaren Funktionalität zu definieren und ohne Auswirkung auf andere Komponenten auszutauschen, wenn sich ihre konkrete Implementierung ändert.

Generalisierung (generalization) Verallgemeinern eines Objekts, d.h. aus einem speziellen Objekt eine allgemeine Objektklasse ableiten bzw. aus einer Objektklasse eine andere Klasse, die in der Abstraktionshierarchie höher steht.

Generische Operation (generic operation) Eine Operation, die zu mehr als einer Methode gebunden werden kann.

Genestete Relationen (nested relations) In genesteten Relationen können Attribute in Tupeln wieder Relationen sein, d.h. der Konstruktor Relation kann genestet angewandt werden und erlaubt damit die Abbildung hierarchischer Strukturen. Genestete Relationen entsprechen nicht der relationalen Normalform und bilden die sog. Non First Normal Form (NF2) ab.

Geschützter Teil (protected section) Die Daten und Methoden dieses Teils einer Klasse sind nur Unterklassen für die Vererbung zugänglich.

Globale Variable (global variable) Variablen, die für Objekte aller Klassen im Zugriff stehen. Sie bleiben unabhängig von Exemplaren von Objekten permanent im Speicher erhalten. Eingeschränkt globale Variablen werden Pool-Variablen genannt und stehen nur für eine beschränkte Menge von Objekten im Zugriff, die diesen Pool referenzieren.

Hierarchie (hierarchy) Allgemeines Ordnungsprinzip zur Organisation von Strukturen bzw. Verantwortlichkeiten. Objektorientierung: Ordnungsprinzip der Abstraktion, welches es erleichtert, zusammengehörende Abstraktionen zu erfassen. Die wichtigsten Hierarchien sind die Generalisierungsstrukturen (kind-of-hierarchy) und die Aggregationsstrukturen (part-of-hierarchy).

Ikone (icon) Graphisches Bildsymbol zur Darstellung eines Objekts an der Nutzerschnittstelle.

Impedanzbruch (impedance mismatch) Nichtübereinstimmung der Möglichkeiten für Datenmodellierung und Verarbeitung der Analyse und Programmierumgebung.

Implementierung (implementation) Eine Implementierung schließt die Beschreibung der Datenstruktur und der Methoden einer Objektklasse ein. Meist beinhaltet die Implementierung auch die Beschreibung des geplanten Typs.

Implizites Binden (implicit Binding) Impliziertes Binden ermöglicht es, einer Operation während der Initilisierung mit dem Typ des ausgewählten Objekts zu binden.

Importieren (import) Erzeugen eines Objekts basierend auf einer Beschreibung, die von einer anderen Entität übertragen wurde.

Index (index) Programmierung: Ganze Zahl zur Positionierung auf einen Werteeintrag in einer Tabelle oder Liste; DBMS: Struktur von Verweisen, die ausgehend von einem Wert auf die Identifikation eines Satzes (Reihe, Tupel) oder eines Objekts führen.

Indizierte Kollektion (indexed collection) Kollektion, deren einzelne Elemente über einen Index als ganze Zahl ausgewählt werden können.

Inline Funktion (inline function) Für eine ‚inline Funktion‘ wird der Programmcode für den Funktionskörper ‚inline‘ in das Programm hineinkopiert, welches die Funktion aufruft.

Invertierte Liste (inverted list) Indexstrukturierte Listen, die als unterste Ebene die Identifikationen von Sätzen bzw. Objekten enthalten und eine Verknüpfung mehrerer solcher Listen zur Selektion von Sätzen/Objekten ermöglichen.

Instanz (instance) Ausprägung eines Objekts, welches zu einer bestimmten Objektklasse gehört. Eine aktive Instanz erlaubt die Ausführung der Methoden, während eine passive Instanz bedeutet, daß das Objekt persistent in einer Objektdatenbank abgelegt ist. Ein Objekt ist eine Instanz einer Klasse.

Instanzierung (instanciation) Erzeugen der Instanz eines Objekts einer bestimmten Objektklasse. Manchmal auch mit Inkarnation bezeichnet.

Kapselung (encapsulation) syn. Geheimnisprinzip (information hiding) Zusammenfassung von Daten und Verarbeitungsprozeduren in einer Definition für eine Objektklasse, wobei der Zugriff auf das Objekt nur über definierte Schnittstellen möglich ist, so daß klar zwischen der Spezifikation

und der Implementierung einer Operation oder der Daten (logische Datenunabhängigkeit) unterschieden wird. Kapselung erlaubt das Verbergen aller.
Details eines Objekts, die nicht zu seinen wesentlichen äußeren Eigenschaften
beitragen. Kapselung macht es möglich, einzelne Objekte auszutauschen bzw.
die Implementierung der Funktionalität eines Objekts bei Beibehaltung der
äußeren Schnittstellen bzw. des Typs zu verändern, ohne daß davon andere
Objekte betroffen würden, die auf das veränderte Objekt zugreifen.

Kardinalität (cardinality) Festlegung der Wertigkeit einer Beziehung. Unterschieden werden 1:1, 1:n, n:m Beziehungen.

Kartesisches Produkt (cartesian product) Begriff aus der relationalen
Theorie, der die Verknüpfung von zwei Tabellen durch ‚Ausmultiplizieren‘,
d.h. Verbinden jeder Zeile einer Tabelle mit jeder Zeile der anderen, wobei
jede Zeile alle Spalten der beiden verknüpften Tabellen beinhaltet. Bei Vorhandensein eines gemeinsamen Schlüssels wird die Verknüpfung von Zeilen
über gemeinsame Schlüsselwerte durchgeführt.

Klasse (class) Beschreibung aller gemeinsamen Eigenschaften für die Implementierung einer Menge von Objekten, die dieselbe Charakteristik (Verhalten) aufweisen. Klassen erlauben die Ableitung neuer Objektklassen aus
bereits bestehenden durch Vererbung und die Instanzierung von Ausprägungen von Objekten dieser Klasse. Dabei wird jeweils die **Kapselung** des Objekts mit Zugriff nur über eine definierte Schnittstelle (Typ) erhalten. Typen
klassifizieren Objekte nach gemeinsamen Schnittstellen und Eigenschaften,
Klassen nach gemeinsamer Art der Implementierung. Der Begriff Klasse beinhaltet semantisch eine ‚Objektfabrik‘, in der neue Objektinstanzen erzeugt
werden und ein ‚Objektlager‘, in dem Instanzierungen von Objekten abgelegt
sind. Subklassen sind von einer anderen Klasse abgeleitete Spezialisierung,
Superklassen sind solche, von denen andere abgeleitet sind.

Klassenausdehnung (class extension) Beschreibt die zu einer Zeit aktuell existierenden Instanzen einer Klasse. Die Klassenausdehnung entspricht
der Kollektion (collection), die in einer Menge oder Matrix alle Instanzen der
Objekte einer Klasse beinhaltet.

Klassendeklaration (class declaration) Gesamtheit aller Angaben zur
Spezifikation der Komponenten einer Klasse.

Klassenkörper (class body) Enthält die Operationen einer Klasse.

Klassenvariable(class variable) Variablen, die für alle Objektinstanzen einer Klasse im Zugriff sind.

Klassenvererbung (class inheritance) Ableitung einer Klasse von Objekten von einer anderen Klasse durch Spezialisierung und inkrementale Veränderung der Ursprungklasse. Dabei erbt die abgeleitete Klasse sämtliche Eigenschaften der allgemeineren Klasse. Optional können die Definitionen einzelner Variablen und Methoden überschrieben werden (substitution). Bei einfacher (single) Vererbung wird eine Objektklasse von einer einzigen anderen abgeleitet, bei mehrfacher (multipler) Vererbung von mehreren.

Klassenobjekt (class object) Ein Objekt, welches als Klasse fungiert, d.h. im Sinne einer Klassenfabrik (Factory) agieren und Instanzen erzeugen kann.

Klassenverkettung (class concatenation) Zusammensetzung mehrerer (Basis)-Klassen zur Erzeugung einer zusammengesetzten Klasse. Eine zusammengesetzte Klasse ist äquivalent zu einer Subklasse.

Klient (client) Anfordernder (Requestor) für eine Dienstleistung im Client/ Server Modell. Ein Objekt kann für einige Anforderungen als Klient, für andere als Dienstleister (Server) fungieren. Sender einer Nachricht zur Anforderung der Ausführung einer Methode im objektorientierten Verständnis.

Knoten (node) Rechner auf dem bestimmte Teile einer verteilten DV Infrastruktur untergebracht sind.

Kollektion (collection) Allgemeine Gruppierung von Elementen, die in weitere Unterklassen wie Behälter (bag), Menge (set), indizierte Kollektion (indexed collection) spezialisiert ist.

Kommunikation (communication) Austausch von Nachrichten unter Nutzung eines definierten Protokolls.

Kommunikationsprotokoll (communication protocol) Protokoll, welches festlegt, auf welche Art (mit welcher Technik) zwei Partner miteinander kommunizieren, z.B. TCP/IP Internet Protocol, OSI Open Standard Interface, SNA System Network Architecture. Das Kommunikationsprotokoll legt nicht fest, welche Information die Kommunikationspartner in welcher Form austauschen.

Komplexes Objekt (complex object) Objekt zusammengesetzt aus anderen Objekten oder aufgebaut aus einer Kollektion von atomischen Attributen durch die Anwendung von Satz- oder Mengenoperatoren wie Listen (lists), Feldern (arrays) oder Mehrfachsets (bags).

Komponente (component) Eine Komponente ist ein Objekt, welches Teil eines zusammengesetzten Objekts ist.

Konformität (conformance) Eine Beziehung zwischen Typen, die besagt, daß Typ A zu Typ B konform ist, wenn jeder Wert, der Typ A befriedigt, auch Typ B befriedigt.

Kontextfreie Operation (context-independent operation) Eine Operation, bei der alle Anforderungen unabhängig von der Lokation oder dem Namen et al. des Klienten dieselbe Wirkung erzeugen.

Konsistenz (consistency) Definition von Regeln für Redundanzen in einer Menge von Relationen.

Konstruktor (constructor) Operation, die das Erzeugen von Objektinstanzen ermöglicht. Entspricht der Methode ‚New‘.

Leerwert (empty value) Wert einer Variablen oder eines Attributes, der anzeigt, daß dieser/m kein Wert zugewiesen ist, der Wert also nicht definiert ist.

Liste (list) Geordnete Menge von Tupeln bzw. Objekten .

Makler, Händler (broker, trader) Vordefiniertes Objekt, welches Zugriff zu einem Objektverzeichnis besitzt und ein Objekt im Netz lokalisieren und die Bindung zu dem Klienten herstellen kann.

Menge (set) Ungeordnete oder geordnete Menge von Tupeln oder Objekten, die als Ergebnis aus einer Selektionsoperation resultieren und keine doppelten Einträge derselben Objektidentität beinhalten.

Merkmal ‚e‘ Mit Maßeinheit versehenes Attribut einer Entität, das deren Eigenschaften für Simulationszwecke beschreibt.

Metaklasse (metaclass) Klasse, die für andere Klassen als ‚Klassenfabrik‘ fungieren kann, d.h. während eine Klasse Objektinstanzen erzeugen kann, kann eine Metaklasse Klassen als Instanzen erzeugen.

Metaobjekt (metaobject) Ein Objekt, welches einen Typ, Operation, Klasse, Methode für eine andere Objektklasse beschreibt.

Methode > syn. Operation (method) Prozedur, die das Verhalten von Objekten bestimmt. Prozeduren können in beliebigen Programmiersprachen implementiert sein. Eine Methode entspricht einem Unterprogramm.

Methodenschnittstelle (method interface) Die Liste aller Nachrichten, auf die ein Objekt mittels einer Methode antworten kann. Entspricht dem Typ des Objekts.

modal (modal) Modale Verarbeitung besagt, daß eine Operation immer abgeschlossen werden muß, bevor eine neue begonnen werden kann. Nichtmodale Verarbeitung ergibt sich z.B. in einer Umgebung in der mehrere unabhängige ‚Fenster' der Nutzeroberfläche parallel Operationen ausführen können.

Modul (module) Ist eine softwaretechnische Einheit, die eine funktionale oder eine Datenabstraktion realisiert. Sie bietet zu ihrer Benutzung nach außen eine Anzahl von Operationen über eine Schnittstelle. Sie besteht intern aus lokalen Datenstrukturen, Parametern und evtl. einem Kontrollausdruck für die Synchronisation mit anderen Prozessen. Ein Modul entspricht in seiner Kapselung einem Objekt.

Modularisierung (modularization) Prinzip der strukturierten Programmierung, nach dem Funktionen eines Systems jeweils nur in definierten Modulen gegliedert implementiert werden. Damit wird es möglich, ein System aus einzelnen Komponenten aufzubauen, die getrennt erstellt bzw. verändert werden können. Modularisierung und Kapselung entsprechen einander.

Monitor (monitor) Von Hoare entwickeltes Konzept zur Synchronisation der Bearbeitung von Prozeduren in Prozessen.

Multiple Vererbung (multiple inheritance) Vererbung auf eine (Sub-) Unterklasse aus mehreren (Super-)Oberklassen

Nachricht (message) = Botschaft Objektorientierung: Objekte verkehren miteinander durch Nachrichten. Das anfordernde Objekt >Klient sendet eine Nachricht, die dann vom Empfänger als Dienstleister (>Server) empfangen wird und dort die Ausführung einer Methode auslöst (triggert). Eine Nachricht enthält den Namen der Objektklasse, den Namen oder Selektor der Methode und Parameter. Manchmal auch Botschaft oder Stimulus genannt.

Nebenläufigkeit (parallel processing) auch Kolateralität Die Fähigkeit zur Nebenläufigkeit/Kolateralität ermöglicht, daß gleichzeitig mehrere Objekte Operationen in Prozessen ausführen können, was beim Vorhandensein von mehreren Prozessoren zu einer echten Parallelverarbeitung führen kann.

Netz (network) Gesamtheit aller verbundenen Verarbeitungsknoten, die für eine verteilte Verarbeitung verfügbar sind.

Normalform (normal form) Eine Relation liegt in relationaler Normalform vor, wenn diese in einer zweidimensionalen Tabelle abgebildet werden kann, da alle Elemente einfach sind.

Normalisierung (normalization) Auflösung einer Datenstruktur, so daß nur ‚flache' Tabellen ohne jede Wiederholung von Werten einzelner Elemente entstehen, wobei jede entstehende Tabelle eine Domäne (Spalte) enthält, die als Schlüsselwert die einzelnen Tupeleinträge (Reihen) der Struktur in der Tabelle eindeutig identifiziert.

Oberklasse (superclass) In der Vererbungshierarchie übergeordnete Klasse, von der Objektklassen auf unteren Ebenen abgeleitet sind und damit Klasse höherer Abstraktion.

Objekt (object) Ein Objekt in der Datenverarbeitung kapselt Datenattribute als Variablen und Prozeduren als Methoden. Es kommuniziert mit anderen Objekten über Nachrichten und verhält sich wie ein schwarzer Kasten, indem es die interne Implementierung über wohldefinierte Schnittstellen verdeckt. Ein Objekt hat zu jeder Zeit einen definierten Status. Ein Objekt ist eine Instanz einer Objektklasse. Manchmal wird Objekt lax als Synonym für eine instanzierte Ausprägung einer Objektklasse verwandt. Für verschiedene Bereiche in der Datenverarbeitung wird unter einem Objekt Unterschiedliches verstanden:

- Analyseobjekt: Abbildung einer Entität der realen Welt für die Datenverarbeitung.
- Speicherungsobjekt in der Datenbank: Strukturiertes Datenobjekt, welches in strukturierten Datensätzen zur persistenten Speicherung beschrieben wird.
- Verarbeitungsobjekt in der Programmierung: Zusammenführung von Daten und Methoden zu einer Verarbeitungseinheit.

– Darstellungsobjekt: Aufbau einer Lösung aus vorgefertigten Bausteinen und Darstellung der Objekte über graphische Ikone, die zusammengesetzt werden und damit Makrofunktionen bilden.

Objektballung (clustering) Speicherung von Daten eines komplexen Objekts nahe beieinander, um möglichst schnell auf alle Daten zusammen für die Verarbeitung zugreifen zu können.

Objektidentität OID (Objekt Identifikator, object identifier, object name) Eindeutige Kennzeichnung einer Objektinstanz – entweder über logische Identifikation oder über die physische Lokation der Objektinstanz

Objektorientierung (object orientation) Architektur für Datenverarbeitungslösungen bei der die Objekte der DV Lösung sich an den Objekten der Realität ausrichten. Objektorientierung erleichtert die Implementierung von komplexen Systemen aus definierten Bausteinen. Objektorientierung ist definiert für die Bereiche: Analyse, Datenspeicherung, Programmierung, Organisation.

Objektschnittstelle (object interface) Eine Beschreibung der Menge möglicher Nutzungen für ein Objekt. Die Objektschnittstelle ist die Vereinigung aller Typenschnittstellen eines Objekts.

Öffentlicher Teil (public section) Die Daten und Methoden dieses Teils einer Klassendefinition sind allgemein zugänglich.

OODBMS (Object Oriented Data Base Management System) Datenbanksystem, welches strukturierte Datenobjekte verwalten kann und meist auch eine Integration von Programmen und Daten im Sinne der Kapselung.

OBMS (Object Base Management System) Verwaltungssystem für Objekte, welche die Klassenbeschreibung mit Datenstrukturen und Methoden und daneben auch die Instanzen von persistenten Objekten aufnehmen kann. Das OBMS kann neben der Verwaltung inaktiver Objekte diese auch aktivieren und bietet dafür die erforderlichen Ressourcenverwaltung.

Operation syn. >Methode Prozedur, die angefordert werden kann und das Verhalten von Objekten bestimmt. Eine Operation besitzt eine >Signatur, die festlegt, welche Parameter aktuell für eine Anforderung an die Operation sinnvoll sind. Prozeduren können in beliebigen Programmiersprachen implementiert sein. Eine Operation besteht aus einem Algorithmus, lokalen

Funktionen und Parametern. Operationen arbeiten immer innerhalb der Umgebung eines Programms oder Objekts (Moduls). Aufrufe von Operationen können synchron oder asynchron erfolgen.

Operationsname (operation name) Name, der in einer Anforderung benutzt wird, um eine Operation zu identifizieren.

ORB (Object Request Broker) Liefert die Funktionen und Infrastruktur, die es Objekten ermöglichen, Anforderungen abzusetzen und entgegenzunehmen.

Paradigma (paradigm) Unterliegendes Verständnismodell oder Muster als Zusammenfassung der Axiome für die Definition und Charakterisierung einer bestimmten Methode oder Technologie.

Persistentes Objekt (persistent object) Ein Objekt, welches den Prozeß, den es erzeugt hat, passiviert überleben kann. Ein persistentes Objekt existiert, bis es explizit gelöscht wird.

Persistenz (persistence) Ablage des Zustandes eines Objekts mit allen Attributen in einer nicht flüchtigen Form und damit allgemein die Fähigkeit, eine große Menge von langlebigen Daten effizient und zuverlässig zu verwalten. Persistente Datenspeicherung.

Pfad (thread) DBMS, Objektorientierung: zusammengesetzte Schlüsselwerte in einem Index, der einen schnelleren Zugriff beim Vorliegen einer Kombination der im Pfad zusammengesetzten Werte erlaubt. Client/Server Computing, TP-Monitore: Die Möglichkeit, eine Funktion für mehrere Nutzer parallel auszuführen durch eigene Verwaltung der Parallelarbeit unter Nutzung eines Prozessors und Überlappung der Eingabe/Ausgabe Wartezeiten.

Polymorphismus (polymorphism) Allgemein die Eigenschaft, verschiedene Formen annehmen zu können. In der Programmierung: derselbe Programmkonstrukt kann verschiedene Typen annehmen und damit Typen unterschiedlicher Objekte handhaben. Polymorphismus ist z.B. nützlich für eine Funktion wie ‚Drucken‘, wo diese für möglichst viele Typen von Objekten angewandt werden soll und erst beim Empfang der Nachricht festgelegt wird, wie das spezielle Verhalten aussieht. Polymorphismus ist auch die Eigenschaft, daß eine Nachricht abhängig von der Klasse des Objekts, welches die Nachricht empfängt unterschiedliche Operationen auslösen kann. Zum Beispiel hat die Nachricht ‚hinzufügen‘ eine andere Wirkung, wenn sie an eine Zahl gesandt wird (Addition) als an eine Liste (Element hinzufügen).

Primitive Funktion (primitive function) = Kernfunktion Funktion, die als Routine eine Sequenz von Maschinenanweisungen des realen Prozessors enthält.

Private Variable (private variable) Es existieren zwei Arten von privaten Variablen: Instanzvariablen, die nur während der Existenz einer Objektinstanz existieren und temporäre Variablen, die nur als Zwischenspeicher während der Bearbeitung einer Methode fungieren. Private Variablen stehen nur innerhalb der Objektinstanz im Zugriff.

Privater Teil (private section) Daten und Funktionen eines Objekts, die nur innerhalb der Objektinstanz selbst zugänglich sind.

Projektion (projection) Auswahl von bestimmten Spalten (Attributen) für die Verarbeitung mit Unterdrückung von Duplikaten – distinkte Projektion – in der entstehenden Ergebnistabelle. In einer ‚nichtdistinkten Projektion‘ wird die Unterdrückung der Duplikate unterbunden.

Prozedur (procedure) Zusammenfassung von Verarbeitungsschritten in einer Form, die eine Wiederholung ermöglicht. Prozeduren können durch die Zusammenstellung von geschriebenen Anweisungen oder durch das Mitschneiden von Anweisungen bei deren Ausführung erstellt werden.

prozedural (procedural) Schrittweiser Verarbeitungsablauf, bei dem die einzelnen Verarbeitungsanweisungen in der Reihenfolge ihrer Position abgearbeitet werden. Entsprechend ‚nichtprozeduraler‘ Verarbeitungsablauf, in dem die einzelnen Anweisungen unabhängig von ihrer Position abgearbeitet werden.

Prozeß (process, task) Umgebung zur Ausführung einer Verarbeitung auf einem Prozessor. Ein Prozeß kann als Verarbeitungsobjekt interpretiert werden.

Prozessor (processor) Physischer Prozessor eines Rechners, der Instruktionen ausführen kann.

Referentielle Integrität (referential integrity) Sicherstellung, daß ein Verweis in einer Tabelle auch tatsächlich auf ein einziges vorhandenes Tupel in einer anderen Tabelle verweist.

Reihen (rows) Bezeichnung für Datensätze im relationalen Datenmodell. Ausprägungen in einer Tabelle.

Redundanz (redundancy) Eine Relation ist redundant, wenn sie aus einer Projektion besteht, die aus einer anderen Relation abgeleitet werden kann (strong redundancy) oder aus der Vereinigung (Join) mehrerer anderer Relationen (week redundancy).

Rekursiv (recursive) Möglichkeit eine Beziehung auf Ausprägungen desselben Typs wiederholt (rekursiv) aufzubauen.

Relation (relation) Zusammenfassung von n-Tupeln, die dieselben Elemente beinhalten. Manchmal wird anstelle des Begriffs Relation auch der Begriff Tabelle verwandt.

Relationales Modell (relational model) Datenmodell, welches keine Datenstrukturierung erlaubt, sondern nur flache Relationen, die Tupel mit Werten für atomische Attribute beinhalten. Alle Strukturen müssen im relationalen Datenmodell ‚normalisiert‘ werden, bis sie keine Wiederholungen enthalten und der sog. dritten Normalform genügen. Das relationale Modell umfaßt auch den Ansatz der Verarbeitung von selektierten Tupeln bzw. Objekten in Mengen (Sets) anstelle der Verarbeitung eines nach dem anderen.

Rendezvous Synchronisationstechnik zwischen Prozessen, verwandt in der Sprache Ada.

RPC (Remote Procedure Call) Aufruf eines Unterprogramms über eine Kommunikationsstrecke, wobei sich der Aufruf dem Nutzer identisch zu einem lokalen Aufruf darstellt und Systemdienste den transparenten Transport und Anschluß an eine Server-Prozedur abwickeln.

Selbst-Referenz (self-reference) Die Fähigkeit einer Methode, die in der Anforderung identifizierten Objekte für den Dienst der Methode selbst zu bestimmen.

Selektion (selection) Auswahl von Datensätzen (Reihen) oder Objekten aus einem Bestand über ein Selektionskriterium aus einem oder mehreren Werten von Attributen. Die Selektion als Begriff der relationalen Theorie resultiert immer in einem Ergebnisset (Menge), die dann insgesamt verarbeitet werden kann.

Selektor (selector) Symbolischer Name als Teil einer Nachricht, der die gewünschte Operation/Methode bei dem empfangenden Objekt auswählt.

Semaphor (semaphore) Konzept zur Synchronisation von Prozessen, das auf dem Austausch von Nachrichten zwischen Prozessen basiert und den Zutritt zu einem Prozeß regelt. Ein Semaphor kennt zwei Nachrichten, eine für den Wartezustand eines Prozesses und eine als Signal für die Freigabe.

Server Dienstleister, dessen Dienste von Klienten angefordert werden können. Dabei kann eine Anforderung für einen Dienst lokal in demselben Knoten oder aber auch über eine Kommunikationsstrecke abgesetzt werden.

Sicht (view) Projektion auf die gesamte Datenstruktur eines Datensatzes/Objekts, welche nur die für einen Nutzer bzw. eine bestimmte Verarbeitung relevanten Attribute anbietet. Relational: Zusammenfassung von mehreren Tabellen über eine JOIN Operation (kartesisches Produkt) und Projektion auf alle Attribute (Spalten) der zusammengeführten Tabellen.

Signatur (signature) Beschreibung der Struktur und der Parameter des Typs bzw. der Eingangs- und Ausgangsschnittstelle einer Methode. Wird eine Anforderung mit einer falschen Signatur an eine Methode ausgesandt, erfolgt eine Fehlermeldung an den Klienten.

Spalte (column) Bezeichnung für ein Attribut im relationalen Datenmodell.

Speicherbereinigung (garbage collection) Eliminierung nicht mehr benötigter Objektexemplare zur Wiedergewinnung von freiem Speicher.

Statisches Binden (static binding) Binden, welches vor dem Aussenden einer Anforderung erfolgt (meist zur Compilierungszeit).

Status (state) Jede Ausprägung/Instanz eines Objekts befindet sich zu jeder Zeit in einem definierten Status. Durch eine Nachricht kann eine Operation/ Methode aktiviert (getriggert) werden, die das Objekt von einem Status in einen anderen überführt.

Statusintegrität (state integrity) Erfordert, daß der Status eines Objekts nicht durch äußere Ereignisse beeinflußt werden kann.

Statuskonsistenz (state consistency) Stellt sicher, daß der Status eines Objekts mit dem Datenmodell übereinstimmt.

Statusvariable (state variable) Teil der Beschreibung des Status eines Objekts.

Stimulus (stimulus) Manchmal synonym für Nachricht verwandte Bezeichnung mit dem Sinngehalt, daß eine Nachricht in einem Objekt immer eine Aktion auslöst.

Struktur (structure) Beschreibung des Aufbaus von Datensätzen oder Objekten, die nicht der relationalen Normalform entsprechen.

Strukturierte Programmierung (structured programming) Verfahren zum Aufbau von DV Systemen, wobei Funktionen möglichst klar geordnet in Modulen angeordnet werden, die über Schnittstellen miteinander kommunizieren. Die strukturierte Programmierung verfolgt dieselben Ziele wie die Objektorientierung, ohne jedoch neben dem technischen Strukturierungsansatz ein Modell für die Abbildung der Realität zu beinhalten.

Subklasse (subclass) = Unterklasse = abgeleitete Klasse (derived class) Von einer Superklasse = Oberklasse durch Vererbung abgeleitete Klasse.

Substituierbarkeit (substitutability) Austauschbarkeit eines Objekts gegen ein anderes. Substituierbarkeit zwischen Objekten ist immer dann gegeben, wenn die entsprechenden Objekte als Subklassen einer gemeinsamen Klasse auf höherer Hierarchiestufe interpretiert werden können.

Subtype (subtype) Entsprechend der Hierarchie in der Klassenvererbung der Implementierung stellt Subtypisierung eine Hierarchie in der externen Schnittstelle bzw. Typ von Objekten dar. Ein Objekt ist ein Subtyp eines anderen Objekttyps, wenn es eine Untermenge der Eigenschaften des übergeordneten Typs abbildet.

Synchrone Anforderung (synchronous request) Eine Anforderung, bei der der Klient in einen Wartezustand geht, bis das Ergebnis zurückgeliefert ist.

Superklasse (superclass) = Oberklasse = Elternklasse Eine in der Vererbungshierarchie weiter oben angesiedelte Klasse.

Tabelle (table) Allgemein: zweidimensionale Anordnung von Werten in Spalten und Zeilen. Relational: Zweidimensionale Struktur aus Spalten (columns) und Zeilen (rows) zur Abbildung einer Relation für die externe Darstellung bzw. die Speicherung in der Datenbank.

Teilnahme (participate) Ein Objekt nimmt an einer Anforderung teil, wenn einer oder mehrere Parameter das Objekt identifizieren.

Transientes Objekt (transient object) Ein Objekt, dessen Existenz mit dem Ende des Prozesses oder Thread endet, der das Objekt erzeugt hat.

Trigger (trigger) Programmprozedur, die meist an ein Attribut eines Datenbestands in einer Datenbank geknüpft ist und bei Referenzierung dieses Attributs aktiviert wird.

Tupel (tuple) Ausprägungen (Reihen) in einer Relation/Tabelle von Reihen derselben Datenstruktur bestehend aus Spalten (Attributen). Tupel sind aus Elementen (Spalten/Attributen) zusammengesetzt.

Typ (type) Objekttyp: Beschreibung aller gemeinsamen Eigenschaften einer Menge von Objekten an der Schnittstelle. Typen erlauben die Prüfung von Schnittstellendefinitionen bei der Erstellung von Programmen entsprechend dem Prinzip der Kapselung. Begriff Typ beinhaltet semantisch die Spezifikation und Prüfung von Schnittstellen. Oft wird Typ und Klasse wechselweise verwandt, so daß sie fast als synonym betrachtet werden müssen, wobei Klassen genauer Objekte nach gemeinsamer Implementierung klassifizieren. Datentyp: abstrakter Datentyp.

Typenobjekt (type object) Objekt, welches als Typ fungiert.

Überladen (overloading) Form des Polymorphismus. Bei der Instanzierung eines Objekts können gesteuert über Struktur und Inhalt der Parameter die Eigenschaften des Objekts verändert - überladen - werden. Damit wird das Objekt an die aktuelle Aufgabenstellung angepaßt. Auch kann die Funktion von Operatoren durch die Parameter beeinflußt=überladen werden. So reagiert z.B. der arithmetische Operator ‚+' verschieden, je nachdem ob Integer- oder Gleitkommazahlen addiert werden. Die Objektorientierung erweitert das Überladen auf ganze Operationen beliebiger Objekttypen.

Überschreiben (overriding) Form des Polymorphismus, bei der eine Subklasse die ererbte Methode einer übergeordneten Klasse bei der Vererbung überschreiben kann, indem sie unter demselben Namen eine neue Methode einfügt. Die jeweils auf unterster Ebene eingeführte Methode wird zuerst angezogen und überschreibt damit die ererbte. Es ist möglich auf einer niederen Stufe eine in der Hierarchie bereits überschriebene Methode einer Superklasse wieder zu aktivieren, indem diese explizit über den Namen der Superklasse identifiziert wird.

Variable (variable) ‚e' Namentlich bezeichneter Datenwert, der nur innerhalb eines DV Systems auftritt und nicht direkt ein Attribut einer realen Entität ist. Instanzenvariablen eines Objekts enthalten den jeweils aktuellen Status der individuellen Instanz einer Objektklasse.

Vereinigung (join) Verknüpfung von zwei oder mehreren relationalen Tabellen über das kartesische Produkt, wobei alle Spalten und Reihen ausmultipliziert werden und evtl. eine Spalte (Attribut) mit demselben Dateninhalt in beiden Tabellen zur gemeinsamen Verarbeitung der Daten verfügbar ist.

Vererbung (inheritance) Weitergabe von Eigenschaften von einer Klasse an eine hierarchisch untergeordnete Klasse. Die untergeordnete (Sub- oder Unter-) Klasse erbt dabei die Datenstruktur (Attribute) und das Verhalten (Methoden) von einer oder mehreren anderen Klassen. In einer einfachen Vererbung erbt ein untergeordnete Objektklasse die Eigenschaften einer übergeordneten Klasse. Bei mehrfacher Vererbung kann eine untergeordnete Klasse Eigenschaften von mehreren übergeordneten Klassen erben.

Verhalten (behaviour) Aktive Komponente von Objektklassen, die durch die >Methoden bzw. >Operationen definiert wird. Das Verhalten eines Objekts ist der wahrnehmbare Effekt bei der Bearbeitung einer Anforderung (einschließlich der Ergebnisse).

Verhaltenskonsistenz (behaviour consistency) Stellt sicher, da das Verhalten eines Objekts die Statuskonsistenz wahrt.

Version (version) Objekte oder Datensätze können über den Zeitverlauf in verschiedenen definierten Versionen existieren, die von einigen Systemen auf Anforderung wieder hergestellt werden können.

Verweis (handle) Eine Objektbezeichnung, die ein Objekt eindeutig kennzeichnet und auffinden kann. Ein Verweis (handle) kann verschieden implementiert werden als: Adreßverweis, ein Verweis auf einen Namen in einem Directory et al.

Wert (value) Jeder mögliche Parameter in einer Anforderung ist durch einen Wert repräsentiert.

Warten, Wartezustand (wait state) Zustand, in dem ein Prozeß temporär deaktiviert ist und auf das Eintreten eines Ereignisses (auch Ablauf eines Zeitintervalls) wartet.

Warteschlange (queue) Liste von Aufträgen für eine Verarbeitung, die noch nicht für eine Verarbeitung ausgewählt sind.

Wasserfallmodell (waterfall model) Streng in getrennte Phasen aufgeteilter Ablauf für die Erstellung einer Anwendungslösung bestehend aus Analyse, Entwurf, Implementierung, Test, Wartung. Das Wasserfallmodell birgt die Gefahr, daß ein System nicht wirklich die Anforderungen trifft, indem die Anforderung zu theoretisch analysiert wird und keine Rückkopplungsmöglichkeiten zur Verifikation des Ansatzes während der Implementierung gegeben sind. Die Objektorientierung unterstützt ein Phasenmodell, bei dem die einzelnen Phasen nicht isoliert sind, sondern ein System, das mehr inkrementell und iterativ erstellt wird. Dabei erlaubt die Kapselung, einzelne Komponenten zu verändern, ohne daß damit das gesamte System beeinflußt wird.

Wertabhängige Operation (value dependent operation) Eine Operation, bei der das Verhalten für den entsprechenden Auftrag davon abhängt, welcher Namen zur Identifikation des Objekts benutzt wurde, wenn das Objekt mehrere Namen hat.

Zeiger (pointer) Indirekter Verweis auf ein Objektexemplar oder einen Wert über eine Adresse.

Zugriffsschutz (protection) Zugriffsschutz ermöglicht den Schutz von Ressourcen vor unbefugtem Zugriff. Zugriffsschutz ist Voraussetzung für Autonomie, die es einem Eigentümer von Ressourcen ermöglicht, anderen Nutzern gezielt Zugriff zu erlauben oder zu verwehren.

Zusammengesetztes Objekt (compound object) Ein Objekt, welches aus mehreren Objekten zusammengesetzt ist. Zusammengesetzte Objekte entstehen durch die ‚Teil-von'-(part-of') Beziehung, welche in der Analyse erarbeitet wird, um die Struktur komplexer Objekte zu erkennen.

B. Literaturverzeichnis

[Abiteboul et al. 87]   S. Abiteboul, P.C. Fischer, H.-J. Schek
(Eds.) „Nested Relations and complex Objects in
Databases", *Lecture Notes in Computer Science 361,
Springer Verlag,* 1987

[ACM 81]   J. Nehmer (Hrsg.),„Implementierungssprachen für
nichtsequentielle Programmsysteme", *German Chapter
of ACM Tagung,* 1981

[Ada 80]   „Reference Manual for the Ada Programming
Language", *United States Department of Defense,* 1980

[ASDR 89]   „Object-Oriented Technology", *Industry Report,
Advanced Software Development Research,* New
Science Associates, 1989

[Astrahan et al. 76]   M.M. Astrahan, M.W. Blasgen, D.D. Chamberlin, K.P.
Eswaran, J.N. Gray, P.P. Griffith, W.F. King, R.A. Lorie,
P.R. McJones, J.W. Mehl, G.R. Putzolu, I.L. Traiger,
B.W. Wade und V. Watson,„System R: relational
approach to database management", *ACM, New York,
S. 191-200,* Waterloo 1984

[Astrahan 76]   M. Astrahan et al.:„System R: Relational Approach to
Database management", *ACM TODS(1),* 1976

[Atkinson et al. 89]   M. Atkinson, F. Bancilhon, D. DeWitt, K. Dittrich,
D. Maler, S. Zdonik,„The Object-Oriented Database
System Manifesto", *Rapport Technique Altair 30-89,*
8/1989

[Bancilhon 88]   F. Bancilhon, O2 Technology, „Understanding Object-Oriented Database Systems", *Proceedings DOOD 89, Kyoto*, Dec. 1989

[Bartlett 77]   J.F. Batlett, TANDEM COMPUTERS Inc., „A Nonstop Operating System"

[Beeri 90]   C. Beeri, „A formal approach to object-oriented databases", *Data and Knowledge Engineering*, 5(4):353-382, 1990

[Bolkart 87]   W. Bolkart, „Programmiersprachen der vierten und fünften Generation", *McGraw-Hill Texte*, 1987

[Booch 90]   Booch, „Object-oriented design with applications", *Addison Wesley*, 1990

[Booch 91]   G. Booch, „Object-oriented design with applications", *Benjamin Cummings, Redwood City (CA)*, 1991

[Booch 92]   G. Booch, „The Booch-Method: Notatation"and"The Booch-Method: Process and Pragmatics", *Rational Inc, Santa Clara CA*, 1992

[Budde et al. 90]   Budde, Züllighofen, „Software-Werkzeuge in einer Programmierwerkstatt", *Oldenbourg*, 1990

[Budd 91]   T. Budd, „An Introduction to Object-Oriented Programming", *Addison Wesley, Reading MA, 1991*

[Chen 76]   P.P. Chen, „The entity-relationship model - toward a unified view of data", *ACM Transactions on Database Systems 1,1 (März 1976)*, 9-36

[Chen 83]   P. P. Chen, „Entity Relationship Approach to Information Modelling and Analysis" *Amsterdam: North Holland*, 1983

[Chen 89]   P. P. Chen, „The 10 Rules for Object-Oriented Entity-Relationship Data Base Management Systems", Lecture Notes: *Where Case meets DBMS, 1989.*

[Cherry 90]   G. Cherry, „Software Construction by Object Oriented
Pictures", *Dorset House,* 1990

[Coad 90]   P. Coad, „Object-Oriented Analysis", *Seminar Notes,
Object International (Austin Texas USA),* 1990

[Coad et al. 90]   P. Coad, E. Yourdon, „Object Oriented Analysis"
Prentice Hall, 1990, 1991

[Codd 70]   E.F. Codd, „A relational model for large shared data
banks", *Communication of the ACM,* Volume 13,
Number 6, (June 1970), pp 377-387.

[Codd 79]   E.F. Codd, „Extending the database relational model to
capture more meaning", ACM *Transactions on
Database Systemes 4,* 4 (December 1979), 397-434

[Cox 86]   B. Cox, „Object Oriented Programming: An
Evolutionary Approach", *Addison Wesley,* 1986

[Dadam et al. 86]   P. Dadam, K. Küspert, F. Andersen, H. Blanken, R. Erbe,
J. Grünauer, V. Lum, P. Pistor, G. Walch, „A DBMS
prototype to support extended NF2 relations: an
integrated view on flat tables and hierarchies", *Proc.
ACM SIGMOD Conf. on Management of Data, S. 356-
366,* ACM New York, 1986

[Dahl et al. 70]   O.J. Dahl, B. Myrhaug, K. Nygaard, „SIMULA 67:
Common base language", *Publication NS22, Norsk
Regnesentral, Oslo* 1970

[DCE 91]   Open Software Foundation (OSF), „Overview of DCE"

[DeMarco 78]   T. DeMarco, „Structured Analysis and System
Specification", *Yourdon Press, New York,* 1978

[Denert 92]   E. Denert, „Software-Engineering", *Springer Verlag*
Berlin, 1992

[Derissen et al. 89]   J. Derissen, P. Hruschka, M. v.d.Beek, Th. Janning, M. Nagel, Integrating Structured Analysis and Information Modelling, *Aachener Informatik Berichte Nr. 89-17,* 1989

[Dijkstra 76]   E.W. Dijkstra,„A Discipline of Programming", *Prentice Hall, Englewood Cliffs (N.J.), 1976*

[Dittrich 86]   K.R. Dittrich,„Object-oriented Database systems: The notions and issues", *Proc. IEEE Int. Workshop on Object-Oriented Database systems, Asilomar, Pacific Grove, CA, S1-6,* 1986

[Dittrich 93]   S. Dittrich,„Visual Basic for Windows Version 2.0", *Data Becker GmbH,* 1993

[Gehani et al. 92]   N.H. Gehani, H.V. Jagadish, O. Shmueli,„Event Specification in an Active Object-Oriented Database", *Proceedings ACM SIGMOD Conference,* 1992

[Gane 89]   C. Gane, Object-oriented data/process modelling", *American programmer 2.7/8: 42-45, 1989*

[Goldberg et al. 85]   A. Goldberg, D. Robson,„Smalltalk 80, the language and its implementation', *Addision-Wesley,* 1985

[Graham 91]   I. Graham,„Object-oriented methods", *Addison Wesley, Reading MA,* 1991

[Heuer 92]   A. Heuer,„Objektorientierte Datenbanken", *Addison Wesley, Reading MA,* 1992

[Hoare et al. 72]   C.A.R. Hoare, E. Dijkstra, O. Dahl,„Structured Programming", *Academic Press, London,* 1972

[Hoare 74]   C.A.R. Hoare,"Monitors: An Operating System Structuring Concept", *Comm.ACM 17 (10),pp. 549-557,* 1974

[Hoare 78]   C.A.R. Hoare,„Communicating Sequential Processes", *Communications od the ACM 21(8):549-557,* 1978

[IBM DB2]	IBM DB2 Reference Manuals
[IBM STAIRS]	IBM STAIRS Reference Manuals
[Ichbiah et al. 79]	J. Ichbiah et al. „Rationale for the Design of the Ada Programming Language", *ACM SIGPLN Notices Vol. 14, Nr. 6 Part B,* 1979
[IDMS]	IDMS Reference Manuals, Computer Associates
[Ingalls 81]	D. Ingalls, „Design Principles behind Smalltalk", BYTE, August 1981
[Jacobson 92]	I. Jacobson, „Object-Oriented Software Engineering", *Addson Wesley, ACM Press,* 1992
[Kappa 92]	Kappa Object Management Workbench, *Reference Manuals,* Intellicorp, 1992
[Keene 89]	S. Keene, „Object-Oriented programming in Common Lisp", Symbolice, 1989
[Korth et al. 87	H.F. Korth, M.A. Roth, „Query Languages for Nested Relational Databases", *Lecture Notes in Computer Science,* Springer Verlag, 1987
[Katzmann et al.]	J.A. Katzmann, H.R.Taylor, TANDEM COMPUTERS Inc., „GUARDIAN/EXPAND: A NonStop Network"
[Kilberth et al. 93]	K. Kilberth, G. Gryczan, H. Züllighofen, „Objektorientierte Anwendungsentwicklung", Braunschweig/Wiesbaden, 1993
[Khoshafian 90]	S. Khoshafian, R. Abnous, „Object Orientation, Concepts, languages, databases, user interfaces", *John Wiley & Sons, Inc,* 1990
[Krallmann et al. 89]	H. Krallmann, L. Feiten, R. Hoyer, G. Kölzer, „Die Kommunikationsstrukturanalyse (KSA) zur Konzeption einer betrieblichen Kommunikations-architektur", Sonderdruck aus: Interaktive

betriebswirtschaftliche Informations- und
Steuerungssysteme (Studien zur Wirtschaftsinformatik
3), *Walter de Gruyter, Berlin, New York,* 1989

[Krallmann et al.92]   H. Krallmann, J. Papke, B. Rieger, (Hrsg.),
„Rechnergestützte Werkzeuge für das Management",
Erich Schmidt Verlag, Berlin , 1992

[Kraesner et al. 88]   G. Krasner, St. Pope,„A Cookbook for using the Model-
View-Controller User Interface Paradigm in Smalltalk
80", Journal of Objectoriented Programming (JOOP),
August/Septemer 1988

[Martin 91]   J. Martin,"Rapid Application Development", *Macmillan
Publishing Company, New York,* 1991

[Martin et al. 91]   J. Martin, J.J. Odell,„Object Oriented Analysis an
Design", *Prentice Hall,* 1991

[Meyer 88]   B. Meyer,„Objektorientierte Softwareentwicklung",
Carl Hanser, Prentice Hall, 1988

[Meyer 90]   B. Meyer,„Object Oriented Software Construction",
Carl Hanser, 1990

[Olle 78]   T.W. Olle,„The CODASYL Approach to Data Base
Management", *J. Wiley & Sons,* Chechster, 1978

[OMG 90]   Object Management Group, R.M. Soley (ed.),„Object
Management Architecture Guide 1.0", 1990

[Orr 77]   K. T. Orr,„Structured Systems Development", *Yourdon
Press, New York,* 1977

[Pagé et al. 79]   P. Pagé, M. Neumann, NATURAL Programming
Language Reference Manuals, Concepts and Facilities,
SOFTWARE AG, 1979 ff.

[Pagé 90]   P. Pagé,„The ENTIRE Function Server Technology",
SOFTWARE AG White Paper, 1990

[Pagé 91/1]   P. Pagé, „From Session Management to Message Management", *SOFTWARE AG White Paper,* 1991

[Pagé 91/2]   P. Pagé, „The ENTIRE Open Function Server", *SOFTWARE AG White Paper,* 1991

[Pistor et al. 87]   P. Pistor, P. Dadam, IBM Heidelberg Scientific Center, „The Advanced Information Management Prototype", *Lecture Notes in Computer Science,* Springer Verlag, 1987

[Rentsch 82]   T. Rentsch, „Object-Oriented programming", *SIGPLAN Notices 17.9,* (Sept. 1982): 51-57

[Rumbaugh 91]   J. Rumbaugh, „Object-Oriented Modelling and Design", *Prentice Hall, Englewood Cliffs, New Jersey,* 1991

[SAG ADABAS]   SOFTWARE AG, *ADABAS Reference Manuals*

[SAG ADBENTI]   SOFTWARE AG, *ADABAS ENTIRE, Reference Manuals*

[SAG ADATRS]   SOFTWARE AG, *ADABAS TEXT RETRIEVAL, Reference Manuals*

[SAG NATEXP]   SOFTWARE AG, *NATURAL EXPERT, Reference Manuals*

[SAG NATVIEW]   SOFTWARE AG, *NATURAL VIEW PROCESSOR Reference Manuals*

[SAG PREDICT]   SOFTWARE AG, *PREDICT Reference Manuals*

[SAP R2]   SAP, *R2 für DB2 Referenz-Handbücher*

[SAPIENS 89]   SYSTOR-Sapiens, *SAPIENS, Konzept und Funktionen,* 1989

[Schäfer 92]   S. Schäfer, „Methoden zum objektorientierten Softwareentwurf", *Diplomarbeit Fachhochschule Furtwangen/Schwarzwald, 1991?*

[Schek et al. 82]	H.-J. Schek, P. Pistor, „Data Structutures for an integrated database managemente and information retrieval system", *Proc. Int. Conf. on Very Large Databases, S. 197-207, Mexico* 1982
[Schek et al. 84]	H.-J. Schek, H.M. Scholl, „The relational Model with Relation-Valued Attributes", *Information Systems Vol. 11, No 2, pp. 137-147,* 1986
[Schek 87]	H.-J. Schek, „Ein Datenbank-Kernsystem für anwendungsspezifische Schichten - Architektur der DASDBS-Familie", *Informationstechnik it, 29. Jahrgang, Heft 3/1987,* 1987
[Scholl 88]	M.H. Scholl, „Das Modell geschachtelter Relationen – Effiziente Unterstützung einer relationalen Datenbankschnittstelle", *Darmstädter Dissertation Technische Hochschule Darmstadt,* 1988
[SESAM]	SIEMENS/SNI, *SESAM Benutzerhandbücher*
[Shafer et al. 91]	D. Shafer, D.A. Ritz, „Practical Smalltalk/V", *Springer Verlag,* 1991
[Shlaer et al. 88]	S. Shlaer, S. Mellor, „Object oriented Systems Analysis", *Prentice Hall,* 1988
[Shlaer et al. 91]	S. Shlaer, S. Mellor, „Object Lifestyles: Modeling the World in States", *Yourdan Press, Englewood Cliffs* MA, 1991
[SIEMENS 92]	SIEMENS, „Programmierrichtlinien für C++, *Softwaretechnik-Trends, Band 12, Heft 3,* 1992
[Sonnenschein 90]	M. Sonnenschein, „An object oriented, parallel language based on Petri nets", *TH-Aachen Schriften zur angewandten Informatik 144, 1990*
[Stonebraker 86]	M. Stonebraker, „Triggers and inference in database systems", *On Knowledge Base Management Systems, P. 297-314, Springer Verlag New York,* 1986

[Stroustrup 86]   B. Stroustrup,„The C++ Programming Language"
Addison-Wesley, Menlo Park (Calif.), 1986

[Stroustrup 88]   B. Stroustrup,„What is object oriented programming?",
IEEE Software, pp.10-20, May 1988

[SYBASE]   SYBASE, *SYBASE Reference Manuals*

[Thielen 92]   D. Thielen,„NO BUGS:Writing Error-Free Code in C
and C++", *Addison Wesley,* 1992

[UBIS 94]   UBIS GmbH,„Objektorientierung-Konzepte,
Werkzeuge, Strategien", Studie der UBIS GmbH, 1994

[VBASE 86]   Ontologic Inc, Billerica MA USA,
VBASE(ONTOS) Product/Technical Overview, 1986/
1987

[VISUAL BASIC]   Microsoft Corporation, *VISUAL BASIC Programmers
Manual,* 1992

[Winblad et al. 90]   A. Winblad, S. Edwards, D. King,„Object-Oriented
Software", *Addison Wesley, Reading MA,* 1990

[Wirfs et al. 90]   R. Wirfs-Brock, B. Wilkerson, L. Wiener,„Designing
Object-Oriented Software", *Prentice Hall, Englewood
Cliffs NJ,* 1990

[Wirth 78]   N. Wirth, K. Jensen,„Pascal User Manual and Report",
Springer, New York, 1987

[Yourdon 75]   E. Yourdon,„Techniques of Program Structure and
design", *Prentice Hall, Englewood Cliffs, NJ,* 1975

[Yourdon et al. 79]   E.N. Yourdon, L.L. Constantine,„Structured Design:
Fundamentals of a Discipline of Computer Program
and System Design", *Prentice Hall, Englewood Cliffs
(N. J.),* 1979

[Yourdon 89]   E. Yourdon,„Modern Structured Analysis", *Prentice
Hall,* 1989

C. Index

M

N

O